現代日本語のアスペクト論

ひつじ研究叢書〈言語編〉

【第 65 巻】現代日本語のアスペクト論　須田義治 著
【第 66 巻】日本語の文章理解過程における予測の型と機能　石黒圭 著
【第 67 巻】古代日本語時間表現の形態論的研究　鈴木泰 著
【第 68 巻】現代日本語とりたて詞の研究　沼田善子 著
【第 69 巻】日本語における聞き手の話者移行適格場の認知メカニズム　榎本美香 著
【第 70 巻】言葉と認知のメカニズム　児玉一宏・小山哲春 編
【第 71 巻】「ハル」敬語考　辻加代子 著
【第 72 巻】判定質問に対する返答　内田安伊子 著
【第 73 巻】現代日本語における蓋然性を表すモダリティ副詞の研究　杉村泰 著
【第 74 巻】コロケーションの通時的研究
堀正広・浮網茂信・西村秀夫・小迫勝・前川喜久雄 著
【第 76 巻】格助詞「ガ」の通時的研究　山田昌裕 著
【第 77 巻】日本語指示詞の歴史的研究　岡﨑友子 著
【第 78 巻】日本語連体修飾節構造の研究　大島資生 著
【第 79 巻】メンタルスペース理論による日仏英時制研究　井元秀剛 著
【第 80 巻】結果構文のタイポロジー　小野尚之 編
【第 81 巻】疑問文と「ダ」　森川正博 著
【第 82 巻】意志表現を中心とした日本語モダリティの通時的研究　土岐留美江 著
【第 83 巻】英語研究の次世代に向けて
吉波弘・中澤和夫・武内信一・外池滋生・川端朋広・野村忠央・山本史歩子 編
【第 84 巻】接尾辞「げ」と助動詞「そうだ」の通時的研究　漆谷広樹 著
【第 86 巻】現代日本語における外来語の量的推移に関する研究　橋本和佳 著
【第 88 巻】法コンテキストの言語理論　堀田秀吾 著

ひつじ研究叢書〈言語編〉第65巻

現代日本語のアスペクト論

形態論的なカテゴリーと構文論的なカテゴリーの理論

須田義治 著

ひつじ書房

はじめに

本書の中心的なテーマは、現代日本語のアスペクトである。日本語のアスペクトについて、単語と文を中心とした、形態論と構文論からなる文法論にもとづき、記述的かつ理論的な考察を行う。日本語のアスペクトに関しては、これまでも、多くの研究者による研究の蓄積があるが、日本語のアスペクトに関わる言語的な現象を全体的にとりあげ、それを、言語学の理論的な枠組みにもとづきながら、アスペクトの体系的な文法論にまとめあげているものは少なかったように思われる。そのような意味において、本書は、日本語研究において、アスペクト論と呼びうるものを確立しようとするものである。

本書は、第Ⅰ部と第Ⅱ部に分かれているが、第Ⅰ部では、まず、本書の中心となる、アスペクト論について論じる。

アスペクトは、現代日本語の研究において、これまでも、さまざまな立場からの研究があるが、筆者が研究の出発点とするのは、奥田靖雄のアスペクト研究である。1977年に発表された奥田の「アスペクトの研究をめぐって」は、現在に続くアスペクト研究の一つの流れを決定づけたものとされている。

この論文で、奥田は、動詞の「する」(「した」)と「している」(「していた」)とを、アスペクトという形態論的なカテゴリーをなすペアーと認め、それにもとづき、形態論的なカテゴリーとしてのアスペクトの基礎的な理論を提示した。奥田は、ソ連・ロシアにおけるアスペクト研究に学びながら、文法的なカテゴリー、文法的な形、対立などの言語学的な概念によって、日本語のアスペクトを、はじめて体系的に描きだしたのである。

しかし、奥田のアスペクト研究も、それが研究の初期の段階のものであれば、当然のことながら、歴史的に制約された問題も含んでいる。たとえば、ソ連やロシアのアスペクト論において、完成相の一般的な意味の規定に使われる「ひとまとまり性」という用語を、奥田は、日本語の「する」(「した」)の表す個別的な意味の一つの規定にあてているのは、ロシア語のアスペクト論の「ひとまとまり性(全一性) целостность」を知るものからは、疑問が出されるところだろう。

だが、それでも、奥田のアスペクト研究の本質的な正当さはゆるがないと、筆者は考えている。そのため、筆者のアスペクト論は、奥田のアスペクト研究の本質的に正当な部分をとりだし、それを、あるべきすがたにして、その進むべき方向に発展させるという形における、奥田のアスペクト研究に対する内在的な検討でもある。

奥田のアスペクト研究は、その後、奥田自身によって発展させられるとともに、工藤真由美による発展的な具体化をみる。工藤は、『アスペクト・テンス体系とテクスト』(1995年)において、基本的に奥田の理論にもとづきながら、構文論およびテクスト論としてのアスペクト(アスペクチュアリティ)について検討している。こうした工藤の立場は、筆者とたいへん近いものだが、根底的な部分において、そのとらえ方が異なるようにも感じている。それは、また、奥田に対する理解の違いとも関係する。工藤は、おもに、英米の言語学の観点から奥田を見て、その両者に共通する点をみいだし、奥田の理論の普遍的な価値を明らかにしようとしているように思われるが、筆者は、ソ連・ロシアの言語学に、もう一度たちかえって、奥田を再検討し、その理論が形成されてきた過程を明らかにすることにより、言語学の原理的な問題について考察している。そのように、奥田の理論(論理)をいかにとらえるかという見方の違いが根底にあるためか、奥田のアスペクト研究の発展のさせ方においても、筆者は、工藤と、くいちがう面も多い。

筆者が、とくに、奥田のアスペクト研究の継承として、重視したい点は、以下の二点である。

まず、強調したいのは、形態論の重視である。テクスト論にまで進んでいる現代の研究の段階において、なぜ、このように、研究の発展段階からすれば、後退するようなことを行うのかと言えば、形態論に関する理論的な検討が不十分であることが、今の、構文論的な、そして、テクスト論的なアスペクト研究を混乱させているようにも思われるからである。形態論的な研究も、言語の研究であれば、実際の個々の発話を材料としているのだが、構文論的な、テクスト論的な観点が不十分であれば、必然的に、これまでの形態論も貧弱なものにとどまらざるをえなかった。これは、奥田のアスペクト研究にも、やはり、あてはまることである。したがって、研究が構文論やテクスト論へと発展していくとき、これまでの形態論を、そのまま土台とすることはできず、形態論を豊かにしながら、構文論やテクスト論を進めていかなければならないのである。構文論やテクスト論の発展とともに、これまでの形態論では説明できないような事実が出てきたとしても、それは、言語の研究において、形態論自体が、役にたたない、不必要なものだというわけではなく、これまでの形態論が不完全なものだということである。工藤も指摘しているが、形態論を無視したテクスト論は、無秩序な、混乱したものにならざるをえないだろう。形態論の再検討に関しては、おもに、第Ⅱ部で、奥田とともに言語学研究会の中心的なメンバーであり、『日本語文法・形態論』の著者としても知られる鈴木重幸の理論にも、触れることになる。

もう一つの点は、動詞の語彙的な意味の検討である。奥田の方法論における、もっとも重要な点は、単語における語彙的な側面と文法的な側面との結びつきの重視にある。奥田は、その二つの側面の相互作用を、一般的に、「語彙的なものは文法的なものをしばりつけているばかりではなく、はんたいにそれにしばりつけられてもいる。語彙的なものと文法的なものとのむすびつきは、内容と形式との関係である」(奥田 1972「語彙的なものと文法的なもの」)と規定している。だが、より主導的なものと見ているのは、前者の、語彙的なものの文法的なものへの作用である。これについて、奥田は、「文法的な意味が語彙的な意味の存在形式であるとすれば、単語の内容として語彙的な意味は、文法的な意味の規定的なファクターとしてあらわれるだろう。単語には、内容としての語彙的な意味にふさわしい文法的な形式がそなわっているという意味で」(奥田 1979「意味と機能」)と述べている。

このような基本的な考えは、奥田のアスペクト研究にも、つらぬかれている。奥田は、アスペクト的な意味についての考察を深めていくとき、それと同時に、動詞の語彙的な意味についての考察も、深めていこうとする。奥田 1993, 1994「動詞の終止形(1)(2)(3)」に示されているように、完成相と継続相のアスペクト的な意味と機能を検討していきながら、それと同時に、状態動詞や活動動詞などを、動作動詞と変化動詞に加わる新たな動詞の種類として、とりだし、動詞の語彙的な意味の世界に、さらに、わけいっていくのである。このように、奥田の研究は、単語から、連語へ、そして、文やテクストへと発展していっても、単語における語彙的な意味と文法的な意味との関係という土台から、けっして、離れない。筆者は、このような面においても、奥田のアスペクト研究をうけつぎ、動詞の語彙的な意味についての考察を重視している。しかし、これまでのアスペクト研究は、きわめて限られたタイプの動詞だけをとりあげて、分析してきたにすぎない。アスペクトがすべての動詞に関わるものであれば、アスペクトに関する理論を確立するためには、すべての動詞を研究の対象としなければならないはずである。そこで、本書でも、できるかぎり、多くの単語をとりあげ、アスペクト論の対象にしようとしている。

第Ⅰ部の内容は、以上のような、アスペクトの形態論や動詞の語彙的な意味の検討にとどまらない。形態論から出発し、それを土台として、構文論(アスペクチュアリティ)へ、そして、さらに、テクスト論(時間表現のナラトロジー)へと、本書は展開していく。以下に、第Ⅰ部の各章の内容をかんたんに説明する。

第1章では、アスペクトの形態論を再構築する。アスペクトの規定など、アスペクトに関する基本的な問題を検討したあと、中核的な意味、基本的な意味、周辺的な意味、一般的な意味などの概念によって、アスペクト的な意味の体系を明らかにする。これは、第Ⅱ部で論じる形態論的なカテゴリーの理論の具体的な検証ともなっている。

第2章では、パーフェクトを、アスペクトから区別して、動作の時間に関わる独自の文法的な意味として、とりだす。そのことによって、より明確にアスペクトを規定することができるようになるわけである。そして、ここで、いったん、別のものとされたアスペクトとパーフェクトは、次の第3章で、「時間的な位置づけ」という新しい概念のなかで、互いに密接に結びついたものとして、位置づけられることになる。この第2章では、また、さまざまな表現手段からなるパーフェクトの体系についても検討している。

第3章では、構文論的なカテゴリーとしてのアスペクチュアリティの体系について検討する。この、アスペクトを中心としたアスペクチュアリティの体系のなかに、これまでアスペクト的な意味を表すとされた、さまざまな形が、位置づけられることになる。また、これまで、アスペクチュアリティに入れられることもあった、タクシスや時間的な具体・抽象性（時間的なありか限定性）などは、アスペクチュアリティと区別され、それと密接に関係するものとして、位置づけられている。

第4章では、語彙・文法的な系列について検討する。限界動詞・無限界動詞、アクチオンスアルト、段階動詞など、アスペクトに関係するさまざまな動詞の種類について、具体的に記述している。また、この章では、奥田の動作動詞・継続動詞に対する批判も行っているが、これは、強い影響力を持つ奥田 1977 の呪縛から、筆者自身も含めて、解放されることを意図したものである。

第5章では、小説の地の文におけるアスペクトとテンスの使用について検討する。これは、言語学的な観点からのナラトロジーの検討である。また、ここで、筆者は、内外の言語学者が指摘する、アスペクトがテクストの構成と結びついているという考え、すなわち、完成相が動作のあいだの継起的な関係を表し、継続相が同時的な関係を表すという考えを再検討し、それに部分的に修整を加え、精密化している。

続く第Ⅱ部は、アスペクトから離れ、一般的な文法理論の検討を行う。その第1章では、第Ⅰ部のアスペクト論の理論的な背景、すなわち、筆者のアスペクト論の前提となる言語学的な理論について、根底的な再検討を行っている。形態論と構文論に分けて、それぞれの領域に含まれる諸問題について、検討を加えているが、これは、また、これまで筆者がアスペクトという文法論の一領域において具体的に明らかにしたものが、文法論全体において、どのような一般性を持つかということを明らかにするものでもある。ただし、これまでの考えに対して、疑問を呈するという問題提起にとどまる部分もあるだろう。

次の第2章では、構文論的なカテゴリーの具体例として、モダリティとヴォイス性をとりあげ、その、構文論的なカテゴリーとしての体系を提示している。とくに、モダリティは、奥田の専門領域であり、奥田は、モダリティに関するたくさんの研究を残している。そのため、これは、奥田のモダリティ論の再検討が中心となる。奥田が参考にしたソ連・ロシアのモダリティ論を参照しながら、奥田の研究を再検討することによって、筆者の理論的な枠組みにもとづくモダリティの体系を構想しているのである。

このたび、このような形で、自分の本をひつじ書房から出していただけることになり、ひつじ書房の松本功社長には、いかにことばを尽くしても、感謝の気もちを表しきれない。そして、ひつじ書房に紹介してくださった鈴木泰先生、推薦してくださった仁田義雄先生と鈴木重幸先生にも、感謝の意を表したいと思う。

2008年11月　沖縄　那覇にて

編集作業では、ひつじ書房の板東詩おりさんに、こちらの細かい修整にも一つ一つ応じていただき、とてもていねいに校正をしていただいた。

また、友人の梅津紀雄さんには、参考文献のロシア人の名前のカタカナ表記をチェックしていただいた。

最後の校正を終えて　2010年6月

須田　義治

目　次

第Ⅰ部

第 1 章　アスペクト

この章では、形態論的なカテゴリーとしてのアスペクトに対象を限定し、まず、アスペクトに関する先行研究を検討しながら、アスペクトの規定や諸特徴など、アスペクトの基本的な概念を明らかにする。そして、それにつづいて、「する」と「している」の形の表すアスペクト的な意味を記述し、その体系性について、理論的な検討をする。

第 I 部の構成は、この章でアスペクトを検討し、次章でパーフェクトを検討したあと、第 3 章でアスペクチュアリティを検討するという順序になっている。はじめに全体を概観するとしたら、アスペクトとパーフェクトが含まれるアスペクチュアリティをさきに検討すべきかもしれないが、やはり、体系的な文法論としては、より文法的なものをさきにして、形態論的なカテゴリーのアスペクトから始めることにする。

第 1 節　アスペクトに関する基礎的な概念

この節では、先行研究のなかから、アスペクトの理論に関する基本的な問題をとりあげる。

1.　工藤真由美 1995 の描きだす戦後アスペクト研究の流れ

工藤真由美 1995『アスペクト・テンス体系とテクスト』は、戦後における現代日本語のアスペクト・テンス研究史を、要素主義的アプローチの段階、体系的アプローチの段階、体系・機能的アプローチの段階の、三つの段階として、描きだしている (pp.6–11)。

要素主義的アプローチとは、スルを一単語、シタを二単語、シテイルを三単語、シテイタを四単語として、この四つの形を相互に関係づけてとらえない伝統的な国文法の見方をさすと言う。金田一 1950「国語動詞の一分類」は、シテイルを一つの単位と見て、その文法的な意味と、その形をとる動詞の語彙的な意味との相関性を明らかにした点において、シテイルを三単語とする形式主義から脱しているが、シテイルをスルとの関係において、文法的なカテゴリーを構成する項として、とらえなかった点において、やはり、要素主義的であったとされている。

次に、体系的アプローチの段階は、スルとシテイル、シタとシテイタとの、たがいを前提としてはじめて価値を持つ相補的対立関係が、アスペクトの体系をなすとした、奥田 1977「アスペクトの研究をめぐって」によって代表されると言う。そして、この奥田の論文の画期的な点を、工藤は、次の五つにまとめている。

①現代日本語における、アスペクトという形態論的カテゴリーの確認、テンスという形態論的カテゴリーの確認
②アスペクトとテンスの相関性、つまりは〈アスペクト・テンス体系〉の確認
③アスペクトという文法的なものと語彙的なものとの相関性の確認
④アスペクトとヴォイスの相関性の確認
⑤アスペクト・テンス・ムードの三位一体的関係の指摘

最後に、さらに発展した段階としてとりだされている体系・機能的アプローチとは、言語体系（文法体系）を媒介とするテクスト的機能へのアプローチ、形式・意味・機能の三重の観点からの、アスペクト・テンスへのアプローチをさし、工藤は、上記の工藤真由美 1995 を、体系・機能的アプローチをとるものと位置づけている。

このように、工藤は、アスペクトの研究の大きな流れを、鮮やかに、的確に、描きだしている。しかし、工藤の説明を見ると、一つの研究の段階が、次の研究の段階におけるアプローチを欠いていたという観点から不十分であったと述べているようだが、それぞれの段階は、その段階自体のアプローチとしても、方法論的に不十分であったと言わなければならない。一般的に、狭い範囲に限った研究は、それを含む広い範囲の研究を前提として、はじめて、十分なものとして行えるものである。したがって、今日の段階からこれまでの研究の段階を見たとき、体系的アプローチは、機能的な観点を欠いていたから不十分であるだけでなく、体系的アプローチ自体としても、必然的に、不十分なものにとどまっているはずである。それは、工藤の評価する、奥田の体系的アプローチも、のがれられてはいない。

だが、それにもかかわらず、奥田の、形態論的なカテゴリーとしてのアスペクトの理論に関して、これまで、本質的な、内在的な批判は、行われてこなかった。工藤も、自らの研究史の見方に忠実に、奥田の提出したアスペクトの形態論を、基本的には、そのまま受けいれていて、その上に、機能的アプローチによるアスペクト研究を、「つぎ木」している。従来のテンス・アスペクトの表にパーフェクトをそのままつけたした表を作っているのは象徴的である（工藤真由美 1995, p.182）。工

藤と同様に、筆者も、次の研究の段階をきりひらき、今日のアスペクト研究の土台をなしている奥田の論文の研究史上の重要性を最大限に認めているが、今日的な段階から見たときの、誤りや不十分さも見ないわけにはいかない。しかし、それは、奥田の論文の歴史的な重要さをいささかも減ずるものではなく、逆に、いま奥田の論文を再検討するということは、それを避けては、前に進めないという、これからのアスペクトの研究の未来を規定する、その歴史的な重要さを、奥田の論文に認めていることを示している。また、再検討とは、その否定ではない。それは、奥田のアスペクト論の基本的な正当性を生かしながら、不正確な点を明確化するなどの整備をし、確かな体系として、発展させるということである。このように、機能的なアプローチの成果を入れて、奥田の体系的アプローチを再検討することによって、はじめて、堅固なアスペクト論の確立が可能になると思われるのだが、いまだ、それは、行われていない。このような意味において、本書は、奥田の構想したアスペクト論の批判的再構築をめざすものである。

2.　アスペクトの一般的な規定をめぐって

まず、アスペクトとは何かという、一般的な規定の検討から始めることにしよう。以下に、アスペクトを一般的に規定している試みを、いくつかの先行研究のなかに見ていく。

金田一 1955「日本語動詞のテンスとアスペクト」では、「アスペクトとは、動詞その他用言の意味する動作・作用の進行の相を示す形態のちがいである」と、アスペクトを規定している。アスペクトの日本語訳でもある「相」という単語を使って、規定をすませている点において、これは、不十分な規定であると言わざるをえないが、研究の初期の段階であれば、これは当然のことと思われる。研究対象の範囲がだいたい決まれば、あとは言語的な事実を明らかにすることによって、規定を正確にしていけばいいということなのだろう。金田一の論文以後、アスペクト研究の発展につれて、アスペクトの規定も明確になっていく。

鈴木重幸 1957「日本語の動詞のすがた（アスペクト）について」は、「アスペクトは一定の時間におけるそのような（動詞の表す―筆者注）プロセスのちがいを示す形態論的な現象に名づけられた名まえである」と述べている。また、高橋 1969「すがたともくろみ」は、アスペクトを「動詞のあらわすうごきの過程のどの部分を問題にするかという、文法的な意味」と規定している。こうした流れをうけて、鈴木重幸 1972a『日本語文法・形態論』は、アスペクトを、次のように規定している。

> 動詞の《すがた》とは、おおまかにいって、動詞のあらわす動きの、どの過程的な部分をとりたてて問題にするか、という文法的なカテゴリーである。動詞

のさししめす動きが文のなかにあらわされるときには、一定のときになりたつ（なりたった）ものとして表現されるが、その一定のときにおいて、動詞の語い的な意味のどの過程的な部分が問題にされているかをあらわすのが、《すがた》のカテゴリーである。（p.375）

ここでは、上にあげた金田一1955で「進行の相」とされていたものが、「動詞のあらわす動きの、どの過程的な部分をとりたてて問題にするか」と、明確に説明されている。それにくわえて、さらに、重要な点は、「一定のとき」という説明である。これは、ロシアのアスペクト論で使われていたテンポラルセンター（時間的な中心）という概念と関係していると思われる。これは、アスペクトが、この「一定のとき」を介して、テンスと関係していることを明らかにしているものと思われるが、アスペクト的な意味自体にとっても、あとに述べるように、「動詞のあらわす動きの、どの過程的な部分をとりたてて問題にするか」ということは、「一定のとき」が設定されていなければならないのであり、非常に重要な意味を持ってくる。

これに対して、アスペクト研究におけるもっとも重要な論文である奥田1977には、奇妙なことに、アスペクトの規定がないのだが、それをうけて書かれた鈴木重幸1983b「形態論的なカテゴリーとしてのアスペクトについて」でも、おもに、二つのアスペクト的な形のアスペクト的な意味を中心にして、アスペクトが規定されているだけで、そこには、鈴木重幸1972aの「一定のとき」にあたるような説明は見られない。だが、この論文では、「その過程の時間的な展開を性格づけるカテゴリー」という重要な一般化がなされている。これは、あとに述べる、《動作の内的な時間構造》という規定につながっていくものだろう。

アスペクトとは、運動動詞（動き動詞と変化動詞）の、二つの形態論的なかたちの系列からなるカテゴリーであって、基本的には運動動詞が語い的にさししめす過程を分割しないで、ひとまとまりのものとしてさしだすか（完成相）、それの状態的な側面をとりたてて、さしだすか（継続相）、という面から、その過程の時間的な展開を性格づけるカテゴリーである。（p.446）

ただし、アスペクトの、テンスとの関係についても、次のように、指摘されているので、鈴木重幸1972aの「一定のとき」という概念に関わる規定がなされているとも見ることができる。また、これは、形態論的なカテゴリーのあいだの相互作用について説明されたものとも言える。

> 運動動詞の語い的な意味（動きや変化）は文の終止的な述語としての条件のなかで、アスペクトによって性格づけられて、それに対応する叙述法現在未来形、過去形のムード、テンスをとおして現実とかかわる。この点で、アスペクトは運動動詞の語い的な意味の文法的な（形態論的な）存在形式の一つであって、テンスと直接に関係するカテゴリーである。（p.446）

さらに、高橋 1985a『現代日本語動詞のアスペクトとテンス』は、まず、「アスペクトは、動詞のあらわす動作過程のなかの一定の局面をとりだして、それを非分割または分割のすがたでさしだすものといういいかたが全体をおおうものとして、より適切だとかんがえられる」[1]と、アスペクトを規定しながら、同時に、「基準時間」という用語を提出する。これは、テンポラルセンター（時間的な中心）という概念と（部分的に）重なるものだと言う[2]。だが、「基準時間をまたいでいるかいないかということは、継続相と完成相を区別する重要な特徴である」と述べられているように、この基準時間という概念は、継続相と完成相のアスペクト的な意味の違いを説明するのに、おもに、もちいられている。

奥田 1988b, c「時間の表現（1）（2）」は、上にあげた鈴木重幸 1983 の《過程の時間的な展開の性格づけ》というアスペクトの規定を評価しながら、アスペクトが、時間に関わるカテゴリーであることを強調する。奥田は次のように述べている。

> 動詞のアスペクチュアルな意味というものは、いくつかの動作・状態の時間的な展開の過程のなかで、いちいちの動作・状態にあたえられる、時間的な評価である。（奥田 1988b「時間の表現（1）」p.16）

そして、奥田は、この一般化を精密にするため、ロシアのアスペクト論に言及しながら、《動作の内的な時間構造》という概念に注目するのだが、この《動作の内的な時間構造》とは何だろうか。奥田が、「動詞のアスペクトが限界の実現、限界にたいする過程の関係のし方、そこから生じてくる過程の局面を表現しているとすれば、そのアスペクチュアルな意味を《過程の内的な時間構造の表現》とする規定は妥当であるだろう」と述べているところから見て、その動作の内的な時間構造の要素として、《限界》や《過程》や《局面》などがあげられるようである[3]。しかし、その一方で、変化動詞における《変化》と《結果的な状態》との時間的な関係や、動作動詞における《対象へのはたらきかけ》と《対象の変化》と《対象の結果的な状態》との時間的な関係も、内的な時間構造と呼んでいる。その抽象度に応じて、さまざまなレベルの時間構造が設定できるということであろうか。

この、動作の内的な時間構造と同様の概念は、次にあげるように、工藤真由美

1995『アスペクト・テンス体系とテクスト』におけるアスペクトの規定にも、見られる。

> アスペクトとは、基本的に、完成相と継続相の対立によって示される、〈出来事の時間的展開性（内的時間）の把握の仕方の相違〉を表す文法的カテゴリーである。 (p.8)

> アスペクト〈動態的出来事の内的時間の把握の仕方の相違＝時間的限界づけの有無〉 (p.35)

アスペクト的な意味がどのような表現手段によって表されるか、また、アスペクト的な形が意味的にどのような対立を示すかというのは、言語によって、異なるだろうが、アスペクトを、内的な時間構造を表すものと規定することによって、その共通の土台のうえで、諸言語のアスペクトを比較対照することが可能となる。その点において、この規定は、きわめて重要である。このように、アスペクトの一般的な意味を意味論的に規定することによって、ロシア語のアスペクトのありかたを基準にして、それを他の言語にあてはめ、その相違によって、その言語にアスペクトがあるかないかを論じるということから脱することができるのである。

さらに、奥田は、「この、時間的な展開の過程のなかでは、完成相は動作・状態の出現、先行する動作・状態との交替を表現しているが、継続相は、その出現と交替のモメントに、動作・状態が継続して、存在しつづけていることを表現している」と述べながら[4]、内的な時間構造に対する、外的な時間構造という概念をとりあげる。外的な時間構造というのは、発話時と出来事との時間的な関係という意味において、従来、テンスについて言われていた概念であったが、それを、奥田は、アスペクトに関わる概念に移しかえるのである。

> ある、ひとつの動作はみずからの内的な時間をもっていると同時に、自分をとりまく、ほかの動作との時間的な関係のなかにあって、それがその動作の外的な時間をかたちづくっている。この内的な時間と外的な時間とはひとつに統一されていて、きりはなすことのできない関係にあるだろう。
> （中略）
> 　ふたりのし手の、ふたつの動作のぶつかりあいをとりあげるとすれば、ある動作がほかの動作と時間的な関係をとりむすぶのは、おおくの場合、その、ある動作が完結したときのことであるか、それとも、これらの動作の内的な時間構造の、ひとつの局面においてである。つまり、ひとつの動作の内的な時間構

> 造、局面への分割は、ほかの動作との外的な時間的な関係のなかでおこってくるのであって、ひとつの動作をめぐる内的な時間と外的な時間とはきりはなすことができない。　(奥田 1988c, pp.33–34)

その後、奥田は、このような考えにもとづき、奥田 1993b「動詞の終止形(その1)」で、アスペクトを、もっとも基本的には、次のように規定するようになる。

> いくつかの動作(変化、状態)のあいだの外的な時間的な関係のなかで、動作(変化、状態)それ自身がもっている、内的な時間構造をとらえる。　(p.53)

しかし、こうした規定は、小説の地の文のなかの、具体的な場面の描写をさしだす段落に使われている動詞のアスペクトにしかあてはまらない。当然のことながら、実際の発話では、ただ一つの文であっても、発話時との関係において、いずれかのアスペクト的な形をとるのである。たしかに、奥田の指摘するように、現実においては、動作はつねに他の動作との外的な時間的な関係のなかにあるだろうが、言語においては、それが、さまざまに変容を受けて、言語的な表現として現れてくるので、その二つを相対的に分けて、考えなければならないだろう。そうした特殊な使用にもとづく規定をもっとも基本的とするのは、やはり、問題がある。第II部でも触れることになるが、文を、つねに他の文との関係のなかにあるものとして、とらえるという、奥田の基本的な考えの影響が、ここに現れている。

これと同じ規定は、工藤真由美 1995 にも、見られる。

> アスペクトは、〈他の出来事との外的時間関係のなかで、運動内部の時間的展開の姿をとらえる〉ものであって、複数の出来事間の時間関係〈タクシス〉を表し分けるというテクスト的機能を果す。　(p.61)

しかし、奥田は、その一方で、高橋の「基準時間」に近いものと思われる「時間の座標軸」という用語を使って、アスペクトを規定している。筆者は、基本的に、この、奥田のアスペクトのとらえ方にしたがう。奥田の言う「時間の座標軸」を、筆者は「基準時点」と呼ぶ。

> 具体的な動作は、その、設定された時間の座標軸をめぐって、おわりの限界にいたって完結したものであったり、はじまりの限界をこえたものであったり、限界にむかって継続しているものであったりするだろう。このような動作の時間的な内部構造をいいあらわすのに、動詞がとくべつな文法的なかたちをもっ

ているとすれば、その動詞にはアスペクトがそなわっている、ということになる。
（中略）
動作（変化、状態）はみずからの時間的な内部構造（限界、局面、ひとまとまり性）をもっていて、設定された時間の座標軸との関係のなかで、あたえられた動作がどのような時間的な内部構造のなかにあるか、終止形の動詞は、具体的な動作をさしだすために、しめすことがもとめられる。

（奥田 1993b, p.46）

工藤真由美 1995 のアスペクトの規定には、奥田の言う「時間の座標軸」にあたるような概念が見られない。工藤は、パーフェクトの規定に関しては、それと似た「設定時点」という概念を用いているが、それをアスペクトに適用してはいない。というより、「設定時点」の有無がパーフェクトとアスペクトとの違いの一つであるとされているのである。

上に述べたように、奥田は、動作の、座標軸に対する時間的な関係ではなく、動作のあいだの時間的な関係を、基本においている。そして、「もうひとつの、べつの動作はあたえられた動作にとって時間の座標軸としてあらわれてくる。この時間の座標軸は出来事としての具体性をうしなって、時計の針のうごきにまで抽象化するだろう」とも述べている。しかし、筆者は、アスペクトにおいても、発話時を原点とみなし、それが、時間の座標軸（基準時点）となるのを出発点と見ている。また、発話時は、話し手の発話行為によって規定されるが、発話のなかにとらえられた動作（文にさしだされる出来事）と、話し手の発話行為とは、レベルが異なっていて、その二つを、動作のあいだの時間的な関係として一般化することはできないと考える。

奥田や工藤が、アスペクトを、単に、動作の内的な時間の表現とは規定せず、外的な時間構造というものをもちこむのは、アスペクトを、アスペクチュアリティから区別し、その中心に位置づけるためである。奥田は、「時間の表現（2）」のなかで、次のように、述べている。

アスペクチュアリティの領域のなかにまきこまれる、アスペクチュアルな要素のすべては、たしかに動作の内的な時間構造にかかわっている。しかし、すでにのべてあるように、アスペクトだけはその範囲におさまらないものをもっている。いくつかの動作のあいだの時間的な関係の表現者としてあらわれてくる。

（p.37）

また、工藤真由美1995も、次のように、述べている。

> そして、このようななかにあって、スルーシテイルのアスペクト対立の中心性を決定づけるのは、そのテクスト的機能（タクシス）との相関性であると思われる。（p.34）

> 従って、スルーシテイルのアスペクト対立は、このような〈継起的〉か〈同時的〉かという2つのタクシス的機能を果すべく、義務的でもあり、包括的でもあり、また語彙的意味から解放された、一般化された意味内容のパラディグマティックな対立として存在している。（p.35）

他の動作との時間的な関係は、たしかに、アスペクトの持つ重要な機能であるが、それは、第5章に述べるように、基準時点を媒介にして、他の動作と関係づけられているのである。したがって、アスペクトを一般的に規定するとき、他の動作との関係ではなく、基準時点との関係にもとづくべきであるということになる。奥田や工藤の述べていることは、筆者の立場から言えば、アスペクチュアリティのなかで、基準時点との直接的な関係づけを持つのは、アスペクトだけであるということになる。

以上のことから、筆者は、アスペクトを、「動詞のさししめす動作が、話し手によって設定された基準時点に関係づけられることによって顕在化する、その動作の内的な時間構造の、二つ以上の対立的な部分（要素）をとりたてて、それらを動詞の形態論的な手段（規則的な形）によって表す」ものと規定する。

3.　形態論的なカテゴリーとしてのアスペクトの諸特徴

3.1.　「する」と「している」の形について

鈴木重幸1957「日本語の動詞のすがた（アスペクト）について」は、「する」と「している」、「した」と「していた」との対立を、一定の時間におけるプロセスの違いを示す形態論的なカテゴリーとしてのアスペクトと規定した。この論文で、はじめて、この二つの形の対立がアスペクトと規定されたのである。

鈴木は、これを、語形変化以外によるカテゴリーであるとし、「している」の形について、次のように説明している。

> 形式的に見れば、動詞の《なかどめの形（中止形）》と動詞《いる》とのくみあわせであるが、後者はすでに《人間および動物の存在を表わす》というような、独立の動詞としての「いる」の実質的な（語彙的な）意味がうすれ、まえ

の動詞の文法的な意味を表わす手つづきとなっている。[5]
(中略)
なお、会話文では、'～シテイル' の形はちぢまって、'～シテル' となることが多い。このばあいには、形式的にも単語のくみあわせ(連語)ではなく、'～スル' の文法的な派生語あるいは活用形とみなければならない。(p.65)

このように、鈴木は、形態論的なカテゴリーを、文法化した分析的な形にまでひろげることを根拠づけている。ロシアの代表的なアスペクト論者であるマスロフは、このことに関係して、次のように書いている。日本語の「している」は「分析的な語形」にあたるだろう。また、「かくされた文法」とは、動作動詞・変化動詞などのような語彙・文法的な系列にあたる。

このような単語の内部における文法的な対立は、それが総合的な語形のなかに具体化されようと、分析的な語形のなかに具体化されようと、そういうこととはかかわりなしに、ひろい意味において形態論的である。表現のレベルにおいては、この種の形態論的な対立は、かくされた文法の領域にかかわる諸現象からも、まだ分析的な形には転化していない、さまざまな種類の構文論的なくみあわせからも、ひどくことなっている。
(マスロフ1984『アスペクト論・概論』)

奥田1977は、次のように、形態論的なカテゴリーとしてのアスペクトについて、一般的に述べている。

一般的にいえば、動詞に活用があるとすれば、いくつかの文法的なかたちの体系をなしていて、paradigmのなかにおさめられる。動詞の、いくつかの文法的なかたちは、まずはじめに、カテゴリーにしたがいながら、つまり文法的な意味の共通性にしたがって分類されるだろう。さらに、それらはdistinctiveな特徴にしたがって、oppositionalな関係のなかに提出されるだろう。
アスペクトも、テンスやムードとならんで、動詞の形態論的なカテゴリーであるとすれば、いくつかのかたちのparadigmaticな体系である。日本語の動詞にsuruというかたちだけしか、あるいはsite-iruというかたちだけしか存在していないとすれば、アスペクトという形態論的なカテゴリーは日本語には存在しないということになるだろう。日本語の動詞に《人称》という形態論的なカテゴリーがかけているのは、そういうことである。
site-iruという文法的なかたちはsuruという文法的なかたちと対立的な関係

をむすびながら、アスペクトの体系をなしていて、いまかりに suru を《完成相》、site-iru を《継続相》と名づけておこう。動詞の、ふたつのアスペクチュアルなかたちは、一方がなければ他方もありえないという、きりはなすことのできない有機的な関係のなかにある。(p.89)

この、奥田による、形態論的なカテゴリーとしてのアスペクトについての説明は、原則的なことを教科書的に述べるにとどまっている。しかし、それでも、奥田が、このように、形態論的なカテゴリーについて基本的なことをしるしていることは、アスペクト研究の歴史にとって重要である。だが、奥田 1977 が形態論の「見本」として評価されているのは、こうした一般的な説明によるのではなく、単語における語彙的な意味と文法的な意味の関係を、明確に明らかにしたという点においてであろう。しかし、それも、形態論的なカテゴリーをめぐる問題の一部にすぎないのだが。

奥田の述べているところだけでは、まだ、「する」と「している」の形が、そして、それらの形だけが、形態論的なカテゴリーとしてのアスペクトであると認定するにいたらない。「している」という形は「文法化した形である」とは言えるだろうが、そのことは、「している」の形が「形態論的なカテゴリーを構成する」ということと、直接的に結びつくわけではない。「しておく」も、文法化した形ではあるが、それは、形態論的なカテゴリーを構成しているとは言えないのである(これについては第II部で、「文法化」と「形態論化」との違いとして、また、触れることになる)。奥田は、「もし site-iru が動詞のアスペクチュアルなかたちであるとすれば、《つい》になる、もうひとつのアスペクチュアルなかたちをもとめなければならないことは、言語学の方法論上の初歩である」というように、すでに、「している」がアスペクトであることを前提としているようだが、それがアスペクトである根拠は、いかなるものであろうか。奥田も、「site-aru、site-simau、site-oku のようなかたちがあって、site-iru とアスペクチュアルに対立しているが、この対立はすべての動詞をとらえてはいなく、部分的である」とは述べているが、それ以上はふみこんでいない。

その問題にとりくむ唯一の文献とも言えるのは、工藤真由美 1995『アスペクト・テンス体系とテクスト』である。工藤は、文法性＝形態論的範疇性の認定基準として、①義務性(使用の強制)、②包括性(あらゆる動詞、あるいは述語形式をまきこんでいること)、③規則性(一様な形式的指標の存在)、④抽象性・一般性(語彙的意味からの解放)、⑤パラディグマティックな対立性(相補的対立関係)をあげる。そして、これらの観点から見て、「する」と「している」との対立を、最も文法化したものとして、形態論的なカテゴリーであるとしている。しかし、これらの基準一つ一つについて、具体的な説明も、議論もない。それらが日本語に関してどのようにあてはまるのか、ということについて、何も述べられていない。とすると、これは、ただ、外国の言語学において言われていることを列挙してみたにすぎないと見ざるをえない（第II部参照）。そこで、第II部で述べることと重なる部分も出てくるが、「する」と「している」（「した」と「していた」）について、これらの特徴がどのように現れているかを、ここで、かんたんにでも見ておかなければならない。

①義務性

文の述語動詞は、かならず、「する」か「している」のどちらかの形をとらなければならないという意味において、「する」と「している」との対立は義務的である。これは、使用あるいは発話における義務性である。文の述語動詞は、「する」か「している」か、どちらかの形をとって、基本的には、つねに、何らかのアスペクト的な意味を表しているのである。

しかし、形式的には、「する」か「している」のどちらかの形をとってはいても、積極的に、対立的なアスペクト的な意味を表してはいない場合もある。たとえば、「鳥は飛ぶ。」のように、時間外的な動作を表す場合、動詞は、対立の無標形式である「する」をとり、アスペクト的な意味を積極的には表していない。しかし、こうしたものがあったとしても、それが部分的な現象に限られるならば、やはり、義務的であるといって、問題はないだろう。というより、これらは、義務性の結果としての余剰性とも言える。形式的な面において、その義務性をひろげていけば、体系の周辺においては、その形の持つ文法的な意味を積極的に表さないものも出てくるのであり、それは、その形の義務性の高さゆえであるとも言える。

②包括性

日本語では、「ある」「いる」などの動詞をのぞけば、ほとんどの動詞が「する」と「している」の形をとることができる。これは言語体系的なものである。「する」と「している」の形は、日本語の動詞語彙のほとんどをおおっているという意味において、包括性という特徴を認めることができるだろう。しかし、これは、外形的な面に関して、そう言えるにすぎない。たとえば、「違う」と「違っている」のように、アスペクト的な意味の対立をなさない動詞もある[6]。ここにも、形式面における余剰性という特徴が見られると考えられる。また、「ある」「いる」のように、「している」の形を持たない動詞も、アスペクトのペアーを持たない単アスペクトであるとすれば、アスペクトの体系に含めることができる。これは、意味的には、「している」の形に近いが、形つくりの面でも、また、アスペクト的な意味の観点からも、無標の「する」の形であるとしておくのがいいだろう。あとに述べるが、これは、継続性について明示していないものとして位置づけることができる。

形態論的なカテゴリーは、どのような範囲の単語をおおっているか、という点に関して多様である。宮島1972『動詞の意味・用法の記述的研究』は、そのような特徴にしたがって、日本語の形態論的なカテゴリーを、超品詞的カテゴリー（とりたて）、体言的カテゴリー（格）、用言的カテゴリー（テンス、ムード（推量）、ていねいさ、条件など）、動詞的カテゴリー（アスペクト、ボイス、やりもらいなど）に分けている。アスペクトは、動詞的カテゴリーに入り、それがおおう単語の範囲は、もっとも狭い。しかし、ムードのなかで、「する」「しよう」「しろ」の意志表示的なムードを表す形の対立は、基本的に、意志動詞しか持ちえない。これは、形式的な面においても包括性が低いと言える。

このように、ある単語のグループの範囲に限られるような形態論的なカテゴリーは、文法化の程度が低いと言えるのだろうか。しかし、動詞的カテゴリーか超品詞的カテゴリーかというのは、その形態論的なカテゴリーが表す意味が、文の意味の階層の、どのレベルに属するか、あるいは、どの品詞の意味特徴と本質的な関係を持っているか、ということを意味しているのであって、これをもって、文法化の程度をはかることはできないのではないか。いずれのカテゴリーも、単語における語彙的な意味の存在形式としての文法的な意味を表しているという点においては、かわりはないはずである。

包括性は、他動詞と自動詞が、動詞語彙を二分するという形で、相補的に動詞のすべてをおおっているという意味においては、形態論的なカテゴリーの特徴とはならない。これは、分類的なものであって、一つの単語が文法的な形のペアーを持つわけではなく、語形変化的なものではないので、形態論的なカテゴリーではない。

③規則性

規則性（一様な形式的指標の存在）は、多くは、対立の有標の項についてだけ、言えることであるが、この特徴に関しては、「する」と「している」の形をアスペクトと認める場合、問題はないだろう。有標の形式「している」は、動詞の第二中止形「して」と動詞「いる」とのくみあわせからできているので、文法的な手つづきとして、つねに、同じ形式的指標をとりだすことができる。しかし、一様な形式的指標の存在が、形態論的なカテゴリーの認定にとって、かならず必要なものかどうか、疑問である。たしかに、一様な形式的指標は、一つ一つ違っている語彙的なものとの対比において、文法性の現れの一つとも言えるかもしれない。しかし、ロシア語のアスペクトは、完成相も不完成相も、それをしるしづける形態素が、一つに限られず、いろいろとあり、規則性は高くないとも言える。また、英語の過去形は、代表的な形態素はあるが、それに限られるわけではなく、さまざまな表現手段がある。けれども、ロシア語の完成相と不完成相のどちらかが、また、英語の過去形が、ほとんどの動詞において、ある程度規則的な、何らかの形の違いによって、しるしづけられているという意味においては、やはり、規則的であると言える。だが、それも、次に述べる文法的な意味の一般性に裏づけられていればこそであり、二つは、相互に依存しあっているとは言え、文法的な意味の一般性の方が主導的な役割を演じているものと思われる。

④抽象性・一般性

抽象性・一般性（語彙的意味からの解放）とは、何を意味しているのだろうか。文法的な意味の一般性のことを意味しているのであれば、「する」と「している」の形は、動詞語彙の大部分において、動詞の語彙的な意味の違いをこえて、限界到達と過程継続という文法的な意味を表していて、一般性を持っていると言える（第2節参照）。この特徴は、形態論的なカテゴリーにとって、もっとも重要なものと思われる。しかし、単なる意味的な一般性であれば、分類的な性格を持つものは、語彙・文法的な系列ということになるだろう。たとえば、限界動詞と無限界動詞は、それぞれ抽象的な一般的な意味を持っていても、特定の語彙的な意味を持つ一つの動詞における語形変化でなく、動詞語彙全体の分類であるので、形態論的なカテゴリーではなく、語彙・文法的な系列と呼ばれるものである。同じ語彙的な意味を持つ単語の語形変化にもとづいた一般的な意味でなければ、形態論的なカテゴリーの特徴とはならないのである。

⑤パラディグマティックな対立性

「する」と「している」は、形式的には、文のなかの特定の位置に相互排除的に現れ（つまり、同時に現れることがなく）、パラディグマティックな対立性（相補的対立関係）を示していると言える。次に、意味的な相補性について言えば、たとえば、テンスは、発話時に対する時間的な関係というもののなかで、過去と現在・未来（過去と非過去）が、相補的対立をなしていると言えるだろうが、アスペクトに関しては、何と何が相補的なのか、そう、かんたんには言えない。しかし、文法的な意味にとっては、少数の限られた項の対立によって生じてくる、たがいに重なりあわず排除しあう意味であるということが、きわめて重要である。語彙的な意味における対立が、開かれたものであるのに対して、文法的な意味における対立は、かならずしも二項対立に限られないが、閉じられたものでなければならない。

また、意味的な相補性とは、形態論的な形が、その基本的な意味において、たがいに等価的な対立をなしていなければならないということでもあろう。対立する項が、いずれも、そのカテゴリーに含まれる意味で、かつ、たがいに異なる意味を、積極的に表していなければならないのである。もし、片方が、そのカテゴリーに含まれる意味を、何も表していないとしたら、それは形態論的なカテゴリーを構成しない。つまり、それぞれの項の表す意味両方に共通する一般的な意味がなければ、それらはカテゴリーにまとめあげられないのである。たとえば、「する」と「してみる」は、「してみる」の表す意味と対立するような、それらを一般化できるような意味を、「する」が、何も表していないので、単に、単語のあいだの単語つくり的な派生の関係にあるのであって、形態論的なカテゴリーをなしていない。

以上、工藤のあげている形態論的なカテゴリーの特徴にそって、日本語の「する」と「している」を検討してきたが、どの特徴も、何らかの形で、「する」と「している」に認めることができるようであった。工藤のあげているもののなかで、形態論的なカテゴリーの認定において、一般的に、とくに重視されているのは、義務性と抽象性・一般性という特徴であろう。これについては、第II部で、くわしく検討する。

3.2. 「する」と「している」以外の、アスペクト的な意味を表す形について

奥田 1977 は、「する」「している」以外の動詞の形を、アスペクトから排除したが、その根拠については明確に示さなかった。工藤真由美 1995 は、「してある」「しておく」「してしまう」などを準アスペクトと呼び、それらは、次の点において、スル—シテイルのアスペクト対立のようには、典型的な形で、文法化されているとは言いがたいとしている。

- 包括性の欠如—シテアル、シテオク、シテシマウ
  たとえば「しんである」「ながれておく」「離婚していく（くる）」とはいえない。
- 他の文法的意味の共在—シテアル、シテオク、シテシマウ
  シテアルには「受動性＋意図性」、シテオクには「意図性」、シテシマウには「感情・評価性」が複合的にとらえられている。
- アスペクト対立の存在—シテクル（シテイク）、シテシマウ
  これらは「シテクル—シテキテイル」「シテシマウ—シテシマッテイル」のようなアスペクト対立をもつ。　(pp.32–33)

しかし、これらの基準も相対的なものであり、以下に述べるように、決定的な基準と見ることは難しい。

たしかに、「している」と比べると、これらの形は、包括性が低いと言える。だが、命令形「しろ」と勧誘形「しよう」をとる動詞と比べれば、「してある」「しておく」「してしまう」の包括性の度あいは、あまりかわらない。

次にあげられている「他の文法的意味の共在」というのは、文法化の低さを示すものであろうか。「していた」という形は、継続性というアスペクト的な意味と、過去というテンス的な意味と、叙述というムード的な意味が共存している。しか

し、それをもって、この形が文法化していないとは言えないだろう。「他の文法的意味」とは何かが問題なのである。形態論的なカテゴリーに属する形態論的な形の持つ形態論的な意味であれば、共存していても問題はないが、それ以外の意味であれば問題となるということだろう。すなわち、「意図性」や「感情・評価性」という意味は、形態論的なカテゴリーに属する形態論的な形の表す意味ではないので問題となるわけである[7]。たしかに、こうした付加的な意味をともなう形は、純粋にアスペクトを表す形でないことから、それらを、アスペクトを構成する形とすることはできないということは、ありうる。

最後の、「アスペクト対立の存在」とは、一つの形態論的なカテゴリーのなかの対立的な文法的な形は、一つの単語のなかに共存することができないということであろう。たしかに、「してくる」や「してしまう」が、「する」「している」とともに三項対立をなすとすれば、共存することはありえない。しかし、「してくる」や「してしまう」が、「する」「している」とは異なるアスペクト的な意味の対立にある項であるとすれば、共存することはありうる。英語では、進行形と完了形は、組みあわされて、一つの分析的な単語相当のもののなかに共存しうる。これは、アスペクトとパーフェクトが別の体系をなしていることを意味しているのだろう。したがって、「してしまう」が、「する」と「している」の対立と別の体系をなしていれば、「してしまう」と「してしまっている」という対立を持つこともあるわけである。

以上のような工藤の説明は、全体として、現象的な面に関するものとなっていて、本質をとらえているとは言いがたい。やはり、対立のし方を（特に意味の面において）とらえなければ、形態論的なカテゴリーを規定することはできないだろう。つまり、「する」は、「してしまう」や「してくる」などと対立するような文法的な意味を表してはおらず、二つを一般的な意味にもとづくカテゴリーにまとめあげることができないため、その二つは対立をなしていないのである。また、「する」と「してある」とは、「してある」の文において動作主体が義務的に消去されるという点において、文の成分が異なっていて、文の対象的な内容に違いがある[8]。それは、ちょうど、たとえ、ペアーをなすものであっても、異なる語彙的な意味を持つものとされる自動詞・他動詞に似ている。

それぞれの形の規定と位置づけは第3章でおこなう。

4.　アスペクト的な意味に関する先行研究

奥田1977「アスペクトの研究をめぐって」で、もっとも重要な功績の一つとされているのは、「している」の形の表す「動作の継続」と「変化の結果の継続」に共通する意味として、継続性というアスペクト的な意味をひきだしたことと、「する」の形のアスペクト的な意味を「ひとまとまり性」「非分割性」(「ひとまとまりの動作」「分割をゆるさない globality のなかに動作をさしだす」「動作をまるごとさしだす」)[9] と規定したことである。ただし、後者については、教科研東京国語部会・言語教育研究サークル 1963『文法教育』[10] において、「基本態は、動詞の表わすことがら(動作・状態・存在など)を全体的に表わす」、「一つの動作全体(始めから終わりまで)を表わす」というように、「する」の形に対して、同様の規定が、すでに、なされている。

奥田は、「する」の形のアスペクト的な意味をひとまとまり性と規定する根拠について、次のように述べている。

> suru というアスペクチュアルなかたちが表現するアスペクチュアルな意味は、基本的には、《分割をゆるさない globality のなかに動作をさしだす》ことである。このように理解しなければならない根拠は、なによりもまず、suru という完成相の動詞は、その現在形において、《アクチュアルな現在》をあらわすことができないという事実にある。はなしのモメントに進行する動作は、動作を過程としてとらえる継続相 site-iru の現在形をもちいなければ、さししめすことができない。動詞のテンスとしての《アクチュアルな現在》は、はなしのモメントに進行する動作をさししめすわけだが、完成相の動詞は過程を表現する能力がかけているので、このような動作をさししめすことができない。

「する」の形の表す動作は、たしかに、発話時に位置づけることはできないが、過去の一時点には、たとえば「彼は3時に家に来た。」のように、位置づけることは可能である。発話時も、過去の一時点も、どちらも、時間的な長さを持たない、時間軸上の一時点(モメント)であるにもかかわらず、なぜ、このようなことが起こってくるのだろうか。そして、完成相がひとまとまり性を表す根拠として、奥田のあげたものは有効なのだろうか。

過去の一時点と発話時とは、どちらも、時間軸上の一時点とは言っても、質的に異なるものであると言える。過去の一時点は、時間軸上に固定されていて、たしかに、その時点に動作を位置づけることができる。継続相の表す継続的な動作も、もちろん、位置づけることができるし、完成相の表す動作も、また、位置づけることが可能である。完成相の場合は、限界動詞であれば、その限界が、その時点に位置づけられ、無限界動詞であれば、動作全体があいまいにその時点に位置づけられる。

しかし、過去の固定的な一時点に対して、発話時は、固定的でなく、つねに移りゆくものである。たしかに、どちらも時間的な幅のない時点であるのだが、つねに移りゆくという点において、発話時は決定的な違いを持っている。すなわち、ある動作が新たに実現したとき、実現した瞬間は、それを目撃する話し手にとって「現在」であるが、それを確認し、それについて発話したときには、もはや、それは「過去」のものとなっている。つかんだ手をすりぬけてゆくように、たとえば「来る」という動作が実現したことを確認した瞬間、それは、もう過去のことなのである。それゆえに、それは、「来た」と、過去形でしか表すことができない[11]。発話時＝現在は固定的でなく、現在は絶え間なく過去になっていく。これは、川の流れの一地点に何かを浮かべて、そこに固定することができないのと似ている。

それでは、継続相は、なぜ、現在を表すことができるのか。継続相の表す継続的な動作は、始まりの部分は、すでに実現して、過去になったものである。確認は、もはや、部分的には過去のものであるが、その確認が、まだ終了していない。なおも、その動作の実現が確認されつづけているのである（現在の直接的な知覚がある）。そのことによって、潜在的に、その動作は、未来においても、ひきつづき実現することが予見され、ほのめかされる。以上のことから、それは、現在の動作として位置づけられるわけである。しかし、それでも、やはり、現在は、「つかみがたい」ものとしてあるということに、かわりはないのだが。

以上に述べたように、完成相がひとまとまり性を表している根拠を、それがアクチュアルな現在を表さないということに求めることはできない。発話時が、長さを持たない時点（モメント）であるから、時間的な長さのある過程を表さない、ひとまとまり性という特徴を持つ動作を、発話時に位置づけることができないということではないのである。もし、そうであるなら、過去の一時点にも位置づけることができないはずである。現在を表さない根拠は、そういうことではなく、上に述べたような、発話時＝現在の特殊性にある。

しかし、それでも、継続性を持つ動作は、発話時に位置づけられるし、継続性を持たない、ひとまとまりの動作は、発話時に位置づけられないというのは、やはり、その動作のさしだし方によるのだろう。発話時が瞬間だから、ひとまとまりの動作は位置づけられないというのではなく、発話時だから、ひとまとまりの動作は位置づけられないというように、「瞬間」ということをぬかせばいいことなのかもしれない。

奥田によるひとまとまり性の根拠づけに対する批判は、以上で終わるとして、次に、奥田が、その後、完成相のアスペクト的な意味を、このひとまとまり性という意味から、さらに精密化していることについて、見ていこう。奥田は、一回起こった具体的な動作を表す完成相のアスペクト的な意味に、二つのバリアントを認めるようになるのである。

奥田は、奥田 1993b で、完成相は、「限界へ到達した動作・変化」（例 1）と「ひとまとまりの動作」(《はじめ》から《なか》をへて、《おわり》にいたるまでの、ひとまとまりの動作)(例2)とを表すとしている。そして、あげている用例を見ると、この二つのバリアントは、おもに、コンテクストの作用によって生じてくる個別的な意味のようである。筆者も、この奥田の考えと同じく、完成相に、二つのアスペクト的な意味を認める立場に立つ[12]。

(1)「おい、和彦、うちの寺の和尚さんがきたよ。」　(石川達三・洒落た関係)
(2)「こちらも雪が一昨日ふったのです。……」　(松本清張・ゼロの焦点)

このような「した」の形の意味の違いは、すでに、テンス的な意味の違いとしては、鈴木重幸1979「現代日本語の動詞のテンス」によって、明らかにされている。この論文で、鈴木は、それまで、完了というアスペクト的な意味と、過去というテンス的な意味を表すとされてきた「した」の形の、その二つの意味を、いずれも、過去というテンス的な意味を表すものとして、テンスという形態論的なカテゴリーの面から統一した。そして、完了とされた意味を、①何らかの点で現在と結びついたペルフェクト的な過去と規定し、過去とされた意味を、②現在から切りはなされたアオリスト的な過去と規定して、その二つを、過去という一つの意味のバリアントとして位置づけた。また、前者は、さらに、発言の直前の動きや変化(例3)、現在の状態に結果が残っている過去の変化(例4)、現在すでに実現ずみであること(例5)、という三つの変種に分けられた。

①ペルフェクト的な過去
(3)「あっ、電気がきえた!」
(4)謙さん、やせましたね。
(5)「もうお読みなすったの」「読みました」
②アオリスト的な過去
(6)父はこの間の伊豆の地震で死にました。

鈴木重幸1979では、これらの、テンス的な意味のバリアントを表す「した」の形は、アスペクト的な意味としては、基本的に、奥田1977にしたがって、ひとまとまり性を表すとされていたが(部分的には、ひとまとまり性ではとけないことが指摘されているが)、それを、上にあげた奥田1993bは、アスペクト的な意味に関しても違いをみいだそうとしている。そして、鈴木の例と奥田の例をつきあわせると、鈴木の言うペルフェクト的な過去とアオリスト的な過去は、アスペクト的な意味としては、前者は、奥田の言う「限界へ到達した動作」というアスペクト的な意味を、後者は、「ひとまとまりの動作」というアスペクト的な意味を表しているようである。このようにとらえると、これまで、過去と完了というように、一方はテンスだけ、もう一方はアスペクトだけを表すとされてきた「した」の形の意味が、テンスとアスペクトの両面から、統一的に規定されることになる。筆者は、この立場に立つ。そして、くわしくは第2節で述べるが、こうしたアスペクト的な意味の違いを、基本的に、コンテクストによるものと見ている。

それに対して、工藤真由美1995は完成相のアスペクト的な意味を次のようにとらえている(p.80)。

1)〈ひとまとまり性〉　運動(動作、変化)の成立＝開始限界から終了限界までを全一的にとらえる

2)〈限界達成性〉　開始の時間的限界か終了の時間的限界のどちらかのみをとらえる

2・1)〈終了限界達成性〉　変化の終了(結果の成立)限界をとらえる

2・2)〈開始限界達成性〉　動作の成立＝開始限界をとらえる

工藤は、これらを、「すべて、継続性を無視して、そこで運動過程が成立する開始の時間的限界や、そこで運動過程が消滅する終了の時間的限界を必ずとらえている点で、共通している」としながら、「〈ひとまとまり性〉と〈限界達成性〉は、焦点化の相違でもあって、相互排除的に対立するとは言いきれない。従って、動詞の語彙的意味と同時に、〈場面・文脈性〉とも相関する」とも述べている。

しかし、工藤は、基本的には、〈ひとまとまり性〉と〈限界達成性〉を、コンテクスト(工藤の言う〈場面・文脈性〉)による個別的な意味とは見ておらず、主体動作・客体変化動詞の場合は、ひとまとまり性＝終了限界達成性を表し、主体変化動詞の場合は、終了限界達成性を表すというように、動詞の語彙的な意味による焦点化の違いと考えているようである。ただし、主体動作動詞の場合だけは、ひとまとまり性を表すか、開始限界達成性を表すかは、後続文の表す出来事との関係によって決まってくるとし、それが、コンテクストの作用による個別的な意味であることを示唆している。

有標形式である継続相は、最初から、その基本的な意味において、具体的な場面が想定されているので、すぐに、語彙的な意味による違いを分析することができたが、無標形式である完成相の場合は、そのような想定がないので、まずは、コンテクストによる違いから入らなければならない。コンテクストによって、ひとまとまり性と限界達成性を分けてはじめて、その後者において、動詞の語彙的な意味による違いの分析に進むことができると、筆者は考えている。

ところで、一つ、ここで注意しておかなければならないのは、奥田の場合も、工藤の場合も、ロシア語の動詞の完成相の一般的な意味の規定を連想させるひとまとまり性という用語をもちいているが[13]、それは、日本語の「する」の形の、一般的な意味ではなく、個別的な意味にあてられているということである。そして、一般的な意味というものは、奥田も工藤も、設定していないのである（一般的な意味については、第II部で検討する）。

工藤は、基本的な意味として、スル（シタ）は完成性を表し、シテイル（シテイタ）は継続性を表すとしているが、それ以外に、派生的な意味として、以下のような意味を表すとしている（工藤真由美 1995, pp.38–40）。

シテイル（シテイタ）
〈パーフェクト性〉その本なら、一度読んでるよ。
〈反復性〉あの子は、マンガばかり読んでいる。
〈単なる状態〉この道は曲がっている。
スル
〈反復性〉彼は毎朝5時に起きる。
〈恒常的特性〉人は死ぬ。
シタ
〈パーフェクト性〉その本なら、もう読んだよ。
〈反復性〉あの人は、若い頃、毎朝5時に起きた。

そして、次のような説明から、工藤が、スルとシテイルのアスペクト的な形に一般化されたアスペクト的な意味としての、派生的意味も含む一般的な意味を否定していることが見てとれる。工藤は、基本的な意味と派生的な意味との関係だけで、アスペクト的な意味の体系をとらえているようである。

> 発展する文法的形式は、その潜在的意味能力を増大させながら、多義的になっていき、基本的意味と派生的意味とが成立すると思われる。基本的意味は、〈最小のコンテクスト〉で十分であるが、派生的意味は、以下、具体的に述べるように、〈syntactically or contextually marked〉である。そして、もしこれらの派生的意味をも含めて、一義的に規定しようとすれば、限りなく規定の抽象度を上げなければならず、従って、無規定に近くなってしまうのではないかと思われる。（傍点筆者）
> （工藤真由美 1995, p.38）

また、工藤は、基本的アスペクト・テンス体系において本質的なことの一つとして、「アスペクトもテンスも、marked form と unmarked form の相補的対立関係による一般的文法的意味である」ということをあげているのだが、これについて、「完成相（スル、シタ）と、非過去時制（スル、シテイル）とは、形式上 overt marker をもたないが、これは、アスペクトフリー、テンスフリーであることを意味してはいない」と説明している（工藤真由美 1995, p.36）。これを見ると、工藤の言う有標性と無標性とは、意味的な面ではなく、マーカーがあるかないかという形式的な面にかぎって、もちいられているようである。工藤が、一般的な意味でなく、基本的な意味において、アスペクトをとらえているのであれば、アスペクト的な意味は、等価的な対立をなしているので、意味的な面において有標性と無標性の問題がもちあがってこないのだろう。

ロシアのアスペクト論では、一般的な意味が、形態論的なカテゴリーの規定において重要な位置をしめている。だが、日本語のアスペクト論を代表する奥田と工藤は、それについて、まったく触れておらず、基本的な意味においてアスペクトを規定している。どちらのとらえ方をすべきかは、かんたんには結論を出すことはできないであろう。それは、具体的な分析の深まりとともに、少しずつ見えてくるものであると思われる。

5. 完成相と継続相という名づけのし方と、アスペクトの対立の規定

奥田 1977 は、「site-iru という文法的なかたちは suru という文法的なかたちと対立的な関係をむすびながら、アスペクトの体系をなしていて、いまかりに suru を《完成相》、site-iru を《継続相》と名づけておこう。動詞の、二つのアスペクチュアルなかたちは、一方がなければ他方もありえないという、きりはなすことのできない有機的な関係のなかにある」（p.89）と述べ、完成相と継続相という用語を提出した。これは、アスペクト的な意味ではなく、形態論的な形につけられた名まえである。継続相は、「している」の形の表す「継続性」にもとづいて、つけられたものであり、完成相は、「する」の形が表すアスペクト的な意味とされる「ひとまとまり性」にもとづいて、つけられたものであろう。

このように、対立するアスペクト的な形をどちらも積極的に特徴づけるような名づけのし方は、奥田が、アスペクトを、一般的な意味ではなく、その基本的な意味においてとらえていたことを示していると言える[14]。しかし、ソ連・ロシアにおけるアスペクト論では、完了体と不完了体のように、対立する項の有標性と無標性にもとづいて、とくに、その一般的なアスペクト的な意味において、規定されるのが、ふつうである。すなわち、ロシア語のアスペクトでは、対立する一方の項が、ひとまとまり性という一般的な意味を持つため、有標の項として、完了体と呼ばれ、もう一方の項は、ひとまとまり性について、それを表すとも表さないとも示さ

ないため、無標の項として、不完了体と呼ばれるのである。

「する」「した」と「している」「していた」とを、アスペクト的な形として、どのように名づけるかは、アスペクトの規定のし方による。基本的な意味においてとらえるか、一般的な意味においてとらえるかによって、その名づけが決まってくる。したがって、この問題も、すぐには答えを出すことができない。次節で、この問題を検討するのだが、本書では、仮に、奥田の、完成相と継続相という用語にしたがっておく。

ところで、奥田は、鈴木重幸が、鈴木重幸 1957「日本語の動詞のすがた（アスペクト）について」で、「ある」「いる」のように「している」の形を持たない動詞も、《持続態》「している」の形に対する《基本態》としていることによって、そして、また、鈴木重幸 1972a『日本語文法・形態論』で、「すがた動詞のもとになる単純なくみたての動詞を、すがた動詞に対して「単純態」とよんでおく」と述べていることをもって、「suru と site-iru とをアスペクトのうえで対立する、ふたつのかたちとしてとらえてはいない」と批判している（奥田 1978, p.106）。

しかし、後者は、それが、単に形つくりにもとづく用語であることを示すものであろう。ソ連・ロシアの言語学では、日本語や英語のアスペクトに関して、規則的に作られる分析的な形に対立するもとの形を、鈴木の「単純態」のように、「基本相」や「基本系列」といったような中立的な用語で名づけることが多いようである。しかし、だからといって、それらの言語にアスペクトを認められていないというわけではないのである。また、前者の、形式的にアスペクトのペアーをなす形を持たない単語を、アスペクトの体系のなかで位置づけるか、それとも除外するかは、ソ連・ロシアのアスペクト論においても、さまざまな議論のある問題である。だが、それはおいておくとしても、そもそも、「ある」「いる」の位置づけと、それ以外の動詞がアスペクトの対立をなしているとみなしているかどうかとは、まったく別の問題と言えるだろう。

第2節　アスペクト的な意味の体系性について

この節では、形態論的なカテゴリーにとってもっとも重要であると思われるアスペクト的な意味の体系について検討する。これまでも、完成相や継続相の表す個々のアスペクト的な意味は、かなり、とりだされているが、それらを、対立するものとして体系的にとらえているものは、少ない。アスペクト的な意味の体系が明らかにならなければ、それぞれの形を、アスペクト的な形として、どのように規定するかを決めることができないであろうし、さらには、アスペクトというカテゴリー自体も規定することができないはずである。

形態論的なカテゴリーの検討は、単語の文法的な形の表す一般化された文法的な意味と、単語の語彙的な意味における、一般化されたカテゴリカルな意味である語彙・文法的な系列とを、おもな対象とするが、そのカテゴリーのメンバー（完成相・継続相）は、それぞれ、単語における文法的なものとして、まずは、さらに細かな語彙的な意味のバリアントとの相互作用において、さまざまな文法的な意味を表す。また、単語は、つねに、文のなかにあるものであれば、文の構文論的な構造との相互作用においても、さまざまな意味を表すようになり、さらには、文が、つねに、発話の状況やコンテクストにおいて存在しているものであれば、それらとの相互作用において、さまざまな意味が実現することになる[15]。このように、単語の文法的な形は、言語のさまざまなレベルからの作用を受けながら、その個別的な意味を実現するのだが、この、いくつかのカテゴリカルなタイプにまとめることができる個別的な意味は、個々の発話における一回かぎりの意味ではなく、言語の文法的な体系からでてくる体系的な意味であり、単語における潜在的な能力と、その実現である。体系の構成要素である形態論的な形（完成相・継続相）は、体系により規定された自らの潜在的な価値を、言語的な環境との相互作用のなかで、その機能として実現するのである。

1.　中核的な意味[16]—限界到達と過程継続

個別的な意味を代表し、その形態論的なカテゴリーの性格をもっともきわだたせるような意味を中核的な意味と呼ぶとすれば、アスペクトという形態論的なカテゴリーにとって、動作の時間的な展開のし方がもっともあからさまに現れるような具体的な動作を表す場合の完成相と継続相の意味が、中核的な意味であると言えるだろう。これは、典型的には、話し手によって観察あるいは知覚される、場面のなかで起こる具体的な動作の、眼前描写的な記述である。

動詞の表す動作は、それが時間のなかで起こる動作であれば、話し手によって、時間軸上の一時点に位置づけられるのだが、この、話し手により設定される、時間軸上の一時点を、基準時点と呼ぶ。具体的な動作は、その展開過程の一つの段階を基準時点と関係づけることによって、その前後する段階との時間軸上の位置関係をほのめかし、動作の展開過程における内的な時間の流れをあらわにしている。そして、完成相と継続相は、その基準時点との関係づけられ方の違いを表しわけている。すなわち、動作が基準時点と時間的に関係づけられることによって生じてくる、動作の内的な時間構造の現れ方の対立がアスペクトの意味的な土台をなしているのである。

1.1.　限界動詞の中核的な意味

１）完成相

まず限界動詞の完成相と継続相が表すアスペクト的な意味について見ていこう（限界動詞については第４章でくわしく触れる）。

限界動詞の完成相は、中核的な意味として、限界へ到達した動作を表すのだが、その場合、過去形であれば、基準時点以前に（直前に）限界へ到達し、ほのめかされた限界到達後の段階が基準時点と同時的となり、非過去形であれば、ほのめかされた限界到達まえの段階が基準時点と同時的となり、基準時点以後に（直後に）限界へ到達するのである。したがって、基準時点においては、完成相の表す動作、つまり、動作の限界への到達は、潜在的なものである。この、限界への到達を表す過去形「した」は、従来、「完了」を表すと言われていたものであるが、ここでは、それを、直前過去というテンス的な意味と、限界到達というアスペクト的な意味という、二つの側面に分けて、とらえている。

完成相の過去形と非過去形の表す動作は、基準時点をめぐって、対称的なものでなく、基準時点への関係づけの強さの点で、異なっている。限界（特に結果を残す限界）は、限界到達後の段階と、より強く結びついているため、非過去形よりも、過去形の方が、基準時点との関係づけが強い。また、そのため、非過去形では、限界到達という意味が、明確に現れてこないのである。

〈完成相・過去形〉

（７）　いいかげんいったところで、彦次は、さっとふとんをかけようとした。ところが、そこはちょうど、らんかんがこわれていた。あっというまもなく、彦次は、ふとんもろとも湖のなかにころげおちた。「たいへんだ。彦ちゃんがおちたっ。」「先生、先生！」滝先生は、部屋をそうじしていたが、びっくりしてほうきをなげだし、えんがわからとびおりて、はだしのままかけつけた。　（長崎源之助・彦次）

（８）　急いでジャンパーをぬぎ取り、それを鉛管のあちら側にそっとかぶせて、こちらの端っこをハンケチで蔽う。造作はなかった。そのハンケチの隙間から、彼女の柔い羽毛が、私の手の中にコトコトとすべり込んでくるのである。「取った、取った」私は少年の日のような大声になる。どうやらセキセイインコのようだ。小首をかしげてジッと私を見上げている。余程馴れているのか、バタつく気配が、少しもない。　（檀一雄・火宅の人）

〈完成相・非過去形〉

（９）　待ってて頂戴。いま、すぐあったまるわ。　（鈴木重幸 1979 の用例）

（10）　みんなは、おしだまって、源じいさんの後ろに続きました。連れていかれたのは、にわとり小屋の前でした。「ほうら、見ろ。たまごを産むぞ。」五、六羽のにわとりが、しきわらの上にしゃがんで、目をとじたり開けたりしていました。ぼくらは、息をつめて見つめました。

（斎藤了一・源じいさんの竹とんぼ）

この、完成相の表す中核的な意味は、コンテクストに強く依存した意味である。また、その土台には動詞の語彙的な意味が作用している。これは、日本語の完成相が無標形式であることから、あとに述べる、継続相の表す具体的な動作の過程継続との対立において、完成相に付与されるアスペクト的な意味なのであって、アスペクト的な形自体が積極的に表現している意味ではない。しかし、これを、語用論的な意味などとして、単なるコンテクストによる偶発的な意味と見てはならない。これは、あくまでも、継続相との対立において生じてくる体系的な意味なのである。

コンテクストに強く依存しているがゆえに、「している」の形とアスペクト的な意味において対立する形として、「する」の形をとりだすことに疑問が投げかけられることもある。たしかに、厳密な意味において、「する」の形が、動作の内的な時間構造を表すのが、非常に限られたコンテクストにおいてであれば、日本語のアスペクトの確立は、まだ、その発展の途上にあるとも言えるだろう。しかし、無標形式は、その文法的な意味を表すにあたって、有標形式に比べて、コンテクストへの依存度が、一般的に高いということを考えれば、それは、歴史的な過程における量的な問題であって、質的な問題ではないと見ることもできるのではないだろうか。形態論的なカテゴリーへの質的な転換は、「する」の形が、「している」の形と対立するアスペクト的な意味をおびはじめた時点で、すでに、日本語においても、起こっているのである。

完成相が、中核的な意味を表すのは、基準時点が、発話時＝現在の場合に限られる。そして、ふつうは、「いま」という、発話時を含む時間帯に入るものに限られる。この特殊な時間名詞の意味とも関係していると思われるが、基準時点における動作だけでなく、基準時点より前や、後の動作をとらえることができるのは、話し手の存在する発話場面であればこそなのだろう。話し手の発話する場面でない過去や未来においては、この中核的な意味は実現しない。たとえば、「彼は三時に家に着いた。」という文では、到着する時点が三時であり、その時点に動作はひとかたまりのものとして位置づけられているのである。つまり、基準時点である三時以前に到着し、三時にそこに滞在しているわけではないのである。

この、完成相の表す限界到達という、動作の展開過程の現れ方と、基準時点との関係づけとは、相互に規定しあって実現していて、一方がなければ他方がないという関係にあるのだろう。

また、この完成相の動詞が動作の限界への到達を表していて、過去形では、その限界が、発話時＝現在にある基準時点に先行し、非過去形では、その基準時点に後続しているのであれば、ここにも、現在を含みこんだ過去や未来の動作というテンス的な意味の対立が認められる。しかし、動作の内的な時間において、基準時点と関係づけられているため、アスペクト的な意味が主要な役割を演じていて、テンス的な意味は、それからひきだされてくるという意味において、従属的なもののようにも見える（こうしたことから、この種の完成相・過去形について、「完了」という意味規定が与えられることがあるのだろう）。少なくとも、ここでは、アスペクト的な意味とテンス的な意味が相互規定的に存在していて、明確な分化が起こっていない。この完成相の中核的な意味は、動作が、発話時にある基準時点と関係づけられているため、発話時と、動作が位置づけられる基準時点との時間的な関係をテンスと考えるならば、これは、テンス的に、現在を表すとも言えるかもしれない。だが、明示的に表されている意味は、基準時点に先行あるいは後続する時点、つまり、動作が限界へ到達する時点に重心があるので、やはり、（現在を含んだ）過去や未来であるとしておくのがいいだろう。ここで重要なことは、このようなテンス的な意味に対して、限界到達というアスペクト的な意味を区別し、とりだすことができるということである。完了という未分化な規定ではなく、そこに、テンス的な意味とアスペクト的な意味とが、動作の異なる側面として、共存しているとするのが、筆者の立場である。

2）継続相

以上のような完成相に対して、継続相では、基準時点は、発話時＝現在に限られず、過去や未来の場合もあり、アスペクト的な意味とテンス的な意味とが分化している。継続相・非過去形は、まだ、テンス的に現在と未来が分化していないが（基本的には、現在を表すのだが）、継続相・過去形は、形つくりのうえではテンス的にもアスペクト的にも有標の形であり、明確にそれぞれの意味が表されている。

継続相では、限界動詞のタイプによって、基準時点との関係のし方が異なってくる。主体の変化をさししめす限界動詞の継続相は、完成相・過去形と同じく、基準時点以前に限界に到達するのであるが、その、明示的に表している意味の中心が、基準時点の、その限界到達後の状態にあるという点において、完成相・過去形と異なっている。この継続相の表す状態は、動態性が弱いが、過程継続という特徴は持っていると言うことができるだろう。

この継続相の表す状態には、一時的なものもあるし、不可逆的なものもあり、さまざまなバリアントが存在する。

〈現在〉

(11)　「お帰んなさい。お風呂がわいていますよ」　　　　　（松本清張・点と線）

(12)　風が来て桜の枝を揺るような日で、見ると門の外の道路には可愛らしい実が、そこここに落ちていた。「ホ、こんなところにも落ちてる」と捨吉は独りで言って見て、一つ二つ拾い上げた。　　（島崎藤村・桜の実の熟する時）

〈過去〉

(13)　「あなたは団扇をかざして、高い所に立っていた」　　　（夏目漱石・三四郎）

〈未来〉

(14)　しかし旦那、そのがまぐちは明日になったら、きっと木の葉に変わってますよ。（住井すえ・農村イソップ）

一方、対象に変化をひきおこす動作をさししめす限界動詞の継続相では、限界に方向づけられた過程の、基準時点における継続が表され、ほのめかされた限界への到達は基準時点以後となる。基準時点以後に動作が限界へ到達するという点で、完成相・非過去形と同じになる。だが、それも、動詞によって、多少の違いが生じてくる。

「切る、あたためる」などのような、対象への働きかけが対象における変化の発生と直接的に結びついていて、働きかけの進行とともに対象にその変化の結果が蓄積されていくような動作をさししめす動詞の場合、その限界は対象の限定性によって与えられるのだが、その対象の量的な限定が明示されなければ、限界はあからさまには示されない。そのため、継続相で、ほのめかされた限界へ向かう動作の過程の継続を表すことが多い。

(15)　自在鍵にかけた大鍋には、何かぐたぐたと煮えて、湯気が白くあがった。「何、煮てるんだね？」　　　　　（田山花袋・東京の三十年）

(16)　「庭で手紙をやいていたでしょう」そこまで見られていたとは知らなかった。（工藤真由美 1987 の用例）

しかし、「置く、入れる」のように、対象における変化が、ある時点に一挙に実現するような動作をさししめす動詞では、継続相で動作の過程の継続を表すことが少なく、特に、会話文では、ほとんど例がみつからない。こうした動詞では、広い意味における再帰的な構造の文においてだが、継続相が、限界に到達したあとの段階を表している例が目につく。この場合、完成相・過去形と同じく、限界到達後の段階が基準時点と関係づけられているのだが、限界到達後に対象に残る状態の維持が表されている。動作の主体が客体の状態を意志的に作りだし、その状態を維持しているのである。これも、また、非動的な過程性を持つものとしておくことができるだろう。

(17)　「恵さん、しまった。万年筆を忘れてきた。万年筆はまだ好いけれど、そのケースの中に、新聞小説の発送スケジュールを入れている」

（檀一雄・火宅の人）

(18)　署長は例によって上着をぬいで、ぬらしたタオルを机のうえにおいていた。

（石川達三・洒落た関係）

1.2.　無限界動詞の中核的な意味

限界を持たない動作をさししめす無限界動詞は、多くの場合、継続相で、基準時点と関係づけられた動作の過程の継続を表している。それが、もし完成相で使われれば、動作の発生を表し、その発生が基準時点と関係づけられるのだが、その場合、過去形であれば、その発生のモメントが基準時点以前であるし、非過去形であれば、基準時点以後である。過去形の場合は、基準時点に動作の過程が続いていることがほのめかされるが、非過去形の場合は、基準時点には、その動作の発生のきざしのようなものしかなく、動作の内的な時間構造と関わるものは存在しないため、基準時点との関係は、きわめて弱い。

中核的な意味においては、過程継続と限界到達との対立関係が、無限界動詞の完成相にもひろげられ、臨時的に、無限界動詞のさししめす無限界的な動作の時間的な展開のなかの始まりを、その動作が実現した時点という意味において、限界としてとりたて、無限界動詞の完成相の中核的な意味に仕立てあげているのである。したがって、ここでは、ふつうの限界と区別して、「開始限界」というものを、たてるということはしない。

〈継続相〉

(19)　「まあ、お時さんはたのしそうに話しているわ」　（松本清張・点と線）

(20)　「あ、そう。それで。大変のどかに歩いてらしった。」（佐多稲子・くれない）

〈完成相〉

(21)　コロコロと鳴き始めた。「鳴いたッ」　（工藤真由美 1987 の用例）

(22)　「動くぞ」ジェット機は方向を変えて滑走しはじめた。

（工藤真由美 1987 の用例）

1.3.　特殊なタイプの動詞―限界到達のバリアントを中心にして

中核的な意味は、発話の場面のなかで起こってくる具体的な動作だけでなく、長い時間のなかで進行するような動作など、場面のそとで起こった動作をさししめす動詞も表す。この場合、以前の状態から変化した現在の状態の確認は、発話時＝現在にある基準時点において、行われるので、これらの動詞の表す動作も、発話時＝現在にある基準時点に関係づけられ、内的な時間構造をあらわにしていると言える。[17]

この完成相では、現在の状態にもとづきながら、以前の状態から現在の状態への移行を表しているのであり、それゆえに、かならず、以前の状態を知っていなければならないということになる。それに対して、継続相は、限界到達後の段階である現在の状態を表しているので、基本的には、以前の状態の存在をほのめかすのだが、それを確認している必要はない。そして、また、限界到達の意味が背景にしりぞいていけば、単なる特性を表すようになることもあり、その場合は、以前の状態は存在しなくなる。

(23)「あなた、とても痩せたわね」　（林芙美子・浮雲）
(24)「ええ、すっかり直りました」　（夏目漱石・三四郎）
(25)　組立式の大きな本箱と、机に椅子だけで、畳は相当いたんでいる。
（林芙美子・めし）

「光る、輝く、鳴る」「音がする」「見える、聞こえる」「見る、聞く」などの動詞は、ほかの無限界動詞と同様に、完成相で、動作の発生や始まりを表し、継続相で、動作の過程を表すのだが、その過程が瞬間的であっても、成立したと言えるような動作をさししめしているため、完成相が瞬間的な動作を表す場合がある。そして、それとの対立において、継続相は、ある時間続く持続的な動作を表していると規定することができるようにも思われる。この完成相と継続相が表すアスペクト的な意味の対立が、瞬間性と持続性との対立であるとすれば、これは、限界到達と過程継続の特殊なバリアントであると言えるだろう。しかし、完成相は、瞬間性という、限界到達の特殊なバリアントであると言えるかもしれないが、継続相は、持続性を明示しているわけではなく、やはり、ほかの動詞と同様、過程継続を表していると言うべきであろう。

(26)　内部へ収容するまで、一つの担架が暫く道の上に放置された。その上に横たわった屍体の頭部に、米兵が何か挿すのが見えた。ライターが光った。すると意外にもその屍体が軽く頭をもたげた。細い煙がゆるやかに日光に立ち上った。煙草であった。その屍体は生きていた。　（大岡昇平・野火）
(27)　時々灯火のもれる家の前で、警備員がメガホンで口汚くののしっていた。そのくせ月夜なので、広いアスハルトの道は河のように白く光っていた。佐々木は酒に酔いながら、小さい声で、軍歌なぞをくちずさんでいたが、よろよろと戸外へ行き、防火水槽の横で股を拡げた。　（林芙美子・牛肉）

「たたく、ぶつ」「あたる」などの動詞は、完成相で、くりかえし起こる動作の始まりを表し（例28）、継続相で、くりかえし起こる動作の過程の継続を表す（例29）。この点は無限界動詞のアスペクト的な意味と似ている。しかし、完成相で一回だけ起こった動作を表すこともあり（例30）、この完成相の表す、一回かぎりの瞬間的な接触は、限界到達の特殊なバリアントであると言えるだろう。だが、完成相の表すのが、一回かぎりの動作だけではないので、この種の動詞の完成相と継続相とが、一回性と多回性との対立をなしているとまでは言えない。「振る、震える」などの動詞も、これと似た意味を表すと解釈することができる。

(28)　アイロンを、スカートの皺の上においたまま、三千代は、左の手で、自分の膝小僧を、ぴちゃぴちゃ叩いた。　（林芙美子・めし）

(29)　河内は、心得た顔つきで、「おっさん、かつおのたたきで、お酒頼むでエ」と、両手で、子供のように、台をたたいている。　（林芙美子・めし）

(30)　「ああ、そうか」店主は印入りの厚い前だれをたたいた。「それなら思い出しました。そうですか、あの前の晩のことですか。それなら、見ましたよ」
（松本清張・点と線）

完成相において、以上に述べた、限界到達という中核的な意味と、次に述べる全体的な事実という基本的な意味とのあいだに、もう一つ、中間的なタイプをとりだすことができる。

それは、動作が、発話時＝現在につながる時間の流れのなかに配置され、そして、現在につながる、その動作が起こったあとの時間帯と、その動作が起こるまえの時間帯とをしきる、いわば点のように、とらえられるものである。これは、その動作の起こったあとの時間帯が場面のなかで意味を持っていれば、しばしば、パーフェクト的な意味をおびることになる。

点のようにとらえられるといったように、この動作は、限界到達を表す動作のようには、自らの内的な時間構造をあらわにしていない。たしかに、潜在的には、限界に到達した動作なのだが、動作全体が、ひとかたまりのものとして、点のようにさしだされているため、限界への到達だけが顕在化するということになっていないのである。

(31)　「メシ喰った？」
　　「いいえ。でも、欲しくありません」
　　「オレは喰うぞ」
　　　私は横浜駅に停車すると同時に、列車から駈け降りて、弁当、寿司、シュウマイと手当り次第に買い漁った。　（壇一雄・火宅の人）

(32)　「どういうのか。ちっとも口数はきかないんだ。それでいて、アパートを借りる位なら、一軒借りた方がいい、なんてぽつんと言い出すんだ。」「あら、もうそんな話をしたの。」　（佐多稲子・くれない）

これまでのアスペクト研究において「ひとまとまり性」としてイメージされているものは、このような意味ではないだろうか。限界に到達した動作でありながら、過程全体がひとまとまりのものとしてとらえられているのである。工藤の言う〈ひとまとまり性＝終了限界達成性〉というのも、おそらく、これだろう。完成相の中核的な意味である限界到達の意味は、上に述べたように、かなり限られたコンテクストにおいて実現するものであったが、それに対して、この意味は、純粋な限界到達という中核的な意味より、より広いコンテクストにおいて実現するものと言えるだろう。

この意味に、限界到達という意味的な構成要素が含まれているなら、これも含めて、広い意味において、限界到達性という意味を規定できるかもしれない。もし、そうであれば、完成相の表す限界到達という意味は、形態論的な形の持つ形態論的な意味として、より確かなものとなるだろう。

2.　基本的な意味

中核的な意味のほかに、個別的な意味のなかで、重要な位置をしめる意味がある。それを基本的な意味と呼んでおこう。基本的な意味とは、その意味の実現において言語的な環境への依存度がもっとも低いような個別的な意味である。これは、もっとも使用頻度が高い個別的な意味であり、そのため、その言語の話者が、その形を見て、まず思いうかべる意味であるとも言える。基本的な意味は、中核的な意味と一致しているのが、ふつうであるが、二つが異なっている場合もある。

継続相の場合は、基本的な意味は、やはり、動作の具体的な過程継続の意味であり、中核的な意味と一致している[18]。このことは、継続相がアスペクトの対立における有標の項であることと関係しているのだろう。しかし、完成相の場合、動作の限界への到達という中核的な意味は、言語的な環境への依存度が高く、おもにコンテクストによって、その意味の実現を条件づけられている。それは、具体的な場面をさしだすというコンテクストのなかでの、継続相の中核的な意味との対立において現れてくる体系的な意味である。

完成相の表す、もっとも言語的な環境にしばられていない意味は、「私は、きのう、友達と遊んだ。」といった文の示すような、動作の内的な時間構造には触れず、ただ動作の実現の事実を表すという意味である。これを、全体的な事実の意味と呼ぶことにする[19]。この場合、限界動詞であれば、動作が成立したというかぎりにおいて、限界への到達は含意されているが、限界へ到達したことは、あからさまには表さない。より正確に言えば、あとに続く段階と関係づけられて、時間的な展開過程として、限界がさしだされているというものではない。また、無限界動詞であれば、その過程が終わったかどうかは、問題でなく、ただ、その過程の断片が実現すればいいのである。ただし、それも、中核的な意味と異なり、動作の時間的な展開過程のなかの始まりを表しているわけではない。こうした、基本的な意味における動詞の語彙的な意味による違いは、基本的な意味が発話に実現するときのニュアンスの違いとして位置づけられるものであって、体系的なアスペクト的な意味の違いではない。

アスペクトの意味の体系において、動作の内的な時間構造を表す、完成相の限界到達の意味と継続相の過程継続の意味という中核的な意味に対して、動作の内的な時間構造を表していない意味として、この完成相の、全体的な事実の意味という基本的な意味が対立しているようにも思われる。この全体的な事実の意味は、完成相と継続相の表す個別的な意味の体系全体において、無標の項である完成相にわりふられる個別的な意味であり、ある意味において、日本語のアスペクトの体系全体において完成相のしめている位置を、もっともよく表している。

この全体的な事実の意味において、動作が内的な時間構造をあらわにしていないということは、動作が展開過程の部分において基準時点と関係づけられているのではないということであり、それは、さらに、動作が他の動作と時間的に関係づけられていないということにも、つながっていく。したがって、この意味を表すとき、完成相の動詞は、典型的には、孤立的にとらえられた動作を表していて、他の動作と継起的な関係にある動作を表すことができない。

完成相の表す全体的な事実の意味には、以上に述べたような、動作の実現の事実を表すものだけでなく、より一般化された、動作の単なる名づけ的なさししめしを表すものもある。その二つを区別するために、前者を全体的な出来事の意味と呼び、後者を全体的な名づけの意味と呼ぶこともできる。アスペクトの個別的な意味として重要なのは前者であり、後者は、もっとも時間的な具体性が弱い動作として、アスペクトの体系においては、もっとも周辺的なものである。また、時間的な具体性が弱くなれば、当然、テンス的な意味の現れ方も異なってくる。したがって、基本的な意味としては、前者に限るべきであろうが、ここでは、二つをまとめて出しておく。

2.1.　全体的な出来事の意味

全体的な出来事の意味として、まずあげられるのは、動作が起きたかどうかという、動作の実現・非実現の確認の意味である[20]。この場合、文における論理的なアクセントの中心（述べられる中心となる新情報や未知の部分）は述語動詞にある。そして、確認される動作は、過去の動作だけでなく、未来の動作の場合もある。

この全体的な出来事の意味を表すとき、動作は、発話時＝現在と、動作の内的な時間構造において関係づけられていないので、発話時＝現在を基準時点としてはいない。また、動作が、過去や未来の平面のなかに位置づけられていても、動作の内的な時間構造をあらわに示さないのであれば、過去や未来に設定された基準時点とも関係づけられていないということであり、基準時点は、ここでは存在していないかのようである。そのために、過去や未来の平面のなかの、あるいは、ある期間のなかの、不特定時に位置づけるということも、許されるのだろう。だが、時間の状況語によって、動作の起こった時点を示すことができ、また、過去や未来の同じ時点における継続相との対立を考えると、やはり、特別なし方で、すなわち、分割されていない動作全体として、過去や未来に設定された基準時点と、あいまいに、ほのめかし的に関係しているとも言えるだろう。動作が、基準時点のうえに、その展開過程の、どの部分において関係づけられているかを明らかにしないで、あいまいな形で、のっかっているかのようである。そうであるとすれば、動作と基準時点との関係は、継続相の基本的な意味の場合と同じく、同時的である。そして、動作の基準時点と発話時との関係をテンスとするならば、これは、過去や未来を表すと規定することができる。[21]

一回かぎり実現した動作を表すとき、アスペクト的な意味に関して、それを、限界到達か過程継続という中核的な意味で表すことができるのだが、この全体的な事実は、それらの対立的な意味が中和した、それらの土台としてある、動作の実現という意味を表しているとも言えるだろう。

動作の実現の確認は、その動作が起こるという予想など、何らかの前提のもとで行われる。その前提は、質問文の形をとっている場合と、より非明示的にコンテクストに表現されている場合とがある。

また、結果をあとに残すような動作の場合もあるが、その場合も、結果はほのめかされるだけである（例35）。

〈質問文による前提〉

(33)「よせ。よせ。わかった」永松は笑って、銃口を下げた。我々は近寄った。

彼の頬の筋肉が引きつっていた。「見たか」「見た」「お前も食ったんだぞ」「知っていた」「猿を逃がした」「残念だった」　(大岡昇平・野火)

(34)　「こらー、いいじゃないの。気に入ったよ。斜めの部屋なんて、そうザラにあるもんじゃないよ」「借りますか？」「うん、借りる」と云ったが、チョビ髭のおやじは仏頂面で私を見守ったまま、ニコリともしない。

(檀一雄・火宅の人)

〈コンテクストによる前提〉

(35)　さて、夕暮。私は書庫の机の上におき去りにしておいた金がちょっと心配になってきた。家内を呼んで取りにやるのである。家内は長いこと帰ってこなかったが、やがて戻ってくると、「書庫はどこを探してもありませんよ。何か思い違いじゃありませんか？」「いや、そんな馬鹿なことはない。ちゃんと書庫の机の上においた。もう一ぺんよく探してみてごらん」

(檀一雄・火宅の人)

(36)　「青森に行こう」「誰か御一緒？」「ああ、野原君が行く筈だ。もしあなたが行かないのならば、割戻して使って貰って結構です」「いえ、行きます」

(檀一雄・火宅の人)

不特定時ではなく、特定時の動作の実現の確認もある。その特定時に動作が実現したかどうかを明らかにしているのである。

(37)　「火曜日、会社へいった？」知子はずばりとたずねた。「え、火曜日って、今週の火曜日か。いったいった。ちゃんと会社へいったよ。」

(国松俊英・お父さんが 2/5)

(38)　「あなたは、二十日の二十一時二十七分の電車の改札をしましたか？」「ええ。勤務しました」　(松本清張・点と線)

動詞が、聞き手への念押しなどのムード的な意味を表すむすびをともなう場合も、全体的な出来事の意味を表す。これも、動作が実現したかどうかを確認しているのである。

(39)　「お前はおれが入院していたとき、結婚否定だと言ったじゃないか。結婚は女の墓場だとか、お母さんの結婚生活は愚劣だとか言ったじゃないか。あれはどうしたんだ」「そんなこと言ったかしら。でもわたし、考え方が変ったの。変ったというのはやはり進歩でしょう」　(石川達三・洒落た関係)

(40)　「そりゃそうでしょうけど、でもね。……お嬢さん、泣いたでしょう」「い

や、わりあいにしっかりしていた」　　（石川達三・洒落た関係）

出来事の側面的な、付随的な特徴の確認も、全体的な出来事の意味である。その動作の実現自体は、確認されたものとして前提とされているのだが、その前提は、質問文に含まれている場合もあるし、よりひろいコンテクストに表現されている場合もある。この場合、文の論理的なアクセントは、述語動詞以外の文の成分にある。あるいは、述語動詞だけでなく、それ以外の文の成分にもある。

(41)　「あの日の午後君はどこへ行ったかね」「高取山へいきました」「ひとりかね」　　（新田次郎・孤高の人）

(42)　鳥飼刑事は、骨ばった汚ない指で受取証をひろげてみていたが、「御一人様？　この男は一人で食堂で飯を食べたのですなあ」と、ひとりごとのように言った。　　（松本清張・点と線）

(43)　恵子もあわてて、サイド・カーの中に入りこんできて、愉快そうに周囲を眺めまわしながら、「やっぱり、いいものね。一さんはしょっちゅう酔っぱらって、危いから、ケイが運転を覚えるわ。その時は、ちゃーんと乗っけてあげるからね、安心しといてね」　　（檀一雄・火宅の人）

(44)　「これを一ついただきましょう。」と私は年配のかみさんにいった。「一つ、包んでください。郵便で送りますから……」「はい……おつかいものでしょうか。」「いえ、自分で食うんです。」　　（中野重治・萩のもんかきや）

次の例は、動詞の語彙的な意味のなかに含まれている動作のし方や側面的な特徴について確認している。

(45)　大きな荷物を風呂敷に包みこんでしっかり抱えてきたと思ったら、風呂敷の中にボール箱、ボール箱の中は犬である。そのボール箱を卓上に置いたから、クンクンクンクン、可愛い仔犬が、雨の音に怯えて、啼きしきった。私は訝しく、「どうしたの？」「買いました」「買った？」と私は年久しく馴れたつもりの女房だから、尚更、犬と細君の結びつきがわかりにくく、まるで狐につままれたような気持である。　　（檀一雄・火宅の人）

(46)　「うちの犬が死んだよ」と私は水をさした。「まあ、可哀想に、どうして？」「こごえ死んだ」「どうしてでしょう？」「寒かったからさ」　　（檀一雄・火宅の人）

話のきりだしなどにおける、何らかの前提があまり感じられない場合の、特定時への出来事の位置づけも、全体的な出来事の意味と考えられる。これは、過去や未来の時間の平面の、ある一時点に、動作を、内的な時間構造をあらわに示すことなく、非分割的なものとして位置づけることを表している。[22]

(47)　「さっき東京駅でKさんを見たわね。知らなかった？　奥さんや子供さんを連れて。」（佐多稲子・くれない）

(48)　「けさ、わたし転んだの。石段で……」「転んだ？……どうして黙っていたんだ」（石川達三・洒落た関係）

(49)　今夜、出発する。午前零時だ。（檀一雄・火宅の人）

(50)　「なるほど。それでは明日の夜でもお宅の方に電話をかけます」（石川達三・洒落た関係）

2.2.　全体的な名づけの意味

全体的な名づけの意味とは、動詞のさししめす動作が、現実の一つの動作にだけ関係づけられるのでなく、ほかの、それと同じタイプの動作とも関係づけられるような、動作の一般的な名づけである。これは、時間的な具体性が弱い動作であり、非過去形に限られる。

1）提示

もっとも典型的な全体的な名づけの意味は、一般的な動作の提示である。ムード的にも、テンス的にも、アスペクト的にも、積極的に意味づけられていない、いわば、不定形のような用法である。

(51)　がたがたになるまで自分を崩してみろ。自分で収拾がつかなくなるほど悪いことをしてみろ。飲む、打つ、買う。……何だっていいじゃないか。（石川達三・洒落た関係）

(52)　めいめいがもちよった材料で、この日だけはおとなからいっさいさしずを受けないで、少女たちがかってにすきなようににたきをしてたべる、そういう風習が、この四国の小豆島には大むかしからありました。（壺井栄・がきのめし）

2）例示・手順

判断や評価などの根拠となるような一連の動作について述べるとき、そのなかのいくつかを例としてあげる、例示と言っていいような用法がある。これは、感情的な色づけをともなっているのが、ふつうである。この例示では、さししめされる動作は個別的なものであるが、特定の主体により特定の時点に行われたという側面は切りすてて、どんな動作であるかという動作の内容について伝えている。

(53)　「病後、子供がすっかり兇暴になってしまいました。すごく癇癪持になりまして、お茶碗やお皿を叩きこわすのは、毎日です。卓袱台をお茶碗ごとひっくり返します。窓ガラスを自分の握り拳で破ります。自分でも血だらけになって狂い廻る始末ですから、情ないやら、この子の行く末が案じられてなりません……」　(檀一雄・火宅の人)

(54)　でも、私は良武の身許を引き受けるわけには行きませんの。まあ、何て言うのかしら、昔風に言えば、勘当ですわ。出入り差し止めですよ。いいえ、良武の方で私のところへ出入りが出来ないんです。私の留守に、私のところへ来て、おかねは持ち出す、ダイヤの指輪は持ち出す、私の毛皮のコートを売り飛ばす、テレビを持ち出して売ってしまう。学生のときから私はもう何年もそれをやられて来たんですよ。　(石川達三・洒落た関係)

くりかえし行われていて、型となっている一連の動作を一つの例として描くような、手順とでも言うべきものも、全体的な名づけの意味と言えるだろう。これは、動作の主体が個別の場合もあるし、一般の場合もある。しかし、一連の動作の手順であれば、動作は継起的な関係にあるとも言える。

(55)　たとえば、カーテン前の景で葬式の場面をやっているとする。弔問客にまじって、石井敏がシルクハットにモーニングという盛装で現われる。すると主役が張子の棒で威勢よくシルクハットの頂点をひっぱたく。ややぶかぶかの帽子が石井敏の眼の下までメリこむ、のたくりながら退場する。彼の出場場面はそれでおしまいである。　(色川武大・怪しい来客簿)

(56)　大むかしの学者たちは、空気に重さがあるかどうか調べるために、こんな実験をやってみました。まず、ブタやウシのぼうこうなど、軽くて空気のもれないふくろを持ってきて、空気を入れる前に、その重さを計ります。それから次に、そのふくろに、いっぱい空気を入れてふくらまし、口をとじて重さを計ります。そして、(空気入りのふくろの重さ)引く(ふくろの重さ)を計算するのです。うまい考えではありませんか。

(板倉聖宣・空気の重さを計るには)

これと近いものに、仮定あるいは想定された一連の動作を表すものがある。この場合も、動作は継起的な関係をなしているようだが、それよりも、条件的な関係

（あるいは、論理的な関係）という面が強くなっていることもある。

(57)　そこに私という医者が登場して、もう手術は出来ない、手遅れだと宣告する。女房は喜ぶし、亭主もあきらめがつく。起るべき深刻な夫婦喧嘩が一つ、防止されたことになりはしないかね。　（石川達三・洒落た関係）

(58)　「要するに問題はこれから先だ。君が葛巻弁護士と相思相愛の仲になったら、どういう事態が生ずるか。それを考えてみることは無駄ではあるまい。葛巻は息子の先輩で、まじめな青年、前途有望なる法律家だ。三十過ぎならば女房がいるのが普通だろう。君とはひと廻り以上も違う。この情熱的な青年は中年女の色香に迷って、現在の女房と別れるかもしれない。そして君と同棲する。そこで君は恋の勝利を感ずるか、それとも罪悪感に悩むか。どっちだろう」　（石川達三・洒落た関係）

3）評価・特徴づけ

完成相の非過去形で表される、物や人に対する評価や特徴づけも、全体的な名づけの意味とすることができるだろう。その物や人は、個別の場合もあるし、一般の場合もある。

(59)　奥さんはよく働かれますなァ。　（林芙美子・茶色の眼）

(60)　人は外見で判断する。　（色川武大・怪しい来客簿）

聞き手に伝えられる、聞き手の動作に対する、驚き、当惑、疑問などの感情的な評価を表すとき、完成相・非過去形が使われる。これは、動作の記述ではなく、動作のし方や側面的な特徴に対する感情的な評価を表しているので、全体的な名づけの意味に入るように思われる。現在の動作だけでなく、過去の動作も未来の動作もあるだろう。

(61)　それから跳び起きるとピアノの蓋をあけ、いきなり結婚行進曲をひきはじめた。力まかせにキイを叩き、ありったけの音をたてて弾いた。気がつくと母が扉を叩いていた。「径子、径子、やめなさい馬鹿な。何て音をたてるのよ。何時だと思ってるの。近所迷惑じゃないか、ほんとに……」
（石川達三・洒落た関係）

(62)　あなた今、アパートの独り暮しでしょう。そんな事までわたし考えるわ。親の家が近くにあるのに、しかも立派な家庭があるのに、なぜあなたはアパートへ行くのか。　（石川達三・洒落た関係）

しかし、これは、過去の動作であれば、過去形をとる場合もある。全体的な出来事の意味との中間的なものなのであろうか。

(63)　「素敵に大きなものを描いたな」と与次郎は云った。　(夏目漱石・三四郎)
(64)　「それでもおかっちゃんには驚いたわ、その客が靴をはいてるまに勝手へいって、お小皿へ波の花を盛って来てさ、朝っぱらからいやなことを云う縁起くその悪いしとだって、うしろから塩花を撒いたわよ」
(山本周五郎・青べか物語)

3.　周辺的な意味—過程継続の明示と非明示

述語動詞が、副詞などの言語的な環境の作用を受けて、限定されない反復の動作を表す場合、継続相も完成相も、反復的な動作の過程の継続を表す。とくに、完成相・非過去形で、発話時＝現在における反復的な動作の過程の継続を表せることが特徴的である。反復的な動作の過程は、上にあげた具体的な動作が連続的な過程であるのに対して、非連続的な過程であるが、二つは過程性として一般化できるだろう。そして、継続相は、過程継続をあからさまに表していると言えるが、完成相はあからさまには表していない。過程継続がないということを伝えているのではなく、過程継続は存在しているのだが、それについて、明示的に表していないのである。したがって、この完成相と継続相とのあいだには、過程継続の明示と非明示という欠如的な対立が成りたっている。体系の周辺においては、中心よりも、対立のし方が弱くなっているのである。

動作の反復は、これまで、継続相の表すアスペクト的な意味の一つとされてきた。しかし、日本語においては、完成相と継続相によって一回かぎりの動作と反復する動作とが対立するわけではなく、また、反復的な動作は、完成相によっても、継続相によっても、表すことができるので、反復的な動作というのは、アスペクト的な意味を受けとる動作のタイプの一つであり、それ自体がアスペクト的な形の個別的な意味なのではないと考えられる[23]。

(65)　「何処かへ行くのか」「行くとも、毎日々々画に描かれに行く。もう余程出来たろう」　(夏目漱石・三四郎)
(66)　「ねえ、お父さん。毎日ちゃんと会社にいってる？」「いってるさ。休みの日いがいは、毎日いってるよ。あたりまえだろ。」(国松俊英・お父さんが 2/5)

人の生理・心理的な状態をさししめす動詞も、人称性の制限があるが、反復的な動作と同様に、完成相・非過去形で現在の状態を表すことができる。これも、過程継続の明示と非明示との対立をなすだろう。また、「音がする、においがする」「見える、聞こえる」などの動詞も、同様である。

(67)　ストーブを夜どおしつけ放しておく。湯たんぽを入れ、死んだように眠る。ワンルームなので、むんむん息苦しくなっても別室にいくわけにいかない。そっと、玄関の扉を細めに開けておく。「扉がぴっちりしまってるかしら。ぞくぞくするわ」圭子は敏感で眼をさましてしまう。(色川武大・狂人日記)

(68)　三千代は、胸のなかが、わくわくしている。　(林芙美子・めし)

(69)　吉田さんの子供達が騒いでいるのが、聞える。初之輔は、きき耳をたてた。　(林芙美子・めし)

(70)　朝になり、いつか眠っていた短い眠りから明子は覚めた。雨の降りつづいていたこの頃、久しぶりに今朝は薄い陽の光が見えて、近所の子供たちの騒ぐ声も外に聞こえている。　(佐多稲子・くれない)

小説の地の文では、無限界動詞や、相対的な限界を持つ動作をさししめす動詞(「増える、減る、高まる」など)が、完成相で、動作の始まりや終わりでなく、動作の過程継続をほのめかすことがある(無限界動詞と相対的な限界については、第4章を参照)。この場合も、継続相であれば、過程継続が明示されるので、完成相と継続相とが、過程継続の明示と非明示の対立をなしているということになる。

(71)　カフェーの客引きの女達の出っぱっている武蔵野館の前を通って、ムーランの小舎の前まで行くうちに、道子は少しずつ勇気が出て来た。正面の石崖の上に細い月が出ていたせいか、何だか武者ぶるいするような気もした。両側のネオンの光が乾いて光っているなかを、道子は時々凹凸の道につまずきながら歩いた。ひそかに、この無情な月に向かって手をあわせてみる。どこまで歩いても薬臭い。　(林芙美子・骨)

(72)　喧騒が高まる。鐘が鳴り出した。カラン、カラン、カランカラン——叫ぶようように中空にあがる姦しい音であった。音は会衆のどよめきと競って、高まって行く。音に連れて、胸苦しさもつのった…　(大岡昇平・野火)

(73)　すずろな宵である。人に尋ねながら、里子は、心斎橋筋へ歩いた。今日は、何もかも、芳太郎がおごってくれたのだと、里子はおかしくなっていた。金魚つりも、カイテン焼き(たいこやき)も、一杯五円の黒蜜も、電車賃も、うどんも、ラムネや、ホールの入場料も、みんな、芳太郎が、おごってくれたのだ。大阪の男の子は、随分、親切なものだと、里子は、にやにや笑いながら、歩いていた。夜はおびただしいネオン・サインが、紺飛白のように、暗い空に光っている。　　　　　　　　　　　　　　　　　（林芙美子・めし）

(74)　戦争も追いつめられて来るにしたがって、ホテルの食事もまずくなって量もとぼしくなったが、それでも行列は一日々々と並ぶ人が多くなっている。
（林芙美子・松葉牡丹）

動作の続く期間が限定されている場合も、無限界動詞の完成相と継続相とのあいだに、過程継続の非明示と明示との対立がある。継続相であれば、その動作の過程が継続しているという生き生きとした形象と、それにともなう時間の流れが感じられる。

(75)　二十分ほど待ったが、初之輔は、やって来なかった。　　（林芙美子・めし）
(76)　足を投げ出して、壁に凭れ、里子は、暫く、茶箪笥の上のラジオを聴いていた。だが、すぐ、それにも飽きて、二階に上り、初之輔の机の前に坐ってみた。
（林芙美子・めし）

特性や関係を表す動詞は、時間的な具体性のない抽象的な動作をさししめしているので、継続相の表す特性や関係が過程継続を表しているとは言えないかもしれない。しかし、その特性や関係は、基準時点に存在しているものであれば、時間的な具体性のない過程として、広い意味において、過程継続に含めることができないこともない[24]。だが、それでも、この完成相と継続相とが、過程継続の明示と非明示との対立をなしているとまでは言えないだろう。

(77)　その思考形態は権威に依存する。　　　　　　　（佐々木力・科学論入門）
(78)　ことばはもちろんからだに依存しているけれども（田中克彦・ことばと国家）

4.　さまざまな体系的な意味の対立

最後に、以上に検討した、中核的な意味、基本的な意味、周辺的な意味などについてまとめておこう。

1）中核的な意味の対立

中核的な意味において、完成相は、動作の限界への到達を表し、継続相は、動作の過程の継続を表している。限界到達は、過程がないという意味における無過程、あるいは、過程が継続しないという意味における過程の非継続と規定することもできるかもしれないが、限界は過程の上のもっとも重要な転換点であり、単なる過程上の点であるわけではない。したがって、この中核的な意味において、完成相と継続相は、限界到達と過程継続という積極的な特徴によって性格づけられるような、等価的な対立をなしていると見ることができる[25]。この対立は、それぞれがたがいを前提として存在していて、たがいに交替できない、もっとも、するどい対立であると言える。

この中核的な意味は、そのほかの個別的な意味の出発点であって、他の個別的な意味をひきよせ、つなぎとめて、体系を形成する個別的な意味の核、すなわち、プロトタイプ的な意味である。アスペクトというカテゴリーの土台には、この中核的な意味がある。また、具体的な動作の時間的な展開のし方を表すことが、いかなる言語においても、アスペクト的な意味の中心であり、この意味は、意味論的には、普遍的なレベルをなすものである。ただ、完成相の中核的な意味は、かなり限定されたコンテクストにおいて実現するものであり、その点においては、日本語のアスペクトの対立は、十分に確立されたものではないとも言えるかもしれない。

この中核的な意味が実現するのは、基準時点を発話時＝現在とする場合だけである。そして、その基準時点に関係づけられ、内的な時間構造を顕在化させる具体的な動作を表す形として、継続相の非過去形と、完成相の過去形・非過去形とが、対立をなしていると言える。したがって、中核的な意味におけるアスペクト的な意味の対立を過程継続と限界到達との対立と見れば、それは、継続相・非過去形と、完成相・過去形、完成相・非過去形との、一対二の対立ということになる。また、テンス的な意味に関して言えば、三つの形は、広い意味においては、現在に属していながら、完成相において、萌芽的に、現在から、過去と未来へと分化していると見ることができる。このテンス的な意味は、動作の内的な時間構造の、基準時点に対する関係づけ方の違いから生じてくるものであれば、アスペクト的な意味に従属していると言えるだろう。

また、完成相の表す限界到達は、おもに限界動詞によって、表されるが、継続相の表す典型的な過程継続は、ほとんど、無限界動詞によって表されるという非対称性が認められる。つまり、一つの動詞で、限界到達と過程継続を、ひとしく、表すことができるというものは、ほとんど、ないと言えるだろう。

「した」が完了を表すのに対して、「する」が未完了を表すと規定する研究者もいるが、現代語においては、「する」は、「している」が存在することによって、過程が基準時点と同時的である未完了を表すことができず、「した」とともに、「している」と対立することによって、限界到達というアスペクト的な意味を、「した」と共通するものとして、もたされている。そして、動作の展開の、どの段階が発話時と関係づけられるかという、つまり、限界到達が発話時の直前か、直後かという点において、「した」との対立を発展させている。このように、「する」は、限界への到達を表しているかぎり、未完了ではなく、完了した動作を表しており、「した」との対立は、完了と未完了との対立ではなく、二つに共通するアスペクト的な意味である限界到達が、発話時に対して、前か、後かという、直前過去と直後未来との、テンスの対立となっているのである。

〈中核的な意味〉

アスペクト／テンス	限界到達	過程継続
直後未来	する	
現在		している
直前過去	した	

2）基本的な意味の対立

基本的な意味において、継続相は、中核的な意味と同じく、動作の過程の継続という意味を表すが、完成相は、全体的な事実の意味（とくに、全体的な出来事の意味）を表す。これは、内的な時間構造という面から見れば、継続相が、動作の内的な時間構造を表しているのに対して、完成相は、それがないという対立であるとも言える。すなわち、これは、ある特徴の表示と、その特徴のないことの表示という欠如的な対立である。しかし、この基本的な意味は、過去と未来においてのみ、成りたっていて、現在においては、成りたたない。全体的な事実の意味を表す完成相は、現在を中心として中核的な意味を表す完成相と継続相と、動作の内的な時間構造があるか、ないかという点で異なっているが、過去と未来という範囲においては、やはり、継続相とのあいだに、動作の内的な時間構造の有無という対立が確立している。継続相では（とくに過去形において）、アスペクト的な意味とテンス的な意味との分化が進んでいて、それぞれの意味を積極的に表しているが、完成相では、動作の内的な時間構造がないというように、アスペクト的な意味が消極化する

〈基本的な意味〉

アスペクト／テンス	全体的な事実	過程継続
未来	する	している
現在		している
過去	した	していた

ことによって、過去や未来というテンス的な意味が前面に出てきていると言えるだろう。[26]

3）周辺的な意味の対立

反復的な動作などが表す周辺的な意味は、過去、現在、未来の、すべてのテンスの、完成相と継続相において、過程継続の非明示と過程継続の明示という対立をなしている。体系の周辺においては、動作の展開過程の異なる段階を表すのではなく、同じ一つの段階をはっきり表すかどうかという表し方の違いとなっており、対立がもっとも弱くなっているのである。

〈周辺的な意味〉

アスペクト ＼ テンス	過程継続の非明示	過程継続の明示
未来	する	している
現在	する	している
過去	した	していた

4）一般的な意味の対立

個別的な意味の記述を見れば、完成相の個別的な意味は拡散的であり、継続相の個別的な意味は集約的であることが分かる。すなわち、継続相の場合は、その文法的な意味が言語的な環境に対して積極的であり、自らに適したタイプの言語的な環境を選びとって、輪郭のはっきりした、いくつかの限られた個別的な意味を表しているが、完成相の場合は、言語的な環境に対して受動的であり、さまざまな言語的な環境からの作用を受けて、多様な個別的な意味を表している。こうしたことから、アスペクトの文法的な意味の対立において、継続相が有標形式で、完成相が無標形式であることが明らかになる。[27]

形態論的なカテゴリーにとって、文法的な意味の一般性が重要である。形態論的な形の個別的な意味も、単語の語彙的な意味に対しては、一般的なのだが、カテゴリーという最大限の一般化においては、それを構成する形態論的な形は、対立する形態論的な形からなる形態論的なカテゴリーの体系のなかで、その自らの価値としての一般的な規定を受けとる。それが、形態論的な形の一般的な意味である。一般的な意味は、インバリアントとも呼ばれるが、それは、さまざまな言語的な環境の作用を受けて実現する、形態論的な形のさまざまな個別的な意味（バリアント）を通してかわらない、不変的な意味である。しかし、そのような、一般的な意味という、完成相と継続相の表すそれぞれの個別的な意味すべてに共通する意味特徴をとりだすことは可能だろうか。

継続相に関しては、過程継続という意味が、基本的な意味にも中核的な意味にも周辺的な意味にも、共通する一般的な意味として、とりだせそうである。やはり、継続相は、有標形式であれば、その形自体に、いくつかの個別的な意味をつなぎとめる、明確な、意味の核のようなものを持つのだろう。

一方、完成相の場合は、個別的な意味がより多様であり、そうした一般的な意味をみいだすことが、おそらく、できないだろう。たとえば、ロシア語のアスペクト論において完了体（完成相）の一般的な意味としてとりだされている「ひとまとまり性 целостность」という意味は、日本語の完成相には認められない。始め、なか、終わりを含む過程全体をまとめて分割せずにさしだすのが、ロシア語のアスペクト論におけるひとまとまり性であるが[28]、日本語の完成相の表す個別的な意味は、明らかに、その規定からはみだしてしまう。たとえば、無限界動詞の完成相の表す動作は、動作の終わりを示さないことが多いのである。

ひとまとまり性以外に、日本語の完成相に一般的な意味が容易にみいだせないなら、その意味は無規定的であるということなのだろうか。完成相は、限界到達を表すだけでなく、過程継続という、継続相に認められる一般的な意味も、限定されない反復の動作の場合、過程継続をほのめかしとして表すというように、排除してはいない。そうであれば、継続相が過程継続という積極的な特徴を持っているのに対して、完成相は、その特徴について、あるともないとも示さない、非過程継続を示すというような規定が成りたつのであろうか。しかし、もしそう規定するとなると、それは、やはり、完成相がどんな意味でも表すことができるということになるのではないだろうか。

しかし、現実には、完成相の表す個別的な意味は、多様ではあっても、いくつかのタイプ的な意味にまとめることができる。そして、それらは、上にあげた中核的な意味や基本的な意味のように、継続相の個別的な意味との関係において、それぞれに、その否定として規定することのできる対立によって、つながれている。過程継続と非過程継続という、一般的な意味における対立は、そうした個別的な意味の対立を土台としながら、それらの一般化として、成りたっているのである。そのため、消極的な規定は、かならずしも、無規定性を意味してはいない。一般は個別と離れて存在することはない。

したがって、現代日本語のアスペクトは、一般的な意味において、継続相は、過程継続を表すのに対して、完成相は、過程継続という特徴について、あるともないとも示さないという、非過程継続を表すと規定することができる。ロシア語のアスペクト論においては、一般的な意味における規定にしたがって、対立するアスペクト的な形は、ひとまとまり性を表す「完了体」と、その特徴について、あるともないとも示さない「不完了体」と規定されている。日本語のアスペクトに関して、もしそうしたとらえ方にしたがうとすれば、過程継続を表す「している」と「していた」の形を継続相とし、非過程継続を表す「する」と「した」の形を非継続相と規定することができるだろう。

しかし、一般的な意味は、きわめて抽象的なものであり、その存在は確実なものであるとは言いがたく、言語の具体的な事実にそくして考えると、やはり、一般的な意味のとりだしには、無理が感じられるかもしれない[29]。体系をなしていても、共通する一般的なものがなく、ヴィトゲンシュタインの言う「家族的な類似性」にもとづくようなものもありうるだろう（語彙的な意味に関しては池上 1975『意味論』参照）。それに対して、中核的な意味や基本的な意味は、その意味のために、その形があるというものなので、そうした意味においてアスペクトを規定する方が、言語の本質をとらえているとも言える。実際、日本の代表的なアスペクト論者である奥田や工藤は、ここで言うところの中核的な意味や基本的な意味において、アスペクトを規定しているようである。だが、その一方で、言語的なカテゴリーの規定は、やはり、その形式に一般化されたものとして、より一般的なレベルがあるのではないかとも思える。これは、すぐには、結論が出せない問題である。

〈一般的な意味〉

テンス ＼ アスペクト	非過程継続	過程継続
非過去	する	している
過去	した	していた

ところで、日本語のアスペクトに関して、ときに、ユニバーサルな規定のように考えられるものとして、完成相 perfective・不完成相 imperfective という規定がもちだされることもある。しかし、それは、ここで述べている個別言語的な規定と、まったく異なるものである。具体的な一回的な動作に関して、動作が統一体をなしているなら、その基本的なすがたは、それが「完成」したというものであり、それにいたっていない、その過程にあるものは、不完全なものという意味で、「不完成」というように、欠如的にとらえられることから、完成相・不完成相という規定が出てくるのかもしれない。しかし、具体的な動作に関して、完成にいたっていないものなら、その過程にあるのであり、そうであれば、それには過程性という積極的な規定を与えるべきであろう。また、完成相・不完成相というのが、すべての個別的な意味を含めた一般的な意味の規定にもとづくものなら、個別的な意味の体系は言語ごとに異なるものなので、一般的な意味にもとづくユニバーサルな規定とい

うのは、ありえないはずである。したがって、一般的な意味にもとづくものなら、どの言語にもあてはまるものとしての完成相・不完成相という規定は、成りたたないことになる。

以上の、中核的な意味、基本的な意味、一般的な意味を、周辺的な意味（反復的な動作）もあわせて、一つにまとめると、次のようになる。これは、形態論的な形についての表である。

〈テンス・アスペクト的な形〉

アスペクト／テンス	非継続相（非過程継続）	継続相（過程継続）
非過去テンス （非過去）	〈する〉 ①直後未来・限界到達 ②未来・全体的な事実 ③現在（未来）・過程継続の非明示	〈している〉 ①現在（未来）・過程継続 ②現在（未来）・過程継続の明示
過去テンス （過去）	〈した〉 ①直前過去・限界到達 ②過去・全体的な事実 ③過去・過程継続の非明示	〈していた〉 ①過去・過程継続 ②過去・過程継続の明示

注

1　動作過程のなかの一定の局面をとりだすということと、非分割のすがたでさしだすということとは、一見、矛盾するようだが、高橋の考えにあっては、一つの局面を分割しないという意味であり、矛盾しないようである。

2　高橋の言う「基準時間」は、時点だけではなく、時間的な幅を持つ場合もあり、その点において、テンポラルセンターとは異なっている。

3　限界とは、そこにいたれば、その動作がそれ以上展開できないような、動作の過程における臨界点である。くわしくは、第4章第2節参照。

4　こうした事実自体は、高橋 1985a（pp.140–142）によると、未公刊のものだが、すでに、須田一郎 1979 に指摘されている。

5　鈴木の言うように、「している」の「いる」に存在の意味を確認するのは難しいだろう。「まわっている」の「いる」に、有情物に限定されないような存在の意味を見いだすのは、「大きい」などの形容詞に存在の意味をみいだすようなレベルの抽象化であると言えるだろう。「この家は大きい。」といえば、「家」が存在していなければ、

「大きい」とは言えないように、「風車がまわっている。」も、「風車」が存在していなければ、「まわっている」とは言えない。だが、その場合の「存在」というのは、何らかの表現手段にもとづく言語的な意味と言えるのだろうか。その「存在」の意味は、どちらかと言えば、主語のさししめしの方に関わるものだろう。歴史的に「いる」という動詞から文法化したものであれば、そのもとの語彙的な意味の持っていた意味特徴のうちの、ある要素を、文法化したあとにも、残していることは考えられる。とくに、「子供が立っている。」などでは、存在の意味をそこに見ようと思えば、できないこともない。しかし、「している」全体として一般化すれば、そのようなものを「している」の文法的な意味のなかにみいだすことは、やはり、できないだろう。

6　ただし、「違う」のような動詞も、「している」の形で、継続性を明示するなど、何らかの点においてアスペクト的な意味(あるいは、機能)の規定を受けとっていると見ることができるなら、アスペクトの対立をなしているかもしれない。

7　工藤があげている「受動性」は、うけみの形態論的な形が表している意味とは異なるので、やはり、ほかの「意図性」などと同様に考えることができるだろう。

8　ただし、「してある」が動作パーフェクトを表す場合は、そうではない。

9　しかし、このように規定された「する」の形の意味が、「動作の内的な時間構造」というアスペクトの一般的な意味の規定にあてはまるのかという問題もある。これに対して、奥田自身も、奥田1988c「時間の表現(2)」で、次のように疑問を呈している。この疑問に明確な答えは与えられていないようであるが、限界という面からの説明が奥田の解答なのかもしれない。

> 完成相が《ひとまとまりの動作》をさしだしているとすれば、「場面の内的な時間構造をとらえる、さまざまなし方である」という公式にアスペクチュアルな意味を一般化することがゆるされるだろうか？　コムリー自身、完成相の意味はまるごとの動作をそとがわからながめていて、その時間構成にはたちいらない、としているではないか。動作の時間的な内部構造にくいこんでいくのが、不完成相にだけそなわっている意味特徴であるとすれば、アスペクトを一般的に動作の時間的な内部構成の表現としてみるのは、おかしなことになる。とすれば、コムリーは完成相の意味の解釈をとりかえるか、それともアスペクトの規定をとりかえるか、しなければならなくなる。(p.31)

10　この著作は、鈴木重幸、宮島達夫、鈴木康之、高木一彦らの、活発な議論をともなう集団的な協同作業によって、まとめられたもののようである。執筆者たちの話によれば、奥田は、これに、まったく関与していなかったらしい。この点において、奥田が中心になってまとめられた『にっぽんご　4の上』(1968年)と対照的である(これには、鈴木重幸らも参加していたが)。そして、その解説として鈴木重幸によって書かれた『日本語文法・形態論』(1972年)は、二つの接点に位置づけられるかもしれない。

11　もちろん、まだ実現を確認していない動作は、「来る」と、未来形で表さなければならない。

12　しかし、奥田は、また、それとともに、「ひとまとまりの動作は、完結しているということでは、限界へ到達した動作でもある」とも述べていて、ひとまとまりの動作を限界へ到達した動作の変種と見ているようでもある。工藤真由美 1995 も、〈限界づけられ性＝完成性〉というように、「する」の形のアスペクト的な意味をまとめているところがある（p.89）。さらに、これらは、ロシア語の完成相の一般的な意味に関して述べられた、「限界によりしきりづけられた、ひとまとまりの動作」というボンダルコによる規定も思いおこさせる。

13　「ひとまとまり性 целостность」は、ロシアの（とくに、マスロフやボンダルコの）アスペクト論では、ロシア語の完成相が表す、すべての個別的な意味に共通する一般的な意味として、とりだされている。三谷 2001「ロシア語の『体』の研究史」は、それを「全一性」と訳している。

14　ロシアのアスペクト論（特に、ボンダルコのもの）には、ヤーコブソンの形態論、とくに、インバリアント（不変体）という概念の影響が大きいのだが、日本においては、それに対応するように、服部四郎が、意義素という概念を主張していて、奥田は、それを批判していた。このような関係から、ロシアのアスペクト論に対する奥田の態度は、複雑になっているように思われる。

15　これは、この順番で、アスペクト的な意味が形成されるということではない。言語的な環境に積極的に働きかけるか、それを消極的に受けいれるかという、有標形式と無標形式との違いにより、完成相と継続相とでは、逆の過程をたどるとも考えられる。

16　この中核的な意味は、須田 2000「アスペクト的な意味の体系性について」で、「中心的な意味」と呼んでいたものである。

17　「やっと春がきたね。」や「桜がさいたよ。見に行こう。」といった文では、話し手が限界到達後の段階を確認したのは、おそらく、過去の時点においてであり、特殊な例と言えるだろうが、これらの文は、そのことを明示的に示してはおらず、現在の時点においても、その限界到達後の段階が継続していて、それを確認でき、聞き手と共有できることから、この場合も、やはり、限界到達後の段階は現在において確認されていると見た方がいいだろう。これは、次にあげる例のような、より具体的な動作の場合もある。これらは、一般化すれば、物の存在を媒介として、過去の確認時点を現在に移していると考えられるだろう。しかし、これらは、記述描写的な文ではなく、説明報告的な文であるため、限界到達を表すとは言えないとも考えられる。

・或る日、Y社に出かけていってみると、「この間の写真が出来ましたよ」Fさんが私にP山の写真類を引伸して、わけてくれた。それを石神井の自宅に郵送しようと思い立ちながら、私はポケットにねじこんで、あちこち飲んでまわったらしい。　（檀一雄・火宅の人）

・「父さん、鶴ちゃんはこういう好い前掛を戴いて来ましたよ」と操は夫の顔を眺めながら言った。「見て下さい、鶴ちゃんに好く似合いましょう」縁だけぬいとりのしてある、白い、品の好い前掛は、鶴子のあどけない顔付を一層愛らしくして見せた。「東京の叔母さんが下すったんです」と操はつけたした。

（島崎藤村・春）

18　継続相の基本的な意味である、動作の過程の意味には、動作の過程の記述ではなく、このあとに述べる、完成相の全体的な事実の意味のように、動作の付随的な情報などを伝えている場合がある。

・「もう少しまじめに弾いたらどうなの。あんたのピアノは音楽になっていないじゃないの」「わたしだって音楽だなんて思ってやしないわ」と娘はいらいらと、早口に言った。「それじゃ何のために弾いているのよ」　（石川達三・洒落た関係）

・「何を考えていらっしゃるんですか。少しおかしいわ。窓から外ばっかり眺めていらっしゃるわね。外に面白いものがございまして？」（石川達三・洒落た関係）

19　ロシア語のアスペクトにおいて、不完了体（不完成相）の持つ個別的な意味の一つに、「一般的な事実の意味（一般事実的な意味）обобщенно-фактическое значение（общефактическое значение）」というものがある。ボンダルコ 2005『形態論的なカテゴリーの理論とアスペクト論研究』によると、これは、動作があるかないかという事実自体を一般的に（全体的に）さししめすという意味である。また、「一般的な事実の意味（一般事実的な意味）」というように、仮に「一般（的）」と訳しているロシア語には、「まとめられた、統合された」「全体的、総体的」などの意味がある。

20　中核的な意味が「描写」であり、それに対して、この基本的な意味が「確認」であると規定でき、そして、もし、それらを異なるムード的な意味と見ることができるなら、二つの意味はムード的な意味において異なっていると言えるかもしれない。

21　次の例のように、直前の動作や、まだ続いている動作も、全体的な出来事の意味を表すことがある。その動作のとらえ方が問題なのであって、それが直前かどうかが問題なのではないということである。

・「どうするじゃないんだ、お前は立ってりゃいいの。どうするかって、人を疑ってるのか。俺はやめるよ、せっかく教えてやろうと思ったのに」「信用します、信用します」シミキンは竹の棒で姉の胸乳のあたりをちょっと突つき、イチャイチャしはじめる。姉上！　と血相変えて詰めよる弟。ポカン、と竹の棒で弟は殴られる。「ホラ、動いた」「だと申して、姉上が」（色川武大・あちゃらかぱいッ）

・「雨か」と舌打ちして、永松は起き上がった。「さあ、行こう」「火は大丈夫だろうか」「心配するな。火の番は安田の商売だ」いかにも、安田は工夫していた。おきをはんごうに入れ、火が消えない程度に隙間をあけて、蓋をしていた。ただ炉は使えなかったので、朝食は干肉のままかじった。「雨が降ったじゃないか」と安田は、永松を睨んだ。「それが、俺のせいかね」　（大岡昇平・野火）

22　次の例のように、発話時＝現在への関係づけを持っているように見える場合もある。これも、やはり、動作の実現の事実を表すと言えるだろうか。こうした例を区別するために、全体的な出来事の意味のなかで、パーフェクト的な意味をもちうるものを、とりだす必要があるかもしれない。

「へえ……。じゃ、保釈になったのかしら」「昨日出て来た。保釈金は母が出してくれたらしいと言っていたよ。　（石川達三・洒落た関係）

23　反復そのものについて言うなら、「毎日暑いね。」のように、形容詞も反復を表すことができると言えるかもしれない。

24　特性の、時間のなかでの具体的な現れを、継続相が表すこともある。

25　ただし、アスペクトの個別的な意味全体を一般化するとなれば、限界到達を過程継続との対立において無過程あるいは過程の非継続と解釈してもいいだろう。

26　こうしたことから、中核的な意味である限界到達を表すものに、アスペクト的な意味（既然）だけを認め、テンス的な意味を認めず、基本的な意味である全体的な事実を表すものに、テンス的な意味（過去）だけを認め、アスペクト的な意味を認めないという寺村 1984 の規定も、言語的な事実の一面を反映しているとも言える。

27　形つくりの上では、継続相の方が有標の項であろうが、文法的な意味の有標性と無標性は、それとは、相対的に切りはなして考えなければならない。

28　このような規定は、ロシアにおける代表的なアスペクト論者であるマスロフやボンダルコによるものである。ただし、日本語のアスペクト論だけにかぎらず、ひとまとまり性という術語がロシア語以外の言語のアスペクトに適用されるとき、個別言語の性格の違いにより、その規定が変容することも考えられる。

29　もし、パーフェクトまで含めて、「している」の形を一般化するとなると、その一般的な意味は「基準時点への関係づけ」とでもなるかもしれない。しかし、それは、もはや、アスペクト的な意味とは言えないだろう。

第2章　パーフェクト

この章でとりあげるのは、動詞の表すパーフェクトという意味をめぐる問題である。しかし、「している」の形の表すパーフェクトに関する基本的な問題は、工藤真由美 1989「現代日本語のパーフェクトをめぐって」や工藤真由美 1995『アスペクト・テンス体系とテクスト』が、すでに、明らかにしていると言っていいだろう。したがって、この章では、工藤がくわしく触れていないパーフェクトの体系の問題を中心にして、とりあげる。

日本語の本格的なパーフェクト研究は、完了を表すとされる「した」ではなく、動詞の「している」の形を、その中心にすえることによって、始まり、発展してきたと言えるので、まず、第1節では、「している」の形の表すパーフェクトに関する先行研究を追いながら、そのパーフェクト的な意味の分類を中心に検討する。次に、第2節では、さまざまな形のパーフェクト的な意味を、その表現手段とともに検討し、パーフェクトの体系を明らかにする。

第1節　「している」の形の表すパーフェクト

1.　パーフェクトに関する先行研究―パーフェクトの意味分類を中心にして

金田一 1955「日本語動詞のテンスとアスペクト」は、「あの人はたくさんの小説を書いている。」の「書く」という動詞を、「継続動詞が臨時に瞬間動詞として用いられたもの」として、「あの人は現在結婚している。」の「結婚している」と同じく、「結果の残存」を表すものとしている。しかし、藤井正 1966「「動詞＋ている」の意味」は、前者の「書いている」を、「過去において行われた動作・作用そのものが問題であって、それを現在から眺めた場合に用いるもの」であるのに対して、後者の「結婚している」を、「過去の動作・作用は問題ではなくて、その動作・作用のもたらした結果であるところの現在の状態を表している」ものであるとして、二つを異質なものと見た。そして、前者の、「書いている」の表す意味を「経験」と呼んだのである。さらに、「経験」を表す文について、「現在」という単語をつけることができないことや、「瞬間動詞、継続動詞のいかんを問わず、動作・作用を表わす動詞からつくられる」ことなどを指摘している。

この藤井の論文は、「経験」という名づけとともに、よく知られたものだが、この「経験」という意味を、一つのアスペクト的な意味としてとりだしたのは、藤井正 1966 が最初ではない。それにさきだって、教科研東京国語部会・言語教育研究サークル 1963『文法教育　その内容と方法』が、「以前に行なわれた動作を経験や記録として表わす」ものとして、この意味をとりだしている。また、それには、この意味の場合、「継続動詞、瞬間動詞の区別なしに、動きを表わす動詞が用いられる」という指摘もある。したがって、藤井の述べていることは、すべて、ここに、すでに指摘されていると言っていいだろう。高橋 1969「すがたともくろみ」における、「以前のうごきを経験や記録としてあらわす」とされる「経験・記録」という意味についての説明は、この『文法教育　その内容と方法』の説明をうけたものであろう。

この「経験・記録」を、工藤真由美 1982「シテイル形式の意味記述」は、二つの意味に分けている。工藤は、「経験・記録」という意味を、一般的に、「現在有効な、過去の運動の実現」と規定し、その変種として、「過去に実現した運動が、記録として現在残されていることを表わしている」「記録」(「経験・記録」のうちの「記録」にあたるもの) と、「過去に実現した運動が現在の状態になんらかのかかわりを持っていることを表わしている」「過去的用法」(「経験・記録」のうちの「経験」にあたるもの) という、二つの意味をとりだしたのである。そして、この変種をとりだす根拠として、「記録」を表す「している」は、「した」に言いかえにくいが[30]、「過去的用法」を表す「している」は、「した」に言いかえることができるということをあげている。次にあげる、前の例が「記録」であり、後の例が「過去的用法」である。

(79)　中山種が大室よしのに宛てた葉書によると、種は昭和二十四年七月に霧積で八尾出身の人物Xに会っています。　　（工藤真由美 1982 の用例）

(80)　「これまでに幾つも見ているの」　　（工藤真由美 1982 の用例）

ただし、のちの工藤真由美 1989 で、パーフェクトを表すものとされる、次のような例は、「経験・記録」ではなく、変化の結果の継続を表すものとされている。上にあげた「記録」と「過去的用法」は、つねに、現在を基準としたものであり、テンスを持たないが、以下のものは、テンスを持つため、工藤は別のものとしたのだろう。

(81)　伸子はその人の作品はほとんど全部読んでいた。（工藤真由美 1982 の用例）

(82)　二人とも痛い痛いと云った。考えてみると僕は十六、七キロも歩いている。妻が九キロあまり矢須子が八キロぐらい歩いている。(工藤真由美 1982 の用例)
(83)　豆の様子じゃ、十里位あるいているよ。　(工藤真由美 1982 の用例)
(84)　傷から判断して凶行者は一、二撃肩先をも撲りつけている。(工藤真由美 1982 の用例)

高橋 1985a『現代日本語動詞のアスペクトとテンス』は、以前に「経験・記録」としていた意味を、「現在以前の動作やできごとを質化したもの」と規定しなおし、これを「アスペクトから解放されている」ものとしている。「質化」とは、高橋によれば、たとえば、「昨年の夏の大会は、A 校が優勝している。」という文に見られるように、「できごと過程から、特徴的な側面をひっぱりだしてのべてい」て、質を表すものに移行しているということである。これは、また、「現在以前または過去以前に動作が完成したことをあらわすもの」であり、「動作がまるごとのすがたで以前に完成したことをのべているだけであって、局面に分析していない」とされている。

その一方で、高橋は、これとは別に、「ある局面の完成後につぎの局面のなかにあるすがた」という意味をあげている。

(85)　研究会はとじていた。雑談がはじまっていた。　(高橋 1985a の用例)

高橋は、この意味を、「経験・記録」と区別するために、次のような例をあげている。あとの例が、この意味を表すものであり、前の例が「経験・記録」を表すものである。

(86)　島崎藤村は 1872 年に長野県で生まれている。　(高橋 1985a の用例)
(87)　わたしが産院についたときには、あかんぼうはもううまれていた。(高橋 1985a の用例)

そして、これらについて、次のように説明している。筆者は、基本的に、この高橋のとらえ方にしたがう。

> あとの例では、基準時間がしめされていて、基準時間のまえに、さきだつ局面、つまり〈うまれる〉という変化の局面がまるごと完成し、基準時間には、その結果の局面、つまり、〈母体のそとに存在している〉という状態のなかにあったことをしめしている。それに対して、まえの例では、結果の局面は問題

にならず、その動作が以前に完成したことだけをのべている。　(p.119)

工藤真由美1989「現代日本語のパーフェクトをめぐって」は、高橋のとりだした、二つの意味をひとまとめにして、パーフェクトと呼び、「ある設定された時点において、それよりも前に実現した運動がひきつづき関わり、効力を持っていること」という一般的な規定を与えている。そして、その規定にあたっては、「①発話時点、出来事時点とは異なる〈設定時点〉が常にあること。②設定時点にたいして出来事時点が先行することが表わされていて、テンス的要素としての〈先行性〉を含んでいること。③しかし、単なる先行性ではなく、先行して起こった運動が設定時点との〈むすびつき＝関連性〉をもっているととらえられていること。つまり、運動自体の〈ひとまとまり性〉とともに、その運動が実現した〈後の段階＝効力〉をも同時に捉えるというアスペクト的な要素を持っていること」が、平等に強調されなければならないとしている。

工藤は、また、「している」の表すパーフェクトのテクスト的機能を、「した」の表す〈継起・前進性〉や「していた」の表す〈同時性〉に対して、〈一時的後退性〉〈時間的後退性〉と規定している。すなわち、「シタの連続は基本的に、時間の流れにそって運動＝出来事が次々に展開していくままに提示しながら、〈ものがたりの筋〉を前進させていく。一方、シテイタ〈持続〉は、ものがたりの筋を中断させて、しばしそこに留まり、同時的な＝共存している出来事を導入する。そして、シテイタ〈パーフェクト〉は、同じく筋を中断するが、同時的な出来事ではなく、先行する出来事を導入する」(工藤真由美1989, p.79)のである。

しかし、この、〈時間的後退性〉という時間面でのテクスト的機能(タクシス的機能)と同時に、パーフェクト性は、「場合によっては、〈原因・理由の説明性〉という論理的なテクスト的機能ともむすびついてくる」とされている(工藤真由美1995, pp.114–116)。そして、シテイルが〈論理性＝解説性〉として働く場面＝文脈として、(a)「話し手の現在の判断を根拠づける(話し手の判断の理由＝推論の前提となる)過去の出来事をさしだす場合」と、(b)「「なぜか」「真実かどうか」など、話し手が現在問題とし、聞き手に説明、解答を求めている過去の出来事である場合」という、二つの場面＝文脈のタイプをとりだしている。また、前者の場合に典型的であるように、「シテイルが使われる場合、〈根拠(前提)—判断(推論)〉の論理的な構造ができあがってくる」ことや「〈論理的なテクスト〉で、シテイルはさかんに使用される」ことなどが指摘されている。(工藤真由美1995, pp.142–145)

(a)　足利の叔父は昨年死亡しております。暁子が足利に行く理由はありません。

（b）　ところが証人は今年の4月、本犯罪の2か月前、厚木から長後町へひっこしている。なぜですか。

しかし、工藤は、これを、パーフェクトの一つの派生的な意味として区別せず、やはり、パーフェクト的な意味を、一つのものと見ていて、多義的なものとは見ていないようである。また、一時的後退性というテクスト的な機能を強調しているように、工藤は、「経験・記録」ではなく、高橋の言う「ある局面の完成後につぎの局面のなかにあるすがた」という意味を、パーフェクトの、より基本的なものとして見ているようである。ここで研究対象の中心がずらされているのだが、工藤の論文を見ると、「経験・記録」とパーフェクトとは、そのさししめすものはかわらず、ただ名づけと規定がかわっただけかのような印象を受ける。

高橋他2005『日本語の文法』は、高橋1985aがとりだした二つの意味のうち、「経験・記録」でない方を〈ある局面の完成後につぎの局面のなかにあるすがた〉を表すパーフェクトの用法とし、「経験・記録」の方を〈以前の動作やできごとを経歴・記録としてあらわすすがた〉として、後者を、パーフェクトの延長にある用法としている。すなわち、「経験・記録」としてとりあげられてきた意味を、パーフェクトとしては周辺的なものと位置づけたのである。これは、工藤真由美1989と同じとらえ方であると言えるだろう。

2.　筆者の分類―先行的な意味と事実的な意味[31]

筆者は、パーフェクト的な意味を、一般的に、「基準時点に先行して起こった出来事を表す」と規定する[32]。そして、これを、先行的な意味と事実的な意味という、二つの意味に分ける。この二つは、基本的に、高橋他2005の分類に重なる。高橋の言う「ある局面の完成後につぎの局面のなかにあるすがた」という意味を、筆者は先行的な意味と呼ぶのだが、この場合、その動作は他の動作との時間的な関係のなかにある。これは、工藤の言う一時的後退性という機能を示すものである。ただし、高橋の言う「局面」というのは、動作の内的な時間構造に属するものなのか、ここでの使用のように、外的なものも含めて、「局面」と言えるのか、はっきりとしないので、「段階」という用語を使って、「場面のなかで、何らかの意味を持つような、動作の完成後の段階にあることを表す」としておく。

他の動作との時間的な関係にあるということは、基準時点が、ある時点に、明確に位置づけられているということである。そして、これは、基準時点にある他の動作に対して、それに先行する動作自体ではなくて、その動作が終わったあとの段階が、何らかの効力を及ぼしていることにも、よる。先行する動作とともに、基準時点にも重点が置かれるのは、このように、基準時点にある他の動作と、先行する動作の終わったあとの段階とが同時的であることに、関係しているのである。

これは、二つのパーフェクト的な意味のうちでは、変化動詞の継続相の表す変化の結果の継続に近いものである。だが、基準時点に、動詞のさししめす変化から一義的に決まる状態が顕在的に現れている、変化の結果の継続と違って、たとえ、基準時点に一義的に決まるような状態が存在するとしても、基準時点以前に動作や変化が実現したことを中心に表しているため、基準時点における状態は、顕在的には現れてこない。

(88)　医局員側の意見を代表していた医局長は、大学当局の意見が通って後任の教授が決定されたときに、大学を去って、開業した。そのまえに結婚していたが、若い妻は進退にいさぎよい夫の決心を支持したという。

（加藤周一・羊の歌）

(89)　1799年9月8日、フンボルトはスペインに向けてパリを出発する。弟のアレキサンダーは、すでにこの年の6月、5年有余にわたる中南米の調査旅行に出立していた。（亀山健吉・フンボルト）

これに対して、もう一つの、高橋の「以前の動作やできごとを経歴、記録としてあらわすすがた」という意味を、筆者は事実的な意味と呼ぶのだが、この場合は、動作が、他の動作との時間的な関係ではなく、論理的な関係などの非時間的な関係のなかに置かれている。ふつう、非過去形をとって、基準時点は、発話時や物語の到達時点にあるのだが、その基準時点は、他の動作との時間的な関係のなかで明確に位置づけられていないので、あいまいであり、重点は、その基準時点には、あまりなく、動作の方にある。この場合、基準時点は、話し手による事実の確認の時点であり、その、事実を確認する時点が過去であれば、過去形をとることもありうる。それは、おもに、発見のニュアンスをともなうものであろう。

(90)　待ちかねた電話は20日の午後8時に女の声でかかってきた。それはお時であろう。なぜなら、宿の者に佐山を呼んでくれと言わずに、菅原を呼んでくれと電話口で言っている。その変名を使うことを二人で打ち合せしていたに違いないからだ。さて、佐山はその電話を聞いて、待っていたとばかりに出て行った。その晩に香椎の海岸に行って心中した。少々気の早すぎる心中のようだな。せっかく会ったのだから、もう少しゆっくりしてからでよさそうなものだが。（松本清張・点と線）

(91)　あるいは、反動的勢力の捲き返しがあって、態よく追放されたのかもしれない。ハイデンベルクの首相就任と同時に、蔵相アルテンシュタイン、法相バ

イメが閣外に去っているからである。　（亀山健吉・フンボルト）

この場合、動作が基準時点に対して、何らかの結果や効力を残しているとは言えない。ただ、過去における事実をさしだしているのである。動作の完成後の段階が、その場面のなかで、何らかの意味を持っているわけではないのである。その動作が関係づけられているのが、基準時点にある動作ではなく、その動作と同じ時間帯にある動作であることからすれば、これは、当然であろう。過去の事実のあいだにある論理的な関係を現在の時点からとらえているわけである。したがって、これは、コンテクストにおける他の動作との関係において、工藤の言う一時的後退性を表してはいない。すなわち、動作が基準時点に先行していること（パーフェクトの一般的な規定）と、一時的後退性とは、厳密に区別しなければならない、異なる概念なのである（工藤が、これらを混同しているわけではないが）。

(92)　かれが『ダバオ開拓記』を私刊した1956年には、実は、米国企業の進出が準備されようとしていた。フィリピン政府は、58年に輸出用バナナの生産拡大を決定している。米国企業とフィリピン政府の「特殊な関係」の慣行を考えると、この時点で最初の打診が行なわれた、という推定は十分成り立つであろう。　（鶴見良行・バナナと日本人）

(93)　1935年（昭和10年）、急進的なロドリゲス農商務長官は、政府と違法な名義人との租借契約の取消しを発令した。これによって実際の被害を受けるのは、家族、労働者、農園主を含めて日本人3100名、フィリピン人3200名だった。ダバオ日本人小学校に、邦人5000名が集まり、抗議集会を開いている。このときから、ダバオ土地問題は、フィリピン、日本、アメリカを含む国際紛争のタネとなっていった。　（鶴見良行・バナナと日本人）

事実的な意味を表すパーフェクトの場合、継起的な動作を表しているようなものがある。しかし、これは、限界到達を表す完成相と違って、動作自体の特徴によって、たがいに結びつけられているわけではない（第5章参照）。たがいの動作の時間的な関係は、コンテクストが決めているのである。そのため、継起的な関係だけでなく、次の例95のように、時間的な前後関係が逆の場合もある。

(94)　主任は石田部長のそのときの日程のメモを示した。それによると石田部長は札幌に下車せずに、そのまま釧路まで乗りつづけている。あとは北海道の各管轄地をまわっているのだ。　（松本清張・点と線）

(95)　しかし、あのときは夜だったな、と重太郎は気づいた。8時ごろ宿を出て、十時ごろにはここで情死している。まるで最初から決定でもしたようにまっすぐここに来ている。暗い夜なのだ。いかにも勝手知った場所のように思えそうであった。

すると、——すると、佐山とお時のどちらかは、以前にここに来たことがあるのではないか、と彼はふと考えてみた。警察でいう犯人の土地カンである。どうも、そういう土地にたいする知識なしには考えられないような二人の行動であった。（松本清張・点と線）

事実的な意味という意味に、結果や効力という意味特徴がないとすれば、事実的な意味を含めてのパーフェクトの規定には、結果や効力という意味特徴を入れることができないということになる。こうして、パーフェクトの一般的な意味は、「基準時点に先行する出来事を表す」としか規定することができないことになる。しかし、先行的な意味という基本的な意味（中核的な意味）においてパーフェクトを規定するとすれば、やはり、結果や効力という意味特徴は重要な要素となるだろう。

基準時点に対する関係のし方の違いは、動作自体の時間的な展開のとらえ方の違いとも結びついている。それらは、相互規定的に存在しているのである。先行的な意味の場合、動作自体は、かならずしも一義的な結果をほのめかしているわけではないので、限界到達は表さないが、動作の完成後の段階が基準時点にあるのであれば、完成した動作（ひとかたまりの動作）でなければならない。このとき、動作は、それが実現する前の段階と、あとの段階を、異なるものとして区別し、しきる「点」のようなものとなるだろう（例 88, 89）。一方、事実的な意味の場合、ただ事実の存在だけを表しているので、基準時点の前で限界づけられている必要はなく、ひとかたまりである必要もない。その過程のうちの、わずかな断片でも、実現していればいいのである。したがって、次にあげる例のように、無限界的な動作でもいいのである。また、限界的な動作であっても、その限界は、動詞の語彙的な意味によって、ほのめかされているだけである。事実的な意味は、その限界をあからさまに表すことを要求しない。

(96)　十分ぐらい遅れたということは問題でなかった。やっぱり安田は、その言葉のとおり、《まりも》で到着しているのであった。

三原は失望した。このような結果は予期していたが、まだ弱い未練があった。確かに、その男は安田辰郎に間違いなかったでしょうね、と愚かな念を押したくらいであった。

安田は確かに 21 日の 20 時 34 分着の急行でこの札幌に着いている。その夜から丸惣旅館にもとまっている。疑点は毛筋ほどもなかった。

（松本清張・点と線）

(97)　日本人も、神保信彦が1960年に日本の市場を分析するとともに、ミンダナオを訪れて適地を調査している。　（鶴見良行・バナナと日本人）

(98)　1906年、ダバオ地区司令官の米人将校がタガカオロ族に殺された。そのころムスリムと精霊崇拝の少数種族が踊り狂う奇妙な風習が流行っている。

（鶴見良行・バナナと日本人）

事実的な意味の場合、複数や不特定の主体の、長期的に続くような持続的な動作を表すこともある。しかし、これは、パーフェクトではなく、いわゆる「歴史的な現在」のようにも見える。すなわち、過去の動作をさしだす、全体的な事実の意味を表している「した」が「する」になるように、「していた」が「している」になっているとも解釈できる（例99では、両方の形が使われている）。

(99)　樺山　騎馬用の馬とは別に運搬用として農民は使ってたんじゃないですか。
網野　それは間違いなく使ってる。　（阿部謹也他・中世の風景）

(100)　十二世紀のころに、ウナギウケという特有な技術をもった集団が畿内にいて、宇治川でウナギをとってるわけですよ。これが面白いんだ。「永昌記」という記録の裏文書に出てくる。　（阿部謹也他・中世の風景）

(101)　絵巻物では『石山寺縁起絵巻』なんかに、たしかにかなり身分の低そうな庶民やお供など、道中で馬を走らせている姿が見られますよ。やはり実際には、いくらでも馬に乗っています。　（阿部謹也他・中世の風景）

(102)　古代に牛を犠牲に捧げるという風習があったことは事実でしょうし、塚本さんによれば、江戸初期にも牛は食べているらしい。もちろん法律で禁じられていますけれども。そういう一切をひっくるめて家畜と人間、野獣と人間との関係の問題をもっと広く考えてみる必要がある。

（阿部謹也他・中世の風景）

以上のように、パーフェクトの二つの意味は、コンテクスト的な機能、基準時点に対する関係のし方、動作自体の時間的な展開のとらえ方において、異なっているのであり、それらの相互作用のなかでとらえることによって、はじめて、規定されうるものなのである。

第2節　パーフェクトの体系について

1.　アスペクト・パーフェクト・テンス

これまで、パーフェクトは、意味的に近いカテゴリーであるアスペクトやテンスのなかに入れられていたり、あいまいに独立したもののようにされていたりして、その位置づけが明確ではなかった。そこで、以下では、それぞれの規定を再検討し、三つを明確に区別したいと思う。たがいに、その意味領域を、どのように分け合っているかを明らかにすれば、パーフェクトとは何かが、より明らかになるだろう。

1.1.　アスペクトについて

すでに述べたように、現代日本語において、アスペクトは、もっとも基本的には、動詞の語形変化による、次のような、動作の展開のし方の表しわけである。

発話時＝現在の基準時点に対する、自らの内的な時間構造による時間的な関係のなかで、動作は、完成相（「する」「した」）であれば、基準時点の直前か直後に限界へ到達した動作（限界到達）を、継続相（「している」）であれば、基準時点と同時的な過程のなかにある動作（過程継続）を表すというように、内的な時間構造のなかの、ある構成要素（過程か限界か）を、他の要素の背景のうえに、きわだたせて、さししめすのである。

（103）急いでジャンパーをぬぎ取り、それを鉛管のあちら側にそっとかぶせて、こちらの端っこをハンケチで蔽う。造作はなかった。そのハンケチの隙間から、彼女の柔い羽毛が、私の手の中にコトコトとすべり込んでくるのである。「取った、取った」私は少年の日のような大声になる。どうやらセキセイインコのようだ。小首をかしげてジッと私を見上げている。余程馴れているのか、バタつく気配が、少しもない。　（壇一雄・火宅の人）

（104）みんなは、おしだまって、源じいさんの後ろに続きました。連れていかれたのは、にわとり小屋の前でした。「ほうら、見ろ。たまごを産むぞ。」五、六羽のにわとりが、しきわらの上にしゃがんで、目をとじたり開けたりしていました。ぼくらは、息をつめて見つめました。　（斎藤了一・源じいさん）

（105）自在鍵にかけた大鍋には、何かぐたぐたと煮えて、湯気が白くあがった。
「何、煮てるんだね？」　（田山花袋・東京の三十年）

同時か、非同時（直前・直後）かという、動作の、基準時点との関係のし方は、限界到達と過程継続という動作の時間的な展開のし方（アスペクト的な意味）の持つ機能であると考えられる。すなわち、限界到達か過程継続かという、動作の時間的な展開のし方は、基準時点との関係のし方と相互規定的に成りたっていて、意味と機能の関係として、切りはなすことができない。

完成相・過去形の表す限界到達という意味における、基準時点との関わりは、パーフェクトの規定〈ある設定された時点において、それよりも前に実現した運動がひきつづき関わり、効力を持っていること〉(工藤真由美 1995) に近いと見ることができるので、しばしば、「完了」と呼ばれ、パーフェクト的な意味とみなされているが、それは、限界到達という個別的なアスペクト的な意味の持つ機能である。限界到達を表していれば、必然的に、基準時点との結びつきを持たされるのである。基準時点との時間的な関係において顕在化する動作の内的な時間構造がアスペクトであると考えるなら、そのアスペクト的な意味が機能として持つ、基準時点との時間的な関係は、同時的か、非同時的か、そして、非同時的であれば、先行しているか、後続しているかの、いずれかであり、このなかの、先行という時間的な関係を示すものが、パーフェクトと類似しているわけである。したがって、やはり、「した」という形自体は、パーフェクト的な意味を積極的に表す形とは言えないだろう。

以上のように、完成相の表す限界到達は、基準時点の直前の場合もあるし、直後の場合もある。また、継続相の表す (動的あるいは状態的) 過程継続は、基準時点以前の潜在的な限界と関係づけられている場合もあるし、基準時点以後の潜在的な限界と関係づけられていることもある。その限界が基準時点以前の場合は、基準時点に、限界後の状態的な (非動的な) 過程が存在し、以後の場合は、基準時点に、限界へ向かう動的な過程が存在する。そうして、完成相と継続相のアスペクト的な意味は、その、限界へ力点が置かれるか、過程に力点が置かれるかという対立として現れる。限界に力点が置かれれば、過程がほのめかされ、過程に力点が置かれれば、限界がほのめかされるのである[33]。

変化動詞の継続相の表す「変化の結果の継続」という意味は、状態パーフェクトとして、パーフェクトに分類されることがあるが、これは、基準時点との関係において明らかになる、動作の内的な時間構造である。したがって、これも、完成相・過去形の表す限界到達という意味と同様に、アスペクトであり、パーフェクトと見ることができないということになる。だが、限界への到達が、基準時点に先行していて、それが、意味的な構成要素として明らかであるならば、ここにも、やはり、アスペクトと未分化なパーフェクトが認められると言える。

(106)「お帰んなさい。お風呂がわいていますよ」　　　(松本清張・点と線)

しかし、基準時点に先行する限界到達という含みがすりきれて、結果的な状態とは呼べない、単なる状態とでも言うべきものに移行していく傾向もある。そうなれば、パーフェクト的な意味を切りすてて、アスペクトへと移行していくのだろう。その場合、「ふるえた」が、状態の発生を表すように、「わいた」も、状態の発生を表し、「わいた」と「わいていた」との対立は、状態の発生（始まり）と状態の継続とのアスペクト的な対立となる。

いずれにしても、基準時点との関わりという点において、アスペクトとパーフェクトは、部分的にかなり接近し、地続きにつながっているところもあるということなのだろう。

1.2.　パーフェクトについて

高橋 1985a は、「ある局面の完成後につぎの局面のなかにあるすがた」という意味（のちにパーフェクトとされるもの）について、次のように、説明している。パーフェクトを、アスペクトとテンスとの複合のように見ているようである。

> この用法のなかでは、継続相形式は、動詞の表す動作過程の、あいつづく二つの局面とかかわっていて、さきだつ局面を、アスペクト的に完成相の意味、テンス的に相対的過去の意味でさしだし、あとをおう局面を、継続相の意味でさしだしているといえよう。ここで、テンス的な意味がくわわることは、継続相というアスペクト形式がテンス形式としての側面をもちはじめることをものがたっており、注目すべき現象である。（p.115）

工藤真由美 1995 は、パーフェクトを、「している」（「していた」）というアスペクト形式の派生的な意味の一つと見ており、パーフェクトを、次のように、アスペクト的な意味であるとしている。

> パーフェクトとは、〈先行する時点における運動の完成性〉と、〈後続する時点＝設定時点における運動の直接的結果あるいは間接的効力の継続性〉の両方を〈複合的〉にとらえるアスペクト的意味である。（p.145）

工藤は、また、パーフェクトについて、「〈設定時点への先行性〉というテンス的要素とも複合化された時間的意味である」とも述べている。こうした、工藤のとらえ方は、高橋のものと、ほぼ同じである。

しかし、〈後続する時点＝設定時点における運動の直接的結果あるいは間接的効力の継続性〉というのは、はたして、アスペクト的な意味であろうか。これは、

〈出来事の時間的展開性(内的時間)の把握の仕方の相違〉という、工藤によるアスペクトの規定にあてはまるのだろうか。工藤が、「出来事の時間的展開性(内的時間)」という用語のもとに、何を理解しているのか、明らかでないので、パーフェクトがアスペクトであるかどうか、判断することができないのだが、筆者の考えでは、工藤のようにアスペクトを規定するとすれば、パーフェクトをそれに含めることはできないのではないかと思われる。

基準時点との関係において、自らの内的な時間構造、時間的な展開のし方をさらけだし、動作の時間的な展開の一つの段階が基準時点と関係づけられるのが、アスペクトであるのに対して、パーフェクトでは、動作の内的な時間構造に対して外的に、つまり、内的な時間構造をさらけだすことなく、動作が、間接的な効力など、何らかの、別のし方で、基準時点に関係づけられている。基準時点との関係において、基本的に、アスペクトは、広い意味において、同時的(同じ時間帯)、同一場面に関わるものであり、パーフェクトは、次の例のように、非同時的(異なる時間帯)、別の場面に関わるものである。

(107) フンボルトがこの便りを手にして披見したときには、ゲーテはすでに世を去っていたが、フンボルトはそれを知る由もなかった。

(亀山健吉・フンボルト)

以上のように、パーフェクトをアスペクトと区別すると、「している」の形に関して、パーフェクトを表す場合の「している」と、アスペクトを表す場合の「している」とが、文法的な同音形式であるということになるだろう。そして、後者は継続相であるが、前者は継続相と呼ぶことができないということになる。

1.3.　テンスについて

テンスは、動作が位置づけられる基準時点の、発話時に対する時間的な関係を表す。したがって、動作が基準時点と同時的に関わっていれば、テンス的な意味は、直接的に、もっとも、はっきりと現れてくる。たとえば、継続相であれば、(明示的な同時性を表す)具体的な過程継続の意味を表す場合の過去と現在と未来、完成相であれば、(非明示的な同時性を表す)全体的な事実の意味を表す場合の過去と未来が、もっとも明確なテンス的な意味である。

(108)「まあ、お時さんはたのしそうに話しているわ」　(松本清張・点と線)
(109)「あ、そう。それで、大変のどかに歩いてらした」　(佐多稲子・くれない)

(110) さっき東京駅でKさんを見たわね。　(佐多稲子・くれない)
(111) それでは明日の夜でもお宅の方へ電話をかけます。(石川達三・洒落た関係)

しかし、動作が基準時点と非同時的である場合は、発話時と出来事との関係が間接的であり、テンス的な意味は、屈折して現れる。たとえば、パーフェクトは、発話時と基準時点との関係を表すテンス的な意味に関して、基準時点に先行する動作の時点については相対化する。基準時点が過去にあれば、過去テンスであるが、動作の時点は、その過去の時点の前にあり(例112)、また、基準時点が未来にあれば、未来テンスであるが、動作の時点は、その未来の時点の前にあるというように、テンス的に二重化していると言える。これが、とくに、問題となってくるのは、基準時点が現在にあるときである。基準時点が現在にあるかぎり、テンス的には現在と規定できるのだが、動作は、現在以前、すなわち、過去にある(例113)。

(112) 1799年9月8日、フンボルトはスペインに向けてパリを出発する。弟のアレキサンダーは、すでにこの年の6月、5年有余にわたる中南米の調査旅行に出立していた。　(亀山健吉・フンボルト)
(113) 省子姉さんを御覧なさい。あれほど要心ぶかく結婚して、ちゃんと失敗してるじゃないの。失敗なんてどこにだってあるわ。　(石川達三・幸福の限界)

だが、パーフェクトは相対的なテンスと区別されなければならない。工藤は、相対的なテンスを、従属文(非終止の位置)においてのみ生じるものとし、次のような例をあげている。(工藤真由美 1995, pp.178–179)

〈主文(過去)の出来事時以後〉
(114)「お母さんにちゃんと友達どうしで行くことを断ってから出掛けましたか」
〈主文(未来)の出来事時以前〉
(115)「明日、ちゃんと先生に映画に行ったことを報告しなさいよ」
〈主文(過去)の出来事時同時〉
(116)「どうしてあの娘が来ていることをすぐ教えてくれなかったんだよ。会いたかったのに」

そして、次のような例は、パーフェクトと相対的なテンスとの両方を表しているとして、二つを区別している。パーフェクト的な意味を表している「なくなっている」の現在テンスは、「知った」の表す過去の時点を基準とした相対的なものである。

(117) 午後から友人の悔やみに行った。妻君は7年も前になくなっていることを、伸吾ははじめて知った。　（工藤真由美 1995 の用例）

パーフェクトとテンスとは、ともに、ある時点に対する動作の時間的前後関係（動作の時間的な位置づけ）という意味特徴を共通に持ちながらも、パーフェクトには、基準時点との結びつきという独自な意味特徴があるし、テンスには、発話時との関係という独自な意味特徴がある。また、相対的なテンスは、相対的であっても、テンスであれば、二項対立的であるが、パーフェクトは、そのような対立を持たないという違いもある。

相対的なテンスは、基準時点の二重性を特徴とする。絶対的なテンスは、動作を位置づける基準時点と、発話時との関係である。その、絶対的なテンスにおける基準時点を出発点として、そこから、新たに基準時点が設定されるのが、相対的なテンスなのである。したがって、絶対的なテンスと同様に、相対的なテンスでは、それ自体が基準時点を持つため、その基準時点に関係づけられた動作が、アスペクトの対立を持つし、さらに、パーフェクトも、持ちうるのである。これは、基準時点にもとづいていればこそのことである。これに対して、基準時点に先行する動作を表すパーフェクトは、基準時点を新たに設定しているわけではないので、基本的に、その動作において、アスペクトの対立を持ちえない。時間的な前後関係という点においては共通している相対的なテンスとパーフェクトは、この点において、異なっているのである。

また、もちろん、パーフェクトは、その基本的な意味においては、基準時点への何らかの結果の残存を表すという点においても、それを表さないテンスと異なっている。しかし、連体という構文論的な位置において、相対的なテンスを表すとされるものも、何らかの結果の残存を示す場合が多いようである。

いずれにしても、相対的なテンスとパーフェクトとは、歴史的に相互作用しあって、発展していく関係にあるのだろう。

2. パーフェクトの諸タイプ

パーフェクトは、明示的なパーフェクトと非明示的なパーフェクトに分けられる。明示的なパーフェクトを表すものとしては、先行的な意味を表す「している」の形と「してある」の形、事実的な意味を表す「している」の形と「したことがある」という形があり、非明示的なパーフェクトを表すものとしては、「しておく」の形や完成相・過去形がある。

2.1.　明示的なパーフェクト

基準時点に先行する時点に動作が生じたことを表すパーフェクトのなかで、「彼は、去年、中国へ行っている。」のように、その形式のなかに、基準時点と同じ時点をさししめすテンス形式(「行っている」という現在をさししめす非過去形)を持つものを、明示的なパーフェクトと呼ぶ。その基準時点に先行する動作の時点は、「去年」などの時間名詞で、示されている場合もあるし、そうしたものがなく、示されていない場合もある。これに対して、あとに述べる非明示的なパーフェクトとは、「昼ごはんは、もう食べた。」のように、「食べた」が過去形をとっていて、動作の起こる時点だけを示しているものを言う。

すでに「している」の形のパーフェクト的な意味としてとりだした、先行的な意味と事実的な意味という二つの意味は、パーフェクト一般の意味分類の枠組みとしても、利用できる。パーフェクト的な意味を表す、いくつかの形を、先行的な意味と事実的な意味に分けて、検討していこう。

2.1.1.　先行的な意味

1)「している」

この場合、動作の実現が基準時点に時間的に先行していて、動作の展開過程における限界到達後の段階が、過去や現在や未来に置かれた基準時点にあることを表す。そして、その、動作がすでに終わっているという基準時点における状況が、コンテクストにおいて、何らかの意味を持っているのである。これは、コンテクストにおける他の文の表す出来事に対して時間的な関係を持つ。

例118で言えば、「しぬ」という動作がすでに終わっているため、その主体は、基準時点においては、生きておらず、逮捕することができなかったということを表している。この場合、基準時点には、直接観察できるような、動作の自然的な、必然的な結果が残ってはいない(それを表してはいない)のである。

〈基準時点が過去にある例〉

(118) 安田辰郎と亮子は、私たちが逮捕にいくまえに、鎌倉の家でしんでいましたよ。　(松本清張・点と線)

(119) フンボルトがこの便りを手にして披見したときには、ゲーテはすでに世を去っていたが、フンボルトはそれを知る由もなかった。　(亀山健吉・フンボルト)

(120)「あ、いけない」とジープの幌から外を覗いたときは、車はもう東単を過ぎていた。　(山本市朗・北京三十五年)

〈基準時点が未来にある例〉

(121) 然し私は今その要求を果たしました。もう何もする事はありません。この手紙が貴方の手に落ちる頃には、私はもうこの世にはいないでしょう。とくに死んでいるでしょう。　　　　（工藤真由美1995の用例）

〈基準時点が現在にある例〉

(122) 訳を聞くと、何時まで待っていても帰らないから、御稲荷様へ伺を立てたら、こりゃ、もう熊本を立っているという御託宣であったので、
　　　　（夏目漱石・三四郎）

2)「してある」

動作の対象が、「が」格の名詞にさしだされる「してある」の文と異なり、構文論的な構造がかわらず、動作の主体が主語にさしだされて、文の対象的な内容に増減がない「してある」の文は、先行的な意味というパーフェクト的な意味を表す。

客体に働きかける動作をさししめす動詞のうち、客体に自然的な一義的な結果を残さないような動作をさししめす動詞が「してある」の形をとると、その動作によって、「を」格や「に」格の名詞のさしだす客体に生じることが予想される結果や効果をみこんで、その動作を行ったことが表される。「してある」という形は、「している」と異なり、事実的な意味を表さず、先行的な意味だけを表す。パーフェクトを表す場合、「してある」は、客体に効果が残ることを表すので、客体的なパーフェクトであり、「している」は、効果が残るのが主体か客体か明示しないので、非客体的なパーフェクトであると言える。このことは、「してある」が、「している」と違って、つねに、意図性（準備性、もくろみ性）のニュアンスをおびることとつながっているのだろう。

(123)「まア、そう言わずにやってみろよ。では、いよいよ問題を出しますが、一体ここにいるわれわれ六人のとしの総和、……全部よせた数はいくつになるでしょうか。一分以内にお答えください」
「だって、君ア、前以って勘定してあるんだろう？」（里見惇・極楽とんぼ）

(124) 引取人の変更については、行助はすでに院長に話してあった。
　　　　（立原正秋・冬の旅）

しかし、吉川1973には、「食べてある」「見てある」などのように、客体的と言えないような「してある」や、「寝てある、休んである、行ってある」などの自動詞の「してある」が、多くはないが、あると指摘されている。客体的であるという

ことから脱して、意図性という意味を発展させていくきざしと見ることもできるかもしれないが、このような使用は少なくなってきているように思われる。

2.1.2.　事実的な意味

1)「している」

すでに述べたように、「している」の表すパーフェクトには、単なる過去の事実を表すと言えるようなものがある。これは、出来事時点が特定時の場合も、不特定時の場合もあるが、特定時の場合も、時間軸に、その動作が位置づけられているのではなく、動作の起こった時間が、動作に、その特徴の一つとして、はりつけられているかのようである。高橋 1985a が指摘しているように、ある意味において、「時間ばなれ」を起こしているとも言えるだろう。動作自体の時間的な展開は顕在的でなく、動作が非分割的にとらえられていて、動作自体のとらえ方としては、完成相の表す全体的な事実の意味というアスペクト的な意味に近い。基準時点が未来に置かれることはなく、過去の場合も少ない。このことは、事実的な意味のパーフェクトが、他の動作との時間的な関係を表すものではなく、論理的な関係(判断と根拠など)など、非時間的な関係を表すものであるということと結びついている(例 127)。

(125)　佐山とお時とが、仲よく〈あさかぜ〉に乗りこんでいる所を「小雪」の女中が二人目撃しているのですよ。　(松本清張・点と線)

(126)　この手紙から三日後の 11 月 11 日、フンボルトは次のような手紙をカロリーネに送っている。　(亀山健吉・フンボルト)

(127)　待ちかねた電話は 20 日の午後 8 時に女の声でかかってきた。それはお時であろう。なぜなら、宿の者に佐山を呼んでくれと言わずに、菅原を呼んでくれと電話口で言っている。　(松本清張・点と線)

2)「したことがある」

工藤真由美 1989 は、「したことがある」を、〈ある時点までの期間に少なくとも一度、その出来事がおこっていること〉を表す、パーフェクトの一形式と規定している。しかし、「したことがある」は、事実的な意味を表す「している」と同様に、基準時点に対して、どのような効力を残しているのか、はっきりしない。話し手の記憶の現在性とでもいうような、基準時点との結びつきがあるのだろうか。コンテクスト的には、その場面において何らかの意味のある、情報的に新しい不特定時の出来事を導入するという意味あいがあるようである。

この形は、基準時点をさししめすテンス形式(「ある」の部分)と、出来事時点をさししめすテンス形式(「した」の部分)とを持っていて、二重テンスの形式であると言える。しかし、これは、先行する動作と場面との何らかの関わりをとらえており、また、「した」の部分が、「する」とのテンス的な対立を持っているわけではないので、相対的なテンスではなく、パーフェクトであると言えるだろう。これは、文の成分のあいだの構文論的な組みあわせが、一つの単語相当の分析的な形にかわることによって、相対的なテンスからパーフェクトへ移行してきた形式であると考えられる。

工藤によれば、この場合、基準時点となるのは、現在と過去だけであり、未来の場合はないと言う。これは、そのパーフェクト的な意味が、先行的な意味ではなく、事実的な意味であるということを示しているのだろう。

「したことがある」は、次にあげる例のように、基本的に、基準時点から切りはなされた不特定時に、二三度起こった、多くは意外な、特別な事実を表す。

(128) 私はその谷を前に見たことがあると思った。　(大岡昇平・野火)
(129) あるとき、学校の帰り道に、誘われて、私は彼の家へ行ったことがある。　(加藤周一・羊の歌)
(130) いままでにも、里子は、人にかくれて、二三回、煙草を吸った事がある。　(林芙美子・めし)
(131) 「あら、ここの家、来たことがあるわ」
或る時恵子が一軒の待合を指さしたから、私は驚いた。
「ここ待合だよ」
「そうよ、二度ばかり来たわ」　(壇一雄・火宅の人)

また、「していたことがある」という形もあるのだが、その場合は、「したことがある」とのアスペクト的な意味の対立が弱まっていて、単に長期持続的な動作ということを表しているにすぎないようである。ただし、その動作は、実現の期間が限定されている。

(132) 母親は、彼が五つの時に死んでいる。その後一年ほど、父の妹が一緒に住んでいたことがあるという。　(増田みず子・シングル・セル)
(133) 私は先妻を失って、三歳の一郎と二人、しばらく九州の山寺に籠っていたことがある。　(壇一雄・火宅の人)

2.2.　非明示的なパーフェクト

パーフェクトに関わるように思われるもので、テンス形式が、動作の実現する時点を示すものを、非明示的なパーフェクトと呼ぶ。この場合、基準時点との関係づけ、つまり、基準時点における結果や効力の残存は、その形の持つ意味となっている場合もあるし、言語的な環境の諸手段によって、ほのめかされるにすぎない場合もある。

また、この非明示的なパーフェクトにおいては、基準時点の存在に、しばしば、疑問が生じてくる。基本的にコンテクストによって与えられる基準時点が、ほとんど存在していないように思われる場合があるのである。そうであれば、この場合、パーフェクト的な意味を持つというのも、動作が実現したあとに、その結果や効力が続いているということにすぎなくなるだろう。

2.2.1.　完成相・過去形「した」

すでに、限界到達を表す「した」はパーフェクトではないことは述べているが、限界到達ではない、パーフェクト的な意味を表す完成相・過去形は、先行的な意味のパーフェクトに対応するものであると考えられる。動作は、限界によってしきりづけられた、ひとかたまりのものとして、とらえられていて、その動作が実現したあとに、何らかの結果を残しているようである。完成相・過去形自体は、もちろん、パーフェクト的な意味を表さないこともあるので、このパーフェクト的な意味は、コンテクストによるものとも言える。

(134)「メシ喰った？」
「いいえ。でも、欲しくありません」
「オレは喰うぞ」
私は横浜駅に停車すると同時に、列車から駈け降りて、弁当、寿司、シュウマイと手当り次第に買い漁った。（壇一雄・火宅の人）

(135)「『東日』の月評を読んだか？」と私にいった。「うん、読んだ」
（広津和郎・同時代の作家たち）

「もう」という副詞と完成相・過去形との結びつきは、非明示的なパーフェクトを表すと言える。発話時との結びつきを、よりはっきりと表しているだろう。

(136)「お前達もねえのか」
「俺のはもう使った。今じゃ永松の銃だけが頼りさ。それで猿が獲れるから、つまり俺達は生きていられるわけさ」（大岡昇平・野火）

工藤真由美 1995 は、「した」の形が、コンテクストと語彙的な意味の作用を受けて、パーフェクト的な意味を表すことを指摘している(pp.128–141)。工藤は、〈終止〉の位置の「した」に、〈現在パーフェクト(パーフェクト相現在)〉と〈完成相過去〉という、二つの意味があるとする(工藤の現在パーフェクトには、筆者の言うところの限界到達の意味も含まれている)。これは、「した」に、「過去」というテンス的な意味と、「完了」というアスペクト的な意味があるとされていたものに、さししめすものとしては、重なりながら、その意味規定を批判したものであり、工藤は、「した」の二つの意味である〈現在パーフェクト(パーフェクト相現在)〉と〈完成相過去〉を、それぞれ、アスペクト・テンス的な意味を統合的に表すものとしている。つまり、アスペクト的な意味としては、それぞれ、パーフェクト相と完成相を表し、テンス的な意味としては、それぞれ、現在と過去を表すということなのだろう。完成相は、アスペクト的な形の名づけであるのに対して、パーフェクト相とは、はたして、形態論的な形に対する名づけなのかという疑問とも関係するのだが、パーフェクト相現在の「した」というのは、やはり、完成相ではないかという疑問が、まず、起こってくる。工藤は、完成相過去とパーフェクト相現在は、運動の完成性をとらえている点では共通していると述べており、また、それらが、同様に「した」によって表されているのであれば、パーフェクト相現在の「した」は、完成相のバリアントの一つと見た方がいいのではないかと思われてくるのである。鈴木重幸 1979 は、「した」のテンス的な意味を、アオリスト的な過去とペルフェクト的な過去という、過去の二つのバリアントに分けた。つまり、それらは、いずれも、過去形なのである。とすれば、アスペクト的な意味に関しても、工藤の言うパーフェクト相現在と完成相過去は、完成相の二つのバリアントと見てもいいのではないだろうか。パーフェクト的な意味は、この「した」にとっては、コンテクストによって完成相がおびる副次的な意味と考えるのである。

また、テンス的な意味に関しては、鈴木重幸 1979 が、いずれも過去を表すとしていたものを、工藤は、パーフェクト相現在は現在であり、完成相過去は過去であると見ていることも、問題となる。しかし、この点に関して、工藤は、次のような微妙な説明をしている(この説明は、たしかに、限界到達を表す「した」にはあてはまるだろう)。

> 従って、現在パーフェクトの存在は、シタが、テンス的に〈発話時以前＝過去〉で統一していることを否定するものではないといえよう。シテイルと違って、シタは、未来パーフェクトを表さない。〈感覚表出・知覚表出〉のようなムード性と絡み合っている特別な場合を除けば、現在パーフェクトは、設定時点と発話時点が一致するという意味で、現在なのであって、発話時点と出来事時点との関係で言えば、過去である。客観的には、完成相過去もパーフェクト

相現在も、出来事時点が発話時点に先行している点では、共通している。鈴木重幸 1979 に述べられているように、シタという1つの形式に、この2つの意味・機能が統一しうる根拠は、ここにあると思われる。

シタが、シテイルのように、未来パーフェクトも表しうるとしたら、あるいは、結果継続＝状態パーフェクトも表すとしたら、スル―シタが、テンス的に〈非過去―過去〉で、形態論的に対立しているということはできない。だが、シタが、現在パーフェクトしか表せないのであれば、テンス的側面での〈発話時以前＝過去〉という統一性を認めることができることになるだろう。現在パーフェクトとは、発話主体が、発話の場との生きたつながりにおいて過去の出来事をとらえるという、いわば〈主観的過去〉であるとも言えよう。

（工藤真由美 1995, p.141）

この説明にあるように、工藤は、設定時点（筆者の言う基準時点）が現在にあるパーフェクトを、現在パーフェクトであると見ているので、パーフェクトを表す「した」の場合、現在パーフェクト、つまり、テンス的には現在と見ざるをえないのであろう。しかし、「した」の表すパーフェクト的な意味を、「している」の表すパーフェクト的な意味と、そのような同等のものとして見ていいのであろうか。「している」の場合は、基準時点を示すテンス形式を持っているが、「した」の場合は、それを持たず、動作の時点を示すテンス形式だけである[34]。また、工藤の言うように、未来パーフェクトや過去パーフェクトを表すことができず、完成相過去との、テンス的側面での〈発話時以前＝過去〉という統一性が認められるのであれば、基本的には、パーフェクト相現在は完成相・過去形であると見るのが、自然ではないだろうか。これは、「している」のパーフェクトと違って、明確な基準時点は設定されておらず、完成相・過去形の表す過去の出来事が、そのあとに、何らかの結果や効力を残していることをほのめかしているにすぎないと考えるべきであろう。それも、そのほのめかしは、その形自体が、強くほのめかしているものではなく、コンテクストから、うけみ的に、受けとるものにすぎない。その形自体は、コンテクストからの、そのほのめかしを排除しないということにすぎないのである。

以上のことから、工藤の言うパーフェクト相現在は、完成相・過去形がパーフェクト的な意味をおびているものと見た方がいいだろう。やはり、パーフェクト相現在とは、「パーフェクト的な形」といった形態論的な形の名づけではなくて、意味論的なものであると見ざるをえない。

2.2.2. 「してくる」「していく」

「してくる」「していく」の完成相・過去形も、パーフェクト的な意味を表す。こ

れらは、ダイクシス的な意味との複合を表すので、パーフェクト的な意味が比較的強く出てくるだろう。(須田 1995 参照)

(137) あのう、お湯にいらっしゃる時、おひげを剃るの、宿で借りて来ましたわ。持っていらっしゃらなかったでしょう？　(林芙美子・茶色の眼)

(138) 関の置いて行った敷島の袋から一本煙草を抜いて一服つけながら、「関がこんなものを置いて行ったが、本気なんかい？」　(林芙美子・白鷺)

そのほか、「生きてきた」などのように、これらの形は、あとに述べる、包括的な過程を表す場合もある。

(139) 私は、留守番をして、貴方一人を頼りに、今日まで生きて来たンだのに…　(林芙美子・茶色の眼)

2.2.3.「しておく」

「しておく」という形は、その実現による結果や効果をみこして、動作を行うという目的志向性の意味を中心として表している。これは、動作の実現のあとの結果や効果の残存を、強くほのめかしているので、パーフェクト的な意味も表していると言えそうである。ただし、それは、現在だけでなく過去や未来にも置かれるテンス形式が、動作の時点を示しており、非明示的なパーフェクトである。

「しておく」は、アスペクト的な意味としては、完成相に相当するが、「しておいている」という形がなく、完成相と継続相との対立を持たない。

また、「しておく」は、結果的な状態の維持を表す場合もある(例 142)。

(140) ですからね、パーティーを致しましょうよ。ね、よろしくって。今度の土曜、日曜よ。(中略)じゃ、土曜、日曜、間違ったら、困りますわ。全部で五人分の用意をしておきます。それから、あなたの奥様も、前の晩から、お手伝にお呼びしときますからね、承知しといて下さい。(壇一雄・火宅の人)

(141)「いやだ、あれ高かったのよ、気に入ったから無理して余分に買っておいたのに……」　(連城三紀彦・恋文)

(142)「うちの犬が死んだよ」
と私は水をさした。
「まあ、可哀想に、どうして？」
「こごえ死んだ」
「どうしてでしょう？」

「寒かったからさ」
「そとにだしといたのかしらね？」　（壇一雄・火宅の人）

2.3.　パーフェクトに隣接するもの

以下に検討するのは、パーフェクトとして位置づけるべきかどうか、いろいろと問題を含んでいるものである。本書では、いちおう、それらをアスペクト的な意味を表すものとして位置づけているが、その結論には、なおも、検討の余地がある。しかし、それらがアスペクト的な意味を表すものであるとしても、パーフェクトと非常に近い関係にあることは間違いないので、その位置づけを明確にするために、ここで検討しておく。

2.3.1.　結果的な状態

1）「している」（主体的な結果的状態）

（143）組立式の大きな本箱と、机に椅子だけで、畳は相当いたんでいる。
（林芙美子・めし）

（144）少しばかり向うずねのあたり、ヒリヒリすると思ったら、泥まみれのズボンが大きく破けている。　（壇一雄・火宅の人）

工藤真由美 1995 は、変化動詞の継続相の表す、変化の結果の継続という意味をパーフェクトと見るかどうかに関して、次のように述べている。

> ところで、運動の後続段階をとらえるという点では、パーフェクトは、シテイルの基本的意味〈継続性〉の１バリアントである〈結果継続性〉と共通する点をもっている。効力とは、広い意味での「運動の結果」であろう。また、〈結果持続〉とは、結果が残っていることは、既に運動は先行して起っているということなのであるから、広い意味でのパーフェクトであろう。事実、両者をともに〈パーフェクト（perfect）〉ととらえつつ、〈stative perfect（状態パーフェクト）〉〈actional perfect（動作パーフェクト）〉と区別する研究者もある。
>
> 従って、次のような、図式化が可能である。〈結果持続＝状態パーフェクト〉は、一方では、〈継続性＝非限界づけられ性〉の点で、〈動作継続〉と共通し、他方では、〈運動完成後の段階〉を捉える点で、〈動作パーフェクト〉と共通している。　(p.117)

そして、〈動作パーフェクト〉と〈状態パーフェクト〉との相違点として、次の

三つをあげている。(p.118)

①結果をもたらす先行した運動を直接とらえているか否か
②運動の必然的な直接的な結果か、偶然的な間接的な結果か
③結果の継続＝顕在性を前面にだしてとらえているか否か

工藤にとっては、動作パーフェクトも、アスペクトの一つであれば、状態パーフェクトを認めるかどうかは、いずれもアスペクトの変種にすぎないのだから、それほど、深刻な問題とはならないのであろう。しかし、アスペクトの一般的な意味を〈出来事の時間的展開性(内的時間)の把握の仕方の相違〉と規定するとすれば、動作パーフェクトはアスペクト的な意味とは言えないが、結果持続は、パーフェクトというより、アスペクト的な意味に近いだろう。動作の結果は、動作(変化)の時間的な構造の構成要素の一つである。動詞の語彙的な意味が変化をさししめしているとすれば、その結果的な状態は、内的な時間でなく外的な時間ということになるかもしれないが、結果的な状態というものが、変化のあとに必然的に起こってくるものであれば、それを、相互規定的に変化に属するものとして、広い意味における内的な時間と見ることができると考えられるのである。そして、その結果的な状態は、基準時点において、観察可能な、知覚可能なものである。また、意味的な力点は、この状態の方に置かれていて、基準時点に先行する変化は、ほのめかしにすぎず、背後にしりぞいている。さらに、その変化が、結果持続の意味から切りおとされて、結果的な状態から単なる状態へ移行していく傾向もある。以上のことから、ここでは、「している」の形の表す結果的な状態(変化の結果の継続)をアスペクト的な意味として位置づけておくことにする。

2)「してある」(客体的な結果的状態)

意志的に対象を変化させる動作をさししめす他動詞の「してある」の形は、基本的に、主体の意図的な働きかけの結果として客体に生じた状態を表す。客体は、名詞の「が」格でさしだされ、その結果的な状態の持ち主となる。そして、働きかける主体をさしだす名詞は、消去される。そのため、この「してある」の文は、文の対象的な内容が、もとになる文と異なることになり、構文論的な構造としては、「ひもが切ってある。」と「ひもが切れている。」のように、自動詞文に近くなる。この場合、「してある」の文と自動詞文とは、その結果的な状態が主体の働きかけによるものであるということを明示するか、しないかという点で違っている。

このように、「してある」の形も、動詞の表す動作の内的な時間構造を表しているとも言えるので、アスペクチュアリティには入れることができるかもしれない

が、もとになる文と構文論的な構造が異なるので、アスペクトと見ることはできないように思われる[35]。

(145) 二つのシングルベッドの間に、小机が置かれ、その上に電話がおかれ、花がいけてある。　（壇一雄・火宅の人）
(146) 家の中には蚊帳が吊ってある。　（壇一雄・火宅の人）
(147)「お父さん、家出したみたい……テーブルの上に女の人の手紙がおいてあった」　（連城三紀彦・恋文）
(148) 行ってみるとまだ黒ずんだような小鯵が、大きな角槽いっぱいに盛り上げてあった。　（壇一雄・火宅の人）

2.3.2. 包括的な過程

次の例における「している」の形は、基準時点以前に始まった動作や状態が、基準時点まで続いていることを表している。これは、動作や状態の始まった時点と基準時点との二時点をとらえていることから、アスペクト論で言うところの包括的なパーフェクト inclusive perfect であるとも言えるが、日本語においては、継続相の表す過程継続のバリアントにすぎないだろう。日本語の継続相は、一時点に時間的にくぎづけられた具体的な動的な動作だけでなく、より、広い時間帯に続く、習慣的な動作や特性なども表す。そのために、継続相は、二時点を含むようなパーフェクト的な意味も表しうるのであろう。

(149) あのね、さきほどから、二階の栄子さんね、荷物を運び出してるのよ。
（林芙美子・茶色の眼）

注

30　書いてある内容をさしだすときは、たしかに、「している」で表すのが、ふつうである。
31　くわしくは須田 2003 参照。
32　あとにも述べるが、基準時点との関わり方は、さまざまであり、はっきりとした結果が残っているものから、そのようなものが、ほとんど、認められないものまである。したがって、単に、「先行して起こった出来事」とだけ規定しているのである。
33　しかし、限界到達が基準時点以後で、動的な過程に力点が置かれている場合は、少ない。動的な過程が基準時点に同時的に存在するのは、限界を持たない過程の場合が、ふつうである。

34　これは「した」に過去という基本的な意味が確立していればこそ言えることであるが。

35　益岡2000は、「している」を第一継続相とし、「してある」を第二継続相として、どちらも、「する」の形と対立しながらアスペクトを構成するアスペクト的な形であるとしている。

第3章　アスペクチュアリティ

この章では、以上に検討したアスペクトとパーフェクトをうけて、それらを含むアスペクチュアリティという構文論的なカテゴリーについて検討する。これは、アスペクトやパーフェクトという文法的なものを中心にして、次章に検討する語彙・文法的な系列をも含むものであり、総合的であるということから、本書においては、その検討を、文法的なものと語彙的なものとのあいだに置いている。

以下では、まず、第1節で、アスペクチュアリティに関する先行研究にかんたんに触れ、そのあと、第2節で、筆者のアスペクチュアリティの体系を提示する。そして、第3節では、アスペクチュアリティに関係する時間的な具体・抽象性を中心に検討する。この時間的な具体・抽象性は、アスペクトやパーフェクトやテンスの意味の実現のし方に作用する、文の表す出来事の、時間的な性格の面からの最高度の一般化であり、動詞の語彙・文法的な系列も、その表現手段の一つとして含まれるものである。

第1節　アスペクチュアリティに関する先行研究

戦後のアスペクト研究の出発点には、金田一春彦の二つの論文がある。一つは、継続動詞と瞬間動詞という用語とともに、きわめて、よく知られている「国語動詞の一分類」(1950年)であり、もう一つは、あまり評価されず、広く知られてはいない「日本語動詞のテンスとアスペクト」(1955年)である。前者は、「している」の形と、その形をとる動詞の語彙的な意味との関係を検討して、「している」の形のアスペクト的な意味を明らかにし、それと関係する動詞の分類を行ったものである。これは、アスペクトの形態論的な研究の先駆をなすものとして、奥田靖雄らによって評価され、その後のアスペクト研究は、この、金田一の提出した問題を中心的なテーマとして、発展していく。一方、後者は、金田一が、「この稿では、私の考える「アスペクトの態の種類」と「それら相互の関係」を論じ、その一つ一つの態を言い表わすために、日本語はどういう形を持っているかを述べてみたい」(p.30)と書いているように、意味から形へという方向性を持った研究であり、これは、諸言語のあいだの対照研究やタイポロジーと密接に関係し、「機能・意味的な場」(構文論的なカテゴリー)とも呼ばれるアスペクチュアリティの研究と見ることもできる。金田一が、あとがきに、「服部四郎博士から、文法論にも、音論における音声学にあたるものと音韻論にあたるものとの別があることを教えられ、目を覚まされた思いがしたが、その頭で読むと、この論文は、その両者がごたごたになっていることに気付き、はなはだ気になる」と述べていることから分かるように、それを書いた当時は、形態論的なアプローチ(いわば音韻論にあたるもの)と機能・意味的なアプローチ(いわば音声学にあたるもの)との方法論の違いに、自覚的でなかったのは、たしかであろう。しかし、金田一が、まず、形態論に関わるような論文を書き、それにつづいて、機能・意味的な場に関わるような論文を書いたこと、そうせざるをえない必然を金田一が感じていたことは、現代にいたる長い時間の視野で見てみると、きわめて意味ぶかく感じられる。まさに、戦後の、現在にいたるアスペクト研究は、この金田一の二つの論文が提示した道筋をたどっているとも言えるのである。意味から形へというアプローチが、方法論とまでは言えないような形においては、金田一の論文以前からあったこと、機能・意味的な場のなかにおける形態論的なカテゴリーの位置づけが明らかでないこと、述語における表現手段だけがとりあげられていることなどを考えると、金田一 1955 に対する、こうした見方は、いささか過大評価にすぎるかもしれない。だが、方法論にきわめて自覚的な奥田靖雄の、形態論的なアプローチを確立する歴史的な段階における、次の発言は、形態論的なアプローチというパラダイムにおいては、的確な批判であるが、形態論的なアプローチ以後の、今の研究段階において見れば、金田一の論文の意義を、とくに、その歴史的な先駆性を、正確にとらえていないようにも思われるのである。

> 金田一は、55 年の論文では、《理論的にありうる》アスペクトを、その表現手段としての aspectual form からきりはなしながら、あつめて、ひとつの体系にまとめあげる。その《理論的にあるはず》のアスペクトは、日本語という具体的な民族語とは直接にかかわらない論理的なカテゴリーであって、日本語ではこれがどのような文法的な形式で表現されているか、あきらかにするのがこの論文の主要な課題になっている。
>
> 　ここで採用する金田一の方法は、まぎれもなく論理主義であって、松下大三郎、佐久間鼎からうけついだものである。金田一はアスペクトを動詞の形態論的なカテゴリーのひとつとしてはあつかわなかった。aspectual form の意味とその表現手段とを統一的にあつかいながら、動詞の活用の体系のなかに位置づけることはしなかった。55 年の論文がやたらによみづらく、実際性にとぼし

く、とざされていて、その後の研究に展望をあたえていないのは、この論理主義のためである。（奥田 1977, p.85）

しかし、奥田 1977 で形態論的なカテゴリーとしてのアスペクトを明確にうちだした奥田も、奥田 1988c「時間の表現(2)」では、アスペクチュアリティの研究へと進んでいる。そのなかで、奥田は、アスペクチュアリティを、形態論的なカテゴリーであるアスペクトに対して、意味的なカテゴリーと呼び、「動作に持ちまえの《内的な時間》にかかわる、さまざまな意味領域である」と規定している。そして、アスペクチュアリティの内部構造を、次のように素描している。

そして、動詞の形態論的な形としての完成相と不完成相とが、変化動詞、動作動詞、状態動詞などをかたちづけながら、アスペクチュアルな意味を実現する。動詞のアスペクトが限界の実現、限界にたいする過程の関係のし方、そこから生じてくる過程の局面を表現しているとすれば、そのアスペクチュアルな意味を《過程の内的な時間構造の表現》とする規定は妥当であるだろう。この内的な時間構成あるいは時間構造のゆたかさを保証するために、局面動詞が動員される。さらに、局面動詞による局面の表現の不足分をおぎなうために、「するところだ」、「したところだ」のような、合成の述語がつくりだされる。

こんなふうに、アスペクチュアリティの意味領域に属している、さまざまな要素を相互のからみあいのなかにみていくなら、そのからみあいが具体的に実現しているのは、述語の位置にあらわれてくる動詞のなかでのことであることが、あきらかになる。さらに観察をすすめていけば、さまざまなアスペクチュアルな意味のからみあいにおいて、動詞の形態論的なかたちであるアスペクトの意味が支配的であって、そのほかのアスペクチュアルな意味をみずからのなかにしたがえていることがあきらかになるだろう。（p.36）

このように、奥田は、文において、さまざまなアスペクト的な意味を表す諸手段が、動作の多様な展開過程を表しわけるために、動詞の形態論的な形と相互作用しながら、その形態論的な形のアスペクト的な意味を、より豊かにしていることを、正確にとらえている。簡単な説明ながら、アスペクトがアスペクチュアリティの中心にあることを、その本質的な面から語るものと言えるだろう。

これに関しては、奥田のほかにも、工藤真由美 1995『アスペクト・テンス体系とテクスト』が、単語レベルの〈文法的＝形態論的カテゴリー〉であるアスペクトに対して、アスペクチュアリティを、動態的出来事（＝運動）の〈時間的展開の様態〉を表しわける、文レベルの様々な表現手段（形態論的、構文論的、単語派生的、語彙的手段およびその複合）からなる〈機能・意味的カテゴリー〉としている。そして、工藤は、アスペクチュアリティの内部構造を、以下のように、描きだしている。

まず、表現手段の面から、工藤はアスペクチュアリティを次のように組織づける。

- アスペクチュアリティー
  - 文法的
    - 形態論的
      - アスペクト　スル―シテイル
      - 準アスペクト　シテアル、シテオク、シテクル、シテイク、シテシマウ
    - 構文的
      - 組立形式　シヨウトスル、シツツアル、スルトコロダ―シタトコロダ　シタコトガアル
      - 格（参加者の性格）
  - 語彙的
    - 動詞
      - 派生動詞　シハジメル（シダス）―シツヅケル―シオワル（シヤメル）　シカケル（シカカル）、シトオス、シツクス、シキル
      - 動詞の範疇性　動作動詞―変化動詞　非限界動詞―限界動詞
    - 副詞
      - （質的）　マダ―モウ（スデニ）
      - （量的）　ズット―シバラク―イッシュン、シダイニ―トツゼン　イチド―ナンドモ、タマニ―トキドキ

また、表現内容の面からは、次のように組織づけている。そして、時間的限界性が、その中心をしめるとされている。[36]

- 時間的展開の様態（アスペクチュアリティー）
  - 時間的展開の質的様態
    - 時間的限界性（limitedness）
    - 時間的局面性（phase）
  - 時間的展開の量的様態
    - 持続性
    - 回数性

この、工藤によるアスペクチュアリティの概観は、たいへん興味ぶかい。アスペクチュアリティについての奥田の一般的な規定を具体化するものであると言えるだ

ろう[37]。

こうした奥田や工藤のものと異なるアスペクチュアリティの体系としては、寺村1984『日本語のシンタクスと意味Ⅱ』があげられるだろう。寺村は、アスペクトを、一次的アスペクト「スル（未然）とシタ（既然）」、二次的アスペクト「（〜シテ）イル、アル、シマウ、イク、クル」、三次的アスペクト（時間的相）「開始：〜ハジメル、ダス、カケル、継続：〜ツヅケル、ツヅク、終了：〜オワル、オエル、ヤム」に分けている。この分類は、内容的な面を無視してはいないとはいえ、やはり、述語に入りこむときの相互承接も含め、語形形成や語構成を基準とした形式的な分類であると言えるだろう。

以上のような、アスペクチュアリティの体系に対して、筆者は、次節において、表現の形式と内容との相互作用のし方にもとづいて、アスペクチュアリティを体系化する。

第2節　アスペクチュアリティの体系

動詞述語文にさしだされる出来事は、つねに、時間的な側面における、その存在の基本的な形式として、出来事が、話し手の発話時から見て、以前であるか（過去）、同時であるか（現在）、以後であるか（未来）というテンス的な意味とともに、出来事が、どのような時間的な展開のし方を表しているかというアスペクト的な意味をそなえている。

そのアスペクト的な意味は、文において、多様な意味が、さまざまな表現手段によって表されるのだが、その中心をなすのが、動詞の形態論的なカテゴリーとしてのアスペクトである。アスペクトは、出来事をさしだす動詞述語文の意味的な核となる述語動詞の語形変化の体系のもとに、文の多様なアスペクト的な意味のすべてを集め、そして、それらを一般化して、その一般的な文法的な意味に集約している。そのように、アスペクトはカテゴリーとして一般的な性格を持つが、逆に、文の意味に戻るとき、その一般性が、個別的なもののなかに具体化、現象化する。すなわち、述語動詞において、文法的な意味が語彙的な意味と結びつき、それが、主語や修飾語などの構文論的な手段という、文の内的な言語的な表現手段との相互作用において、文の基本的なアスペクト的な意味を形成し、さらに、それが、コンテクストという、文の外的な言語的な環境と相互作用することによって、最終的な文の多様なアスペクト的な意味が実現するのである。

この、文における、さまざまなアスペクト的な意味と、その多様な表現手段との体系を、アスペクチュアリティと呼ぶ。これは、アスペクト的な意味の方が主導的な役割をはたしていて、その内容的な側面が、出来事の内的な時間構造を表す、さまざまな言語的な諸手段をまとめあげているという、二側面的な統一体である。アスペクトが単語における語論的なカテゴリー（形態論的なカテゴリー）であるとすれば、アスペクチュアリティは文における文論的なカテゴリー（構文論的なカテゴリー）である。アスペクチュアリティは、言語により、その構造はさまざまであるが、意味論的なカテゴリーにもとづくものであるため、その存在自体は、ほとんどの言語に見られる普遍的なものであるのに対して、形態論的なカテゴリーであるアスペクトは、個別言語的であり、それを持たない言語もあるということになる。

アスペクチュアリティには、さまざまなタイプ化されたアスペクト的な意味が含まれる。そして、それらは、多くの言語に共通していて、翻訳や対照研究の土台となる。しかし、アスペクチュアリティのタイプ的な意味のとりだしは、基本的に、個々の言語における言語的な表現手段にもとづいており、一つの言語のアスペクチュアリティの体系づけは、その言語において、それぞれのタイプ的な意味が、どのような表現手段によって、つまり、文の構文論的な構造における、どのレベルの意味によって、おもに表現されているかということに、もとづかなければならない。とくに、形態論的なカテゴリーを持ち、文におけるアスペクト的な意味がすべて形態論的なカテゴリーに一般化されている言語においては、そのタイプ的な意味を規定する言語的な表現手段の、アスペクトに対する関係が問題となる。こうして、アスペクチュアリティの体系は、形態論的なカテゴリーの有無や、その形態論的なカテゴリーと、文のアスペクト的な意味を表す、そのほかの表現手段との相互作用のし方などによって、言語ごとに、異なるものとなるのである。

1.　アスペクチュアリティの中心―形態論的な形にもとづく意味

動作の時間的な展開のし方という一般的な意味によって、アスペクチュアリティにまとめられる、さまざまなアスペクト的な意味は、形態論的なカテゴリーとしてのアスペクトの表すアスペクト的な意味を中心として、それとの関わり方によって、アスペクチュアリティの体系のなかに位置づけられる。すなわち、それらは、アスペクトの表す基本的なアスペクト的な意味の枠組みのなかに、あてはまるか、それとも、それと異なるものとして、補足的に結びつき、複合的なアスペクト的な意味を実現するかといったような、アスペクトとのさまざまな関係のし方によって、それぞれ、アスペクチュアリティの中心と周辺に位置づけられるのである。

すでに述べたように、アスペクトは、時間軸上の一時点（基準時点）との時間的な関係づけにおいて顕在化する、動作の内的な時間構造（動作の時間的な展開の性格）の、動詞の語形変化による表現である。日本語では、「している」と「する」、「していた」と「した」という動詞のペアーを、アスペクトという形態論的なカテゴリーの表現手段として、とりだすことができる。

「している」の形（継続相）と「する」の形（完成相）という動詞のペアーは、一般的な意味として、継続相は、その動作の過程が基準時点において継続していること（過程継続）を表すのに対して、完成相は、その過程継続という特徴について、あるともないとも、示さないというアスペクトの意味的な対立（欠如的な対立）をなす。この意味的な対立は、かならず継続相か完成相か、どちらかの形をとる動詞述語の文において、かならず持たされる義務的なものである。文にさしだされる出来事は、すべて、このアスペクトの一般的な意味のもとにおかれ、個々の出来事における、多様な時間的な展開の性格は、すべて、このアスペクトの対立的な意味のなかに一般化される。そうであればこそ、アスペクト（そして、次に述べるパーフェクト）だけが、時間軸への位置づけという特徴を含み、他の文のさしだす出来事との時間的な関係の土台をなすことができる。

と同時に、アスペクトは、その中核的な意味として、継続相は過程継続を表し、完成相は限界到達を表す。したがって、アスペクチュアリティにおける意味領域の中心として、まず、日本語のすべてのアスペクト的な意味を代表する、過程性と限界性という二つの意味をとりだすことができる。その二つのアスペクト的な意味との関係のし方によって、アスペクチュアリティに入る多様な意味は、位置づけられるのである。そこで、まずはじめに、その二つのアスペクト的な意味について見ていく。

1.1.　過程性

1.1.1.　過程性のバリアント

過程性は、動作の過程の継続を表すという継続相の中核的な意味である。これは、アスペクチュアリティのなかで、もっとも中心的なアスペクト的な意味と言えるだろう。この過程性は、それと対立する限界到達というアスペクト的な意味を生じさせ、それを支えるとともに、それ自体として、さまざまな動作を、過程性という意味に一般化する。たとえば、一回的な具体的な動作であれば、もっとも典型的な過程性である連続的な過程を表すが、反復的な動作であれば、非連続的な過程を表す。また、「増える、進む」などの動詞や「していく」「してくる」という形、そして、「どんどん」などの副詞によって、進展的な過程が表されることもある。このように、過程性は、さまざまなバリアントを持つのだが、それらは、すべて、過程性という意味に一般化されるのである。

過程性は、おもに、継続相によって表現されるが、継続相と対立する完成相も、対立の無標の項として、動詞の語彙的な意味やコンテクストによって、非明示的に過程性をほのめかすことがある。

また、過程性を表す、継続相と並ぶような、重要な表現手段としては、「しつつある」があげられる。形態論的なカテゴリーを構成する項になっているとまでは言えないが、その、補助的な表現手段であることは、間違いないだろう。次に、その「しつつある」について検討する。

1.1.2. 「しつつある」

「しつつある」は、進展的な性格を持つ動的な過程の継続を表す。完成相「倒れる」に対して、継続相「倒れている」は、変化の結果としての状態を表すので、完成相「走る」に対する継続相「走っている」のように、動作の過程を表すには、「倒れつつある」という形をもちいなければならない。このことから、意味論的な対称性を求めて、「しつつある」は、完成相「する」の形と継続相「している」の形とともに、アスペクトの対立をなすものとされることもある(副島2007『日本語のアスペクト体系の研究』参照)。

次にあげる例150は、限界的な動作をさししめす動詞の例で、限界に向かう過程の進行を表している[38]。例151は、相対的な限界を持つ動作をさししめす動詞の例で、変化の進行する過程を表している。例152は、無限界的な動作をさししめす動詞の例で、動作の進行を表しているが、移動動作なので、位置変化の進行を表しているとも言える。例153も、無限界的な動作をさししめす動詞の例であるが、動作の始まりの段階の過程の進行を表している。これらは、いずれも、動的な過程の継続を表している。動的な過程は、例150のような、変化の完成に向かう過程によって代表されるが、ほかの例を見れば分かるように、それにつきるわけではない。ただ、「している」が、動作に関しても状態に関しても、均質的な過程を表している(あるいは、動態性について、あるともないとも示さない)のに対して、「しつつある」は、何らかの変化の進行を含んだ過程を明示的に表しているとは言えるだろう。

しかし、いずれにしても、「しつつある」は、過程性という意味の範囲のなかにあり、継続相を、限られた動詞において、二次的な意味をともないながら、おぎなっているのだろう。

(150) けれども、全体にみて、これが刻々と死につつある重病人だとは、とても思えなかった。 (三浦哲郎・忍ぶ川)

(151) 欧州大戦中の食糧難が刺激となったためか、各国とも食品の冷凍保存に関心が高まりつつあった。 (星新一・人民は弱し 官吏は強し)

(152) 彼は浜坂の海でも、神戸の山でも星を見た。同じ星が、同じ天体の位置をしめて、同じ方向へ動きつつあったのだが、彼がこの稜線に仰ぎ見た星はそれらとは違ったものだった。 (新田次郎・孤高の人)

(153)　三千メートル級の山には未経験な加藤文太郎であったが、本能的にただならぬ気配を感じつつあった。　(新田次郎・孤高の人)

しかし、「しつつある」は、文体的な制限が強く、多くは、書き言葉において使われる。そして、書き言葉でも、話し言葉でも、記述描写的な文ではなく、次にあげる例のように、説明報告的な文において使われることが多い。したがって、場面のなかでの、他の動作との同時的な時間的な関係を、はっきりとは表していない。

継続相で表現できない「しつつある」の用法、たとえば、「木が倒れつつある。」などは、説明や報告でなく、実際に目のまえで起こるのを記述的に描写するならば、「(木が)倒れるぞ！」などのように、完成相を使うことの方が多いように思われる。これは、基準時点に動作の過程があり、その基準時点の直後に限界へ到達する動作を表すという、完成相の中核的な意味である。

(154)　北方の山地からものみが馳せもどってきて、「入道様の軍が山をくだりつつあります」と報らせるや、ただちに貝をふかせ、軍勢に進発の支度を命じた。
(司馬遼太郎・国盗り物語)

「走っている」は、「走っていろ」という命令形を作ることができるが、「走りつつある」は、「走りつつあれ」という命令形を作ることができない。命令形が作れないことが、動作が無意志的であることと、直接的に結びつけられることが多いが、この場合は、ただ動作を報告的に伝えるというように、動作のとらえ方が異なっているため、叙述文にしか使えないということなのであろう[39]。これも、文体的な制限の一つの現れである。また、「走りつつない」という否定形もない。「走っていない」という文が、「走っている」という予想に反して、その動作が、その基準時点にない、つまり、その動作が始まらなかったということを表しているなら、「倒れつつある」に対する、その否定は、まだ実現していない、始まっていない動作として「倒れていない」で表すことができる。

以上のことから、「しつつある」を、完成相と継続相と同じレベルにおいて扱うことはできない。現在の段階においては、完成相と継続相とでは表すことができないアスペクト的な意味を表す、補助的な形(二次的な形)として、位置づけるのがいいのではないか。将来、これが、体系の中心をなすようになるということもあるかもしれないが。

1.2.　限界性

継続相の表す過程性に対して、完成相は、限界到達という中核的な意味を持つ。

この限界性という意味も、また、過程性と同様に、文のさまざまな階層の表現手段によるアスペクト的な意味を、自らのなかに一般化している。

限界性は、基本的には、完成相のアスペクト的な意味と言えるが、その土台には、動詞が語彙的な意味においてさししめす動作の持つ限界性がある。その、語彙的な意味における限界性は、限界動詞と無限界動詞という語彙・文法的な系列に一般化される。この動詞の語彙的な意味における限界性が、完成相のアスペクト的な意味に現れてくるわけであるが、その語彙的な意味の違いによって、さまざまな限界性のバリアントを生みだしている。たとえば、「倒れる」であれば、主体に結果を残す限界を表し、「ぶつかる」であれば、そのような結果を残さない限界である。また、限界性は、「してしまう」という語構成的な表現手段によっても表される。さらに、限界性は、アクチオンスアルトによって、さまざまなバリアントとして実現する。たとえば、「さがしだす、おいつく」などの複合動詞や、アスペクト的な意味を表すとされる「しとおす、しつくす、しきる」などの複合動詞は、文において、結果的な限界や、飽和的な限界など、さまざまな限界を作りだすだろう。

限界性は、動詞の語彙的な意味だけでなく、文の構文論的な構造によって、動詞外的に、限界性が表現されることもある。たとえば、「駅まで歩く」「まんじゅうを十個食べる」などのように、修飾語などによって、動作の量的な限界が与えられることもある。

限界性は、過程性と違い、アスペクトの無標の項が表す中核的な意味であるため、その表現手段は、形態論的な形というより、それ以外の、動詞の語彙的な意味やコンテクストなどの方が重要なものとなっている。

以上のように、過程性と限界性は、形態論的なカテゴリーの中核的な意味にもとづきながら、文における、多様なアスペクト的な意味の実現の枠組みになっている。これらは、アスペクチュアリティのなかの、もっとも中心的なアスペクト的な意味のタイプと言えるだろう。こうしたアスペクト的な意味のタイプは、アスペクチュアリティのなかで、あとに述べる、ほかのアスペクト的な意味のタイプと、相互補足的に、組みあわさる。たとえば、「走りつづけている」では、継続相の表す過程性が、「しつづける」の表す段階性と組みあわさっているし、「走りはじめた」は、完成相の表す限界性が、「しはじめる」の表す段階性と組みあわさっている。形態論的なカテゴリーの文法的な意味は、相互排除的で、対立的であるが、アスペクチュアリティのなかのアスペクト的な意味は、このように、相互補足的であることを特徴とする。

1.3.　アスペクトの補助的な形式（「〜ところだ」「したばかりだ」）

「している／していた／する／したところだ」は、「ところだ」のついていないアスペクト的な形の過程継続や限界到達という意味と同じアスペクト的な意味を表しているが[40]、違う点は、それらの意味をコンテクストに依存せずに明示的に表すということと、場面の状況を示し、他の出来事の原因などを説明するという説明の文を構成するということである。「したばかりだ」も、これと似ていて、動作の実現の直後であることを明示しながら、説明の文に使用される。これは、これらの形が、名詞述語から派生した形であることによるのだろう。

(155) なな子さん、お風呂へ行ってらっしゃい。今明いたとこですよ。
（幸田文・流れる）
(156)「僕も野々宮さんの所へ行くところです」　（夏目漱石・三四郎）
(157) 就任したばかりでよくわからんのだが、わしの管轄のことで、きみへの風当りが強いようだな。　（星新一・人民は弱し 官吏は強し）

したがって、これらは、継続相と完成相と、一つの個別的なアスペクト的な意味において部分的に重なりながらも、テクストにおける記述の文か説明の文かという文のタイプが異なっているので、別のパラダイムを構成するものであると言える。

2.　アスペクチュアリティの周辺—補足的なアスペクト的な意味

文において表現されるアスペクト的な意味は、過程性と限界性という、アスペクト的な形にもとづくアスペクト的な意味におさまるものだけではない。そうした意味とは異質で、それにはおさまらないが、時間的な展開のし方というアスペクチュアリティの一般的な意味にはあてはまるというものも、いくつか存在し、それぞれアスペクチュアリティの意味領域の一つをしめている。それらは、文において、過程性と限界性という、アスペクト的な形にもとづくアスペクト的な意味と組みあわさりながら、自らの意味を実現することになる。そうした補足的なアスペクト的な意味は、動詞の形態論的な形以外の、動詞の語構成的な手段や文の構文論的な手段などにより表される。これらの意味は、おもに動詞内的な手段によるもの（段階性）と、おもに動詞外的な手段によるもの（回数性、持続性）とに、分けられる。

2.1.　動詞内的な手段によるもの（段階性）

2.1.1.　「しはじめる」「しつづける」「しおわる」[41]

「しはじめる」「しつづける」「しおわる」という複合動詞（段階動詞）の表すアスペクト的な意味を、段階性と呼ぶ。ここで言う段階性とは、従来、局面性と呼ばれていたものに近いが、少し、その概念が異なるものである。これまで、局面性と呼ばれていたものでは、動作の続く過程は全体として続きの局面であり、その過程の両端の限界が、それぞれ、始まりの局面と終わりの局面であった。これは、つまり、動作における過程と限界を、その相互関係において、規定したものと言える。このような、過程と限界からの規定では、アスペクトの意味は分析できても、これまで局面動詞としてとりあげられてきた動詞の表すアスペクト的な意味は、十分にとらえることができない。たとえば、「飲みはじめている」は、「飲む」という動作が、その過程にあることを表すが、それは、続きの部分というより、始まり直後の過程であり、まだ始まりの部分であると言える。

そこで、動作の過程を、生成し、進展し、そして、収束する、その発展のサイクルをなす各ステップにしたがって、時間的な長さを持つ三つの段階に分けるのである。過程が始まってから、しばらくのあいだは、始まりの段階であり、その始まりの段階のあと、続き（なか）の段階があり、そのあと、過程の終わりに向かって、終わりの段階が続く。そして、始まりと終わりの段階には、それぞれ、その前と後に、始まりへ向かう準備段階と、終わったあとの段階とが、付属している。広い意味において、それらも、それぞれ、始まりの段階と終わりの段階に含まれることになる。

段階性は、文において、かならず表されなければならないような義務的な意味ではない。段階性の意味を表す必要があるときに、たとえば「食べはじめる」などの動詞を使って、表せばいいのであって、その必要がなければ、段階性を表さない「食べる」を使えばいいのである。

段階性を表す複合動詞は、完成相と継続相をとって、その形態論的な意味のなかにおいて、段階性を表す。たとえば、「しはじめる」と「しおわる」は、動作の始まりや終わりを限界とする限界動詞であり、完成相で、始まりや終わりという限界への到達を表し、「している」の形（継続相）で、その限界への到達後の段階というパーフェクト的な意味を表す。すなわち、完成相では、強い形で、典型的に、「している」の形（継続相）では、弱い形で、非典型的に、それぞれ、始まりの段階や終わりの段階を表しているのである。

無限界動詞の完成相も、コンテクストによって、動作の始まりを、非明示的に表すことがある。これは、段階性の周辺的な表現手段である。

(158) 私も立ち上り、後向きに駆けた。土手の草は、その上に自分の影がうつるかと思われるほど、明るかった。その明るさ目がけて駆け続けた。

（大岡昇平・野火）

「しはじめる」「しつづける」「しおわる」という段階動詞以外にも、段階性の意味の表現に関わる動詞の形が、いくつか、ある。それらについて、以下に検討していこう。

2.1.2.「してくる」「していく」[42]

これらの形は、基本的に、ダイクシス的な意味を表していて、アスペクト的な意味は、そのダイクシスの意味に従属している。最初の例では、話し手に向かう移動動作なので、話し手が、それを確認するのは、話し手に近づいた、その移動の終了間近ということになり、移動動作の終わりを表すようになるが、二番目の例では、話し手から遠ざかる移動動作なので、話し手が、それを確認するのは、その移動が始まったときであり、移動動作の始まりを表すようになる。したがって、これらは、副次的な意味とすべきかもしれないが、段階性を表していると言える。

(159)「十一義兄さん！」呼ばれて、ふりかえると、眼も覚めるような、グリーンの服を着た良美が、白い靴で小走りに走って来た。（林芙美子・茶色の眼）
(160) 彼は立ち上り、林の奥へ歩いて行った。私はぼんやりそのあとを見送っていた。（大岡昇平・野火）

しかし、次のような場合は、段階的な意味を中心として表している。「してくる」は、進展的な変化の始まりを表し、「していく」は、進展的な変化の続きの部分を表しているのである。

(161) 湯が煮えたぎって来たので、狭い部屋の中があったまって来た。（林芙美子・白鷺）
(162) 私の手の力がだんだん強くなっていった。（深沢七郎・月のアペニン山）

「してくる」「していく」は、ある時点において動作の過程が進行していることを表すのではなく、ある長さの時間のあいだの、動作が進展する持続的な過程（一つの段階）を表す。「してくる」と「してきている」、「していく」と「していっている」とは、同じ段階を表していて、アスペクト的な意味の対立は、過程継続の明示と非明示との対立となっている。したがって、「してくる」「していく」自体は、アスペクト的には段階的な意味を表している。動詞の語彙的な意味がさししめす動作の、一つの段階をとりだし、それが、形態論的な形の表すアスペクト的な意味を受けとっているということから、動詞の語彙的な意味と、形態論的な形（完成相・継続相）とのあいだにあるものと言えるだろう。

2.1.3. 「しようとする」

「しようとする」は、動作の実現に対する動作主体の意欲や志向を表す形であるが、同時に、それを土台として、特殊なアスペクト的な意味（段階的な意味）を発展させ、単純動詞の完成相と継続相とのアスペクト的な形の対立では表現できない部分をおぎなっていると言える。動詞の語彙的な意味がさししめす動作の一つの段階をとりたて、それを、完成相と継続相の表すアスペクト的な意味のなかにさしだしているのである。したがって、この形も、動詞の語彙的な意味と、完成相と継続相の文法的な意味とのあいだを媒介しているものと言えるだろう。たとえば、「置く」のように限界性の強い動詞は、「置いた」の形で限界到達を表すが、「置こうとした」の形にすると、限界到達の前段階を表す。また、「置いていた」の形は、限界へむかう動作の過程継続を表しにくいのだが、「置こうとしていた」は、限界到達の前段階の過程継続を表すことができる。

(163) 矢は光よりも早く宙をとんで、ぷつり仔兎のせなかに……と思いきや、弓はぽきんと二つに折れ、矢は落ちてぐさり大王の右足を突き刺しました。
「あっ！　いててて……。」
大王は、夢中で右足の矢をぬこうとしました。けれども、矢はびくともしません。矢は大王の足を貫いて、大地深く突きとおっていたのです。
（住井すえ・折れた弓）

(164) 男はピンセットで、道端に生えている、草を引抜こうとしていた。
（新田次郎・孤高の人）

この形をとる動詞は、多くは意志動詞であるが、小説の地の文などにおいて、「太陽が沈もうとしていた。」のように、無意志動詞が、この形をとることもある。推量を表す形が、「しよう」から「するだろう」にかわり、「しよう」が、意志を表す形として定着したためであろうか、このような例は、現代語においては、会話文ではふつう使われないというような、文体的な制限などにしばられたものとしてある。しかし、この形の表す段階的な意味は、意志動詞でも無意志動詞でも、同じである。

「しようとする」は、動作自体の時間的な性格をかえるわけではなく、動詞のさししめす動作の時間的な展開における、一つの段階をとりだすのであり、「しはじめる」「しつづける」「しおわる」に近い。「しようとする」と「しようとしている」との対立は、動作の過程の同じ段階を表し、「しつづける」と同じように、非過程継続（過程継続の非明示）と過程継続というアスペクト的な意味の対立を示すだけである。

ここでは、「しようとする」を、段階的な意味を表す形として位置づけたが、「見通し prospective」的な意味を表す形として規定することもできるかもしれない。基準時点以後に到達する限界が、その基準時点に関係づけられているような動作を表し、パーフェクトと対称をなすものである。完成相は、基準時点直後に到達する限界が基準時点に関係づけられている動作を表すが、それは、発話時を基準時点とした場合に限られる。しかし、「しようとする」の形は、基準時点が、現在だけでなく、過去にある場合も、未来にある場合も、基準時点に関係づけられた動作を表すことができる。

2.2.　動詞外的な手段によるもの

2.2.1.　回数性[43]

同じ質を持つ出来事が何度か実現したとき、それらをたばとしてまとめあげ、一つの出来事のようにとらえると、その全体としての出来事は、回数性という規定を受けとる。回数性は、そのまとまった全体が、独自の時間的な展開のし方を示すので、アスペクチュアリティで検討されることになる。

回数性には、次のようなバリアントがある。

・総計的な回数性：「彼は去年三回外国へ行った。」

・集合的な回数性 ｛ 多重的な回数性：「誰かがドアをたたいている。」
　　　　　　　　　 分配的な回数性：「彼は道でチラシを配っていた。」

まず、総計的な回数性を表す動作は、同じ質を持つ動作の、限定的にくりかえされる回数の総計をさししめす。くりかえされる動作の時間的な展開ではなく、くりかえされる動作全体を限定的なひとかたまりのものとしてとらえているのである。総計的な回数性は、一定の期間に、ある具体的な動作と同じ質を持つ動作が、いくつか起こったことを表しているだけであって、あくまで、個々の動作のたし算、あるいは、たばであり、総計された動作全体が、別の質を獲得しているわけではない。総計的な回数性を表す文の述語動詞は、「する」の形であれば、全体的な事実の意味を表し、「している」の形であれば、パーフェクト的な意味を表す。

それに対して、集合的な回数性を表す動作は、くりかえし生じる動作が統一体をなして、その全体があたかも一つの連続的な動作のように表されるものである。集合的な回数性を表す動作は、くりかえされる個々の動作の性格と、くりかえされる動作全体がなす、より高いレベルのひとかたまりの動作の性格とを、あわせもっているが、総計的な回数性と違い、前者は二次的なものとなり、後者が一次的なものとなっている。つまり、集合的な回数性を表す動作は、総計的な回数性を表す動作と違って、動作のくりかえし全体が、個々の動作のたし算ではなく、統一体としての、新しい質を獲得しているのである。この種の動作は、個々の動作のあいだに連鎖的な交替という時間的な相互関係が持たされ、より高いレベルの動作が、ある時点や期間に時間的にくぎづけられている場合に、実現する。そのため、その多くは、観察(知覚)可能な具体的な動作のくりかえしである。

集合的な回数性は、さらに、多重的な(multiplicative)回数性と分配的な(distributive)回数性とに分けられる。多重的な回数性が、集合的な回数性のなかで、分配的な回数性と区別される特徴としては、何よりもまず、くりかえされるそれぞれの動作の参加者が同一であるということがあげられる。それに対して、分配的な回数性を表す動作は、反復されるそれぞれの動作における参加者のセット、すなわち、主体や客体が、質的には同一であるが(同じ種類に属する)、個別的な個体としては同一でないのである。

また、アスペクト的な意味としては、集合的な回数性を表す文の述語動詞は、「する」の形であれば、全体的な事実の意味を表し、「している」の形であれば、非連続的な過程の継続を表す。

以上のような回数性の表現は、動詞の語構成などの、動詞内的な手段によるものではなく、修飾語となる副詞などの、動詞外的な手段によるものである[44]。そのため、アスペクチュアリティのなかでは、周辺的なものとして位置づけられる。しかし、工藤真由美 1995 がとりだした、質的様態(時間的限界性と時間的局面性)と量的様態(持続性と回数性)という二つの表現内容のうち、量的様態の方が、つねに、周辺的であるわけではない。量的様態を表す形態論的なカテゴリーを持つ言語では、量的様態がアスペクチュアリティの中心をなすだろう。

2.2.2.　反復性

反復性は、文のさしだす出来事が、一定の頻度で、くりかえし実現することを表す。出来事の実現の頻度は、言いかえれば、くりかえし実現する同質の出来事のあいだの時間的な間隔に対する相対的な評価である。頻度を表す副詞には、「しょっちゅう、よく」「たまに、ときどき」などがある。また、反復には、「毎日、月ごとに」などが表す周期的なものもある。上にあげた回数性が、出来事の複数性と一般的に規定されるならば、この、出来事の実現の頻度という面からの複数の出来事の性格づけも、回数性のなかに入るだろう。

反復性における頻度や周期性は非限定的であるため、それを表す文の述語動詞は、継続相で過程継続を表し、完成相で過程継続の非明示を示す。つまり、完成相も、くりかえされる動作を表すが、その過程が継続しているということは、積極的に明示していないのである。これは、個々の動作の内的な時間構造に関わるものではなく、くりかえされる複数的な動作全体が、過程のようにとらえられるかぎりにおいて、アスペクチュアリティに属すると言えるだろう。

(165)「何処かへ行くのか」
「行くとも、毎日々々画に描かれに行く。もう余程出来たろう」
(夏目漱石・三四郎)

(166) 毎日君は蕎麦畑の下の墓にばかり参ってるそうだね。　(川端康成・雪国)

2.2.3.　持続性（長時間持続性）

持続性とは、出来事の過程が、長く続くか、短く終わるかということを表す。動詞のさししめす動作の多くは、長く続くこともあるし、短く終わることもあり、その持続性は、「ちらっと見る」と「長いあいだ見る」のように、副詞などの修飾語によって決められるので、これは、基本的に、動詞外的な言語的な手段によるものである。しかし、持続性は、部分的には、動詞の語彙的な意味がさししめす動作の時間的な性格にもとづくとも言える。たとえば、「ぶつかる、あたる、かする」などは、持続的になることはない、本質的に瞬間的な動作であるし、「勤める、暮らす、支配する」などは、ふつう瞬間的になることはない、大規模な持続的な動作である。だが、それらも、持続性が明示的に表現されるには、「一瞬ぶつかる」「長年勤める」のように、副詞などの修飾語によって、その動詞の潜在的な特徴（語彙的な意味における副次的な特徴）である持続性が顕在化しなければならないので、持続性は、やはり、動詞内的ではなく、動詞外的な言語的な手段によるものと言っていいだろう。

段階性を表す「しつづける」は、「このボタンを押しつづけてください。」のように、その派生的な意味として、持続性を表す場合がある。他の動作と時間的に関係づけず孤立的に動作をとらえるとき、過程全体が、続きの段階のようになり、始まった動作が、終わらずに、なおも、続いているということが持続性の意味に転化するのである。

過程継続を表す継続相は、それ自体の文法的な意味としては、持続性という特徴を持つものではないが、瞬間的な動作は継続相をとることが少なく（もし、継続相「している」の形をとれば、パーフェクト的な意味を表す）、継続相をとるのは、長く続く動作が多いということから、ここで言う持続性と、多少、関係がある。それに対して、過程継続の非表示と、その一般的な意味を規定される完成相は、短い動作も長い動作も表し、そのような関係が認められない。

第3節　アスペクチュリティに隣接する意味領域

以下にあげるものは、アスペクチュアリティに含めることはできないが、それと深く関係しあっているものなので、ここで検討することにする[45]。

1.　パーフェクト

すでに述べたように、パーフェクトは、出来事の完結したあとの段階が基準時点にあることを表すが、同時に、そのことが、コンテクストに対して、何らかの関係（関わり、意味）を持っているというものである。パーフェクトは、まず、「している」（「していた」）の形が、その個別的な意味の一つとして、表す。しかし、「している」（「していた」）の形にとっては、よりコンテクストから自由であるアスペクト的な意味の方が主要なものであり、パーフェクト的な意味は周辺的なものである。

パーフェクトは、第2章で述べたように、アスペクトと、別のものとして区別されるので、パーフェクトをアスペクチュアリティのなかに入れるのは、おかしいということになる。二つは、非常に近い意味でありながら、厳密に区別されるべきものであるとするなら、それらの関係は、いったい、いかなるものであろうか。

パーフェクトは、動作の内的な時間構造によって基準時点との関わりを持つものではないという点において、アスペクトと異なるが、基準時点に対する動作の時間的な位置づけを表すという共通性によって、文の意味的な階層において、アスペクト全体（完成相と継続相）と同じレベルにあり、アスペクトとの意味的な相補性を示している。すなわち、文のなかで、動詞述語は、かならず、アスペクトかパーフェクトを表さなければならないのである。したがって、それらを、あとに述べる非ダイクシス的な「時間的な位置づけ」を表すものとして、まとめることも可能である。

ところで、パーフェクトがアスペクチュアリティに入らないとしたら、アスペクトに対するアスペクチュアリティのように、パーフェクトに対する「パーフェクチュアリティ」というものが存在するのだろうか。しかし、アスペクトは形態論的なカテゴリーであるが、パーフェクトは、そうではない。たとえば、パーフェクトを表す「している」の形と、パーフェクト的な意味において対立する形を求めるとしても、そのようなものは、みあたらない。たとえば、「する」の形は固有のパーフェクト的な意味を持っていないので、パーフェクトを表す「している」の形と対立しておらず、パーフェクトというカテゴリーによって統一することはできないのである。また、「してある」は、「している」の形と同様に、パーフェクトを表すが、「している」と「してある」は、パーフェクト的な意味の対立をなすというより、パーフェクト的な意味のバリアントをなしていると言えるだろう。それらは、パーフェクト的な意味としては、先行的な意味という同じパーフェクト的な意味を表しているのである。

このように見ていくと、パーフェクトは、アスペクトと違い、形態論的なカテゴリーではない。とすれば、パーフェクトという用語は、もともと、アスペクトではなく、アスペクチュアリティにあたるものだと言える。したがって、パーフェクチュアリティという用語を、わざわざ、もちだす必要はないのである。もし、ここに誤解が生じるとしたら、パーフェクトという用語は使わず、パーフェクチュアリティという用語を使う必要も出てくるかもしれないが、それも、わずらわしく、混乱が生じると思われるので、ここでも、慣用にならって、パーフェクトという用語を使うことにする。ふつうの用語法でいけば、アスペクチュアリティは、アスペクトと区別するためにもちだされたものなので、そのような区別の必要がなければ、そうした用語を使うことはなく、パーフェクトも、パーフェクトのままでいいということになるだろう。とすれば、それが形態論的なカテゴリーでないということを自覚して、その用語を使う必要があるだろう。この点は、タクシス taxis やエヴィデンシャリティ evidentiality なども同様である。

2.　タクシス

タクシスは、ヤーコブソン 1957「転換子と動詞範疇とロシア語動詞」において、「タクシスは発言事象に関説せずに語られる事象をもう一つの語られる事象と関連させて特徴づける」と規定され、広く知られるようになったものである。日本語では、奥田 1986b「条件づけを表現するつきそい・あわせ文」が、「つきそい文の述語の位置にあらわれる動詞が、テンス・アスペクトのかたちを使用しながら、いいおわり文にさしだされる出来事を基準にして、先行性、同時性、後続性」を表すことがあるとして、「中止形の「して」、副動詞の「しながら」に典型的なかたちであらわれてくる、この種の現象は、二三の学者によってタクシス taxis とよばれている」と述べている。

一方、工藤真由美 1995 は、タクシスを、時間的順序性と言いかえながら、「1つの出来事と他の出来事との外的時間関係」、「テクスト内の出来事間のシンタグマティックな時間関係」と規定している。そして、タクシスは、アスペクトと相関し、アスペクトの持つ本質的機能であるともされている。上の奥田の説明と異なる点は、工藤が、まず第一に、独立した文のあいだに、タクシス的な関係を見ているということである。だが、タクシスの中心的な表現手段は、独立した文のあいだの時間的な関係ではなく、中止形や、「しながら」「してから」「したとき」などの時間的な関係を表す従属節（文）であると言えるだろう。これらは、出来事のあいだの時間的な関係を、形式的に明確に表しているのに対して、そのような関係づけの形式を持たない独立した文のあいだの時間的な関係は、動詞の形態論的な（アスペクト的な）形という表現手段によるもの（その機能）なので、タクシスに入るとしても、周辺的なものだと言えるだろう。[46]

しかし、以上のように、従属節をタクシスの中心にするとしても、タクシスはアスペクチュアリティに入らないと考えられる。タクシスが、基本的に、同時、継起、以前、以後など、二つ以上の動作や出来事のあいだの時間的な関係の表現であれば、条件性などと並べて、複述語文、複文、接続詞で結ばれた文などの表す、二つ以上の動作や出来事のあいだのさまざまな関係を扱う意味領域として、とりあげるべきである。アスペクチュアリティの扱うのは、一つの文の意味（一つの動作や出来事）であるとするならば、これは、アスペクチュアリティのなかで扱うべきものではない[47]。

第1章に述べたが、アスペクトを、出来事のあいだの時間的な関係を表すものとする見方には同意できない。基準時点との時間的な関係に関してであれば、基準時点に対して同時か以前かということは、アスペクトやパーフェクトの機能として扱うことができるのだが、それは、二つの出来事のあいだの関係とは、異なるものである。二つの出来事のあいだの関係には、そうしたアスペクトやパーフェクトの機能が利用されているが、そこでは、さまざまな変容が起こっていて、やはり、独自な領域として検討しなければならないのである。

3.　時間的な位置づけ（テンス・パーフェクト・アスペクト体系）

具体的な一回かぎりの動作を表す動詞のテンスとアスペクトは、パーフェクトも含めて、時間的な位置づけという意味論的なカテゴリーのなかで、次のような表に整理することができる。

<table>
<tr><td colspan="3" rowspan="2">時間的な位置づけ</td><td colspan="2">ダイクシス的な時間的な位置づけ・テンス</td></tr>
<tr><td>非過去</td><td>過去</td></tr>
<tr><td rowspan="3">非ダイクシス的な時間的な位置づけ</td><td rowspan="2">アスペクト
同時</td><td>非過程継続</td><td>する</td><td>した</td></tr>
<tr><td>過程継続</td><td>している</td><td>していた</td></tr>
<tr><td colspan="2">パーフェクト
以前</td><td>している
（してある）</td><td>していた
（してあった）</td></tr>
</table>

時間的な位置づけとは、動詞のさししめす動作の、時間軸への位置づけのし方を表すものであり、これは、テンポラリティとアスペクチュアリティの中核として、二つを統一するものである。動作は、時間軸上の一時点（基準時点）を中心として、アスペクト・パーフェクト的に位置づけられ（非ダイクシス的な時間的な位置づけ）、その一方で、その基準時点と発話時との関係によって、テンス的に位置づけ

られる(ダイクシス的な時間的な位置づけ)。基準時点をめぐる非ダイクシス的な時間的な位置づけにおいて、アスペクトは、動作の内的な時間による、同時的な位置づけであるのに対して、パーフェクトは、動作の外的な時間による、以前への位置づけである(以後への位置づけを表す形はない)。また、この体系において、「している」の形は、アスペクト内部の対立と、非ダイクシス的な位置づけにおける同時(アスペクト)と以前(パーフェクト)の対立との、二重の対立のなかに入る。

この体系は、次に述べる時間的な具体・抽象性のなかの、時間的な具体性を持つ動作において成立するものであり、時間的な具体性を失うにしたがって、この体系はくずれていくことになる。

4. 時間的な具体・抽象性[48]

時間的な具体・抽象性は、テンスとアスペクトとパーフェクトを含む時間的な位置づけというカテゴリーに関わる、文のさしだす出来事の対象的な側面における時間的な性格の一般化である[49]。したがって、それは、テンポラリティやアスペクチュアリティと、また、モダリティなどと相互作用する関係にあるが、基本的に、それらとは異なる構文論的なカテゴリーであるということになる。

時間的な具体・抽象性は、もっとも具体的な出来事からもっとも抽象的な出来事へと連続的に移行するような、いわば、出来事の、時間との関わりの濃淡である。そして、それは、テンス的な意味やアスペクト的な意味やパーフェクト的な意味の実現に作用し、それらの土台をなす。この特徴を持つのは、基本的に、文にさしだされる出来事であるが、その出来事の土台には、述語になる単語の語彙的な意味がある。したがって、時間的な具体・抽象性は、まず、語彙的な意味におけるカテゴリカルな意味にもとづく、述語になる単語のクラスによって表される。そして、それは、時間的な意味であれば、何よりもまず、動作・変化・状態・特性・関係・質といった、動詞のアクチオンスアルトとしてとりだされるものである。たとえば、変化「われる、きれる」、状態「ふるえる、いたむ」、うごき「まわる、ころがる」、活動「はたらく、あそぶ」、特性「すぐれている、そびえている」などである。さらに、それは、動詞だけでなく、形容詞や名詞によっても表される[50]。それらは、テンスを持っているが、アスペクトは持たず、そのテンスも、時間的な一般化が進めば、失われていく。

しかし、これは、語彙的な意味にとどまるものではなく、文の述語のレベルにおいて規定される意味でもある。奥田 1986b「条件づけを表現するつきそい・あわせ文」、奥田 1988b「時間の表現(1)」は、形容詞述語や名詞述語も含めて、述語の意味的なタイプとして、状態「痛む、冷える」「寒い、さびしい」「座っている、寝ている」、特性「にごっている、澄んでいる」、関係「入っている、載っている」などの、述語の時間的な意味のタイプを体系化している。

時間的な具体・抽象性には、以上のようなものが含まれるのだが、それにつきるわけではない。奥田 1986b には、ここで言う時間的な具体・抽象性にあたる「時間の局所限定」という用語のもとに、次のような説明が見られる。

量の側面からの動作の特徴づけは、文の時間のなかに表現されている。つまり、動作がいちいちの、アクチュアルなものであれば、動詞のテンス・アスペクトのなかに具体的な時間をとって、あらわれてくるのだが、その動作がくりかえし的であり、習慣的であれば、過去、現在、未来のなんらかの時間のなかに反復的におこってくるということで、いちいちの動作のもっている時間の具体性はきりすてられる。さらに、ある動作は、同一の種類に属するもののすべて、クラスを特徴づけているものとして、一般化してとらえられることがある。このようなばあいでは、その抽象化された動作は、「鳥はとぶ」、「魚はおよぐ」のように、動詞の「する」というかたちで表現される。

その後、奥田は、奥田 1996a「文のこと」で、動詞の表す「時間的なありか限定性」という用語のもとに、アクチュアルなもの以外を、反復的な出来事、習慣的な出来事、一般化された出来事に分けている。以下で、時間的な具体・抽象性としてとりあげて検討するのは、このような、動詞が文の構文論的な構造などの作用を受けて表す、動作の時間的な抽象化についてである。

文の対象的な内容は、この時間的な具体・抽象性により、まず、時間的な具体性と時間的な抽象性との、二つに分かれる。時間的な具体性は、おもに、一回的な具体的な動作に関わるものなので、以下では、時間的な抽象性について検討する。時間的な抽象性としては、次のようなものがとりだされる。

単純な反復性：「太郎は毎日本を読んでいる。」
習慣性：「太郎は難しい本を読む。」
時間的な一般性：「人間は本を読む。」

まず、はじめに、これらをアスペクトやパーフェクトやテンスとの関係において全体的に特徴づけておくと、次のようになる。

テンス的な意味もアスペクト的な意味もパーフェクト的な意味も積極的に持つ具体的な一回的な動作から、具体性が弱まることによって、まず、動作の非限定的な反復を表す単純な反復性において、完成相と継続相とのアスペクト的な意味の対立が失われ、つづいて、主体の性格づけを表す習慣性において、「している」の形の表すパーフェクト的な意味が失われ、さらに、抽象性が強まれば、一般的な法則などを表す時間的な一般性において、テンス的な意味の対立も失われる。これは、文における、アスペクト、パーフェクト、テンスの意味的な階層を反映するものでもある。

以下では、単純な反復性、習慣性、時間的な一般性、それぞれについて、くわしく検討していく。

4.1.　単純な反復性

単純な反復性を表す動作は、不特定回数くりかえされる動作が、全体としてひとかたまりの動作をなしてはおらず、それぞれの動作が異なる期間に生じていて、複時間的 polytemporal なものである。たとえば、次にあげる例で言えば、ある日、社に出かけて、その次の日に、つまり、別の日に、同じ社に出かけるのである。

(167) しかし私は、市民に復帰するのだと念じて昂揚していたから、母親に昼食代の小銭を貰って毎日その社に出かけた。　（色川武大・怪しい来客簿）

この例において、個々の「出かける」という動作は、「毎日」という状況語によって、そのくりかえしの周期性は示されていても、それの、時間軸へのくぎづけの特定性は示されていない。したがって、単純な反復性では、動作のくりかえしを構成する個々の動作は時間的な具体性がないと言えるのである。

それでは、動作のくりかえし全体は時間的な具体性があるかと言えば、上に述べたように、この動作のくりかえしは複時間的であり、ひとかたまりの動作をなしてはいない。そのため、やはり、時間的な具体性はないのである。

そのことは、次のような事実に現れてくる。時間的な具体性のある動作は、発話時をまたぐ動作をさししめすとき、基本的に継続相をとるのに対して、単純な反復性を表す動作は継続相だけでなく完成相もとることができるのである。このように現在の動作を完成相が表すのは、時間的な抽象性の一つの基本的な特徴である。

(168)「何処かへ行くのか」
「行くとも、毎日々々画に描かれに行く。もう余程出来たろう」
（夏目漱石・三四郎）

これは、単純な反復性を表す動作の現在テンスの特殊性に起因する。単純な反復性を表す動作は、現在を表すとき、過去の、ある期間に実際起こった動作のくりかえしと、未来においてひきつづき起こると見通される、その動作のくりかえしとを、つなぎあわせて、動作のくりかえしの架空の継続性と、それにもとづく架空の現在を作りだしているのである。つまり、現在時には直接観察しうるような動作は存在しなくてもいいのである。

しかし、架空のものであっても、動作のくりかえし全体が継続性を持つとすれば、単純な反復性を表す動作も、現在テンスにおいて、継続相をとることがある。この場合、そのくりかえし全体が時間的な具体性を持つかのようである。

(169) 毎日君は蕎麦畑の下の墓にばかり参ってるそうだね。　(川端康成・雪国)

単純な反復性を表す動作が時間的な具体性を持つように思われる事実は、ほかにもいくつかある。

単純な反復性は、次に述べる習慣性と比べると、まだ、動作の、直接的な観察や記憶のなかにおける再現と結びついた、一つの具体的なエピソードの枠のなかにあり、一定の時間の断片により、しきりづけられる。そのため、状況語のさしだす期間に(例170)、あるいは、他の動作の継続する時間の断片に(例171)、くりかえされる動作がおさまるのである。

(170) 水兵達は万一を考えて、三日船にいた。その間中、上官達は、毎晩サロンで、監督達と一緒に酔払っていた。　(小林多喜二・蟹工船)

(171) 三四郎は飯も食わずに、仰向に天井を眺めていた。時々うとうと眠くなる。　(夏目漱石・三四郎)

そのことと関わって、単純な反復性は、習慣性や時間的な一般性と違って、現在時に存在する具体的な主体の、過去の動作も(例172)、未来の動作も(例173)、表すことができる。

(172) しかし私は、市民に復帰するのだと念じて昂揚していたから、母親に昼食代の小銭を貰って毎日その社に出かけた。　(色川武大・怪しい来客簿)

(173)「ねえ、私、時々、会社の方へお手紙さしあげてもいい?」
「もちろんですよ。下さい。私も書きます。毎日でも書きますよ。」　(林芙美子・茶色の眼)

以上のことから、単純な反復性を表す動作は、時間的な具体性があるとも、ないとも、見ることのできるような、二側面的な性格を持っていると言える。したがって、これを時間的な具体性か時間的な抽象性かのどちらかに無理におしこめるのではなく、二つをつなぐ移行的な段階として解釈した方が自然であるかもしれない。

次に、単純な反復性を表す表現手段について検討する。

単純な反復性を表現する、もっとも重要な手段は、動作の複時間的なくりかえしを表すさまざまな状況語である。そのなかでも、まず第一にあげられるのは、「毎日」「毎年」などの、動作のくりかえしの規則的な性格をさししめす周期性の修飾語である。

(174) 四五日経ってから、明子は毎日二階へ出されて書きものをした。
（佐多稲子・くれない）

(175) 須山は今日やられるか、明日やられるかを覚悟して、毎日工場に出ていた。
（小林多喜二・党生活者）

頻度を表す状況語も、単純な反復性を表現する。この、頻度の状況語は、何らかの基準にもとづく、くりかえされる動作のあいだの間隔の、話し手による格づけ的な評価をうつしだしている。間隔が基準より大きいことは、「ときどき、ときおり、ときに、たまに、まれに」などの状況語がさししめすし (例 176, 177)、間隔が基準よりも小さいことは、「しばしば、たびたび、頻繁に、よく」などの状況語がさししめす (例 178, 179)。[51]

(176) あの人は亡くなられた奥さんのことを時々わたしに話して下さるの。
（石川達三・幸福の限界）

(177)「時々、逢ってるのかしら？」　（林芙美子・茶色の眼）

(178) 私の二階に美術学校へ行ってる学生がいますよ。よく、あれこれと講釈してくれるンですがね。　（林芙美子・茶色の眼）

(179) 主人も、仕事の上で出張が多いから、時刻表をよく買っている。
（松本清張・点と線）

期間をさしだす状況語 (ただし、この場合は、「に」格の形をとる) と回数性の修飾語との複合も、単純な反復性を表す。

(180)「いそがしい人ですから。でも、一週間に一度は来てくれます」
（松本清張・点と線）

(181) それで私は、一週間に一回ぐらいは行っています　（松本清張・点と線）

くりかえされる時点をさししめす単語や、一年より小さな期間をさししめす単語、すなわち、ふつうは時間名詞と呼ばれる「朝」「夏」なども、周期性の状況語のように働き、単純な反復性を表す。

(182) 笠原は会社に勤めているので、朝一定の時間に出る。
(小林多喜二・党生活者)
(183) 日曜日の朝、高松峯三はかえって平日よりも早く起きる。
(石川達三・幸福の限界)
(184) まアちゃんは夜半の三時すぎから明け方まで仮眠する。
(色川武大・怪しい来客簿)

場所の状況語、とくに、そのとりたての形によって、単純な反復性が表されることもある。状況語によってさしだされる場所は、主体の日常生活に関わる場所、あるいは、主体が周期的に滞在する場所であり、主体は、その場所にいるあいだ、かならず、一回、あるいは、それ以上、述語動詞にさしだされる動作を行うのである。

(185) 風呂では、きんは、きまって、きちんと坐った太股の窪みへ湯をそそぎこんでみるのであった。(林芙美子・晩菊)
(186) 家では、毒だみがいいと云うので、とみは薬屋から毒だみの干したのを買ってきてお茶がわりに煎じて飲んだ。(林芙美子・白鷺)

以上の場合において、単純な反復性は、動作のくりかえしを表す修飾語という語彙的な手段によって表現されており、完成相と継続相というアスペクト的な形は、その表現に積極的な役割を演じていない。

また、単純な反復性は、遠い過去の反復的な動作の回想をさししめす「したものだ」(例 187)や、おもに過去や現在における比較的頻度の少ない偶発的な動作の反復をさししめす「すること(とき、ばあい)がある(あった)」(例 188, 189, 190)などの分析的な述語によって表現されることもある。

(187) 兄の隆一郎が、時々、自分や弟に、カブトを折ってくれたものだ。
(林芙美子・めし)
(188) このごろ、三千代は、時々、初之輔と一緒になったのは、間違っていたかしらと思う時がある。(林芙美子・めし)
(189) もしかすると稜子はひどい近視眼なのではないかと思うこともあったが、し

かし翻訳をしているときの稜子は、同じその眼で細かい字を苦もなく読み書きしている。（増田みず子・シングル・セル）

(190) 挨拶と用件のあいだの短い空白な時間がある。その時間を埋めるのが茶である。客の種類によっては紅茶となり、コーヒーを使う場合もある。（石川達三・幸福の限界）

4.2. 習慣性

より進んだ時間的な抽象性は、習慣性である。習慣性を表す動作は、単純な反復性を表す動作と異なり、具体的なエピソードと具体的な（具体的に観察される）反復の枠からとびだしているものである。

(191)「君の旦那さんは飲むんだね。」
「飲んで困ります。」（川端康成・雪国）

習慣性は、その前提となる、多数の類似的な具体的な動作からの抽象の結果、典型として、動作がさしだされる。それは、話し手による、話し手の経験の一般化、あるいは、彼によって代弁される人々のグループの経験の一般化である。そして、しばしば、それは、その動作の主体の性格づけとして働く。

しかし、習慣性は、単純な反復性と同様、なおも、具体的な主体の世界のなかに入りきる動作の領域にあるため、主体は、唯一的、個別的な人や物である[52]。動作の主体は、唯一的なものをとびだしている場合でも、あくまでも、その具体性を失ってはいない。つまり、時間的な、あるいは、空間的な制限性にしばられているのである。たとえば、次の例のように、動作の主体が、具体的な唯一的な主体の集合である場合。

(192) 次に大通から細い横町へ曲って、平の家と云う看板のある料理屋へ上がって、晩飯を食って酒を呑んだ。其処の下女はみんな京都弁を使う。甚だ纏綿している。（夏目漱石・三四郎）

習慣性を表す述語動詞のアスペクト的な形は、動作の典型性という特徴から、アスペクトの対立における無標の項でもある完成相を基本とする。一方、述語動詞のテンスは、形式的には、過去テンスも現在テンスも未来テンスも、ありうるのだが、その内容は少し複雑である。

習慣性を表す動作は、ある期間に時間的にくぎづけられる具体的な反復をなしていないため、その主体が現在時に存在しているならば、過去や未来の時間の平面に属するということはない。それは、基本的に、主体の存在する時間の平面と同じ現在時にしか属しえないのである。

習慣性を表す動作は、単に具体的な主体を質的に性格づけているだけで、それ自体は時間軸との関係を何ら示してはいない。そのような動作が時間軸と関係を持つようになるのは、具体的な主体をとおしてである。具体的な主体は、まさに、それが具体的であるために、ある一つの時間の平面のなかに存在する。すなわち、習慣性を表す動作において、時間軸と関係しているのは、主体の動作ではなく、その主体の存在であると言えるだろう。そして、具体的な主体の存在は、現在に属するか、過去に属するか、未来に属するかの、いずれかでしかありえない。現在に属し、同時に、過去に属するということはないのである。たとえば、現在生きている人は、もちろん発話の瞬間だけ生きているわけでなく、過去にも生きていたのだが、その存在は現在に属する。逆に、その存在が過去に属する人とは、すでに死んでしまって、現在は生きていない人のことである。

こうして、習慣性を表す動作は、過去に属する具体的な主体の存在をとおしてなら、過去にも属しうることになる。したがって、習慣性を表す動作をさしだす述語動詞は、条件的に、過去テンスもとることができると言える。

このように、条件的に過去の時間の平面に属するというのは、習慣性を表す動作のきわだった特徴である。すでに見たように、単純な反復性では、過去に存在する主体だけでなく、現在に存在する主体の、過去における動作のくりかえしも表すことができた。また、次に述べる、時間的な一般性では、主体までも一般化され、具体性を失っているため、時間軸との関係をまったく持つことができず、その動作が過去に属するということはありえないのである。

しかし、それでも、現在時に存在する主体の過去における習慣的な動作がさしだされている場合が絶対にないのかという疑問が生じてくるかもしれない。たとえば、「彼は、むかし、酒を飲んだ。」といった例が示すように、習慣性であるところの、主体の性格づけは、絶対的なものではなく、その主体の存在する長い年月のあいだに変化する場合もあるので（あるいは、過去に確認したが、現在はどうか未確認の場合もある）、現在時に存在する主体の過去における習慣的な動作というものもありそうではある。だが、この例のように、動作のくりかえされる期間が限定されると、単純な反復性を表す動作に近づくようである。そのため、反復性を表す「よく」などの副詞をつけるか、完成相を継続相にかえた方がより自然なように感じられる。やはり、これは例外的なものであろうか。

以上のように、習慣性は、主語に具体的な主体がさしだされ、述語動詞が完成相をとり、そして、動作のくりかえしの周期性や期間などを表す状況語を持たないような文によって表される。しかし、これらの条件がそろえば、すべての動作が習慣性を表すというわけではない。単純な反復性は、たとえば「毎日」という副詞があれば、どんな動作でも表しうるが、習慣性を表す動作のタイプは、いくつかに限られるのである。以下では、それらのタイプを見ていく。

まず、次の例のように、典型となる習慣的な動作を、主体の恒常的な内的ファクターがひきおこす場合、主体の質的な性格づけとなる。これは、述語が主体の趣味や嗜好などをさししめしていて、主体の性格づけとして働いている。これらには、主体の関心や興味など、主体の内的な知的志向性や感性的志向性が反映しているのである。

(193)「生命線のここの所に二本、筋がぶつかってるでしょう。なんでも二回ずつ、やるんですよ。それははじめからわかっていたんです」
「手相も見るんですか」　（色川武大・怪しい来客簿）

(194)「君の旦那さんは飲むんだね。」
「飲んで困ります。」　（川端康成・雪国）

次の例は、くりかえし行われる、主体の、あるふるまいの例示的なさしだしによる主体の性格づけである。その動作を主体がするとき、かならず、ある特別なし方で行うのである。その特殊性によって、それは主体の性格づけとなる。かんたんに言えば、主体のふるまいのくせである。そして、これは、しばしば、主体の心理的な特性の現れでもある。また、義務的に規定語をともなうような述語の分析的な形が、習慣性を明確化する場合もある（例196）。

(195) エルヴィスは双子の片割れだったそうだ、俺も双子の片割れだったんだ。双子の片割れって、なんとなく淋しいんだ、だから、エルヴィスは叫ぶように歌うんだ。　（深沢七郎・東京のプリンスたち）

(196) 父よりもはるかに老けてみえるその男は、頑丈そうな体格に似合わぬ、いくらか陰気な喋り方をした。　（増田みず子・シングル・セル）

次の例は、ある条件のもとに起こってくるところの、とくに、主体の、ある肉体的な動作に付随して起こってくるところの、主体の肉体的な動作による主体の性格づけである。これは主体の肉体的な特徴を表している。

(197) 鴨居につくような背の高い青年で、はにかみ笑いをすると、何ともいえない初々しいえくぼが出る。　（林芙美子・茶色の眼）

(198) 彼は脂肉をぞんざいに寄せ集めたように肥えていて、歩くと躯じゅうの肉が

だぶだぶ波打って揺れる。　　　　　　　　（山本周五郎・青べか物語）

主体にとって外的である物や状況と、主体の内的な特性との相互作用によって、すなわち、外的なファクターと内的なファクターとの相互作用によって、くりかえし生じてくる動作は、主体の内的な特性の具体的な形での現れの一つであり、これも、また、主体の性格づけとなる。内的なファクターは、心理的な特性や生理的な特性、あるいは、性格の特徴などである。この種の習慣性を表す動作は、二つのタイプに分けることができる。

一つは、おもに、心理的な特性や生理的な特性、あるいは、それらの集合を原因として、より、直接的に、受動的に、条件反射的に、くりかえし生じてくる、無意志的な習慣的な動作である。次の例では、波線で示されている部分が外的なファクターである。その外的なファクターと、それにより、ひきおこされる動作とから、人は、その主体の内的な性格を見てとるのである。

(199)　そうして足が早くなった。小肥りの白い足にかかわらず、登山を好む島村は山を眺めながら歩くと放心状態となって、知らぬうちに足が早まる。
（川端康成・雪国）

(200)　私は笠原に「お前は気象台だ」と云った。些細なことではしゃいだり、又逆に直ぐふてくされた。こういうたちのものは、とうてい我々のような仕事をやって行くことは出来ない。　　　　（小林多喜二・党生活者）

もう一つは、おもに、主体の性格の特徴によって、より媒介的、能動的に生じてくる、主体の意志的な習慣的な動作である。これは現実に対する主体の態度の実践的な表現形式と言える。

(201)　しかし愛妻家で、知人と待合に行って泊ることになると、自宅へ電報を打って夫人を呼び寄せるという。　　　　（色川武大・怪しい来客簿）

(202)　それが君の悪い癖だ。君は何だってすぐに予定を立てる。先の先の方まで予定をたててきちんとやる方だ。　　　　（石川達三・幸福の限界）

次の例では、述語にさしだされている、日常的な動作のし方の、あるいは、日常生活に関わる必要な物の扱い方の特殊性が、その主体の物の見方や考え方を反映していて、主体の性格づけとなっている。これは、主体の現実認識にもとづく、思考過程における判断によって、選びとられる習慣的な動作であるため、しばしば論理的に根拠づけられている。

(203)　私はとてもそんな金がかけられないので、自分で安い薪を運びに行って、自分で割ります。　(林芙美子・松葉牡丹)
(204)　いいえ、私、朝の食事をしませんので、お昼を愉しみにもってくるのですわ　(林芙美子・茶色の眼)

いくつかの日常的な動作の連鎖が全体としてくりかえされるのを、その一つの場合を例としてさしだして、表す場合も、同様であろう。これも、また、主体の性格づけを表すと言える。

(205)　男は朝起きるとすぐ、蒸気河岸まで水汲みにゆき、帰って来るとその水で洗面にかかる。　(山本周五郎・青べか物語)
(206)　日曜の朝、高松峯三はかえって平日よりも早く起きる。一日の仕事はなかなか忙しい。下水の掃除をする、薪を割る、松の枯枝をはらいごみを集めて焚火をする。　(石川達三・幸福の限界)

次の例では、主語に物がさしだされている。そして、述語にさしだされる、ある条件においてくりかえし生じてくる動作が、物の特性の一つの現れとして、その物を性格づけているのである。

(207)　その五号船はごく古いもので、エンジンを発動させると凄いような排気音を放ち、船ぜんたいをばらばらにするかと思うほど揺りたてる。
(山本周五郎・青べか物語)
(208)　盤は古道具屋から買ったものだが、ちゃんと脚がついているし、駒もいちおうつげ材で、肉が薄く、盤へ置くときには冷たそうないい音がした。
(山本周五郎・青べか物語)

次の例は、特定の空間の性格づけである。

(209)　ここらあたりは山家ゆえ、紅葉のあるのに雪が降る。　(川端康成・雪国)
(210)　あら、自転車で、化粧品、売りに来るのね…。大阪って、便利ねえ。
(林芙美子・めし)

次の例では、主体は一般化されているが、客体は個別的である。動作の主体が一般化されていても、客体が一般化されていなければ、動作は習慣性の領域にとどまっている。これは、動作の客体となっている人の性格づけを表している。客体となる人（波線）の特性によってひきおこされる、他の人（二重線）の、その人に対する態度や反応によって、客体となる人を性格づけているのである。

(211) ムッシュはいいひとですからね。女のひとが、万と好くでしょう…
（林芙美子・茶色の眼）
(212) しっている人なら後からでも直ぐお前と分る。肩を振らないように歩く癖をつけないとねえ…　（小林多喜二・党生活者）

「するくせがある」という分析的な述語には、おもに、上に述べた、主体のふるまいのくせをさしだす習慣的な動作や、主体の性格の特徴によってひきおこされる習慣的な動作がさしだされる。

(213) 先生は何でも人の読まないものを読む癖がある。　（夏目漱石・三四郎）
(214) 彼は酔って帰ると必ず子供を起す癖があった。　（堀田善衛・広場の孤独）

次の例では、動作の主体は、空間的に、あるいは、時間的に限定された主体の集合、つまり、ひろげられた具体的な主体である。その主体の集合が、その集合に属する主体に共通の習慣的な動作によって、性格づけられている。しかし、このひろげられた具体的な主体と時間的な一般性における一般化された主体との境界は微妙である。たとえば、例216では主体がかなり一般化されている。だが、これらの例は、あからさまにではないが、例215では「うち」（旅館）を、例216では「熊本」を、質的に性格づけているとも見ることができるだろう。とすれば、これも、個別的な物や人の性格づけであると言える。

(215) 近頃は玄関を一歩出ればゲレンデ、ちゅうてホテルが宣伝してるけんど、そんなのはかえってかなわんとうちの常連さんたちは口を揃えて言いますわ。
（増田みず子・シングル・セル）
(216) 熊本の学生はみんな赤酒を呑む。　（夏目漱石・三四郎）

くりかえし起こる動作の、量的な側面や強さの程度における評価を表す文の成分をともなう場合は、明示的に主体の性格づけを表していると言える。

(217) 奥さんはよく働かれますなァ…。　（林芙美子・茶色の眼）
(218) 煙草だけはかなり呑むが、その外に何にも無いぜ。　（夏目漱石・三四郎）

次の例のように、可能の意味を表す述語が、主体の能力や可能性をとらえている場合も、人や物の性格づけを表している[53]。

(219) 君は三味線の音で、どの芸者か皆分るかい。　(川端康成・雪国)

(220) 「その雑誌はそんなに勢力のある雑誌か」
三四郎は雑誌の名前さえ知らなかった。
「いや無勢力だから、実は困る」と与次郎は答えた。三四郎はわらわざるを得なかった。
「何部位売れるのか」　(夏目漱石・三四郎)

4.3. 時間的な一般性[54]

動作の一般化の最高の段階は、《時間的な一般性》である。ことわざ、格言、恒常的な法則性などについての文に、動作の最高の一般化が現れる。このとき、話し手は、《一般的な真理》をさししめすことによって、《人類一般》の経験の代弁者となる。しかし、その代弁者という立場のなかに、やはり、一般的な真理であっても、話し手の観点は保たれているのである。

動作の主体は、ここでは、つねに、一般化される。そして、客体を持つ動作であれば、その客体もまた一般化される。最高度に一般化された動作は、具体的な主体や客体とは結びつくことができないのである。

また、動詞は、つねに、完成相・非過去形をとる。これは、テンス・アスペクト的な形の対立において、もっとも無標の形である。

時間的な一般性は、時間軸のあらゆる時点において実現しうる動作を表している。だが、それが一般的な真理であることを保証するためには、時間軸の上において、何よりもまず、現在時＝発話時に関係づけられなければならない。その意味において、これは、単に超時とか恒時というより、極限までひろげられた現在を表すと言った方がいいように思われる。

また、時間的な一般性を表す動作は、習慣性を表す動作と同様に、一般化された主体の性格づけを表している場合が多い。

(221) 人間は誰しも幸福を求める。　(石川達三・幸福の限界)

(222) 人は外見で判断する。　(色川武大・怪しい来客簿)

(223) 女は結婚してはじめて心も落ちつくんだよ。　(石川達三・幸福の限界)

(224) 愛情は自然に芽生え、自然に育つ。　(石川達三・幸福の限界)

一般化された主体をさしだす名詞に、それを限定する修飾部分がつくことがあり、その場合は、限定されたクラスの主体に関わる一般的な真理が示されることになる。また、その修飾部分は、述語のさしだす動作の根拠のようなものとも解釈できるだろう。

(225) 考えもせずに目前の利害の尻馬にのってうろうろする奴こそ国を亡ぼすんだ、とそう云ったんです。　（堀田善衛・広場の孤独）

(226) 賢明の裏付けをもたない誠実さは、その誠実さによって相手を拘束する。　（石川達三・幸福の限界）

話し手の確認した、具体的な主体の習慣的な動作を、その主体の属するクラス全体の持つ特性として、すなわち、時間的な一般性を表すものとして、とらえることがある。具体的な主体の習慣的な動作の実現は、その主体が、ある特定のクラスに属していることによって、すなわち、そのクラスの人全員が共有する特性を持つことによって、生じてくるとみなされているのである。しかし、こうした一般化は、個別的な主体という存在を見えなくさせ、同時に、一般的な真理として語られることによって、それが特定の主体（話し手）による一般化であるという側面をも見えなくさせる。つまり、差別的な言葉としての機能を持つのである。

(227)「今日、卵を二つばかり買ってよ」小さい卵でも二十二三円はしているのだ。病人は食べたいものを何気なくねだる。　（林芙美子・骨）

法則への一般化は、その土台となる、話し手の確認した具体例の量的な違いによる一般化の程度の違いや、話し手の利害関係、世界観の違いによって、ときとして、まったく反対の方向へと導かれる。次の二つの例では、ロシア人の一般的な性格についてまったく反対の結論が導かれている。

(228) あゝ、あの人は白系露人のタダノフさんと云って、もう四年ばかり野尻に暮して牧畜をやっている人物です。とてもパンつくりの名人でしてね。ロシア人はよく働きますねえ。　（林芙美子・松葉牡丹）

(229) 露助はな、魚が何んぼ眼の前でくきてきても、時間が来れば一分も違わずに、仕事をブン投げてしまうんだ。　（小林多喜二・蟹工船）

話し手の直接的に確認した具体的な事実を、他の類似的な動作とともに、一般化して認識しようとするとき、あるいは、すでに所有している一般化された法則性を、話し手の直接的に確認した具体的な事実にあてはめて、それを認識しようとするとき、完成相・非過去形だけでなく、継続相・非過去形が使われる場合もある。これは、一般的な法則性を、その一つの現象形態の目撃や発見にともなって生じてきている、怒りや驚きなどの、感情的なニュアンスとともに、そして、その現象形態との、より密接な関係において、さしだしているのである。完成相を使うべきところに継続相を使うという、文法体系の決まりからの一種の「ずらし的」な使用であろうが、そこには、また、継続相の特徴の一つである、動作の目撃性が利用されてもいるのである。動作の反復の継続という意味が含まれているとも解釈できる。

(230)　なんだって、私だけが、こんな辛い目をみなくちゃならないンですかッ。勝手だわ。男って、みンな動物みたいよ。男が、みンな悪いことをしてるンだわ。貴方さえしっかりしていて下されば、そンな女なンか寄りつけない筈じゃありませんか…甘い顔をして、その女を欺すつもりよ。
(林芙美子・茶色の眼)

(231)　ねえ、君、先だって、或る婦人雑誌で、僕の家庭によく似た小説の審判を、読者から回答を求めていたンでね、ちょっと、興味を誘われて、読んだンだ。君、読者ってものは、それぞれの生活環境で、自分の視野だけで、審判しているンだ。　(林芙美子・茶色の眼)

主語となる、動作の主体をさしだす名詞が「…というもの」(「…ってもの」)という形をとる場合や、述語が「するものである」(「するものだ」)という形をとる場合(あるいは、それらが両方使われている場合)は、時間的な一般性が明確化される。

(232)　馬鹿だねえ、お前は…そりゃァ、男ってものは、好きな間は一緒になりたいって云うよ。　(林芙美子・白鷺)

(233)　愛情は結婚してから出るものだと、今日まで平凡に過して来たあやまちに就いて、十一氏は美種子夫人に、自分が完全なる良人ではなかったような苛責を感じた。　(林芙美子・茶色の眼)

(234)　新聞記者というものは、十中八九まで、雑談をしているあいだは面白いが、議論をはじめると急に個性を失ってどこかに書いてあったらしい、四角四面なことを云い出すものである。　(堀田善衛・広場の孤独)

あることについて、決まりとなっている、定まったし方をさしだす文も、時間的な一般性を表している。この種の文は主語にさしだされる物や事の内容や構造が述語にさしだされている。つまり、述語にさしだされるのは、主語にさしだされる物や事の動作ではないのである。しかし、もし、主語にさしだされる物や事が、時間的に、あるいは、空間的に限定されているとすれば、これらは習慣性に近づいていく。

(235) 肝硬変による静脈瘤の手術は、まず肋骨を切って静脈瘤をとり、それから脾臓及び胆嚢をとってしまう。　（色川武大・怪しい来客簿）
(236) 井の頭公園に行くのよ。井の頭ってどう書くの。（色川武大・怪しい来客簿）
(237) 乗船者名簿は、甲・乙両方に名前住所を書きます。　（松本清張・点と線）

注

36　質的なアスペクチュアリティと量的なアスペクチュアリティという分類は、マスロフ 1978「対照アスペクト論の原理によせて」にも見られる。

37　ただ、いくつか、疑問点もある。工藤は、表現手段の分類において、シテイル、シテアルなどを形態論的とし、シヨウトスル、シツツアルなどを構文的としているが、前者は、形態論的なカテゴリーに関わる規定であるのに対して、後者は、文法化した形の組みたてに関わる規定であって、この場合の「形態論的」と「構文的」とは、同じレベルに並ぶものではない。これらは、どちらも、もとは文の成分の組みあわせであったものから文法化したものなので、ともに、そうしたタイプの語形形成という表現手段によるものと見なければならないだろう。また、これらといっしょに、格を構文的な手段とすることはできない。名詞の格は、それ自体が、何らかのアスペクト的な意味を表すわけではない。文の対象的な内容を表すのに参加しながら、間接的に、文のアスペクト的な意味の実現に作用するものであろう。

38　限界について、くわしくは、第 4 章参照。

39　「いる」と「ある」の違いということも歴史的には関係しているかもしれないが。

40　ただし、無意志的な状態を表す「死んでいるところだ」「ふるえているところだ」などとは言えないなどの違いもある。

41　「しはじめる」「しつづける」「しおわる」については、くわしくは、第 4 章に述べる。

42　「してくる」「していく」については、須田 1995「「してくる」と「していく」」参照。

43　くわしくは、須田 1994「時間的なありか限定性」参照。

44　ただし、集合的な回数性は、部分的に、動詞の語彙的な意味が重要な表現手段になっている。

45　ボンダルコは、パーフェクトやタクシスをアスペクチュアリティに含めている（ボンダルコ 2002 など参照）。

46　ボンダルコも、独立した文のあいだの時間的な関係は、「時間的な順序 Временной порядок」と呼んで、タクシスとは区別している（ボンダルコ 2002 など）。しかし、マスロフ 1978 は、テクスト全体に対しても、タクシスという用語を適用しているようでもある。

47　アスペクチュアリティを構文論的なカテゴリーではなく、ボンダルコのように、「機能・意味的な場」ととらえるとすれば、タクシスは、アスペクチュアリティにおいても、とりあげられるかもしれない。

48　須田1994では、この「時間的な具体・抽象性」を、「時間的なありか限定性」と呼び、その体系を記述した。すでに述べた「時間的な位置づけ」とはっきり区別し、出来事に内在する時間的な性格であることをきわだたせるために、このように呼びかえることにした。この「時間的な具体・抽象性」は、用語上のわずらわしさを避けるなら、「時間的な具体性」と呼ぶこともできる。

奥田も使っている「時間的なありか限定性」という用語は、ロシア語の временная локализованность の訳である。これは、英語で言えば、temporal localization である。

49　アスペクトやパーフェクトを持たない形容詞述語文や名詞述語文も、時間的な具体・抽象性と関わるので、これは、文の対象的な内容における時間的な意味のうち、もっとも一般的なものと言えるだろう。

50　状態や特性を表す形容詞は、荒1989「形容詞の意味的なタイプ」や樋口1996「形容詞の分類」によって、記述されている。

51　川端1964「時の副詞」は、「時々、折々、時折、時たま」は、頻度において、中の中で、もっともニュートラルであり、「時に、時として、たまさか(に)、たまに」は、中のなかで、小に傾くものだとしている。そして、頻度が小のグループには、「まれに、まれまれ／めったに」を入れている。

52　ただし、動作が一般化されているので、その対象があれば、ふつうは、それも一般化されている。個別的なのは、主体だけである。

53　鈴木重幸1979では、非アクチュアルな現在、とくに、主体のコンスタントな属性を表す条件の一つとして、完成相で、能力、効能、必要などを表す傾向のある自動詞「わかる、(薬が)きく、(金が)かかる、もうかる、(しごとが)つとまる、(〜で)すむ、(高く)つく、(検討が、区別が)つく」などがあげられている。

54　時間的な一般性は、従来、「超時」とか「恒時」と呼ばれてきたものである。

第４章　語彙・文法的な系列

この章では、動詞のアスペクト的な意味に作用する、動詞の諸タイプについて検討する。それは、アスペクト的な意味という文法的な意味と関わる、動詞の語彙的な意味のなかのカテゴリカルな側面にもとづく動詞分類であり、「語彙・文法的な系列」と呼ばれる。

日本語のアスペクト研究は、「している」の形のアスペクト的な意味に作用する動詞の語彙的な意味の一般化のし方を、一つの中心的な問題として、発展してきた。そこで、第１節では、それに関する先行研究を、とくに奥田靖雄の研究を中心に、見ていく。第２節では、これまでアスペクト研究で用いられていた動作動詞と変化動詞にかわって、アスペクトと関わるもっとも一般的な動詞分類となる、限界動詞と無限界動詞という動詞分類をあげ、それらと動詞のアスペクト的な意味との関係について検討する。これは、このあとに述べるものと、上位と下位の関係にあるので、記述が重なる部分も出てくる。第３節と第４節では、限界動詞と無限界動詞の下位タイプとして位置づけられるアクチオンスアルトについて検討している。この論文では、アクチオンスアルトを語彙的な意味の一般化による動詞の下位タイプと規定するので、一部の複合動詞だけでなく、すべての動詞がアクチオンスアルトとしてとらえられる。まず、第３節で、活動動詞と非展開動詞という、形態素によって特徴づけられていないアクチオンスアルト（単純動詞）をとりあげ、次に、第４節で、形態素によって特徴づけられているアクチオンスアルト（複合動詞）をとりあげる。最後に、第５節で、「しはじめる」「しつづける」「しおわる」という複合動詞の表す段階性について検討する。

第１節　動詞の語彙・文法的な系列に関する先行研究

1.　文のアスペクト的な意味における動詞の語彙的な意味の中心性

まず、奥田 1977「アスペクトの研究をめぐって」が、動詞の文法的な意味を規定する要素としての動詞の語彙的な意味の優位性について、的確に述べているので、それに触れておこう。

奥田は、「している」の形が動作の継続を表すか変化の結果の継続を表すかの違いを作りだしているのは、動詞の語彙的な意味における性格の違いであるとする。そして、「動詞の語彙的な意味とアスペクチュアルな意味とのあいだに法則的なむすびつき」があるとし、「もし、多義的な動詞がどのような語彙的な意味を実現するかということによって、site-iru というかたちが実現するアスペクチュアルな意味もことなってくる、という事実を発見することができれば、そうであることの証拠を手にいれたことになる」と述べている。つまり、多義的な単語では、同じ単語であっても、それぞれの意味において、「している」の形の表すアスペクト的な意味が違ってくるわけだが、それは、コンテクストによって決められているのではなく、動詞の語彙的な意味が作りだすアスペクト的な意味の違いであるとしているのである。多義的な意味が、動詞の語彙的な意味のなかの構成要素であるなら、それによって生じてくるアスペクト的な意味の違いは、言語体系的なものであると言えるだろう。そして、奥田は、さらにくわしく、次のように述べている。

> たしかに、アスペクチュアルな意味の（一）（筆者注：動作の継続）をも（二）（筆者注：変化の結果の継続）をも実現することのできる動詞、つまり第一の動詞グループにも第二の動詞グループにもくわわる動詞があるが、このような二側面的な動詞についていえば、アクチュアルにはいずれの意味を実現するかという選択の方向は、場面や文脈、文の構造がきめてかかる。しかし、ある場面や文脈のなかで、一定の文法的な構造のなかで、いずれかの意味を実現することができるという、動詞の能力そのものは、その動詞の語彙的な意味の性格そのもののなかにある。場面や文脈、文の構造は、ひとつのアスペクチュアルな意味がそこで実現し、そこに存在する条件であるとしても、ふたつのアスペクチュアルな意味のちがいを積極的につくりだしはしない。（下線筆者）　(p.94)

このように、奥田は、動詞を中心として、文（あるいは述語）の表すアスペクト的な意味を考えている。これは、構文論（文論）に対する、形態論の独立性の主張ともなるだろう。文のアスペクト的な意味は、動詞ではなく、述語によって決まるという考えが広く見られるが、述語の意味の土台には、動詞の語彙的な意味があるのであり、前者から相対的に切りはなしうるものとして、後者はある。

奥田は、動詞のアスペクト的な意味の実現を方向づける文の構造として、副詞と動詞との結びつき、いわゆる格助詞のついた名詞と動詞との結びつき（奥田の言う連語）などをあげているが、工藤真由美 1982「シテイル形式の意味記述」は、このような観点にもとづき、継続相のアスペクト的な意味と、その実現の条件を具体的に詳細に分析している。また、奥田は、場面や文脈、文の構造も、動詞のアスペクト的な意味の実現を方向づけるとも述べているが、これらは、偶発的であるという指摘も見られる（奥田 1978, p.141）。こうしたファクターは、やがて、アスペクチュアリティの研究において、とりあげられるのだろう。奥田 1977 におけるテーマは、あくまでも、形態論的なカテゴリーとしてのアスペクトであった。

森山 1984「アスペクトの意味の決まり方について」は、このような奥田や工藤のアスペクト論を批判して、文の表すアスペクト的な意味は、動詞の語彙的な意味のレベルではなく、最終的には、文の表す出来事、森山の言うアスペクト・プロポジションにおいて決まると主張している。ただし、森山も、動詞の語彙的な意味の関与を否定しているわけではなく、文の、さまざまなレベルを通過して、最終的に文のレベルにおいてアスペクト的な意味が決まるとしているようである。とすれば、このような、森山の考えは、奥田の説明と同じものと言えるだろう。

2.　アスペクトと関わる動詞の語彙的な意味の一般化をめぐって
—奥田靖雄の動作動詞・変化動詞の再検討

2.1.　金田一春彦の動詞分類

戦後のアスペクト研究は、「している」（「していた」）の形の表す、二つのアスペクト的な意味（奥田靖雄の規定によれば、「動作の継続」と「変化の結果の継続」）と結びつく、動詞の語彙的な意味の一般化のし方をめぐって、展開した。その幕あけをつげ、今も影響力を持っているのは、金田一 1950「国語動詞の一分類」で提出された継続動詞と瞬間動詞という動詞分類である[55]。金田一は、アスペクトの表現手段として、動詞の「している」の形をとりあげ、そのアスペクト的な意味と動詞の語彙的な意味との関係を検討し、次のような「アスペクトの観点から観た国語動詞の分類」を行った。

①状態動詞：状態を表す動詞で、「ている」がつかない動詞
　　「ある、（可能を表す）出来る、話せる」など
②継続動詞：動作・作用を表す動詞で、「ている」がついて、「その動作が進行中であること」を表す動詞
　　「読む、笑う、泣く、喋る、歌う」など
③瞬間動詞：動作・作用を表す動詞で、「ている」がついて、「その動作・作用が終ってその結果が残存していること」を表す動詞
　　「死ぬ、点く、消える、到着する、結婚する」など
④第四種の動詞：「ある状態を帯びることを表わす動詞」で、いつも「ている」の形で使われる動詞
　　「そびえる、すぐれる、ずばぬける」など

奥田1977は、金田一1950以後のアスペクト研究の決定的な転回点をなすとされている。この論文で、もっとも重要とみなされているものの一つは、奥田が、金田一1950の継続か瞬間かという規定を批判し、動作か変化かという規定を提出したことである。この奥田の規定は、その正当さを認められ、多くの研究者に受けいれられていると言っていいだろう。しかし、今日的段階から見たとき、そこには、さまざまな問題があるようである。そこで、以下では、その奥田論文の検討を行っていく。

2.2.　奥田による金田一批判

2.2.1.　瞬間動詞に対する批判

「ている」をつけると「その動作・作用が終ってその結果が残存していることを表わす」動詞を、金田一は、「瞬間に終ってしまう動作・作用」を表すことから、瞬間動詞と呼んだのだが、奥田は、これに対して、次のような批判を行った[56]。「アスペクチュアルな意味の(一)」とは、動作の継続であり、「アスペクチュアルな意味の(二)」とは、変化の結果の継続である。

> ところで、金田一春彦の一般化が正当ではないことは、二、三の動詞をひきあいにだすだけで、じゅうぶんである。たとえば、瞬間動詞は瞬間的におわる動作(あるいはうごき)をあらわすものであるはずだが、hutoru, yaseru, hageru, iku, kaeruのような動詞のさししめす動作(あるいはうごき)は、けっして瞬間的なものではない。だが、これらの動詞は、site-iruというかたちで、アスペクチュアルな意味の(二)を実現するがゆえに、瞬間動詞でなければならない。tataku, ataru, suretigau, matataku, kiruのような動詞は、アスペクチュアルな意味の(一)を実現するがゆえに、継続動詞なのだが、これらがさししめす動作は瞬間的、あるいは瞬間的にちかいものである。kekkon-suru, syūsyoku-suruのような動詞が、瞬間動詞であるか継続動詞であるか、というような愚劣な質問がでてくる。そんなことで、《動作のながさ》という方向での一般化が、アスペクトとかかわっておこなう、動詞の語彙的な意味の一般化としては失敗であることが、だれの目にもはっきりしてくる。　(奥田1977, pp.97–98)

この奥田の批判は、説得力があり、多くの研究者に認められ、受けいれられているようであるが、なおも、金田一の継続動詞と瞬間動詞にこだわるものからは、次のような疑問が出てくるのではないだろうか。

金田一は、瞬間動詞について、「死ぬ」という動詞を例にして、「「死ぬ」は人が息を引取る瞬間を言うので、息を引取る瞬間に「死ぬ」が初まり、途端に「死ぬ」

は終る」と説明している。このとらえ方によれば、「太る、やせる、はげる」は、たしかに、長い時間かかって生じるものであるが、「太る、やせる、はげる」のさししめすのは、長い時間かかって生じた結果であり、その結果の成立は瞬間的であるとも言える（あるいは、それが抽象的なものであれば、瞬間的か、そうでないか、という時間の長さに関わらない、ただ、ある時点において成立したものとしてとらえられる）。「歩く」という動作が、その過程の、どの時点においても成立しているのに対して、「太る」という動作が成立したと言えるのは、やはり、ある一時点においてである。もちろん、「さらに、太った。」と言えるように、成立の瞬間は、さらに更新されることもあるが、それも、また、新たな一時点である。この一時点に関しては、瞬間的であるとも言えるだろう。奥田自身も、のちに、混乱してか、奥田 1994a「動詞の終止形（その 2）」のなかで、「いずれにしても、現実の世界における《変化》と言語的な意味の世界における《変化》とは、かならずしもぴったりと照応しているわけではない。現実の世界の「はげる」という変化の過程は数年にわたるが、意味の世界の《はげる》は日本語では瞬間的な出来事である」と書いている。また、「太る、やせる、はげる」は、「彼は、毎年どんどん太っている。」というように、比較的、動作の継続の意味を表すことが容易なことから、この種の動詞（瞬間動詞）のなかでも特殊なものと言えるであろう。もし、そうであれば、特殊なものは特殊なものとして扱えばいいということになるだろう。金田一の言う瞬間動詞の典型的なものは、「戸が閉まる。」「ひもが切れる。」などのように、一時点において、その動作が成立したと言えるようなものであり、その一時点をこえては、動作が進むことができないようなものである。

また、「行く、帰る」は、動詞のさししめす、ある場所への到達が瞬間的なのであって、そこにいたる過程が瞬間的であるというわけではない。「行く」という動詞が、語彙的な意味においてさししめすのは、移動動作ではなく、移動動作によってもたらされる主体の滞在場所の変更である[57]。したがって、「太郎は会社に行った。」では、太郎が会社に着いていなければ、「行く」という動作は成立していない（ただし、移動の出発を表すこともあるが、それも、また、瞬間的であるとも言える）。とすれば、その動作は、滞在場所の変更の実現において成立し、それは、瞬間的なことである。しかし、「途中まで行った。」と言えるように、「行く」という動詞が、その語彙的な意味に、移動の過程をさししめしているようにも思われる。だが、「途中まで行った。」は、「途中まで」が移動の臨時的な到達点となっているとも考えられる。つまり、「行く」という動詞で表されるには、それが、ある場所への、主体の滞在場所の変更であればいいのである。

「たたく、あたる、すれちがう、またたく、切る」などの動詞は、「している」の形で進行中の動作（動作の継続）を表すといっても、瞬間的な動作のくりかえしの進行である[58]。つまり、「走る」のように、連続的な過程の進行ではなく、非連続的な過程の進行である。特殊な進行であるので、それをもって、これらを継続動詞であると言うことはできない。また、一回しか起こらない場合もあり、その場合は、「している」の形で、進行中の動作を表すことができない。したがって、これらの動詞は、瞬間的に実現する動作を表す特殊な動詞と見なければならない。

しかし、これらの動詞が「している」の形で「瞬間的な動作のくりかえし」の「継続」を表すとしたら、奥田の規定する、「継続」という、「している」の形のアスペクト的な意味を受けとっているのは、「瞬間的な動作のくりかえし」であり、そうであれば、奥田の規定するひとまとまり性というアスペクト的な意味を持つ「する」の形で表されるのは、ひとまとまりにとらえられた、「瞬間的な動作のくりかえし」である。これは、それに含まれる個々の動作は瞬間的であっても、そのくりかえし全体は、瞬間的ではない。もし、一回かぎり行われる瞬間的な動作を表すとすれば、「する」の形で、ひとまとまりにとらえられた一回かぎりの瞬間的な動作を表し、「している」の形で、一回かぎりの動作がすでに終わっていて、あとに何らかの効力を残しているという意味(パーフェクト的な意味)を表すことになる。奥田は、「目撃する、一瞥する」のように、「している」の形で、変化の結果としての状態を表さない動詞を排除して、動詞の語彙的な意味の一般化を行っているので、「たたく、あたる」などが、一回かぎりの瞬間的な動作を表す場合は、排除しなければならないのではないだろうか。

しかし、これらの動詞は、変化をさししめしていないので、瞬間的であっても、変化の結果の継続を表すことができず、もし、「している」の形で何らかのアスペクト的な意味を表すとしたら、動作の継続しか表すことができないということであれば、たしかに、金田一の瞬間動詞という規定は、これらの動詞にはあてはまらないことになる。意味的には、これらは、まさに、「瞬間」的なものなのだが。

「結婚する」という動詞に関しては、「彼は結婚した。」というのは、ある時点において言えることであろう。たとえば、社会的、法律的には、役所に婚姻届を提出した時点が、結婚が成立した時点かもしれない。とすれば、この時点は瞬間的である。「就職する」も同様に、辞令をもらった時点などが、考えられなくもない。社会的な立場や役割の変更は、大きな時間の流れのなかで生じる抽象的なものなので、日常的には、これほど厳密には考えず、おおざっぱにとらえているが、もし厳密にとらえようとすれば、このようにとらえられなくはないし、実際、そうとらえることもある。ときには、そうとらえる必要がある場合もある。奥田は、このように正確にとらえることを「愚劣」だと述べているが、それは、けっして「愚劣」なことではないように思われる。それが「変化」であるということの本質により、そのような動詞にあっても、それがいつ変化したかが問題となる場合があるのである。

以上のように、金田一の瞬間動詞という規定を批判するために奥田があげている例は、瞬間的と解釈しようと思えば、できなくはないようである。しかし、瞬間的と言えるのは、基本的に、時間のなかで展開する具体的な動作に関してであって、奥田の指摘するように、「結婚する」のような、時間的な抽象化の進んだものには、抽象的な瞬間性という無理な解釈をせざるをえない。瞬間的であるとも瞬間的でないとも言えるような運動であっても、あるいは、コンテクストによって瞬間的であったり、瞬間的でなかったりするような運動であっても、それが変化であれば、変化の結果の継続を表すということになるなら、金田一に対する奥田の批判の有効性はともかく、やはり、金田一の規定より、奥田の規定の方がすぐれていると言えるかもしれない。だが、その有効性は、奥田が限定した、アスペクト的な意味の対立を持つ動詞の範囲内での話である。アスペクト的な対立を持たないものも含めて、動詞の一般化を行おうとすれば、奥田の「変化」という規定は不十分なものとなるだろう。

2.2.2.　継続動詞に対する批判

次に、継続動詞に対する奥田の批判について検討する。金田一の継続動詞に対する奥田の批判は、瞬間動詞よりも、問題があるようである。

奥田は、「する」という形は、ひとまとまり性、非分割性が特徴的であって、「している」という形は、継続性、過程性が特徴的であるから、いずれの形にも存在しなければならない動詞の語彙的な意味の共通な側面として、継続性をあげることはできないと言う（奥田 1977, p.101）。しかし、ここには、「継続性」の意味をめぐって、混乱があるように思われる。

金田一は、継続動詞を、「ある時間内続いて行われる」動作と規定し、この種の動詞は、「している」の形で、「その動作が進行中であること、即ち、その動作が一部行われて、まだ残りがあることを表す」としている。この規定を見れば、明らかなように、金田一の継続動詞における継続とは、瞬間と対立する、動作の過程が時間的に長く続くという意味における継続である。金田一は、これを、「している」の形の表す「その動作が進行中であること」と、はっきり区別している。しかし、奥田のもちいる、「している」の形の表すアスペクト的な意味である「継続」性は、《過程性》とも規定されていることからも、動作の時間的な長さのことではないと見られる。金田一の言う「進行中であること」と同じく、発話時などの、ある時点に、動作の過程が続いているという意味における継続と考えられるだろう。これは、動作の時間的な長さを前提として成りたつものであろうが、時間的な長さとは、つまり、金田一の言う「継続」とは、明らかに別のものである。奥田は金田一に対して、「語彙的な意味とアスペクチュアルな意味とのすりかえがおこなわれているわけだが」(p.101) と批判的に述べているが、これは、逆に、奥田が、「している」の形のアスペクト的な意味を継続性と規定したことによって、それを、金田一の継続動詞の継続性と混同してしまい、動詞が語彙的な意味においてさししめす動作自体の持つ特性と、「している」の形の表すアスペクト的な意味との区別において混乱をきたしたものと見ざるをえないだろう[59]。

2.3.　奥田の《動作》と《変化》について

2.3.1.　奥田 1977「アスペクトの研究をめぐって」における動作と変化の規定

奥田は、以上のように金田一の継続動詞と瞬間動詞を批判し、動作と変化という規定をもちだすのだが、なぜ動作と変化という規定が導かれるのか、あまり明確な、積極的な論拠を示していない。たとえば、奥田 1977 は、次のように述べている。

> ぼくは継続動詞のことを《動作をあらわすもの》とみる。瞬間動詞は《変化をあらわすもの》とみる。このような規定は、両方とも自動詞である場合には、そのままあてはまる。たとえば、aruku, tobu, odoru と nieru, sinu, kieru とをくらべると、語彙的な意味の distinctive な特徴として、《動作》と《変化》とがあざやかにうかびあがってくる。(p.102)

そして、《動作》とは何か、《変化》とは何か、に答える、もっともよい見本として、移動動詞をあげて、説明している。「歩く、走る、飛ぶ、はう、流れる」は、移動動作の形態を示しているが、この動作にともなう位置変化には触れていないのに対して、「行く、来る、帰る、戻る、出る」は、位置変化を示しているが、それをひきおこす動作の形態には触れていないと述べている。そして、さらに、「このような事実から、《動作》は運動の形態であるし、《変化》は運動の内容である。という一般的な結論がひきだせそうである。したがって、《動作》と《変化》とは、運動の形式的な側面と内容的な側面として、相互に対立しながら、ひとつにむすびついていると、みなさなければならない」(奥田 1977, p.103) とも述べている。

これ以上の説明はなされていないので、この時点においては、奥田のなかに、まだ、動作と変化についての明確な規定はなかったのであろう。運動の形態に触れているのが動作であるとすれば、「動く」という動詞は、どうなるのだろうか。また、変化にも、「割れる」「さける」「切れる」などのように、さまざまな形態があるのではないか。これは、単純に、動作の様態という意味における形態であろう。だが、その一方で、奥田は、運動と、それが生みだす変化・結果(運動を意義づけるもの）との関係を、形態と内容の関係と見ている。形式と内容という一般的な用語で、さまざまなものを規定しようとすれば、当然のことながら、恣意的な適用という部分も出てきてしまうのだろう[60]。

結局、奥田の規定は、いくつかの動詞を例にあげて、動作と変化という言葉にぴったりくることを示そうとしているという面が強い。例をあげることは必要であるし、規定の第一歩として、いくつかの例をあげるのは正当であるが、動作と変化についての規定をともなっていなければ、どれが動作で、どれが変化かということは、日常語としての動作と変化の意味に照らして、判断するしかない。

2.3.2.　変化動詞・動作動詞か変化動詞・非変化動詞か

「語彙的な意味の distinctive な特徴として、《動作》と《変化》とがあざやかにうかびあがってくる」と奥田は述べるが、それが、意味の成分分析などにおけるような、音韻論の用語法からの転用だとしたら、《動作》と《変化》とが、distinctive な特徴であるとは思えない。奥田は、金田一にならって、《動作》をさししめす動詞と《変化》をさししめす動詞とをまとめて、《動作・作用をあらわす動詞》とし、そして、《変化》を《変化をともなう動作・うごき》とし、《動作》を《変化をともなわない動作・うごき》としている。とすれば、《動作・うごき》という特徴において共通していて、《変化》のありなしで、二つの動詞は異なっているという意味において、《変化》が distinctive な特徴であるということは、許されるだろう。そして、そうであるならば、奥田の言う《変化》をさししめす動詞（変化動詞）と《動作》をさししめす動詞（動作動詞）は、変化をさししめすかどうかの違いにもとづいて、変化動詞と非変化動詞（無変化動詞）とするべきではないだろうか[61]。さらに、変化動詞と動作動詞に共通するものが、《動作・うごき》であるならば、二つをまとめて、動作・うごき動詞（あるいは、かんたんに、動作動詞か、うごき動詞）と呼ぶことになる（鈴木重幸 1979 は「運動動詞」と呼んでいる）。[62]

2.3.3.　動作であり変化でもあるということ

このことと関係して、奥田 1978 には、次のような説明もある。（結果動詞は、変化動詞であり、継続動詞は動作動詞であると理解しておいてよい。また、第一の意味とは「動作の継続」であり、第二の意味とは「変化の結果の継続」である。kiru は、「（服を）着る」のことである。）

> 実際、kiru, otiru のように、それがさししめすうごきは《主体の動作》であるし、《主体の変化》でもある。より正確には、《主体に変化をもたらす動作》である。それゆえに、これらの動作は、site-iru というかたちで第二の意味を

実現する。しかし、これらの動詞は《主体の動作》をもさししめしているがゆえに、一定の条件のなかでは、第一の意味をも実現する。したがって、これらの動詞はまず結果動詞としてはたらくのだが、継続動詞としてもはたらく能力があって、二側面的であるといえるのである。

kiru, otiru のような動詞のさししめす《動作》と《変化》とは、かなり継起的な性質をもっていて、これらの分離はむずかしくはないが、yakeru, tokeru のような動詞がさししめす《動作》と《変化》とは同時的であり、これらの分離はむずかしい。したがって、site-iru というかたちで同時に（一）の意味をも（二）の意味をも実現していて、いずれの意味を実現しているかということの判断はむずかしい。二側面的というよりも、複合的であるともいえる。

(p.129)

結果動詞が継続動詞へ移行することがあっても、ぎゃくがないのである。継続動詞が、主体の観点から《変化》をきりすてながら、たんに《動作》をあらわしているのにたいして、結果動詞は《変化》をあらわすばかりでなく、《変化をともなう動作》をもあらわしていて、はじめから二側面的な性質をおびている。しかし、この種の動詞がさしだすひとつの動きが、《動作》の側面と《変化》の側面とを同時にもっていると考えるよりも、そのひとつの動きが同時に《動作》であるし、《変化》でもあって、ふたつの側面にわけることができないと考える方がよりただしい。 (p.139)

このように、《変化》をさししめす動詞の多くは、《主体に変化をもたらす動作》を示していて、条件によっては、「している」の形で、動作の継続を表すことができるわけだが、その一方で、奥田は、「死ぬ、煮える、行く、来る」のように、なかには、ただひたすら《変化》のみを表す動詞のグループもあるという指摘もしている[63]。とすると、この、ひたすら変化のみを表す動詞が表すものは、当然、《動作》ではないことになるが、そうなると、奥田の言う《動作》とは、何なのかという問題が起こってくるだろう。ここでの、《変化》のみを表すとか、《動作》でもあるし《変化》でもあるという意味における《動作》は、上にあげた奥田の変化の規定《変化をともなう動作・うごき》における《動作・うごき》とは、違うものであるはずである。後者の《動作・うごき》とは、動詞の表す、時間のなかで起こり展開する現象や運動のことを、まとめて、そう言っているのだろう。これをさししめす動詞がアスペクトの対立を持つわけである。それでは、前者の《動作》とは何なのだろうか。それは、おそらく、時間的な長さのある、持続的な過程を持つ運動のことを《動作》と言っているのではないだろうか。ともに、変化をさししめす動詞だが、「している」の形で、「とける」は、「雪が、どんどん、とけている。」のように、動作の継続を表すことができるが、「死ぬ」は、「彼は、徐々に、死んでいる。」のように、動作の継続を表すことができないというのは、「死ぬ」に時間的な長さがないということではないだろうか。奥田が、金田一の継続動詞と瞬間動詞という動詞分類を批判するために、執拗に否定していた、動作の時間的な長さという観点が、ここに、隠されていないだろうか。

2.3.4.　動作と変化の持つ諸特徴

動作と変化について、奥田は、その後、奥田 1994a「動詞の終止形（その 2）」で、よりくわしく説明している。まず、変化について、見てみよう。

> たしかに、変化動詞は、ひとつの物の、まえの状態からあたらしい状態への移行、ひとつの物のあり方の変更、つまり変化をその意味にとらえている。ところが、日本語の変化動詞は、その移行をモメントとしてとらえていて、それを、多少とも時間的な長さをもつところの過程としてはとらえてはいない。したがって、変化動詞は、その完成相においては、あたらしい状態の実現を点としてさしだすことができるとしても、変化の過程の達成としては、変化のモメントへの到達としてはさしだすことができない。そして、継続相においては、あたらしい状態への移行の過程として、変化をさしだすことができないのである。変化を点としてとらえる、変化動詞の語彙的な意味がそうであることをゆるさない。そのため、変化動詞の継続相は、物の変化が実現することによって生じてくる、あたらしい状態の持続をさしだすことになる。語彙的な意味が変化をモメントとしてとらえてしまえば、ある時間の座標軸をまたいで存在しつづけるのは、その変化の結果として生じてくる、あたらしい状態であるだろう。
> （p.30）

ここでは、変化動詞が、動作の継続、進行中の動作を表すことのできない根拠を、変化動詞のさししめす変化が、点のように瞬間的であることに求めている。これでは、まるで、奥田が金田一の瞬間動詞という規定を認めているかのようである。しかし、次のようにつけくわえているところを見ると、そうではないようである。

> いずれにしても、現実の世界における《変化》と言語的な意味の世界における《変化》とは、かならずしもぴったりと照応しているわけではない。現実の世界の「はげる」という変化の過程は数年にわたるが、意味の世界の《はげる》

> は日本語では瞬間的な出来事である。
>
> 変化動詞のさしだす《変化》の、このような時間的な特徴は、この動詞に《瞬間動詞》という名まえをあたえることになるのだが、意味的なカテゴリーとしての《変化》は結果的な状態をあからさまに、先行する状態をふくみとしてとらえていて、そのような《変化》を表現する変化動詞が、継続相において変化の結果としての状態の継続をさしだすのであれば、この変化動詞に《瞬間動詞》という名まえをあたえるわけにはいかない。この名まえのつけ方は、意味としての《変化》があたらしい状態への移行のモメントを点としてとらえているという、ただひとつの時間的な特徴をとりあげている。(p.31)

このように、奥田は、変化動詞は「している」の形で変化の結果としての状態を表すので、やはり、変化をさししめす動詞と規定されなければならないとしている。しかし、以上のような奥田の論理にしたがえば、変化動詞は、変化という基本的な規定性によって、「している」の形で変化の結果としての状態というアスペクト的な意味を表すが、瞬間性という、その変化の持つ一つの特徴によって、「している」の形で動作の継続を表すことができないということになるのではないだろうか[64]。そうであれば、動作動詞は、時間的な長さを持つため、「している」の形で動作の継続を表すことができるということになるだろう。そして、動作動詞が、「している」の形で変化の結果の継続を表すことができないのは、それが、変化をさししめしていないからということになるだろうか。もし、変化を含む動作をさししめす動作動詞が、その変化という側面をとりだせば、動作動詞でも「している」の形で変化の結果としての状態を表すことができるということになる。奥田は、次のように、動作の規定に、「時間的な長さをもつ過程」という特徴をあげている[65]。

> 意味的なカテゴリーとしての《動作》は、他の物(客体)へはたらきかけて、その物になんらかの変化をひきおこす、人間の意図的な、物理的な運動をとらえている。そして、客体にはたらきかけていく、主体の物理的な運動は、現実のおおくの動作にふさわしく、時間的な長さをもつ過程としてとらえられている。(p.32)

このように見てくると、奥田1994aにおける、奥田の動作と変化の規定のなかに、変化のありなしと時間的な長さのありなしという基準が浮かびあがってくる。もし、この二つの基準によって動詞を分類するとすれば、動詞は四分類されることになるだろう。そして、これは、奥田1978で奥田が「概念のあそび」と批判した鈴木重幸の十字分類に重なってくる。

鈴木重幸は、鈴木重幸 1972a『日本語文法・形態論』のなかで、動詞を四つに分類している(p.380)。それは、結果動詞(主体に変化を生ずる動詞)か非結果動詞(主体に変化を生じない動詞)かという《結果のありなし》と、そして、継続動詞(持続部分のある動詞)か瞬間動詞(持続部分のない動詞)かという《動作のながさ》との、二つの基準による十字分類である。動詞の例として、結果動詞であり継続動詞であるもの「着る、(ズボンを)はく、(かみを)ゆう」、結果動詞であり瞬間動詞であるもの「パンクする、死ぬ、割れる、倒れる」、非結果動詞であり継続動詞であるもの「走る、泳ぐ、歩く、読む、書く、話す、泣く、笑う、眺める」、非結果動詞であり瞬間動詞であるもの「出会う、ぶつかる、目撃する、出くわす、(ちらっと)見る」などがあげられている。

奥田 1977 で、奥田は、最後の、非結果動詞であり瞬間動詞であるという動詞、つまり、変化なしで時間的な長さなしの動詞を、「する」と「している」とがアスペクトの対立をなさない特殊な動詞として、最初から排除していた。また、奥田 1978 では、そのような動詞など、実際にはほとんどないのではないかと、鈴木を批判していた。そうするかぎり、このような四分類は、たしかに、最初から成りたたないのであり、そのような限定された範囲のなかで、奥田の動作と変化という規定は説得力を持っているとされたのだろう。だが、それでも、まだ、問題が残っているようである。

2.3.5.　動作と変化の分類原理

奥田の動作動詞と変化動詞という動詞分類における根底的な問題点は、それが、運動の時間的な展開のし方の違いの総体による質的な分類であるということである。つまり、一つの特徴を基準として分類したものではないということである。奥田 1977 では、奥田は、すべての動詞は動作動詞と変化動詞に分類できるとしていた[66]。しかし、はたして、それは可能であろうか。質的な規定であれば、解釈のはばが、より大きくなる。極端な場合は、どうにでも解釈できるということになり、結局は、「している」の形で、動作の継続を表すのが動作動詞であり、変化の結果としての状態を表すのが変化動詞であるということになってしまうのではないだろうか。金田一の継続動詞と瞬間動詞という動詞分類は、時間的な長さという、一つの特徴を基準とした分類であった。論理的には、それを持つか持たないかで、動詞を二つに分類できるはずである。その意味において、きわめて明解である。その明解さが、一つ一つの動詞の解釈をめぐって、奥田が指摘したような矛盾として、現れてくる。それに対して、奥田の規定の場合は、動作や変化の解釈を微妙に修整することによって、すべての動詞を二つに分類することが可能になるのだが、そこに、また、別の問題も出てくる。奥田 1977 のように、動作と変化の内容についてあいまいなままにしておけば、問題はないのだが、それを明確に規定しようとすれば、たちまち、問題が起こってくる。質的な規定について、その内容を明確にしようとすれば、一つのやり方として、その質を、それを構成する特性のたばに分析しなければならない。奥田は、奥田 1994a で、動作と変化とを、次のように分析している。

> 意味的なカテゴリーとしての《動作》は、客体へはたらきかけていく主体、主体のはたらきかけをうける客体、過程としてのはたらきかけ、はたらきかけの結果としての、客体に生じてくる、あたらしい状態をその構成要素としてふくみこんでいる。
> (中略)
> 変化動詞がいいあらわす《変化》という意味的なカテゴリーは、その構成要素(意味特徴)として、変化する物、その物の先行する状態、変化の結果としての、あたらしい状態への移行のモメントをみずからの構造のなかにふくみこんでいる。[67]
> (p.32)

しかし、このように明確に規定すれば、動作か変化かという分類は、ほとんどの動詞を二分するものではなくなってしまうだろう。「動作動詞のいいあらわす《動作》は、すべてがひとしく意味特徴のセットをバランスよくそなえているわけではない」、「典型的な《動作》からなんらかの構成要素としての意味特徴をうしなうことで、動作動詞は中心から周辺へとおしだされていく」と奥田が述べているように、プロトタイプ的なとらえ方になり、その、おそらく必然的な成りゆきとして、奥田は、動作動詞と変化動詞という二分法をすてて、それらに、状態動詞、うごき動詞、活動動詞などをつけくわえる[68]。奥田 1977 のように、プロトタイプ的な二分法もありえたであろうが、奥田は、それにとどまらなかったのである。

2.3.6.　限界動詞と無限界動詞

奥田 1977 では「ひとまとまり性」と規定されていた完成相の表すアスペクト的な意味に(とくに、動作動詞において)違いが見られることが、奥田自身による完成相のアスペクト的な意味の研究が進むことによって明らかになったことから、奥田は、奥田 1988b で、動作動詞と変化動詞という動詞分類とは別に、限界動詞と無限界動詞という動詞分類を提出した。すなわち、「走る」「泳ぐ」と「置く」「しまう」は、ともに、継続相で動作の継続を表すため、動作動詞とされていたが、完成相では、「置く」「しまう」は、完結した動作を表すが、「走る」「泳ぐ」は、かならずしも、完結した動作を表さない。この違いが、「置く」「しまう」は、そこにいたれば、動作が終了しなければならない限界を持つのに対して、「走る」「泳ぐ」は、そのような限界を持たないということによることから、前者を限界動詞、後者を無限界動詞と呼んだのである。また、変化動詞は、変化の実現が限界となるので、限界動詞とされている。しかし、奥田は、動作動詞と変化動詞という動詞分類をすてさってしまったわけではない。「限界動詞と無限界動詞との対立は、アスペクトの形成に土台として直接にむすびついてゆく、語彙・文法的な系列である」とする一方で、「日本語では、動詞のアスペクトの意味を理解するにあたって、その語彙的な意味が《変化》であるか、《動作》であるか、それとも《状態》であるか、ということは、一次的な意味をもって、前面におしだされてくる」とも述べている（奥田 1994a）。そして、奥田の実際の分析を見れば、継続相のアスペクト的な意味の分析には、おもに、動作動詞と変化動詞を使い、完成相のアスペクト的な意味の分析には、おもに、限界動詞と無限界動詞を使っているようである。しかし、このような二重の動詞分類は、完成相と継続相との、アスペクトとしての統一を見えなくさせるなどの、混乱をもたらすことになるだろう。

また、奥田は、完成相と継続相とがアスペクト的な意味の対立を示す動詞だけに限定して、動作動詞と変化動詞という動詞分類を行った。つまり、アスペクト的な意味の対立を示さない動詞は、アスペクトから追放したのである。ところが、ロシアにおけるロシア語のアスペクト論では、限界動詞は完成相と不完成相とのアスペクトのペアーを持つが、無限界動詞は不完成相しかとらないとされる。つまり、不完成相しかとらない動詞も含めて、限界動詞と無限界動詞という動詞分類を行っているのである。したがって、ロシアのアスペクト論の動詞分類は、すべての動詞をおおう一般的なものとなる。それに対して、奥田の動作動詞と変化動詞は、それよりも、ずっと限定された範囲の動詞をとらえていることになるだろう。日本語に関しても、もし限界動詞と無限界動詞をたてるとすると、それは、すべての動詞をとらえる一般的な動詞分類となり、動作動詞と変化動詞を（さらには、状態動詞や活動動詞なども）、その部分として含むものとなるだろう。

2.4.　筆者の動詞分類

以上に述べたような、二つの動詞分類を使うという事態は、完成相や継続相の表す、それぞれのアスペクト的な意味との関係において動詞の語彙的な意味を一般化しているかぎり、避けられないのかもしれない。継続相が、動作の何らかの過程と関わる意味を表しているのであれば、動詞の語彙的な意味の一般化は、動詞の語彙的な意味における過程の側面に関わる。一方、完成相が、動作の限界と関わる意味を表しているのであれば、動詞の語彙的な意味の一般化は、動詞の語彙的な意味における限界の側面と関わる。完成相と継続相、それぞれの表すアスペクト的な意味との関係において、動詞の語彙的な意味を最大限に一般化すれば、完成相と継続相とでは、アスペクト的な意味が関わっていく語彙的な意味の側面が異なっているので、必然的に、完成相による一般化と継続相による一般化とでは、異なるものとなるだろう。そのような一般化ではなく、アスペクトという形態論的なカテゴリーに作用する動詞分類としては、完成相と継続相とが、どのようなアスペクト的な意味の対立をなしているか、対立のし方のタイプという観点から、動詞の語彙的な意味を一般化しなければならないだろう。アスペクト的な形を、ばらばらにとらえるのではなく、二つの形の統一した対立としてとらえるという出発点にたちかえらなければならない[69]。

動作動詞が限界動詞と無限界動詞とに分かれることにより、動作動詞と変化動詞という動詞分類と、限界動詞と無限界動詞という動詞分類とは、動詞語彙を分ける境界（どの範囲でグループ分けするか）が異なることになる。この矛盾を、工藤は、工藤真由美 1995 で、動作動詞を、「置く」「しまう」のような主体動作・客体変化動詞（動作動詞であり限界動詞である動詞）と、「走る」「泳ぐ」のような主体動作動詞（動作動詞であり無限界動詞である動詞）とに分け、それに、従来の変化動詞の主体変化動詞（変化動詞であり限界動詞である動詞）を加えて、三分類とすることにより解決しようとしている[70]。

個別的なアスペクト的な意味を詳細に記述しようとすれば、当然、よりこまかい動詞分類の方が、アスペクト的な意味のさまざまな個別的な意味の実現について、よりくわしく明らかにすることができる。しかし、アスペクトが形態論的なカテゴリーであれば、その文法的な意味は一般的なものであり、その一般性と結びついて、その土台となるような、動詞の語彙的な意味の一般的な側面（カテゴリカルな意味）を明らかにしなければならない。それは、アスペクトの本質と関わるような、アスペクト的な意味の構成要素と直接的に結びつくような、動詞のさししめす動作の側面あるいは構成要素の一般化であろう。そして、アスペクトが、動作の時間的な展開のし方という、動作の内的な時間構造に関わるカテゴリーであるなら、それは、動詞の語彙的な意味における動作の内的な時間構造の一般化となるだろう。

しかし、動作や変化という質的な分類は、まだ、そのような動作の内的な時間構造にふみこんではいない。動作動詞や変化動詞などは、動詞のさししめす運動の質的な一般化にもとづくものであって、動作の内的な時間構造を表すアスペクトとの関係を、その本質において明らかにするような動詞分類ではない。すなわち、動作に対する主体と客体の関係に関わる形態論的なカテゴリーであるヴォイスには、他動詞と自動詞という動詞分類が本質的な関係を持つし、動作の実現に対するコントロールと関わる形態論的なカテゴリーであるムードには、意志動詞と無意志動詞という動詞分類が本質的な関係を持つ。これらは、その形態論的なカテゴリーと本質的な関係を持つような、動詞のさししめす動作のある側面を一般化してとりだした特徴のありなしにもとづく動詞分類なのである。それに対して、動作、変化、状態という分類は、運動の質的なタイプの分類であれば、それに含まれている意味特徴の一つが、それぞれ、ヴォイスやムードなどと関わりを持つことになり、その意味において、この動詞分類は、すべての形態論的なカテゴリーと関係を持ちうるということになる（そのため、さらに、こまかい分類がなされるようになる）。そのことについては、すでに、奥田自身が、「動作動詞とか変化動詞とか状態動詞とかいう、語彙・文法的な系列は、文法的な現象の、あらゆる領域にかかわってゆく、動詞のより総括的な分類である」と述べている（奥田 1994b, p.37）[71]。

一方、限界という意味特徴は、動作の時間的な構造が、基本的に、限界と過程という構成要素から成っているとすれば、動作の内的な時間構造を表すアスペクトの本質と関わるものと言える。時間のなかで展開する運動であれば、たとえ瞬間的なものであっても、かならず、ある時間的な長さを持った過程を持つ。そうであれば、区別的に働く特徴となるのは、その過程がどこで新しい段階へ移行するかということになる。そして、そのしきりをめぐって、アスペクト的な意味の対立も生じてくるのであれば、限界という特徴は、かなりの程度に普遍的なものでもあるということになろう。奥田は、「限界動詞と無限界動詞との対立は、アスペクトの形成に土台として直接にむすびついてゆく、語彙・文法的な系列である」と述べている（奥田 1994b, p.37）。また、変化というのは、限界の具体的な現れの一つであり、限界のバリアントということになる。

しかし、それでは、動作の内的な時間構造を構成するもう一つの要素である、過程という観点からの一般化を、なぜ行わないのか。金田一の継続と瞬間というのは、過程の長さの特徴である。その瞬間という特徴も、過程の長さの時間的な制限という意味において、量的な限界という、限界の一つの変種として、とらえられる。また、動詞のアスペクトにとって、その動詞のさししめす動作の過程が、どれほど長いかということよりも、明確な限界によってしきりづけられているかどうかの方が、重要な違いとして現れてくる。過程が時間的に長くても、限界動詞の場合もあるし、時間的に短くても、継続相で動作の継続を表すこともあるのである。[72]

もし、動作動詞、変化動詞（さらに、状態動詞、活動動詞、態度動詞）などを、アスペクトに関わる動詞の語彙・文法的な系列として位置づけるならば、限界動詞と無限界動詞という動詞分類が、アスペクトと関わるもっとも一般的な分類であるのに対して、動作動詞、変化動詞などは、より具体的な現実を反映する、その下位分類であるということになる。これらは、動詞の形態の上では特徴づけられていないが、アクチオンスアルトであると言えるだろう。本書では、動詞という品詞の枠のなかにおいて、アスペクト的に重要な、意味論的な共通性の土台の上にとりだされる動詞の種類分けと、アクチオンスアルトを規定するのである。

だが、アクチオンスアルトには、複合動詞「さがしだす、のぼりつめる、つかいはたす」など、形態的に特徴づけられたものもある。形態的に特徴づけられていない単純動詞を、一次的な、形態素によって特徴づけられていないアクチオンスアルトと呼び、形態的に特徴づけられている複合動詞を、二次的な、形態素によって特徴づけられたアクチオンスアルトと呼ぶ。前者は、形態的なしめし手を持たないが、その語彙的な意味においてさししめす動作が、時間的な展開のし方において共通性を持つような動詞のグループである。それに対して、後者は、もとになる動詞のさししめす動作の部分的な側面的な変形である。そして、前者と異なり、形態的な共通性にもとづく意味的な共通性により、いくつかのグループにまとめあげられる。しかし、もとになる動詞との関係（たとえば、「さがす」と「さがしだす」との関係）は、文法的な対立をなすもの、つまり、形つくりの関係ではなく、語彙的なもの、つまり、単語つくりの関係にある。

また、限界性がアスペクト的な意味の体系の土台に作用しているのに対して、アクチオンスアルトは、文法的な形の表す、さまざまな個別的なアスペクト的な意味の実現のし方に作用する。

3.　語彙・文法的な系列という用語について

鈴木重幸は、鈴木重幸 1957「日本語の動詞のすがた（アスペクト）について」で、アスペクト的な形の意味を条件づける語彙的な意味の違いにもとづいてとりだされた動詞のカテゴリーを、動詞の「すがた的な性格」と呼び、それに、「すがた的な性格は、動詞の語彙的な特徴（その表わすプロセスがどのようなものであるか）と文法的な（形態論的な）特徴（とき、すがた）の両方に関わることであって、語彙＝文法的な（語彙＝形態論的な）カテゴリーである」という規定を与えている。そして、さらに、「このカテゴリーは、それぞれの動詞にみとめられるが、ときやすがたのような特定の形態論的な形をもっていない点で、単なる形態論的なカテゴリーから区別される」としている。

この鈴木の「語彙＝文法的」という規定を批判して、奥田 1977 は、「一般化の結果うけとった語彙的な意味の共通な側面は、やはり語彙的なものであって、そこで動詞の語彙的な意味がアスペクトとからみあっているといえても、けっして語彙・文法的なものではない」(pp.96–97) と述べている。

しかし、奥田は、その後、奥田 1994a「動詞の終止形（その 2）」のなかで、「この動作動詞とか変化動詞とかは、語彙的な意味とアスペクト的な意味とのからみあいのなかでおこなわれた、動詞の分類であれば、動詞という品詞の内部における語彙・文法的な系列である」というように、鈴木の「語彙＝文法的」とほぼ同じ規定をしている。

奥田の語彙・文法的な系列とは、まぎらわしい名づけであるが、奥田 1977 の言うように、語彙的なものである。これは、おそらく、ロシアの言語学におけるлексико-грамматический разряд という用語を日本語に訳したものにすぎないだろう。それに対して、奥田 1977 の説明には、奥田の論理があって、説得力がある。しかし、語彙と文法をつなぐものであるという意味において、語彙・文法的と言ってもいいように思われるので、筆者も「語彙・文法的な系列」という用語を使う。

第 2 節　限界性

第 1 節で、限界動詞と無限界動詞という動詞分類を、動作動詞と変化動詞にかわり、アスペクトと関わるもっとも一般的な動詞分類として位置づけた。そこで、この節では、限界動詞と無限界動詞という動詞分類と、完成相と継続相の表すアスペクト的な意味との関係を中心に、日本語のアスペクトの分析に、限界性という概念がどのように関わるかについて検討する。

1.　限界とは

1.1.　一般的な規定

限界とは、一般的には、言語的に表現された動作の、時間的な展開におけるしきりである。動作の展開における時間的なしきりとなるのは、なによりも、まず、そこにいたれば、動作の展開の過程がつきはて、それ以上展開することのできないような、動作の臨界点である。

1.2.　限界動詞と無限界動詞

限界は、動詞のさししめす動作の時間的な展開のし方の特徴として、なによりもまず、動詞の語彙的な意味のなかに、その意味特徴の一つとして、含みこまれている。これを内的な限界と呼ぶが、その意味特徴の有無により、動詞は、限界動詞と無限界動詞に分けられることになる。たとえば、「倒れる」「落ちる」などの動詞は、その動作がつきはて、それ以上展開しない限界という要素を、その語彙的な意味のなかに含んでいるが、「走る」「ふるえる」などの動詞は、動作のつきはてる点が、その動作の性格からは導きだせず、限界という要素を、その語彙的な意味のなかに含んでいないと言える。前者が限界動詞であり、後者が無限界動詞である。これらは、意味的な一般性を持っているが、同じ語彙的な意味を持つ単語において対立する文法的な形ではなく、動詞語彙を意味的な共通性によって二分するものなので、形態論的なカテゴリーではなく、語彙・文法的な系列と呼ばれる分類的なカテゴリーを構成するものである。また、これらは、形態素によるしめし手を持たず、形態論的なカテゴリーのアスペクトに、とくに、その文法的な意味の実現に作用することによって明らかになる、「隠れたカテゴリー」であるとされる。

1.3.　現実の動作の限界と言語的な限界

限界という概念は、上にあげた規定とは少し異なり、次のように規定されることもある。

「倒れる」「落ちる」などの動詞のさししめす動作[73]は、その運動が終了したあとに、その動作から一義的に導かれる一定の結果、つまり、倒れている状態や落ちている状態を残す。動詞のさししめす動作の展開における、この結果的な状態の段階と、それが生じるまえの段階との境界が限界となるのであるが、後続する段階が、先行する段階の性格によって見通されるものであることによって、その境界である限界が規定されるのである。

一方、「走る」「ふるえる」などの動詞のさししめす動作は、その運動が終了したあとに、さまざまな状態が残る。すなわち、走ったあとは、座っていることもあるし、歩いていることもあるのであり、もしこれを規定しようとすれば、「走っていない」状態というように、否定的な規定しかすることができないのである。このように、一定の状態をあとに残さないような動作は、あらかじめ見通されるような、その終了点を規定することができず、無限界的なのである。

しかし、このような規定は、言語的な規定というより、現実における運動の規定であると言えよう。言語は、基本的には現実を反映しているとしても、さまざまな面において、それを独自のし方で変形してもいるので、言語における限界は、現実における限界をこえた、言語独自の領域がある[74]。したがって、この規定は、限界のもっとも代表的なタイプをとらえているとしても、限界という概念をいささか狭くとらえていて、動詞の表す限界のすべてをおおうことはできない。だが、現実における限界を分析しているのであれば、これは、さまざまな言語に対して適用できる普遍的な規定であると言うこともできるだろう。

また、現実の動作としては、その終了点がはっきりしているように思われる場合でも、それが言語的な限界として働かない場合もある。「『坊っちゃん』を読む」という動作は、動作の対象が限定された特定のものであり、それによって、動作のつきはてる終了点がはっきりしているようであるが、完成相をとっても、完結した動作をかならずしも表さない。つまり、「きのう私は『坊っちゃん』を読んだ。」と言っても、小説の終わりまで読んだとは限らないのである。言語学的な概念として限界を扱うならば、日本語の動詞のアスペクトに作用する限界を明らかにしなければならない。

1.4.　限界動詞と限界的な動作

無限界動詞であっても、文のなかで、言語的な環境の作用を受けて、限界的な動作を表すことがある。たとえば、「彼は二時間走った。」という文では、「走る」という動詞のさししめす無限界的な動作の過程が、「二時間」という時間的な長さにより限定され、いわば外的に限界が与えられていると言える。また、対象に働きかけて、それを変化させる動作をさししめす動詞は、その対象が量的に限定されたものであれば、限界的な動作であるが（「彼は木を三本切った。」）、量的に限定されない複数のものであれば、無限界的な動作を表す（「彼は木をつぎつぎと切った。」）。

このように、限界動詞と無限界動詞という動詞の語彙的な意味のレベルと、限界的な動作と無限界的な動作という文の意味のレベル（述語の意味のレベル）とを区別しなければならないのである。

1.5.　文法的な意味としての限界（顕在的な限界と潜在的な限界）

動詞の語彙的な意味に含まれる限界という意味特徴と、動詞のアスペクト的な意味の一つとしての限界到達の意味とを区別する必要がある。たとえば、「ひろげる」という動詞は、その終了点があらかじめ見通されるような動作をさししめしているので、限界動詞としてよいであろうが、この動詞は、完成相で、動作が限界へ到達したことを表し、継続相で、限界へ方向づけられた過程を表す。この限界の現れ方の違いにしたがって、前者を顕在的な限界と呼び、後者を潜在的な限界と呼ぶことができる。このように、語彙的な意味における限界性は、アスペクトの個別的な意味という文法的な意味において、さまざまな現れ方をするわけだが、完成相だけでなく、継続相とも関わっているのである。

(238)　堂谷小芳が、部屋の隅から、紫の風呂敷包みを持って来て、その包みを拡げた。　（林芙美子・めし）

(239)　そのそばでお豊はやす代を対手に改めて眺めるというように、昨日明子が買ってきた土産物の包みをひろげている。　（佐多稲子・くれない）

上の例における潜在的な限界は、過程の進行するさきにあるもので、見通し的と言えるが、物の変化をさししめす動詞の継続相では、その表される状態が限界到達後なので、潜在的な限界は見返り的である。しかし、この種の継続相では、潜在的な限界が、背景にしりぞき、意味的構成要素からはずれていく傾向がある。

(240) 組立式の大きな本箱と、机に椅子だけで、畳は相当いたんでいる。
（林芙美子・めし）

2.　限界のバリアントとアスペクト的な意味との関係

2.1.　絶対的な限界

限界動詞と無限界動詞という動詞分類は、アスペクトという形態論的なカテゴリーとの関係においてとりだされる語彙・文法的な系列であり、アスペクト的な意味の実現のし方の違いなどに関係してくる。アスペクト的な意味のなかで、もっとも基本的な、具体的な一回限りの動作の意味において、限界動詞は、基本的に、完成相では、限界へ到達した動作を表し、継続相では、限界到達後の段階にある動作を表す。しかし、限界のバリアントによって、その意味は、異なった現れ方をする。また、以下にあげるような基本的な限界動詞の持つ限界は、この次にあげる相対的な限界と区別して、絶対的な限界と呼ぶことができる。

2.1.1.　結果的な限界

物や人における何らかの変化をさししめす自動詞は、限界到達後に一定の結果が残る、結果的な限界を持つ動詞である。変化がもたらす新しい状態と、以前の古い状態とのさかいが、限界となるのだが、この限界は、変化の終わりであると同時に、新しい状態の始まりでもある。そして、結果的な限界を持つ動詞は、完成相で、限界への到達を表し、継続相で、変化の結果としての状態という限界到達後の段階を表す。

この結果的な限界には、「ぬれる、切れる、染まる、あたたまる、くさる」などの動詞のさししめす動作のような、変化が漸次的に進展しうるもの（例241, 242）と、「つく、はずれる、現れる、入る」などの動詞のさししめす動作のような、あるモメントに変化が一挙に実現するもの（例243, 244）とがある。前者を、進展的な結果的限界と呼び、後者を、非進展的な結果的限界と呼ぶ。

(241) 相手の口からけもののような悲鳴があがり、顔を押さえた両手が血に染まった。
（山本周五郎・青べか物語）

(242) 信三も、いま戻ったところとみえて、びっしょりぬれていた。
（林芙美子・めし）

(243) 私は射った。弾は女の胸にあたったらしい。空色の薄紗の着物に血斑が急に広がり、女は胸に右手をあて、奇妙な回転をして、前に倒れた。
（大岡昇平・野火）

(244) 土間には土を築いた簡単な竈があり、二つ三つこわれた土器が倒れていた。

（大岡昇平・野火）

2.1.2.　非結果的な限界

結果的な限界を持つ動詞のように、新しい結果的な状態をもたらすわけではないが、運動がそれ以上進行できないような限界を持つ動詞がある。そのような動詞として、まずあげられるのは、「ぶつかる、あたる」「ぶつける、たたく」「過ぎる」「(バットを)振る」など、その本質において瞬間的な動作をさししめす動詞である(瞬間動詞と呼ばれることもある)。これは、過程の持続が量的に限定されているものなので、量的な限界の一種と言えるだろう。

(245)　効果のない灌腸は、便意だけが体をぐるぐる廻ることになり、終日油汗をかいた。ある夜半、ぽこっ、という音とともにピータンのようなまるい塊が飛びだし、便器に入らずに足もとにぶつかった。女房が指でひろいあげた。

（色川武大・怪しい来客簿）

この種の動詞では、一回かぎりの動作であれば、他の限界動詞と同じアスペクト的な意味を表す。ただ、結果的な限界であれば、継続相は、結果的な状態を表すが、この種の動詞の「している」の形は、ただ動作の終わったあとの段階を表す。すなわち、パーフェクト的な意味のうちの先行的な意味を表すのである。

ただし、つづけて何回もくりかえし起こる場合は、その全体が一つの動作のようになり、継続相で、その反復的な過程の継続にある動作を表し、完成相で、過程継続について明示しない反復的な動作、あるいは、その始まりを表す。この場合は、無限界動詞と同じアスペクト的な意味を表すということになる。

(246)「いるはずがない、という条件が消えれば」と主任は、机の端を指でこつこつと叩いた。　（松本清張・点と線）

(247)　河内は、心得た顔つきで、「おっさん、かつおのたたきで、お酒頼むでエ」と、両手で、子供のように、台をたたいている。　（林芙美子・めし）

2.2.　相対的な限界

「増える、増す、減る、あがる、さがる、高まる」など、相対的な量や程度の変化をさししめす動詞は、一定の量や程度の変化が限界となるが、さらに変化が進行すれば、その変化した量や程度が、また新たな限界となる。このような限界を、相対的な限界と呼ぶ。相対的な限界を持つ動詞は、結果的な限界を持つ動詞のバリアントであり、基本的には、完成相で、限界への到達を表し、継続相で、限界到達後の段階、とくに、結果的な状態を表す。

(248) 遺棄された鉄帽が増えた。（大岡昇平・野火）
(249) 校庭の天幕は六張りに殖えていたが、（工藤真由美 1982 の用例）

だが、限界が相対的であるため、コンテクストによって、完成相でも、継続相でも、変化の進行する過程を表すこともある。

(250) 自営農家の村では、もともと庭先の畑で野菜をつくり、鶏、豚、山羊を飼い、それが祭りのご馳走の種だった。だが、それらの家畜もだんだんに減っている。（鶴見良行・バナナと日本人）
(251) 戦争も追いつめられてくるにしたがって、ホテルの食事もまずくなって量もとぼしくなったが、それでも行列は一日々々と並ぶ人が多くなっている。（林芙美子・松葉牡丹）

2.3. 無限界動詞

「歩く、走る、はう、泳ぐ」「流れる、回る、ころがる」など、物や人の動きをさししめす動詞は、無限界動詞である。アスペクト的な意味のなかで、もっとも基本的な、具体的な動作の意味として、無限界動詞は、完成相で、動作の発生や始まりを表し、継続相で、動作の過程の継続を表す。終わりの限界を持たない無限界動詞の完成相では、動作の始まりが、完成相の文法的な意味（限界到達の意味）の作用を受けて、動作の時間的なしきりとなり、限界への到達のバリアントとして実現する。無限界動詞の表す動作の始まりは、限界動詞の限界と同様に、そのモメントにいたれば、その動作が実現したと言えるような、動作の展開における決定的な転換点なのである。

(252) 私も立ち上り、後向きに駆けた。土手の草は、その上に自分の影がうつるかと思われるほど、明るかった。その明るさ目がけて駆け続けた。（大岡昇平・野火）
(253) 林が疎らに、河原が見渡せるところへ出た。一個の人影がその日向を駆けていた。（大岡昇平・野火）

「光る、輝く、鳴る」「音がする」「見える、聞こえる」「見る、聞く」などの動詞の表す動作のように、過程の時間的な長さが、長く続くことも可能だが、瞬間的であっても成立したと言えるような動作をさししめす動詞は、基本的に無限界動詞であろうが、完成相で瞬間的な動作の実現を表すことができるという点において特殊である。この種の動詞の完成相が表す瞬間的な動作の実現という意味は、限界到達の特殊なバリアントであると言える。これは、「ぶつかる」などの動詞の量的な限界に近い。

(254) 内部へ収容するまで、一つの担架が暫く道の上に放置された。その上に横たわった屍体の頭部に、米兵が何か挿すのが見えた。ライターが光った。すると意外にもその屍体が軽く頭をもたげた。細い煙がゆるやかに日光に立ち上った。煙草であった。その屍体は生きていた。　(大岡昇平・野火)

無限界動詞のうち、人の生理・心理的な状態をさししめす動詞(状態動詞とも呼ばれる)は、人称性の制限があるが、完成相・非過去形で、発話時＝現在に存在する状態を表すことがある。過程におけるしきりづけが弱く、無限界的な性格が強いと言えるだろう。また、「音がする、においがする」「聞こえる、見える」などの動詞も、完成相・非過去形で現在の状態を表す。

(255)「扉がぴっちりしまってるかしら。ぞくぞくするわ」(色川武大・狂人日記)

時間的な具体性を持ち、アスペクトの対立を持つ動的な動作に対して、特性や関係は、時間的な具体性を持たず、アスペクトの対立を持たない静的な動作である。限界性の対立を、動作の時間的な展開を表す動的な動作に限ると、これは、限界性のそとにあるということになる。だが、もし、あえて限界動詞か無限界動詞に分けるとすれば、これは、絶対的な無限界を示す、もっとも典型的な無限界動詞である。つまり、いかなるコンテクストにおいても、時間的にしきりづけられないのである。

(256) 星の光が東京とまるでちがうね。　(川端康成・雪国)
(257) 奇麗な女が画いてある。その女の顔が何処か美禰子に似ている。能く見ると目付が違っている。　(夏目漱石・三四郎)

しかし、完成相が関係の成立や始まりを表すことのできる動詞の場合は、そのモメントが限界となることがある。しかし、継続相では、やはり、ふつうは、時間外的な関係を表しているようである。

(258) 厭世自殺だろうとみんなの意見が一致した。　(林芙美子・松葉牡丹)

(259) ミシガンの日没は、ちょうど、日本の日の出と時間的に一致していた。
（藤原正彦・若き数学者のアメリカ）

2.4. 外的な限界

すでに述べたように、無限界動詞は、時間や空間の量的な限定を表す修飾語や従属文などによって、外的に限界が与えられる場合がある。この場合、完成相は、動作をひとかたまりのものとしてとらえた、全体的な事実の意味を表し、継続相（「している」の形）はパーフェクト的な意味を表す。

(260) 黙って一間ばかり歩いた。すると突然与次郎がこう云った。
（夏目漱石・三四郎）

(261) 二人とも痛い痛いと云った。考えてみると僕は十六、七キロも歩いている。
（井伏鱒二・黒い雨）

時間的な量の限定の場合は、継続相で、パーフェクトでなく、動作の過程の継続を表すこともある。しかし、継続相がふつう表す動作の過程の継続は、発話時などのような基準時点に存在する過程の継続なのであるが、これは、ある期間（時間）という枠のなかで、動作の過程が継続しているように表現したものである。次の例も、完成相にかえることができるが、継続相であれば、時間の流れを表すという表現性が加わる。

(262) 足を投げ出して、壁に凭れ、里子は、暫く、茶箪笥の上のラジオを聴いていた。だが、すぐ、それにも飽きて、二階に上り、初之輔の机の前に坐ってみた。
（林芙美子・めし）

2.5. 他動詞における限界

動詞を限界動詞と無限界動詞とに分類するとき、もっとも問題となるのは、対象に変化をひきおこす動作をさししめす他動詞である。対象の変化の実現が動作の限界となっているのだが、その限界へいたる過程は、主体の働きかけの過程であり、動詞の語彙的な意味としては、その主体の働きかけの過程を中心的にさししめしているのである。これまであげた限界動詞は、おもに限界をさししめしているし、無限界動詞は、動作の過程をさししめしていた。それに対して、この種の動詞は、過程に重心がありながら、限界も含みこんでいるという二重性を持っている。そうして、限界と過程との重心の置かれ方の違いによって、その限界性の強さは、動詞によって、さまざまな異なりを見せている。この限界は、動作の過程が方向づけられる目標なので、目標的な限界と呼ぶこともできる。

ただし、「さする、こする、なでる、掻く、さわる」「回す、ゆらす、動かす」などのように、対象に働きかける動作をさししめす他動詞であっても、対象をうごきにひきこむだけの動作や、対象に接触するだけの動作など、対象に変化をひきおこさない動作をさししめしているのであれば、それらは、明らかに、無限界動詞である。

(263) 原口さんだけは画に向いている。「存じません。存じませんじゃ」とブラッシを動かした。　(夏目漱石・三四郎)
(264) 女は蒲団の向うの隅でまだ団扇を動かしている。　(夏目漱石・三四郎)

以下に、対象に変化をひきおこす動作をさししめす他動詞を、非進展的な限界を表すものと、進展的な限界とを表すものとに分けて、検討していくが、前者は限界的な性格が強く、後者は無限界的な性格が強いものである。

2.5.1.　非進展的な限界

「置く、入れる、つける、のせる、はさむ」「とる、ぬく、はずす」「ひっくりかえす、よこたえる、うらがえす、しめる、とじる、あける、ひらく」などの動詞のように、あるモメントにおいて一挙に実現するような対象の変化をひきおこす動作をさししめす他動詞は、その対象の変化の実現のモメントが限界となり、完成相で、動作の限界への到達を表す。しかし、継続相で、その限界へ方向づけられた過程の継続を表すことができにくく、広い意味における再帰的な構造の文において、限界到達後の段階を表すことが多い。これは、客体における変化の結果的な状態の維持である。この種の動詞は、より限界に重心が置かれている動作をさししめす動詞であると言える。

(265) 三千代は驚いて、二人を眺めている。里子は、無邪気に、洗面道具を、三千代の膝へ置いた。　(林芙美子・めし)
(266) 署長は例によって上着をぬいで、ぬらしたタオルを机のうえにおいていた。　(石川達三・洒落た関係)

しかし、この種の動詞のなかには、小説の地の文などにおいて、継続相で、限界へ方向づけられた過程の継続を表すものもある。だが、その場合も、ふつうは、かならず限界へ到達する過程を表していて、途中で中断するということはない。つまり、動作の過程全体を、目撃性や眼前性のニュアンスをともなわせながら、過程のなかにある動作のように表現しているのであろう。

(267) 初之輔が玄関を開けると、三千代がタケノコの包みを持ってはいって来た。すぐ、靴をぬいで下駄箱へしまっている。（林芙美子・めし）
(268) また中へ入ると帳場の旦那が女中さんに金を渡していた。（深沢七郎・東京のプリンスたち）

より複合的な動作をさししめす「用意する、予定する、約束する、借りる、貸す、あずかる、あずける」などの動詞は、継続相において、動作の過程の継続を表さず、ふつう、対象に残る結果的な状態の維持を表す。

(269) 私は既に標識として、茶褐色の褌を木の枝に結んだ「白旗」を用意していた。私はそれを地上においた。（大岡昇平・野火）
(270) 染香の話によると、この川下にりっぱで聞えた倉庫があって、その一室を借りて主人はぎっしりの衣類反物を預けているという。（幸田文・流れる）

「発見する、みつける、目撃する、みかける」などの動詞のように、過程を切りすてて、限界への到達が一挙に実現するような動作をさししめす動詞は、つねに、完成相で、限界への到達を表し、継続相で、限界到達後の段階を表す。この継続相の表す限界到達後の段階は、結果的な状態とは言えない。

(271) しかも彼女は絶望を越えて更に高い希望を発見している。（石川達三・幸福の限界）

「高める、深める、はやめる、弱める、増やす、減らす、拡大する、縮小する、削減する、強化する、増強する」など、動作の対象における量や程度の相対的な変化をひきおこす動作をさししめす動詞も、次の例のように、継続相で、対象に残る結果的な状態を表すが、コンテクストによっては、対象における変化の進行を表すこともある。これは、「増える、減る」などの相対的な限界を示す動詞に対応する。

(272) 内部はかなり暗かった。節約のためか電灯の数を少なくしているようだった。（沢木耕太郎・一瞬の夏）

2.5.2.　進展的な限界

「切る、やぶる、裂く、剃る、けずる」など、対象に対する働きかけが、直接的に対象の漸次的な変化の実現と結びついていて、働きかけの進行とともに、対象における変化の結果が蓄積されていくような動作をさししめす動詞は、基本的に、無限界動詞のようにふるまう。すなわち、完成相で、動作の始まりを表し、継続相で、動作の過程の継続を表す。

(273)　土産に林檎を五つ六つ買って来たのを、ゆき子は開いて、包丁を探してむいた。くるくるとむきながら、ゆき子は鼻の奥の熱くなるような気がした。
(林芙美子・浮雲)

(274)　小屋に帰ると妻は蓆の上にペッたんこに坐って馬にやる藁をざくりざくりと切っていた。　(有島武郎・カインの末裔)

しかし、対象の限定性にもとづく、対象における変化の量が、コンテクストによってほのめかされている場合があり、その場合は、限界動詞に近くなるのだが、その限界は弱く、絶対的なものではない。そのため、完成相では、限界到達をほのめかすが、やはり、継続相では、限界到達後の段階でなく、動作の過程の継続を表す。だが、もし、あからさまに対象の量が規定されていれば、外的に明確な限界（量的な限界）が与えられることになり、「している」の形で、限界到達後の段階、パーフェクト的な意味を表すようになる。たとえば、「彼は木を二本切っている。」など。

(275)「切ってくれえ、切ってくれえ。足首を切って助けてくれえ！」
　それはもう悲鳴でした。家来たちは、あわてて、大王の足首を切りました。
　そのとたん、大王はどうとたおれました。大王は、足といっしょに、いきも切れたのです。　(住井すえ・折れた弓)

(276)　傍で多計代がカステラを切っていた。　(工藤真由美 1995 の用例)

2.6.　複合的な動作

複合的な動作をさししめす動詞も、限界動詞と無限界動詞とに分かれる。限界づけられていると同時に、ひとかたまりのものとしてとらえられている動作をさししめす動詞は、限界動詞に分けられる。これは、もっぱら完成相において使用され、動作の実現の事実という全体的な事実の意味を表すが、「している」の形で使用されれば、パーフェクト的な意味を表す。

(277) これにさきだち、湖北の革命派知識青年たちは、武昌の新軍に投じて、その将兵に革命思想を普及し、共進会、文学社などの革命団体を新軍内に設立していた。（小島晋治、丸山松幸・中国近現代史）

(278) 省子姉さんを御覧なさい。あれほど要心ぶかく結婚して、ちゃんと失敗してるじゃないの。（石川達三・幸福の限界）

一方、無限界動詞に分けられる動詞は、もっぱら継続相で使用され、動作の過程の継続を表す。

(279) 彼は早稲田にある絵本の出版社に勤めていた。（椎名誠・新橋烏森口青春篇）

(280) その頃西銀座に祖父は小さなイタリア料理店を経営していた。（加藤周一・羊の歌）

第3節　一次的なアクチオンスアルト
—形態素によって特徴づけられていないアクチオンスアルト

アクチオンスアルトは、文のさしだす出来事のさまざまな時間的な展開のし方のタイプをとらえるものであり、限界性の下位タイプとして位置づけられる。つまり、たとえば、限界的な出来事のなかには、さまざまな限界の変種を持つアクチオンスアルトをとりだすことができるのである。

アクチオンスアルトは、限界性と同様、動詞の語彙的な意味のなかに、もっとも集約的に定着している。アクチオンスアルトには、複合動詞のように、形式的な表現手段を持つもの（「さがしだす、おいつく」「ふりまわす、うちまくる」など）、とりわけ、アスペクト的な意味を表すとされてきたもの（「しとおす、しつくす、しきる」など）だけでなく、そのような形式的な表現手段を持たない単純動詞も含まれる。単純動詞によるアクチオンスアルトとしては、変化「割れる、切れる」、状態「ふるえる、痛む」、うごき「まわる、ころがる」、活動「働く、遊ぶ」、特性「すぐれている、そびえている」などがあげられる。これらも、形式的な表現手段を持つものと同様に、その動作の独自な展開のし方のタイプを表すものと言える。

このように、本書では、アクチオンスアルトは、純粋に、動詞における語彙的な意味の一般化として規定される。そうすることによって、アクチオンスアルトは、限界性と同様に、すべての動詞をおおうものとなるのである。ただし、単純動詞によるものを、形態素によって特徴づけられていない一次的なアクチオンスアルトと呼び、複合動詞によるものを、形態素によって特徴づけられた二次的なアクチオンスアルトと呼んで、二つを区別しておく。

アクチオンスアルトはアスペクトの個別的な意味の実現のし方に作用している。たとえば、変化をさししめす限界動詞は、継続相「している」の形で、変化の結果的な状態を表すが(「倒れている」など)、変化と関わらない限界動詞は、ただ、その動作が完結したあとの段階を表すにすぎない(「ぶつかっている」など)。

しかし、動作動詞や変化動詞などを一次的なアクチオンスアルトとすることには、問題があるかもしれない。アクチオンスアルトが、アスペクト的な形のアスペクト的な意味の実現に作用する、動詞の語彙的な意味の側面であるとすれば、それと本質的に関わる語彙的な意味の構成要素をとりださなければならない。つまり、第4節で検討する二次的なアクチオンスアルトのように、一次的なアクチオンスアルトも分類しなければならないということである。そのような分類は、森山1988『日本語動詞述語文の研究』で、「時定項」という用語のもとに、なされており、そのような観点からなされた分類としては、森山の分類はたいへんすぐれたものだと言える。筆者の分類としては、第2節で行った限界の下位分類が、そのようなものにあたるだろう。

だが、ここで、そのような分類を行わない理由は、おもに次の二つである。一つには、日本語のアスペクト研究史において重要な意味を持つ動作動詞や変化動詞といった動詞分類を生かし、新たに位置づけたかったということである。また、もう一つの理由としては、二次的なアクチオンスアルトは、もとの動詞の動作から派生的な動作への、動作の変形のし方が、その語構成に表現されているが、それに対して、一次的なアクチオンスアルトは、その、もとになる動作であるため、異なるし方で一般化すべきであると思われるのである。そして、その異なる一般化というものは、より現実を反映するし方で行い、アスペクトという文法的な意味と現実との関係を示すべきであると考えたのである。森山の分類は、動作のアスペクト的な性格を規定するいくつかの構成要素にもとづく、動作の時間的な展開の性格のタイプによって、動詞をいくつかのグループに分けているが、筆者の分析における変化や状態を、その構成要素に分けるとすれば、森山のように分析できるだろう。

1. 活動について

上に述べたように、形態素によって特徴づけられていないアクチオンスアルトとしては、すでに、奥田1994a「動詞の終止形(その2)」や奥田1997「動詞(その1)」などにおいて、動作動詞、変化動詞、状態動詞、活動動詞などがとりだされている。以下では、これまであまりくわしく調べられていない、活動動詞と非展開動詞というものをとりあげ、検討する。そのほかの動詞の検討は今後の課題である。

活動動詞については、これまでも、限られた論文においてだが、言及されている。奥田1997は活動動詞について次のように説明している。

動詞のなかには、おなじひとつの目的あるいは意図によって、ひとつの人間の活動にまとめられる、いくつかの動作をその意味のなかにとらえているものがある。言語的な意味としての《活動》では、それが、具体的な動作から成立していることを暗示しているとしても、その動作の具体性はきりすてられていて、いくつかの動作をひとつにまとめあげる目的志向性が前面にあらわれてくる。したがって、具体的な場面のなかでの使用においては、具体的な動作をその側面から特徴づけている、ともいえる。たとえば、**はたらく、あそぶ、あきなう、つかえる、そだてる、やしなう、まなぶ**のような動詞。ここでは、これらの動詞を《活動動詞》とよぶことにする。活動動詞は、社会的な規範の観点から動作を活動に一般化して、意味づけている、あるいは評価している。さらに、**生産する、輸出する、支配する、管理する、統制する、経営する**のような、人間集団の社会的な活動をとらえている、たくさんの漢語動詞が日本語にはあるが、それらについてはまだしらべられていないので、動詞のさしだす意味の世界のなかに位置づけることができない。　(p.3)

こうした動作については、この奥田 1997 に先行する高橋 1985a『現代日本語動詞のアスペクトとテンス』に、具体的な分析が見られる。高橋によれば、「生きる」「暮らす」「住む」などの動詞は、一つ一つの具体的な動作はいろいろであるが、全体をとおして一つの動作として表すという、長い期間持続する大規模な動作を表していると言う。そして、同種の動作のくりかえしからなる、同じような大規模な動作を表す例として、「愛読する」「通う」などの動詞があげられている。さらに、一つ一つの具体的な動作を表す動詞が、特定のコンテクストにおいて、継続相で、このような大規模な動作を表すようになる、次のような例もあげられている。この例における「うっている」は、〈カネをうけとってモノをわたす〉という一つ一つの〈うる〉という動作が集まって、〈そのような商売をしている〉という意味がつけくわえられているとされる。そして、この意味は、「実際の使用のなかで臨時的にあたらしい意味がつけくわえられるばあいである」と言う。

(281)　春三の話では、この家の主人は元軍人で、現在は会社につとめるかたわら、にわとりをかって卵をうっている。

さらに、この臨時的な新しい意味が、定着して、動詞の語彙的な意味の一つになるという例として、「ごろごろする」「あそぶ」などの例があげられている。

(282)　あたしが(中略)はたらいているあいだに、あんたは、ひと月も、ブラブラあそんでたのね。

高橋が明らかにしているように、これは、基本的に、動詞の語彙的な意味にもとづく動詞分類である。多義的な動詞は文の述語のなかでいくつかの意味を実現するのだが、それらも動詞の語彙的な意味の一つの現れと見るのである。しかし、語彙的な意味の部分として定着しているものではなく、コンテクストによる臨時的なものもある。そのため、動詞の分類というより、述語の意味的なタイプの分類と見た方がいいとも言える。しかし、動詞の語彙的な意味が、文の述語の意味のなかで、それと相互に作用しあいながら、発展していくものであれば、動詞の語彙的な意味だけ、あるいは、述語の意味だけというのではなく、両者の相互作用を見ていく必要があるだろう。

奥田による意味の規定と、高橋によるさまざまな言語的なレベルの分析によって、これから分析しようとする動詞に対する基本的な視点は示されていると言っていい。以下では、こうした奥田と高橋のとらえ方に学びながら、活動をさししめす動詞と、その周辺について、検討する。そのまえに、ここでとりあげる動詞のタイプを、二三の動詞の例とともに、示しておこう。

1.1. うごき：「走る、ころがる、さする」
1.2. 行為：「置く、入れる、しまう」
1.3. 活動：「遊ぶ、洗濯する、散歩する、草むしりをする、留守番をする」
1.4. 作業：「作る、建てる、組みたてる」
1.5. 生活様態：「暮らす、勤める、経営する、愛用する、下宿生活をする、病院づとめをする、ウェイトレスをする、主将をする」

これらの動詞のアスペクト的な性格を、最初に、簡単に述べておくと、次のようになる。行為と作業は限界的な動作であるのに対して、うごきと活動と生活様態は無限界的な動作である。行為とうごきは具体的な動作であり、完成相と継続相とのアスペクト的な意味の対立を強く持っているが、生活様態などは、より抽象的な動作であり、アスペクト的な意味の対立が弱くなる。また、行為やうごきは語彙的に表現されるが、活動や生活様態は、語彙的な表現だけでなく、構文論的にもコンテクスト的にも表現され、その表現手段は複合的である。

1.1.　うごき

「(手を)振る」「走る」などの動詞のさししめす、人の肉体的な自己運動を、「うごき」と呼ぶことにする。うごきは、主体である人によってコントロールされる意志的な動作であるが、それ自体においては動作が方向づけられる目的を持ってはいない。コンテクストのなかで目的を与えられる場合もあるが、その目的は、うごきにとって、つねに外的なものであって、それ自体に内在するものではない。そのため、うごきは、あらかじめ見通されるような終了点を含んでおらず、これをさししめす動詞は無限界動詞であると言える。また、うごきは、その過程にきれめがなく、連続的であり、したがって、その過程の、どの時点においても観察可能であるという特徴を持つ。また、基本的に、これらは、一時的なものであり、長時間にわたるものではない。

うごきは、もっぱら、ある種の動詞によって、語彙的に表現される。うごきを表すのは、「(手を)振る、動かす、回す、見る、聞く、走る、歩く、はう、泳ぐ、回る、ころがる、さする、もむ」などの動詞(ほとんど和語動詞)である。

そして、うごきをさししめす動詞は、完成相と継続相をとり、アスペクト的な意味の対立を持つ。完成相では、具体的な場面を表す段落のなかの、とくに、過去形で、その始まりや発生を表すことがある。一方、継続相では、きれめのない過程の継続を表す。また、前者は他の動作との時間的な継起性、後者は時間的な同時性というコンテクスト的な機能をはたす。

(283)　私も立ち上り、後向きに駆けた。土手の草は、その上に自分の影がうつるかと思われるほど、明るかった。その明るさ目がけて駆け続けた。
(大岡昇平・野火)

(284)　林が疎らに、河原が見渡せるところへ出た。一個の人影がその日向を駆けていた。
(大岡昇平・野火)

1.2.　行為

「置く、入れる、しまう」「とる、ぬく」「倒す、うらがえす」などのさししめす動作のように、具体的なものに働きかけ、それを変化させる、人の一回的な単純な動作を、かりに「行為」(act)と呼ぶことにする。この動作は、その過程が、うごきのように、動詞によって名づけられた一つの運動が均質的に連続的に続くようなものではない。それは、働きかける主体の、目的に方向づけられた一連の下位動作から成っていて、対象の変化との関係においてのみ、それらが、その行為の過程と規定されるのである。この対象の変化が、この動作の、あらかじめ見通される終了点、つまり、限界になっているので、行為をさししめす動詞は、限界動詞であると言える。また、動作の対象は、動作の単純さ、一回性を保証すべく、基本的に、限定された、ひとかたまりをなすものである。

行為をさししめす動詞は、完成相で限界への到達を、継続相で、その限界へ向かう過程の継続を表す。そして、前者では、他の動作との時間的な継起性、後者では、他の動作との時間的な同時性というコンテクスト的な機能をはたす。

(285) 老人はタバコを一本抜いて口にくわえ、風をよけながら巧みに火をつけると、タバコとマッチの箱をふところへしまった。(山本周五郎・青べか物語)
(286) 初之輔が玄関を開けると、三千代がタケノコの包みを持って這入って来た。すぐ、靴をぬいで下駄箱へしまっている。(林芙美子・めし)

ただし、継続相では、過程継続よりも、限界到達後の段階の維持を表すことも多い。

(287) そしてイノキチは、そのときの丸いたまごのような石を、だいじに、つくえのひきだしにしまっていたが、それを見るたびに、心が強く海にひかれるのだった。(岡本良雄・ラクダイ横町)

1.3. 活動

1.3.1. 活動の一般的な規定

動詞の表す動作のなかには、一つの均質的な過程からなるものではなく、いくつかの下位動作(うごきや行為)から構成された複雑な構造を持つものがある。たとえば、「けんかする」という動詞のさししめす動作は、そのなかに、「なぐる」「ける」「ののしる」など、さまざまな具体的な下位動作を含みこんだ複合的な動作であり、その複合が全体性を持つことによって、それが「けんかする」という動詞で名づけられているのである。このような動作を活動と呼ぶ。

活動とは、もっとも一般的には、自分自身と、自分の存在の条件を含むまわりの世界との、認識や創造的な作りかえに方向づけられた、人間の特殊な動作である。したがって、それは、人間の文化的歴史的発展によって発生した、さまざまな欲求に照応していて、人間の歴史的な所産である。また、活動は、その内的な構造の面から言えば、体系的な構造を持つ自足的なものである。活動の具体的な内容をなす下位動作も、それぞれ目的を持っているが、活動全体から見ると、その下位動作の目的は、活動の全体的な目的を実現するための課題となっている。したがって、活動の動機は、下位動作の目的ではなく、活動の全体的な目的と関わっている。また、その全体的な目的は、下位動作の動機にもなっているのである。こうして、下位動作は、その目的を活動全体へとゆずりわたすことによって、それを全体とする部分として、自らを活動のなかに、組みいれていく。活動の体系的な構造は、このような、活動全体と、その下位動作との関係によって成りたっている。

活動は、持続の時間量などによって、その過程が外的に限界づけられることもあるが、基本的には、無限界的な動作である。

1.3.2.　活動の諸タイプ

活動は、反復的な過程、断続的な過程、複合的な過程という、過程の性格の違いによって、三つの種類に分類することができる。断続的な過程を持つ活動（例288）は、うごきから発展してくるものが多く、反復的な過程を持つ活動（例289）は、行為から発展してくるものが多い。そして、複合的な過程を持つ活動（例290）は、その二つの総合的な発展として生じてくるのだろう。したがって、複合的な過程を持つものが、もっとも活動としての性質が強いものである。この違いは、反復的な過程と断続的な過程を持つ活動が、基本的に、コンテクストの手段によって表現されるのに対して、複合的な過程を持つ活動は、動詞の語彙的な意味のなかに定着していて、語彙的な手段によって表現されるという違いとなって、現れている。

（288）良人は一本の晩酌をあたためて、孫娘と冗談口をききながら楽しそうに飲んでいる。（石川達三・幸福の限界）
（289）あの橋の上でぼくが見ていたら、下の淵で誰かがヤスで魚を突いているのです。大きなのがとれる。深い峡間ですね。（深沢七郎・滅亡対談）
（290）「ママは？」「いま裏で洗濯してるよ。」（椎名誠・新橋烏森口青春篇）

活動は、ひとりの主体によるものだけでなく、集団によって行われるものもある。そのなかには、相互的なものも協同的なものもあるだろう。「争う、たたかう、けんかする、競走する、売り買いする、話しあいをする、酒盛りをする、ストをする、デモをする、トランプをする、野球をする、キャッチボールをする」など。

1.3.3.　活動の表現手段

「遊ぶ、たたかう、みはる、食べる、読む、書く、もてなす、はげます」のように、和語動詞が活動を表すことは少ない。活動を表すのは、もっぱら、「する」のつく動詞（おもに漢語動詞）「洗濯する、掃除する、散歩する、見物する、見学する、監視する、診察する、攻撃する、旅行する、勉強する、歓迎する、手入れする、出入りする」や「（動作名詞）をする」の形「食事をする、仕事をする、残業をする、話しをする、立ち話をする、マッサージをする、昆虫採集をする、交通整理をする、意見交換をする、草むしりをする、雨宿りをする、ひなたぼっこをする、編みものをする、調べものをする、留守番をする、積み下ろしをする」などである。また、「消火にあたる、研究に没頭する」など、「する」以外の動詞との組みあわせもある。

活動は、次の例のように、うごきを表す動詞(例291)や行為を表す動詞(例292)の継続相が、コンテクストの作用を受けて表すことも多い。

(291)「何故競技を御覧にならないの」とよし子が下から聞いた。
「今まで見ていたんですが、つまらないからやめて来たのです」
(夏目漱石・三四郎)

(292) がっちりとした、平屋建てだが、一文字瓦の、門の格子を開けると、もみじや、四方竹や、松をあしらった、玄関前の、細い石畳に、古くからいる爺やが水を撒いていた。(林芙美子・めし)

次にあげる例のように、動作の対象をさししめす名詞と動作をさししめす動詞の連用形からなる複合名詞の「を」格の形が動詞「している」と組みあわさって活動を表す場合、そのもとになる、動作の対象をさししめす名詞の「を」格の形と動詞の継続相との組みあわせと、それとが、同じ活動を表す同義的な関係をなすことがある。

(293) ウェアさんの車が一軒の小さな家の前に止まった。彼のすぐ後ろに車を止めてついていくと、ひとりの男が帽子をかぶって草取りをしていた。「グッド・モーニング」とウェアさんが言う。男は何も聞こえないかのように黙々と草を取っている。いくら言っても手ごたえがない。
(青木晴夫・滅びゆくことばを追って)

この例において、「草を取っている」は、活動以外の動作(この例では行為)を表す動詞がコンテクストの助けによって活動を表しているものであり、「草取りをしている」は、活動の語彙的な表現であると言える(ただし、この例の場合は、対比的に、「草を取っている」の方が単に行為の意味を表しているとも解釈できる)。同じような例は、ほかには、「魚つりをする、歯みがきをする、草むしりをする、水あびをする、稲かりをする、水くみをする、肩たたきをする」などがある。

活動は、その一般化の階層によって、いくつか異なった表現がなされることがある。それらのあいだには、もっとも一般的な概念と、それに含まれるもの、つまり、一般的な概念を類としたところの種にあたるもの、そして、それの具体的な内容、つまり、それを構成する部分的な動作という関係が見られる。たとえば、次にあげる例では、「遊ぶ」の一種が「土いじりをする」であり、「土いじりをする」の具体的な内容が「泥をこねて団子をつくる」なのである。

(294) 彼の足もとで敬子は赤い洋服を着て、土いじりをしている。泥をこねて団子をつくっている。遊びながら廻らぬ舌で祖父に何かと話しかける。
(石川達三・幸福の限界)

活動が、その部分的な動作をさししめす動詞によって表されることは、提喩的な比喩表現の成立と関係している。次の例は、部分動作をさししめす動詞によって、それぞれ「食べる」、「(車を) 運転する」という活動を表している。例296は部分動作が状態の場合である。ほかには、「雑誌をめくっている、本をひろげている」(「読む」)、「箸をはこんでいる」(「食事をする」) など。

(295) そのことが新聞に出た夕べの食堂で金川義助は加藤文太郎の前でサンマをつついていた。(新田次郎・孤高の人)
(296) 利朗は、ひとことも口を差しはさまず、黙ってハンドルを握っていた。
(沢木耕太郎・一瞬の夏)

人が主体である、意志的な変化をさししめす動詞が継続相で活動を表す場合もいくらかあるようである。たとえば、「電車に乗っている、外出している、風呂に行っている、買い物に行っている、警備についている」など。

1.3.4.　活動を表す動詞のアスペクト的な性格

活動は基本的に無限界的な動作であるが、活動を表す動詞は、完成相も継続相もとることができる。しかし、完成相では、うごきのように、その始まりを表すことはできず、基本的に、事実としての全体を非分割的にとらえる、全体的な事実の意味を表す。

(297) それから一時間ほどぼくは乱雑な小部屋のなかで太郎と遊んだ。
(開高健・裸の王様)

段落の始めにおいて使用されて、活動の始まりを表しているように見える場合もあるが、それは、その段落の表す場面のなかで続く背景的な動作を提示しているのであって、始まりを表しているとは言いがたい。コンテクストの作用を受けて完成相で始まりを表すには、その動作の過程がつねに観察可能な連続的な過程でなければならないのだろう。

(298) 潮時を外した後は、退屈なものなのだと、ゆき子は汚れた手拭で、ゆっくりからだを洗った。煤けた狭い風呂場のなかで、からだを洗っている事が、嘘のような気がした。肌を刺す、冷たい風が、窓から吹きつけて来る。長い間、こうした冷たい風の感触を知らなかっただけに、ゆき子は、季節の飛沫を感じた。（林芙美子・浮雲）

このように、活動を表す完成相の動詞は、他の動作との時間的な継起性を表すことが少ないが、継続相の動詞は、他の動作との時間的な同時性を表すことができる。ある時間帯における活動の部分動作の具体的な現れは観察できるからであろう。

(299) ガードをくぐると、ピンクのハッピを着た若い男が、景気よく手を叩きながら通行人に呼びかけていた。（沢木耕太郎・一瞬の夏）

1.3.5.　活動の諸特徴

「何をしている」という質問文でたずねることのできるものは、ある時間帯をしめる主要な動作である活動である。人は、ある時間帯に、さまざまなうごきや行為を行っているが、活動となると、一つか二つに限られる。

(300)「いままで、じゃア、里子さん、何もしないで、二階で、何をしていたンですの？」
「何をしてたか、知りゃアしないよ。戻ってみたら、二階で、ぐっすり眠ってたんだ」（林芙美子・めし）

反復的な過程を持つ活動は、反復的動作に近いが、両者は区別されなければならない。たとえば、「草むしり」という活動を表す「草をむしっている」は、「草をむしる」という動作（行為）の単なる反復を表す「何度も草をむしっている」とは異なる。活動では、全体が一次的なものとなり、部分動作は、二次的なものとなって、全体のなかにとけこんでしまっている。それに対して、反復的動作では、個々の動作が一次的なものであり、その単なる集まりである、動作の連なりは、二次的なものなのである。

また、どんな動作でもコンテクストによって活動を表すことができるというわけではない。たとえば、「テーブルにコップを置く」という動作は、継続相であっても、ふつう、活動を表すことができない。しかし、「何度もテーブルにコップを置いている」という動作の反復を表すことはできる。つまり、活動は、人間の歴史的所産としていくつかの種類にまとめられるようなものであり、それに入らないもの、何らかのそうした意義づけを受けていないものは、活動ではないのである。したがって、「テーブルにコップを置く」が活動を表すとしたら、それが、レストランなどでの「仕事」の内容の一つをなす場合であろう。そのときには、「何度も」などの反復を表す修飾語をともなわなくても、継続相をとることができるのである。

さらに、また、活動は、その過程が連続的ではないので、活動の部分として観察できるような動作が何も行われていなくても、その活動は終わっておらず、その途中である場合がある。

(301)「調査だって？」男は、狼狽気味に、レンズの上を掌でかくし、相手の目につきやすいように、捕虫網を持ちなおしながら、「なんの話だか、よく分らないが……ぼくは、ほら、昆虫採集をしているんですよ。こういう、砂地の虫が、ぼくの専門でね。」（安部公房・砂の女）

1.4.　作業

活動と、次に検討する生活様態とのあいだに、目標に方向づけられた複合的な動作の存在を認めなければならない。これを仮に、作業と呼んでおく。これは、その過程が非連続的である点などにおいて活動や生活形態に似ているが、それらが基本的に無限界的であるのに対して、この作業はその過程が限界づけられている。限界的であるという点においては、行為につながっている。また、その目標によって、過程が短く終わる場合もあるし、長期におよぶ場合もある。作業を表す動詞としては、「作る、建てる、組みたてる、建設する、解体する、直す、修理する」などがあげられる。

作業を表す動詞は、完成相で、限界到達を、継続相で、限界へ向かう過程の継続を表す。

(302) そこで殿さまがその声を聞きたいというので、山までの立派な道をつくった。（河合隼雄・昔話の深層）

(303)「聞いたか。」と、人々はもうしました。「若麻呂は、すばらしい厨子をつくっているそうな。」（平塚武二・たまむしのずしの物語）

次の例のように、活動を表す動詞が、その動作の対象の限定性によって外的に限界が与えられ、作業を表すようになる場合もある。また、うごきや行為を表す動詞からも、さまざまな移行が起こっているものと思われる。

(304) 与次郎が手欄の所まで出て来た。「行くのか」と聞く。「うん、君は」「行かない。菊細工なんぞ見て何になるものか。馬鹿だな」「一緒に行こう。家に居たって仕様がないじゃないか」「今論文を書いている。大論文を書いている。中々それどころじゃない」　(夏目漱石・三四郎)

しかし、「開設する、設立する、組織する、批准する、返還する、譲渡する」などのさししめす動作のように、より大規模な動作になると、限界的であれば、もう、複合的なひとかたまりの動作のようになっていて、継続相で、過程継続を表せなくなる場合がある。これは、次の 2. に述べる非展開動詞である。

1.5.　生活様態（高次の活動）

1.5.1.　生活様態の一般的な規定

ある動作が、長い期間にわたる、主体の欲求や社会的な関係にもとづいて、日常的にくりかえされると、その主体の生活の一側面を特徴づけるものとなる。そのような、主体の生活の基本的な構成要素をなすものを、仮に、生活様態と呼ぶ。これは、個々の動作の具体的な現象面は切りすてているため、ある時点においては観察不可能なものであり、ある期間における主体の生活の側面を一般化することによって、はじめてとらえられるものである。ただし、これも、人間の活動と見ることができるので、高次の活動として、活動に含めることもできる。

1.5.2.　生活様態の諸タイプ

生活様態も、活動と同様に、過程の性格による分類が可能である。断続的な過程を持つ生活様態（例 305）は、うごきや活動から発展してくる場合が多く、反復的な過程を持つ生活様態（例 306）は、行為や作業から発展してくる場合が多い。複合的な過程を持つ生活様態（例 307）は、反復的なものと断続的なものとの総合的発展として生じてくるものであり、もっとも生活様態としての性質が強い。そして、反復的なものと断続的なものは、コンテクストによって表現されるが、複合的なものは、語彙的に表現されるという違いがある。

(305) 私の妹はその頃雙葉高等女学校を卒業して、家事を手伝っていた。
(加藤周一・羊の歌)

(306) 知り合いの農家の主人に頼んで、近くの寺の井戸から水を桶ではこび上げてもらい、炊事のためには、七輪と薪と炭で火をおこしていた。

（加藤周一・羊の歌）

（307）その頃西銀座に祖父は小さなイタリア料理店を経営していた。

（加藤周一・羊の歌）

生活様態は、活動と違って、人や人の集団だけでなく、組織が主体となる場合もある。

（308）鉱山会社は九州で石炭を掘っていた。（加藤周一・続羊の歌）

（309）これに対して、住友のダバオ・フルーツ社は、実際に農園を経営している。

（鶴見良行・バナナと日本人）

（310）マノボ族は、内陸の少数種族の多くがそうであるように移動しつつ焼畑を営んでいたから、一見すれば原野に見える土地も、実は先祖伝来の縄張りだった。（鶴見良行・バナナと日本人）

「戦争する、占領する、支配する、侵略する、防衛する、駐留する、発行する」などは、組織的な生活様態をさししめす動詞である。

（311）それはお前が、戦争している日本にいるからだよ。（三浦哲郎・忍ぶ川）

（312）カルムク共和国の基幹民族はカルムク人であり、かれらはモンゴル語の西部方言の一つを話している。もと、今日で言う中国の新疆ウイグル自治区のジュンガル盆地に遊牧していたが、一七世紀はじめ、大挙して、ヴォルガ河下流域に移住し、仏教を奉じたまま、ロシアの臣民となったものである。

（田中克彦・「スターリン言語学」精読）

生活様態という名づけと合わないが、物が主語となっている、人間が作ったシステムの操業を表す文も、ここにあげることができるかもしれない。

（313）当時、サイパン・横浜間には、海軍の九七式大艇と同じ、川西の四発大型飛行艇が、大日本航空の定期便として就航していた。

（阿川弘之・山本五十六）

（314）私が思い迷っていると、彼女がこのすぐ近くからダウンタウン行きのバスが出ていることを教えてくれた。（沢木耕太郎・一瞬の夏）

生活様態には、結果的な状態の断続からなるものもある。変化をさししめす動詞は、継続相で、変化の結果としての状態を表すが、その状態が、その主体の生活のなかでくりかえし行われ、その主体の生活を特徴づけるようなものとなれば、生活様態となるのである。

(315) とにかく、そういうふうに生きていらして、まず戦争がありますよね。そんな時でもアイシャドー、青く塗っていましたよね。　(永六輔・大往生)

(316) 最初、野々宮の机は、以前高根圭一が座っていたところをそのまま使う、というふうになっていたらしいのだが、　(椎名誠・新橋烏森口青春篇)

1.5.3.　生活様態の表現手段

「勤める、暮らす、住む、通う、育てる、やしなう、飼う、まかなう、いとなむ」などのように、生活様態を表す和語動詞はいくつかあるが、「する」のつく動詞(おもに漢語動詞)や「動作名詞の「を」格＋する」が生活様態を表す場合が、やはり、多い。「経営する、勤務する、主宰する、担当する、愛用する、愛読する、購読する、同棲する、恋愛する、文通する、売買する、やりとりする、登下校する、行き来する、寝起きする」「仕事をする、研究をする、芝居をする、水商売をする、下宿生活をする、つきあいをする、会社づとめをする、病院づとめをする、借家ずまいをする、送り迎えをする」など。さらに、特徴的なのは、「職業や役割をさししめす名詞の「を」格＋している」という形が多いことである。「教頭をする、知事をする、記者をする、ウェイトレスをする、出前もちをする、鍛冶屋をする」「主将をする、クラス委員をする」など。また、次のような、「に」格の名詞と「する」以外の動詞との組みあわせもある。「研究にとりくむ、調査に専念する、スポーツにうちこむ、学習にはげむ、売買に従事する、仕事にあけくれる」など。これらのなかには、従事するという意味に、態度的な意味(熱心さなど)が加わっているものもある。

また、うごき(例317)、行為(例318)、活動(例319)、作業(例320)を表す動詞の継続相が、コンテクストの作用を受けて、生活様態を表す場合もある。

(317) 私もこのごろはいい粉がはいらないので、雑炊をすすっていますが、子供にだけはパンを食べさせてやりたいですね。　(林芙美子・松葉牡丹)

(318) 私ね、六千円貰ってたンだけど、うちには、三千円位しか、入れられないのよ。　(林芙美子・めし)

(319)「美人のタイピストなのね。それで、貴方が好きだっていうンですか？　谷村さんにも展覧会の切符あげたりして、絵も描いてるの？」「趣味で絵を描いてるンだ。」　(林芙美子・茶色の眼)

(320) 一澤さんは帆布屋さんなのに、船の帆はつくらないで、天幕と鞄とをつくってるでしょう。 (永六輔・職人)

主体や客体における変化をさししめす動詞の継続相が、結果的な状態の意味において、生活様態を表す場合もある。それには、「実家に帰っている、刑務所に入っている、戦争に行っている、帰省している、里帰りしている、失業している、入院している、加入している、所属している、就任している」のような、主体的な結果的な状態の場合と、「ジーンズ屋をひらいている、奥さんを実家に帰している、子供に家庭教師をつけている」のような、客体的な結果的な状態の場合とがある。

1.5.4. 生活様態を表す動詞のアスペクト的な性格

生活様態を表す動詞は、ふつう継続相をとり、過去の動作であっても、完成相・過去形ではなく、継続相・過去形をとることが多い。生活様態は、おもに、物語の背景的な説明として働いていて、個々の場面のなかに起こる具体的な動作と直接的な時間関係を結ばないため、完成相と継続相のアスペクト的な形の対立を持たされないのであろう。そして、完成相ではなく、継続相が選ばれるのは、物語の背景も、物語のなかの他の動作と広い意味における同時的な関係を持つと言えることや、一定の期間持続する動作であることや、その過程が、あらかじめ見通される終了点を持たず、無限界的であることなどが関係していると思われる。

(321) 彼は早稲田にある絵本の出版社に勤めていた。(椎名誠・新橋烏森口青春篇)
(322) そンな本は少しも記憶にないけど、あれ、きっと、弥一郎のじゃなかったかしら。中学の三年生で相当おしゃまな本を、あのひと読んでいたのよ。 (林芙美子・茶色の眼)

しかし、完成相がまったく使われないわけではない。これは、動作の側面的な特徴から事実を述べている文である。

(323) 売り食いのようなかたちで、一年を今日まで暮した。 (林芙美子・うず潮)
(324) 安藤は、(中略)一九四〇年に定年を迎えるが一九四一年から台北帝国大学の総長をつとめた。敗戦後は東洋大学総長などをつとめている。 (安田敏朗・植民地のなかの「国語学」)

1.5.5. 生活様態の諸特徴

活動の場合と同様に、生活形態も、「何をしている」という質問文でたずねることができる。その主体の、ある期間における主要な動作をたずねているのである。期間を表す副詞をともなわない場合は、ふつう職業をたずねているが、「近頃」などの副詞をともなうときは、それ以外の生活様態、たとえば趣味などをたずねていることが多い。

(325) また突然私が小説を書いているのか、詩を書いているのか、一体何をしているのか、といい出した。「あなたが健康ならば、文士、あなたが病人ならば、私は医者である」と私は応えた。　（加藤周一・続羊の歌）

(326) 広田先生が「君近頃何をしているかね」と原口さんに聞くと、原口さんがこんな事を云う。「やっぱり一中節を稽古している。もう五つ程上げた。」　（夏目漱石・三四郎）

生活様態のなかで、趣味や嗜好など、おもに主体の内的な欲求に規定されているものは、職業を表すものと違って、完成相をとって、主体の性格づけを表すことができる。この場合、継続相では、主体のある時期の一時的な性格づけを表し、完成相では、一時性という特徴には触れない、非一時的な性格づけを表すとも言える。

(327) 昔、君、吸ってたかなと思ったもンだから　（林芙美子・茶色の眼）

(328) おまえ煙草を吸うの？　（石川達三・幸福の限界）

生活様態のなかで、職業や社会的役割も主体の性格づけであると言えるが、この場合は、期間の限定性を失い、一時性という特徴を示さなければ、主体の非一時的な性格づけを表す名詞述語文にかえることができる。たとえば、「絵をかいている」と「絵かきだ」、「主将をしている」と「主将だ」など。しかし、例329のように、時間の状況語によって、一時性が示されていれば、継続相で生活様態として表現しなければならない。

(329) 一夫は、三年ほど前から、東京の銀行に、勤めていた。　（林芙美子・めし）

(330)「何をする方なの？」「銀行員よ」　（林芙美子・めし）

生活様態は、「毎日、しばしば」などの、反復性をさししめす副詞などによって表される反復的動作とも異なる。反復的動作は、個々の動作が一次的であり、その連なりは二次的なものだが、生活様態は、個々の動作が全体のなかにとけこんでいて、全体が一次的なものとなっているのである。また、反復的な動作は、完成相によっても表されるのに対して、生活様態は、基本的に、継続相によって表される。

とくに、現在時を表すには、生活様態は継続相でなければならないという点においても異なっている。さらに、反復的動作は、どのような動作であってもかまわないが、生活様態は、基本的に、人の生活を特徴づけるようなものでなければならないため、人の生活を構成するいくつかの種類にまとめあげられるという違いもある。

2. 非展開動詞―「している」の形で動作の継続も変化の結果の継続も表さない動詞

動詞のなかには、「している」の形で、動作の継続も変化の結果の継続も表せず、パーフェクトしか表すことのできないものがある。この種の動詞は、これまでも、特殊な動詞として指摘されることがあった。

藤井正 1966「「動詞＋ている」の意味」は、「一瞥している」が「結果の残存」を表さず、「経験」しか表さないことから、「一瞥する」を、「結婚する」「(花が)散る」などの結果動詞と区別して、「結果動詞でないもの」と規定した。

この種の動詞は、高橋 1985a『現代日本語動詞のアスペクトとテンス』で、「まるごと動詞」と名づけられ、「一礼する、一泊する、失笑する、名づける、成功する、失敗する、急停車する、自殺する、即死する、病死する、そっとうする、落第する、及第する、かけおちする」「ぬすみをはたらく、こみみにはさむ、うやむやにする」などの例があげられている。そして、これらは、「始発・動作・終了のような局面に分析することのできない」、「そのまるごとの動作をひとつの行為として意味づけてあらわしている」、「運動の側面から質をあらわしている」と説明されている。

また、森山 1988『日本語動詞述語文の研究』では、このような動詞として、「無変化の一点的なうごき」と規定される「見掛ける、目撃する、ひらめく、一瞥する、驚く、命中する、あきれる、飲み込む、(ぼかんという音が)聞こえる」や、「客体の一点的変化」と規定される「枯らす、(うっかり)焦がす、設立する、無くす、消す、設ける」などがあげられている(pp.153–157)。

以下では、このような動詞を、動作の時間的な展開を表すことができない非展開動詞として、一つのアクチオンスアルトにまとめてみる。そして、これを、限界的な複合的な動作を表すものと、非分割的な複合的な動作を表すものに分ける。これらは、基本的に限界動詞であるとしていいだろうが、部分的には、限界動詞か無限界動詞かという対立をこえているものもある。その境界は連続的であろう。

限界的な複合的な動作を表す動詞は、主体の変化ではない限界を強く持っている他動詞である。これは、「している」の形で、動作の継続を表さず、ただ、限界をこえたこと、つまり、動作の完結したことだけを表し、変化の結果としての状態を表さない。すなわち、先行的な意味というパーフェクト的な意味を表すのである。

しかし、この種の動詞は、「している」の形で動作の客体の結果的な状態の維持を表す動詞に、連続している。

非分割的な複合的な動作を表す動詞は、語彙的な意味のなかに、動作の内的な時間構造、つまり、過程や限界などを含まず、時間のなかでの具体的な展開を表さない動詞である。これは、もっぱら、その動作の実現のし方や評価など、動作の側面的な特徴を中心に、動作をさししめしている。この動詞の「している」の形は、先行する時点に、その動作が実現したことを、事実として表しているのである。すなわち、おもに、事実的な意味というパーフェクト的な意味を表すものである。

以上の二つを、さらに、前者の、限界的な複合的な動作を表すものは「完結性」と「量的限定性」に分け、後者の、非分割的な複合的な動作を表すものは「様態性」と「結果評価性」に分けて、検討していく。

2.1.　限界的な複合的な動作

2.1.1.　完結性

他動詞で動作を表していると見られるものでも、その語彙的な意味のさししめしが、動作の過程より、その結果への到達に重点があり、「している」の形で、動作の継続を表せず、パーフェクトしか表せないという動詞がある。その結果への到達が、あらかじめ見通される動作の終了点となっているので、これらの動詞は限界動詞であると言えるだろう。ただし、限界動詞とは言っても、限界づけられていると同時に、ひとかたまりにとらえられている動作を表すと言えるものが多い。そうした動詞の「している」の形は、対象に残る、働きかけの結果としての状態が、ほのめかしにすぎず、パーフェクトを表すと言えるのだが、動詞によっては、その結果的な状態を語彙的な意味のなかに含んでいて、客体の結果的な状態の維持という意味を表すものもある。そのあいだには、動詞によって、さまざまな段階の違いがあるだろう。もっとも、客体の結果的な状態の維持を表す動詞も、コンテクストによって、働きかけの結果としての状態を切りすてれば、パーフェクトを表すようになる。

そうした動詞を、以下に、いくつかの意味的なタイプに分けて、それぞれ、動詞のリストをあげながら、見ていくことにする。

「殺す、しとめる、射殺する、虐殺する、処刑する、暗殺する、人殺しをする、(くびを)はねる、ちょんぎる、えぐる、みたす、つぼめる、ノックアウトする、あばく、暴露する、裏づける、立証する、実証する、あらためる、変更する、ただす、修正する、是正する、緩和する、改変する、改善する、改正する、改革する、解除する、解消する、廃止する、削除する、除去する、撤廃する、停止する、みだす、ほろぼす、鎮圧する、制圧する、平定する、征服する、根絶する、破壊する、撃破する、撃退する、撲滅する、退治する、征伐する、閉鎖する、封鎖する、隔離する、一掃する」など、対象を変化させる動作を表す動詞[75]。

「こぼす、枯らす、ちらかす、よごす、ひっくりかえす、倒す」などの動詞が無意志的動作を表す場合も、ここに入るだろう。

(331) すでにこの年の3月には、ザント(1795–1820)という学生が、進歩主義者をさんざんに誹謗した評論家コツェブー(1761–1819)を、ロシアのスパイであるとして暗殺している。（亀山健吉・フンボルト）

(332) 村田英次郎は、内藤の試合のあった3日後、具志堅の世界戦の前座として出場し、相手を5ラウンドでノックアウトしていた。（沢木耕太郎・一瞬の夏）

「組織する、設立する、創立する、確立する、設定する、実現する、発刊する、出産する」など、生産を表す動詞。

「選択する、選出する、選抜する、採択する、抜擢する」など、選びだしを表す動詞も、いちおうここにあげておく。

(333) これにさきだち、湖北の革命派組織青年たちは、武昌の新軍に投じて、その将兵に革命組織を普及し、共進会、文学社などの革命団体を新軍内に設立していた。（小島晋治　丸山松幸・中国近現代史）

(334) このボップはすでに前年の1816年、「ギリシア語、ラテン語、ペルシア語、ゲルマン語と比較したときのサンスクリットの動詞変化について」という論文で、言語構造という基盤まで掘り下げた比較言語学の方法を確立していた学究であり、やがてフンボルトの推挽によって、1821年、ベルリン大学の教授となる人物である。（亀山健吉・フンボルト）

「残す、忘れる」など、対象を、ある場所に残すことを表す動詞。

(335) 1975年5月11日、取材先の香港で四十五才の生涯を閉じた夫は、自宅書斎にライフワークになるはずだった大洋小説の書き出し四種を残していた。（東京新聞・1998.3.19）

「送る、届ける、返す、売る、さずける、ゆずる、譲渡する、譲与する、返却する、返還する、献上する、寄付する、寄贈する、支給する、交付する、納入する、弁償する、入金する」など、ゆずりわたしなどを表す動詞。

「派遣する、移転する」など、人や物の配置転換を表す動詞も、ここに入れておく。

(336) 此の手紙から3日後の11月11日、フンボルトは次のような手紙をカロリーネに送っている。（亀山健吉・フンボルト）

(337) たしかに党がすべての権力を掌握し、すべての仕事を請け負っていた以前の状態に比べると、各機構の職責を明確にし、党もある程度権限を他に譲渡している。（天児慧・中国改革最前線）

「発表する、載せる、寄稿する、公布する、発布する」など、発表を表す動詞。

(338) シラーはこのとき三十歳であるが、最初の戯曲『群盗』につづいて『フィエスコの叛乱』、『たくらみと恋』などの社会批判的色彩の濃い戯曲をすでに発表しており、また、若干作風を変えて古典主義に近づく気配を見せた『ドン・カルロス』を、自分の編する雑誌『ラインのタリア』に載せてもいた。（亀山健吉・フンボルト）

(339) 昨年の秋に、永さんがお父さまを亡くされて、『毎日新聞』に寄稿しておられたでしょう。（永六輔・大往生）

「記す、指摘する、批判する、論評する」など、まとまった内容を持つ言語活動をさししめす動詞。

(340) その道の専門家が、こんな文章を記していた。二村定一、彼は日本における流行歌手の鼻祖である。（色川武大・怪しい来客簿）

(341) しかし中国の経済関係者は物的浪費もさることながら、より重大な問題として人的浪費の問題を指摘している。（辻康悟・転換期の中国）

「発見する、みつける、目撃する、みかける」など、発見などを表す動詞。

(342) しかも彼女は絶望を越えてさらに高い希望を発見している。（石川達三・幸福の限界）

(343) 佐山とお時とが、仲よく《あさかぜ》に乗りこんでいる所を『小雪』の女中が二人目撃しているのですよ。（松本清張・点と線）

「とる、ぬすむ、うばう、ひったくる、する、収奪する、掠奪する、強奪する、横領する、没収する、着服する、ネコババする、ピンハネする」など、物をとることを表す動詞や、「とらえる、つかまえる、逮捕する、拉致する、投獄する」など、人などをつかまえることを表す動詞。

(344) 目黒に知りあいがあって、そこで、多少はくすねているに違いないっておかみさんは言うンだけど、証拠があるわけでもないし……。
(林芙美子・うず潮)

(345) これにさきだって、林彪は毛の指示の下に、軍内の林彪反対派であり、文革五人小組のメンバーであった総参謀長羅瑞卿らを「軍権を奪って反党活動を行っている」という罪名で逮捕していた。
(小島晋治　丸山松幸・中国近現代史)

「もらう、受ける、獲得する、受賞する」など、物のもらいうけを表す動詞。

(346) そのＫ氏は、私より数回前に、私と同じ文学賞を受けていた。
(五木寛之・風に吹かれて)

(347) 竹中の叔父が、商用で上京していた。是非とも、三千代に会いたいというので、五時半までに、築地の淀屋旅館まで、おいで願うという、一夫からの、代筆の速達を、三千代は、貰っていた。　(林芙美子・めし)

「経験する、体験する、経る」など、経験などを表す動詞。

(348) 猛火を経験している消防士にはそう思えるのだろうが、
(赤川次郎・女社長に乾杯！)

(349) すでに分科会や個別の全体会議を経ているだけに、最終日の採択は形式的で全会一致がこれまでの通例である。　(天児慧・中国革命最前線)

「過ぎる、越す、通過する、ぬける」など、通過を表す動詞。「過ぎる、まわる」など、時間の経過を表す動詞も、ここにまとめておく。

(350)「あ、いけない」とジープの幌から外を覗いたときには、車はもう東単を過ぎていた。　(山本市朗・北京三十五年)

(351) 九時半に着くべき汽車が四十分程遅れたのだから、もう十時はまわっている。　(夏目漱石・三四郎)

「なくす、のがす、(サイフを)落とす、紛失する」など、物をなくすこと(無意志的な動作)を表す動詞や、「放す、放つ、勘当する、解雇する、解放する、釈放する、追放する、放棄する、廃棄する、破棄する」など、物や人を手ばなすことなどを表す動詞。

(352)　節子は糸屑を落としてなくしていた。さがす気力はなかった。
(工藤真由美 1982 の用例)

(353)　先月初めに集金した現金約五千万円が行方不明になった大手警備会社「綜合警備保障」(東京都港区)の首都圏警送事業部(江東区)で、今月初めにも集金した現金四千万円を紛失していたことが13日、分かった。
(東京新聞・1998.3.13)

「決める、決定する、予定する、予告する、予想する、予測する、見積もる、見込む、約束する、予約する、申し込む、用意する」など、未来の出来事についての予定などを表す動詞。これらは、その予定の有効性が続いていることを表すため、有効な期間の始まりを表す「から」格の名詞をとることがあるという点において、客体の結果的な状態の維持の意味に近い(例356)。[76]

(354)　鯨やんは12月26日から台湾へ初めての海外旅行にいく、ということも合わせて決めていたのだった。　(椎名誠・新橋烏森口青春篇)

(355)　私はすでに標識として、茶褐色の褌を木の枝に結んだ「白旗」を用意していた。私はそれを地上においた。　(大岡昇平・野火)

(356)　すでに一ヶ月以上も前から申し込んでいた計画であった。
(天児慧・中国改革最前線)

「借りる、あずかる」「貸す、あずける」など、物の所持や管理の交代を表す動詞や、「ひきとる、やとう、あずかる」「(実家に)かえす、あずける」など、人の保護や管理の交代を表す動詞。これらは、「している」の形で、物や人を媒介とした一時的な関係の維持を表し、結果的な状態の維持を表している。そのため、期間を表す修飾語をともなうことがある(例357)。

(357)　ながながただでお部屋をお借りしていたけれど、　(幸田文・流れる)

(358)　染香の話によると、この川下にりっぱで聞えた倉庫があって、その一室を借りて主人はぎっしりの衣類反物を預けているという。　(幸田文・流れる)

「高める、深める、はやめる、弱める、強める、ゆるめる、せばめる、かためる、あらげる、やわらげる、増やす、減らす、少なくする、軽くする、狭くする、拡大する、拡張する、縮小する、削減する、増強する、強化する、軽減する」など、対象の質や量の特徴の程度を変化させることを表す動詞。これらの「している」の形は、客体の結果的な状態の維持を表すと言っていいだろう。再帰的な構文で使われることが多いようである。

(359) 県教委は社会ルールを強調、「生徒は自由の意味をはき違えている」と批判も強めている。　(東京新聞・1998.4.9)

(360) 内部はかなり暗かった。節約のためか電灯の数を少なくしているようだった。　(沢木耕太郎・一瞬の夏)

2.1.2.　量的な限定性

その過程が瞬間的である動作をさししめす動詞は、ふつう完成相で使われるが、「している」の形なら、パーフェクトを表す。動作の時間的な量の規定性も、動作の限界としてとらえられるので、この種の動詞も限界動詞である。たとえば、「衝突する、あたる、ぶつける、追突する、激突する、体あたりする、かすめる、かする、けつまずく、爆発する、破裂する、ふっとぶ、すっとぶ、すれちがう」などの動詞。これらは、「瞬間動詞」と呼んで、特殊なアクチオンスアルトとすることもできる。

(361) ファウル、ファウルです。わずかにバットにかすっておりました。
(高橋 1985 の用例)

(362) ゲーテの絶筆となるこの手紙が、ベルリンのフンボルトのもとへと駅逓で運ばれているちょうどその頃、フンボルトのゲーテ宛ての手紙も、ベルリンからヴァイマルへと向っていた。この二通の書翰は、おそらく途中のどこかですれちがっているのであろう。　(亀山健吉・フンボルト)

「ふきとばす、はねとばす、かっとばす、つきとばす、はらいのける、はねかえす、打ちかえす、けとばす」などの他動詞も、動作の過程が瞬間的であり、この種の動詞に入るだろう。「している」の形で動作のくりかえしを表すことの多い「打つ、つく、たたく」なども、一回だけ行われるならば、この種の動詞に入る。

その他の、対象に変化をひきおこす具体的な動作をさししめす動詞も、その動作の過程が時間的に短いものであれば、継続相で、動作の完結後の段階を表す傾向がある。

(363) そしたら、ぐいと手応えがあった。庖丁が左の人差指と中指の第二関節の皮膚を削っていた。　　(幸田文・流れる)

(364) そこで、プツンと、スイッチが切れた。初之助が、新聞から眼をあげると、三千代が、ラジオのスイッチを、ひねっている。　　(林芙美子・めし)

動作の量的な限定は、「一瞥する、一泊する、一礼する」などの動詞においても、その語構成によって、表現されている。これらは、かならずしも瞬間的ではない。

2.2.　非分割的な複合的な動作

2.2.1.　様態性

何らかの側面的な特徴をともなう変化、あるいは、変化の様態をさししめす動詞は、「している」の形で、変化の結果的な状態を表さず、パーフェクトしか表さない。この種の動詞としては、「急停車する、即死する、病死する、卒倒する、戦死する、客死する」などがあげられる。これらの複合性には、漢語の分析的な語構成が関係している。

(365) その頃、私は彼と路上で偶会している。　　(色川武大・怪しい来客簿)

(366) 投入した部隊は 100 万、18 万人が犠牲になったといわれ、毛沢東の長男毛岸英も 50 年 11 月に戦死している。　　(毛利和子・中国とソ連)

「自殺する、心中する、駆け落ちする、高飛びする、受験する、放火する、喀血する、散財する、脱税する、明言する、断言する」などのように、動作をさししめす動詞にも、同様のものがある。これらは、その語彙的な意味に、動作のし方や動作の対象などの、側面的な特徴を含む、複合的な意味を持った動詞である。

(367) お前が、もし、ここで自殺でもしておったら、俺はお前を軽蔑するよ。　　(林芙美子・うず潮)

(368) ところで、これより前、第一次近衛内閣は、昭和 14 年の新年早々に総辞職をしていた。　　(阿川弘之・山本五十六)

2.2.2.　結果評価性

動作の結果に対する評価をさししめす動詞「失敗する、成功する、合格する、落第する、落選する、及第する、優勝する、損する、得する、勝つ、負ける、引き分ける」「間違える、しくじる」などは、「している」の形で、結果的な状態を表さず、つねにパーフェクトを表す。これらの動詞のさししめすものは、変化ではないので、その結果的な状態を表すことはないのである。[77]

(369) 省子姉さんを御覧なさい。あれほど要心深く結婚して、ちゃんと失敗してるじゃないの。（石川達三・幸福の限界）
(370) それ以後は、朱虎からタイトルを奪回した林載根に再挑戦したが敗れ、三迫ジムの新人三原正にも敗れていた。（沢木耕太郎・一瞬の夏）

「裏切る、だます、ごまかす、こじつける、誤診する、偽証する」などの、評価的な意味づけをともなう動作をさししめす動詞の場合も、これと同様であろう。

2.3.　同義語間の文体による違い

変化をさししめす動詞のいくつかの同義語のあいだで、もっとも基本的な、文体的に無標の単語は、「している」の形で、変化の結果的な状態を表すことができるが、それ以外のさまざまな特殊な文体を持つ単語は、「している」の形で、パーフェクトしか表せないという場合がある。たとえば、「死ぬ」という動詞は「死んでいる」という形で結果的な状態を表すことができるが、それと同義的な関係にある「歿する、永眠する、なくなる、他界する、死去する」などは、「している」の形でパーフェクトしか表すことができない。あるいは、もっぱら完成相でしか使われないのである。ほかにも、「落ちる」と「墜落する」、「沈む」と「沈没する」などの同義的な動詞のペアーも、絶対的ではないが、後者はパーフェクトを表す傾向があると言えるだろう。

(371) 堤防の上の道のまんなかに、一人の女が横に伸びて死んでいるのが遠くから見えた。（井伏鱒二・黒い雨）
(372) 父はすでに歿していた。（亀山健吉・フンボルト）

これと似た関係は、動作を表す動詞の、いくつかの同義語、たとえば、「選ぶ」と「選択する」、「積む」と「積載する」、「しめる」と「閉鎖する」、「買う」と「購入する」などのあいだにも、認められる。つまり、前者は、「している」の形で動作の継続を表すことができるが、後者はパーフェクトを表す傾向がある。したがって、後者の動詞の場合、動作の限界へいたる過程の継続を表すには、「しようとしている」や「しつつある」などの形をとることが多い。（例374では、「選択している」という例をみつけることができなかったので、「選択しようとしている」という例をあげておく。）

(373) 店の中には、一人の客がみかんをえらんでいたが、二人の問答に耳をすますようにしていた。　（松本清張・点と線）

(374) 自分は娘の夫としてではなく、星島建設の後継者として選択しようとしているので、早急な断を下しかねている。　（宮本輝・錦繍）

以上にあげた、いくつかの同義語のあいだの違いは、日常語と文章語という文体の違いであるが、一般に、文章語は、日常語とくらべて、大規模性や抽象性といった特徴が認められる（宮島 1972, pp.708–732）。つまり、それは、運動の具体的な時間的な展開との関わりがうすいということを意味しているのだろう。以上のような、文体の違いによる「している」の形のアスペクト的な意味の違いは、このことと関わっていると思われる。また、これまであげた動詞の多くが漢語動詞であることは、このこととも関係しているだろう。

また、ある慣用句と同義あるいは類義の関係にある単語が、「している」の形で、動作の継続や変化の結果の継続を表すのに対して、慣用句の方はパーフェクトを表すという場合がある。たとえば、「死ぬ」に対する「世を去る」「生涯をとじる」「息をひきとる」などである。これも、文体の問題に含めることができる。

(375) フンボルトはこの便りを手にして披見したときには、ゲーテはすでに世を去っていたが、フンボルトはそれを知る由もなかった。
（亀山健吉・フンボルト）

第４節　二次的なアクチオンスアルト
—形態素によって特徴づけられたアクチオンスアルト

この節では、形態素によって特徴づけられたアクチオンスアルトについて検討する。

動作の局面というアスペクト的な意味を表すとされ、局面動詞と呼ばれることもある「しつくす」「しきる」「しだす」「しかける」などの複合動詞は、動作の一つの局面をとりだすというより、動作の実現のし方や動作の様態を表しているものなので、あとに述べる「しはじめる」「しつづける」「しおわる」などの段階動詞と区別して、アクチオンスアルトとする[78]。そして、これらは、複合動詞という形式のなかに、その派生的な意味を表しているので、「形態素によって特徴づけられたアクチオンスアルト」と呼ぶことにする。

(376) やがて、酒も飲みつくしたので、男は生あくびをしながら初めて外套のポ

ケットからピースを出してライタアで火をつけた。　（林芙美子・骨）

(377) そんなことを頭の中で呟きながら五階目の階段を上り切ったとき、ふいに彼は歩みを止めた。　（堀田善衛・広場の孤独）

(378) 十七歳のとき米俵を左右の手に一俵ずつ持ったままで、中堀から蒸気河岸まで、息もつかずに走りとおしたそうである。　（山本周五郎・青べか物語）

(379) 私はその水筒を引ったくり、一気に飲み干した。　（大岡昇平・野火）

「しおわる」は、始まりと続きという他の段階との関係において、終わりの段階をさししめしていて、他の段階に対する、その独立性、分離性が特徴的である。しかし、「しつくす」「しきる」は、対象への働きかけが、あますところなく、徹底的であるということを表し、動作の過程全体の実現のし方を表していると言える。動作の結果との関係において動作の実現のし方を表しているので、動作が終わったということを表すとも言えるのだが、動作の始まりや続きとの関係において、終わりを表しているわけではない。たとえ、特定のコンテクストにおいて、場面のなかで続いていた動作の終わりの段階を表すという「しおわる」に近い働きをしている場合があるとしても、基本的な性格が異なっているのである。しかし、そこには、段階動詞へ移行していく契機は存在していて、すでに、段階動詞にかなり近いものもあるだろう。「降りやむ」などは、段階動詞としてもいい。

「しだす」「しかける」などは、さまざまな動詞が、その形をとることができ、意味的な一般性も持っている。だが、これらも、「しはじめる」と異なり、「しつづける」や「しおわる」の表す、続きの段階や終わりの段階と結びついた始まりの段階を表しているわけではない。「しだす」であれば、予想外性という話し手の感情・評価的な態度を含む、動作の現れを、「しかける」であれば、中断性を含む、動作の実現のきざしや、その着手などを、表している。しかし、これらは、「しつくす」「しきる」以上に段階動詞への移行が進んでいて、すでに段階動詞化していると言ってもいいかもしれない。

このような、局面動詞とされているもののほかにも、ふつうアスペクト的な意味を表すとはされない、さまざまな複合動詞が存在する。そうした動詞は、これまでのアスペクト研究では、とりあげられることがなかったが、動詞の語彙・文法的な系列として、やはり、重要なものである。

そのような動詞のなかには、後項動詞が、ある程度の一般的な意味を持ち、いろいろな動詞が前項動詞となるものもあるが[79]、以上のものと比べると、やはり、もとになる動詞が限られていたりして、生産性、一般性が低い。だが、それらも、もとになる動詞のさししめす動作を、その実現のし方の面において、作りかえた複合的な動作（別の動作）をさししめし、単純動詞における限界性（限界動詞と無限界動詞）をおぎないながら、完成相と継続相のアスペクト的な意味の実現のし方に作用している。たとえば、「さがしだす」のような複合動詞は、「さがす」のさししめす無限界的な動作を、結果性という側面的な特徴において修整した限界的な動作をさししめしていて、「さがす」とは異なる語彙的な意味を持つ、別の単語であると言える。「さがす」と「さがしている」とが、同じ語彙的な意味を持つ、同じ単語の、二つの文法的な形であるのに対して、「さがす」と「さがしだす」とは、語彙的な意味の異なる、別の単語である。このような複合動詞は、単純動詞が表すことのできない動作、とくに、複合的な動作を表し、語彙の体系をおぎなっているのだろう。

このように、形態素によって特徴づけられたアクチオンスアルトは、もとの動詞のさしだす動作に対して、意味的な面において派生的であり、もとの動作に、独自の変形を加えている。それは、もとの動作の一般化のタイプとは少し異なるものなので、ここでは、形態素によって特徴づけられていないアクチオンスアルトとは異なるし方で、分類する。

以下に、そうしたアクチオンスアルトを、限界動詞と無限界動詞の下位タイプとして整理しておく[80]。動詞のリストは、きわめて不完全である。複合動詞については、先行研究として、姫野 1999『複合動詞の構造と意味用法』があり、アクチオンスアルトそのものに関しても、城田 1998『日本語形態論』がある。当然のことながら、それらと重なる部分も多いだろう。

1.　限界的なアクチオンスアルト

もとになる動詞と複合動詞との関係は、「調べる」に対する「調べだす」、「飛ぶ」に対する「飛びたつ」のように、無限界動詞が限界動詞化する場合もあるが、「生む」に対する「生みだす」のように、限界性をかえない場合もある。

1.1.　結果的なアクチオンスアルト

1.1.1.　内在的な結果のアクチオンスアルト

これは、前項動詞のさししめす動作から当然予想される結果や目的を明示している複合動詞である。動作自体に内在している結果であるということで、内在的な結果と呼んでおく。この場合、複合動詞全体は、もとになる動詞のさししめす動作とは別の動作をさししめしているとは、言いがたい。これは、前項動詞が意味的な中心をなしている。

「調べだす、探しだす、探しあてる、追いつく、逃げのびる」などは、無限界動詞が限界動詞化したものであるが、これらを目標的な結果を持つものとして区別してもいい。

調べだす、探しだす、探しあてる、追いつく、寝かしつける、奪いとる、送りとどける、生みだす、作りだす、作りあげる、仕立てあげる、拾いあげる、釣りあげる、受けとる、受けとめる、買いとる、買いもとめる、雇いいれる、みつけだす、説きふせる、選びとる、せりおとす、飲みこむ
逃げのびる、通りすぎる、通りぬける、入りこむ、もぐりこむ、できあがる、消えうせる、しゃがみこむ、倒れこむ、立ちあがる、たちさる、乗りこむ、降りたつ、帰りつく、あふれだす、ふくれあがる、沈みこむ、崩れおちる

1.1.2.　修整的結果のアクチオンスアルト

これは、前項動詞のさししめす動作の結果のあり方を修整している（あるいは、限定している）複合動詞である。この場合、複合的な、別の動作に変形していると言える。これも、前項動詞が意味的な中心をなしている。しかし、このアクチオンスアルトは、しばしば、1.2にあげる、限界的過程の様態を表すものと区別しがたい。

書きとる、書きいれる、えりだす、盗みさる、盗みだす、投げつける、投げおろす、脱ぎおとす、脱ぎすてる、言いおく、言いすてる、申しいれる、追いぬく、振りおろす、振りあげる、吐きちらす、まきちらす、煮しめる、刻みつける、拭きとる、買いこむ、縫いあげる、掘りだす、しばりつける、運びいれる、食いちらかす、飲みつぶれる
逃げかえる、飛びこむ、かけこむ、行きすぎる

1.1.3.　過程飽和的なアクチオンスアルト（過程の修整）

これは、前項動詞のさししめす動作の過程を使いはたし、それ以上過程が進行することができないような動作を表す複合動詞である。しばしば、強さ性の意味がつきまとう。これは、もとの動作と質的にかわらない動作であり、別の動作とは言いがたい。

状態の程度の高さを表すものも、ここに入れておく。

〈対象への働きかけ〉
調べあげる、飲みほす、使いはたす、読みとおす、売りはらう、のぼりきる、のぼりつめる、あがりきる
〈主体の変化〉
落ちつくす、失せはてる、枯れつくす、燃えつきる、乾燥しきる、成熟しきる、はげあがる、くたびれはてる、冷めきる

〈範囲〉

知れわたる、行きわたる、埋めつくす、しみわたる、しみとおる

〈過程〉

守りぬく、勝ちぬく、勤めとおす、抑えきる

〈結果〉

見飽きる、話しつかれる

〈程度・強さ〉

まかせきる、忘れはてる、分かりきる、弱りきる、しらけかえる、あきれかえる、静まりかえる、いじめぬく、かきたてる、感じいる、決めこむ

とびだす、とびおきる、かぶりつく、はりつく、ひきしまる、つっこむ、たたきこむ、つきだす、思いしる

1.2.　限界的過程の様態

この複合動詞は、結果ではなく、過程の様態をつけくわえている。この場合、後項動詞の語彙的な意味が生きていて、前項動詞は、後項動詞のさししめす動作の手段やし方や様態を表している。もとの動作から、別の複合的な動作に移行していると言っていいだろう。これは、もともと限界的な動作であるものに、その過程の側面的な特徴を加えているものが多い。したがって、限界性をかえていないわけだが、限界的な動作から、限界性に関わらない、非分割的な動作にかわるような場合もある。

ひねりつぶす、切りたおす、聞きとがめる、たくしあげる、たちどまる、追いだす、追いかえす、ふきとばす、連れかえる、ひきあげる、にじりよる、けちらす、ふりほどく、抱えあげる、とりあげる、とりだす、つまみだす、つかみだす、ひきずりだす、ひきだす、ひっぱりだす、はらいのける、送りかえす、こすりつける、書きおくる、ゆずりうける、連れだす、まきおさめる、さしだす、おしつける、おしかえす、みひらく、ねじむける、つみかさねる、もらいあつめる、とびかかる、くみつく、とびさる、とびちる、とびのく、とびうつる、見知る、おどりでる、まよいでる、はじけでる、はりつく、あゆみさる、舞いおちる、舞いあがる、かけよる、転がりおちる、のたれじぬ、たちすくむ、ひびわれる、ねころぶ、呼びいれる

2.　無限界的なアクチオンスアルト

無限界的なアクチオンスアルトの場合、もとになる動詞の多くは、無限界動詞である。

2.1.　過程強さ的なアクチオンスアルト

次にあげる複合動詞は、過程の強さ性という、過程の側面的な特徴を表すものである。

〈空間的移動の持続性〉
逃げまどう、逃げあるく、動きまわる、歩きまわる、走りまわる
ひきまわす、乗りまわす、探しまわる、飲みあるく、とまりあるく、であるく
〈徹底性、全体性〉
見まわす、眺めまわす、ひっかきまわす、塗りたくる
〈累加性、たてつづけ性〉
言いたてる、しゃべりたてる、はやしたてる、しゃべりちらす、言いふらす、言いつのる、ふきつのる、しゃべりまくる、切りまくる、撃ちまくる、(電話を)かけちらす、通いつめる、振りまわす、並べたてる
〈没入〉
読みふける、見とれる、話しこむ、見いる、聞きいる
〈程度〉
信用しきる、(声を)張りあげる、笑いくずれる、笑いころげる、頼みこむ

2.2.　過程様態的なアクチオンスアルト

この複合動詞は、動作の手段やし方を表すものである。ほとんど、もともと無限界的動作をさししめす動詞から作られる。手段などの様態は、もとになる動詞の限界性を変更しない。前項動詞が意味的な中心をなしていることもあるし、後項動詞が意味的な中心をなしていることもある。

〈手段〉
見くらべる、見まもる、言いあらそう、言いつくろう、はいのぼる
〈し方〉
のぞきこむ、見あげる、見おろす、読みあげる、読みとばす、流れこむ、したたりおちる、吸いこむ、盗みみる、ねりあるく
〈目的〉
追いかける、言いきかせる

2.3.　対象的・態度的なアクチオンスアルト

次にあげるのは、もとになる動詞のさししめす動作は、方向性を持たないが、複合動詞において、動作の方向性が与えられるものである。また、態度的な意味を持

つ複合動詞は、動作の主体の感情・評価的な態度の意味を含んでいる。

〈対象的〉

話しかける、呼びかける

〈対象強さ的〉

見せつける、にらみつける、どなりつける、しかりつける

〈態度〉

待ちかまえる、待ちかねる、せせらわらう

2.4.　追加・再行的なアクチオンスアルト

次にあげる複合動詞は、動作の、すでに実現している動作との関係を含んでいる。限界動詞とした方がいいように思われるものもある。

「なおす」を後項動詞とする複合動詞と、「あう」を後項動詞とする複合動詞は、やりなおしや相互性といった一般的な意味を持っていて、生産的である。

2.4.1.　自分の動作に対して

〈やりなおし〉

言いなおす、読みなおす、置きなおす、聞きなおす、座りなおす、思いなおす

〈つけくわえ〉

つぎたす、言いたす、書きそえる、建てます、つけくわえる

〈別のものにかえる〉

着がえる、作りかえる、乗りかえる、向きなおる

2.4.2.　相手の動作に対して

〈一方向的、応対的〉

なぐりかえす、たずねかえす、問いかえす、聞きかえす、抜きかえす、笑いかえす、みつめかえす

〈相互的〉

しゃべりあう、うわさしあう、打ちあう、握手しあう、抱きあう

3.　段階的なアクチオンスアルト

次にあげる複合動詞は、動作の段階を、他のさまざまな付随的な意味とともに、表しているようである。これは、無限界動詞から作られるものが多い。これらは、次にとりあげる段階性の意味と、部分的に交差している。

〈開始的〉
居つく、寝つく、飛びたつ
〈強さ開始的〉
信じこむ、眠りこける、黙りこむ、考えこむ
〈中断〉
言いさす、言いかける
〈継続〉
居残る、生きのこる
〈未遂・未発〉
釣りおとす、言いそびれる、飛びそこねる、やりそこなう、焼けのこる
書きあぐねる、言いしぶる、出しおしむ、言いよどむ、分かりかねる、断りかねる、やりわすれる

第5節　段階性

第3章でも述べたように、「しはじめる」「しつづける」「しおわる」という派生動詞を、筆者は段階動詞と呼ぶのだが、それらは以下のように規定される。「しはじめる」と「しおわる」は、まず第一に、動作の過程の始まりと終わりの瞬間をさししめしているのだが、それらは、過程との関係において、はじめて、始まりや終わりと規定されるものであり、過程の側面であると言える。そして、「しつづける」は、「しはじめる」と「しおわる」との関係において、動作の過程の「なか」(中間)の部分をさししめしている。その「なか」の部分とのはりあいにおいて、「しはじめる」と「しおわる」は、過程の始まりや終わりの瞬間だけでなく、始まったあとの、ある長さの過程(始まりの部分)と、終わりに向かう、ある長さの過程(終わりの部分)にも関わることになる。さらに、動作の始まりや終わりが、動作の過程のない段階から、ある段階への移行、あるいは、その逆であれば、過程の始まるまえの段階と、終わったあとの段階も、始まりや終わりの段階に潜在的に含まれることになるだろう。

このように、「しはじめる」「しつづける」「しおわる」は、動作が生成し、発展し、消滅していく諸段階を反映していて、動作の展開における、一定の長さを持った三つの段階をさししめしている。

単純な構成を持つ単語(単純動詞など)は、一つ一つ、すべて異なるものであるが、「しはじめる」「しつづける」「しおわる」は、前項動詞として、時間的な長さのある過程を持つ動作をさししめす動詞であれば、かなり自由に現れ、生産的であり、規則性や意味的な一般性という特徴を持っている。その意味的な一般性が「は

じめる」「つづける」「おわる」という後項動詞の語彙的な意味にもとづくとしても、複合動詞全体としては、典型的な語彙的な手段から離れ、文法的な手段に近づいているように思われる。[81]

「書く」と「書いている」とが、共通の語彙的な意味を、異なる文法的な意味の土台として持つのに対して、「書く」と「書きはじめる」は、語彙的な意味が異なるとされる。たしかに、語彙的な意味は異なっているとも言えるかもしれないが、「書く」と「書きはじめる」とは、別の動作をさししめしているわけではない。「書く」という動作は質的に同一である。「書く」という動作の始まりを、切りはなし、とりだしているのであって、「書く」という動作に、何らかの、別の側面的な特徴をつけくわえているわけではない。それは「書く」という動作の始まりなのである。その点においても、「しはじめる」などは、完全に、語彙的なものとは言いきれない。

「しはじめる」と「しおわる」の完成相は、過程の始まりや終わりの瞬間に達したことを表しているが、それは、同時に、動作の過程をほのめかす。つまり、始まったあとの、続きの過程や、終わりにいたるまえの過程をほのめかすのである。「しはじめる」や「しおわる」は、前項動詞のさししめす動作の過程から、始まりや終わりだけを、部分として、切りはなす。それは、「はじめる」や「おわる」が、もとの語彙的な意味を保っていて、始まりや終わりであることを明示していることによるのだが、つねに、他の段階との関係において、始まりや終わりと規定されるのであれば、それらの段階のとりだしは、他の段階の存在をほのめかすことになる。いわば、部分として切りはなされた始まりや終わりの段階が、全体性を回復しようとして、他の段階と、ふたたび結びつこうとするかのようである。「しはじめる」や「しおわる」は、実際、そのようなコンテクストにおいて使用されている場合が多い。したがって、使用されるコンテクストが限定されているとも言えるのだが、ある場合には、コンテクストに能動的に働きかけて、コンテクストを創出していると言えるだろう。コンテクスト構成的な働きを持つとも言えるかもしれない。

完成相は、小説の地の文において、他の動作と継起的な関係を結ぶのだが、「しはじめる」の完成相は、その始まりの段階が、他の動作と継起的な関係を結んでいる。と同時に、「しはじめる」がほのめかす動作の過程は、他の動作と同時的な関係にある。前者は顕在的な関係であり、後者は潜在的な関係である。動詞とアスペクトとのあいだは、限界性が結びつけていて、この結びつきは、義務的、法則的なものだが、段階性は、コンテクストの作用を受けて、限界性とからみながら[82]、偶発的に、臨時的に、動詞とアスペクトとの結びつきにわりこんでくるのである。

(380) けれども女は静かに首を引っ込めて更紗のハンケチで額の所を丁寧に拭き始めた。三四郎はともかくも謝まる方が安全だと考えた。
「御免なさい」と云った。
女は「いいえ」と答えた。まだ顔を拭いている。三四郎は仕方なしに黙ってしまった。女も黙ってしまった。（夏目漱石・三四郎）

(381) 美禰子は例の如く掃き出した。三四郎は四つ這になって、後から拭き出した。美禰子は箒を両手で持ったまま、三四郎の姿を見て、
「まあ」と云った。
やがて、箒を畳の上へなげ出して、裏の窓の所へ行って、立ったままそとを眺めている。そのうち三四郎も拭き終った。濡れ雑巾をバケツの中へぼちゃんとたたき込んで、美禰子のそばへ来て並んだ。（夏目漱石・三四郎）

段階動詞は、アクチオンスアルトのように、前項動詞のさししめす動作の実現のし方を修整し、アスペクトに作用する限界動詞と無限界動詞の内容を豊かにするという形で、語彙的な意味の面をおぎなっているわけではなく、また、「しつつある」や「したばかりだ」のように、完成相と継続相とが表す文法的な意味を修整し、おぎなっているわけでもない。段階のとりたてとコンテクスト的な機能という特殊なし方で、アスペクト的な意味の表現に関わっているのである。その意味において、段階性は、アスペクチュアリティのなかで、きわめて特殊な位置をしめている。

しかし、以上に述べたような段階動詞の性格づけとは異なり、岩崎 1988「局面動詞の性格」のように、「しはじめる」や「しおわる」は、従属文においておもに使われ、主文にさしだされる動作との、同時性や継起性などの時間的な関係を表すのが、その主要な機能であるとされることがある。だが、他の動作との時間的な関係のなかで、動作の始まりや終わりの段階をとりだして、それを位置づけるというのは、従属文などに限られず、終止の位置においても同じである。また、他の動作との同時性や継起性の関係は、完成相の持つ機能であって、つまり、「しはじめる」や「しおわる」が単純動詞と共通して持つ機能であり、「しはじめる」や「しおわる」に限られるものではない。段階動詞では、他の動作との時間的な関係のなかで、動作の一つの段階をとりたてて表すと同時に、それ以外の段階が存在し、それが他の動作との時間的な関係を持っていることをほのめかすということが、やはり、重要なのである。この点においては、次のような、従属文で使われている例でも同じである。時間軸のうえにおける「吹きおわる」時点を正確に示しながら、「吹く」動作と「待つ」動作が同時であることをほのめかしている。

(382)「私は実は笛吹きだが、一生の名残りに笛を一曲吹きおわるまで、殺すのを待ってくれまいか。」と頼みました。（住井すえ・笛）

「しはじめる」と「しおわる」の「している」の形は、始まりや終わりに達したあとの段階を表す。これはパーフェクト的な意味と言えるだろう。動作の始まりや終わりが、後続する基準時点に対して何らかの効力を持っているのである。「しはじめる」の場合は、ふつう、始まってから間もない段階の過程にあることを表す。

(383) デパートの大きな買物袋を両手に提げ、地下鉄の階段を上ると、青梅街道にはちらちらと雪が舞い始めていた。週末には冷凍食品を買込んで帰ることにきめているのだが、雪を見て、あらためて昭子はああよかったと思った。例年になく早い雪だけれど、この冷えこみ方では、今夜は降り続けるかもしれない。（有吉佐和子・恍惚の人）

(384) 降りるのを待ち兼ねて、与次郎は美禰子を西洋間の戸口の所へ連れて来た。車力の卸した書物が一杯積んである。三四郎がその中へ、向うむきにしゃがんで、しきりに何か読み始めている。「まあ大変ね。これをどうするの」と美禰子が云った時、三四郎はしゃがみながら振り返った。にやにや笑っている。（夏目漱石・三四郎）

(385) 姪の矢須子は町の美容院へパーマをかけに行き、いやに別嬪らしくなって五時ごろ帰って来た。そのときには、妻のシゲ子が「広島にて戦時下に於ける食生活」と題した手記を書き終っていた。（井伏鱒二・黒い雨）

「しはじめる」であれば、動作の過程のない段階から、ある段階への移行を、「しおわる」であれば、動作の過程のある段階から、ない段階への移行を表すのだが、「している」の形は、その、時間的にあとの方の段階を表す。まえの段階と、あとの段階は確認されているのだが、二つの段階のあいだの移行自体は、ふつう、話し手によって確認されていない。このことは、ある場合には、話し手や登場人物が気づかないうちに、その移行が起こったということがほのめかされ、それが、予想していたよりも、はやく、その移行が起こったなどの、さまざまな主体的な評価の意味の含みにつながっている。

(386) 質問には答えずに、舅の茂造は夢を見るような眼つきで空をふり仰ぎ、いつの間にか昭子と一緒に、来た方角へ戻り始めていた。（有吉佐和子・恍惚の人）

(387) その隣の青コーナーの大部屋に顔を出すと、大戸と会長の森田はすでに来ていた。大戸は、胸に疾駆するピューマのマークがついた灰色のトレーニング・ウェアーを着て、軽く体を動かしはじめていた。

（沢木耕太郎・一瞬の夏）

(388) 苦痛なのは於継の寝ている納戸へ戻るときであった。加恵がうつつなく雲平に添寝をしてしまい、一番鶏が鳴くのに驚いて枕を抱いて戻ると、於継はもう髪を結い終っていて、加恵を射るように見上げると、白い顔は何も云わない。（有吉佐和子・華岡青洲の妻）

「しつづける」は、すでに始まっている動作が、まだ終わっていない、途中の段階にあることを表す。始まりとの関係における続きであれば、すでにその動作が始まっているということを表しているコンテクストにおいて使用される場合が多い。

(389) 私は入念な捜索にかかった。まず西洋風にしつらえられた台所のあらゆる戸棚を開け、曳出の隅々まで調べた。それは既に先来の掠奪者の貪欲と好奇心の跡を示していたが、私はその小さな物体が彼等の眼を逃れる可能性を頼りに、なおも執拗に探し続けた。（大岡昇平・野火）

これは、しばしば、終わるはずの動作が終わっていないなど、予想に反して続いているというほのめかしを持つ。さらに、それが、動作の持続時間が長いというほのめかしにつながっていく。終わる予想に反して続いているということは、話し手が設定した基準をこえて続いているということになり、それが、動作の持続時間が長いということにつながるのである。この長時間持続性というほのめかしは、とくに、始まりを示さず、動作が孤立的にとらえられているようなコンテクストにおいて生じてくる。

(390) 銀公は両手で顔を押え、前後を私服に挟まれて、渡り板を渡りながら、痛えよう、死んじまうよう、とかなきり声で叫び続けた。

（山本周五郎・青べか物語）

(391) 細君が神経質に片手の白手袋だけを撫でつづけているのが、何となく目にとまったから（壇一雄・火宅の人）

また、「しつづける」は、限界を含んでいないので、完成相と継続相とで、動作が同じ段階にあることを表し、アスペクト的な意味の対立が弱まり、限界到達と過程継続との対立ではなく、過程継続の非明示と過程継続の明示との対立となっている。そして、それに照応して、アスペクト的な形の機能は、継起性と同時性ではなく、同時性の非明示と同時性の明示との対立となっている。これは、無限界的な動作をさししめす単純動詞と同じである。

(392) 私は銃声のした方へ駆けて行った。林が疎らに、河原が見渡せるところへ出た。一個の人影がその日向を駆けていた。髪を乱した、裸足の人間であった。緑色の軍服を着た日本兵であった。それは永松ではなかった。

　銃声がまた響いた。弾は外れたらしく、人影はなおも駆け続けた。

　振返りながらどんどん駆けて、やがて弾が届かない自信を得たか、歩行に返った。（大岡昇平・野火）

(393) ドアーがばたんとしまったとき、吐き出すように

「あれだ、お社用め、何だかびくびくしてやがる。前後の関係をよく見極めて、か、ハイ、シャヨウですかだよ、ばかばかしい」

　と云ったのは、平素口数の少い三十か三十一の御国の声であっただけに、木垣はふいとふりかえって御国の顔を見詰めた。しかしその顔には別にこれといった表情もなく、既に先程から辞引片手にかかっていた、難解なマックアーサー声明を訳しつづけていた。木垣は何となく、この御国という青年は党員じゃないか、と直観的に考えた。（堀田善衛・広場の孤独）

　中断のあとの再開を「しつづける」が表すことがある。中断をこえて続いているということを表している。「しはじめる」も動作の再開を表すが、その場合は、再開後の過程の始まりを表していると言える。いずれの場合も、それぞれの形の基本的な意味で解釈可能であるが、それぞれの形の持つ個別的な意味の一つとして、動作の再開という意味をあげておいてもいいだろう。

(394) 隊長がここまで読んだとき、われわれはおもわずふきだしました。そうしていいました。

「あのまじめな水島が、これには困ったろうなあ！」

「おれだったら、よろこんで人食人種の婿になるがなあ！」

　隊長も笑いながら、また読みつづけました。（竹山道雄・ビルマの竪琴）

(395) だがレコードが鳴ってふたたび辰子は踊りはじめた。（三浦綾子・氷点）

注

55　ただし、この、継続動詞と瞬間動詞という分類は、金田一自身が上記の論文のなかで

断っているように、松下1928『改撰標準日本文法』における「継続性の動作」「瞬間性の動作」、佐久間1936『現代日本語の表現と語法』における「継続的な動作」「瞬間的、変化的な事象」などの規定を引きついだものである。

56　ただし、奥田は、動詞分類の対象を、「する」の形と「している」の形で、奥田の言うひとまとまり性と継続性とのアスペクト的な意味の対立を持つ動詞に限定している。

57　「ゆっくり行った」と言うときは、「行く」という動詞がその語彙的な意味の側面として潜在的に含む動作の過程の意味が、「ゆっくり」という副詞によって顕在化していると考えられる。

58　「たたく」は、「たいこをたたく」のような例を考えているのだろう。この動詞は、くりかえしの動作を表す場合が多いので、まだいい。だが、「あたる」は、「雨が窓にあたる」のような例はいいが、「ボールが頭にあたる」のように、一回の動作の場合も多い。「すれちがう」は、主体と客体が単数である場合が多い。「またたく」は、もともと、多回数的な動作であり、特殊な動詞である。「切る」は、「とんとん、だいこんを切る」のような例を考えているのだろうが、このような使用は特殊な例である。「木を切る」のような場合は、瞬間的とは言えない。

59　ただし、奥田は、「継続動詞のことを《一定の時間内つづいておこなわれる動作をあらわす》と規定するのは、この動詞グループのアスペクチュアルな特性の一つをとりあげているのにすぎないのであって、このグループに属する動詞の語彙的な意味の共通な側面をとりだしたことにはならない」と書いているところを見ると、この時点においては、「している」の形のアスペクト的な意味を過程の時間的な長さ性と見ていたふしがあるようにも見えるが、このように「している」の形のアスペクト的な意味を規定するのは、間違いである。奥田自身も、その後は、そのようには、とらえていない。

60　そもそも、多様なもののあいだに、同じ関係を見ようという抽象的な思考法は、イェルムスレウのような言語学者などには特徴的だとしても、奥田には、似つかわしくないように思われる。このような、いくつかのキーワード（「弁証法的」など）を恣意的に使うという用語の使用のし方は、マルクス主義に特徴的なものでもあるかもしれない。

61　また、「結果動詞が継続動詞へ移行することがあっても、ぎゃくがないのである。継続動詞が、主体の観点から《変化》をきりすてながら、たんに《動作》をあらわしているのにたいして、結果動詞は《変化》をあらわすばかりでなく、《変化をともなう動作》をもあらわしていて、はじめから二側面的な性質をおびている」（奥田1978）という説明からも、変化動詞・非変化動詞という規定を導くことができそうである。

62　変化動詞・無変化動詞という一般化は、奥田によっては、なされなかったが、変化が限界の主要な変種であるなら、それは、限界動詞・無限界動詞という動詞分類と重なるだろう。

63　奥田1978は、「行く、来る」は、「主体の存在する客観的な位置の変化をさししめすのみで、ある地点から他の地点へ移動する動作そのものはきりすてている」とし、「死ぬ」は、「生物の運動にちがいないのだが、この動詞の語彙的な意味はその運動にはふれずに、状態の変化のみをさしだす」として、これらの動詞を説明している。

64　もし、その一つの側面的な特徴を非瞬間性（長さ性）に修整することができれば、変化動詞も動作の継続を表すことができるということになるだろう。

65　奥田1978では、奥田は、「高橋太郎も鈴木重幸も、継続動詞の語彙的な意味の特徴を《一定の時間のあいだ継続するうごきをあらわす》と規定するとき、継続動詞と結果動詞とに反映される、現実の運動の二側面の対立と統一がみえなくなる」というように、高橋と鈴木を批判していた。

66　奥田1977には、「suruとsite-iruとのアスペクチュアルな対立をもっている、すべての動詞は、site-iruとかかわって、原則的に、第一の動詞グループか第二の動詞グループかへくわわらなければならない」(p.94)とある。

67　このように変化を規定すると、変化は、古い状態から、新しい状態への移行の過程をとらえていないことになり、「している」の形で動作の継続を表す場合があることが、説明できなくなってしまう。

68　ただし、大きくは、動作動詞、変化動詞、状態動詞の三つに分けられるとされている。
　また、アスペクト的な意味の対立を持つ動詞だけを検討の対象としていた奥田1977では、たしかに、動作動詞と変化動詞という二分類だけでも、ある程度、十分であったのが、その後、アスペクト的な意味の対立を持たない動詞の分析にも進み、そこで、状態動詞がとりだされたと考えれば、この動詞分類の細分化を、奥田の分類の発展過程であると見ることができるかもしれない。

69　奥田1977の時点においては、「する」の形の表すアスペクト的な意味の調査はなされていなかったので、奥田1977の動作と変化という規定は、結局、「している」の形のみに関わるものとならざるをえなかった。

70　工藤の、この分類は、アスペクトとヴォイスとの関係にも、もとづいているようだが、一つの形態論的なカテゴリーと関わる、もっとも一般的な動詞分類を行うなら、ヴォイスは、ひとまず、おいておいて、まずは、アスペクトと関わる最大限の一般化を行わなければならないはずである。工藤は、さらに、方言のアスペクトにも視野を広げ、この分類が、より一般的な、普遍的な分類であるとしている。

71　しかし、これらの分類は、まずは、アスペクトと関わってとりだされたものであり、まだ、他の形態論的なカテゴリーとの関係については十分に明らかにされているとは言えない。

72　しかし、それでも、この逆のことが考えられないか、もう一度、検討する必要がある。つまり、過程性という面からの一般化である。その立場にたてば、動詞は、過程動詞と無過程動詞に分類され、過程動詞は、継続相で、動作の継続を表すことができるが、無過程動詞は、表すことができないということになるだろう。継続相が有標である日本語においては、そのようなとらえ方の方が、合っているということも考えられるだろう。

73　本書では、動詞のさししめすものを、広い意味において、すべて、「動作」と呼んでいる。

74　たとえば、「ぶつかる」も「走りきる」も限界動詞である。

75　これらの動詞も、特殊なコンテクストにおいて、その具体的な過程をとりだすことも可能かもしれない。たとえば、「私は、彼らが阿Qを処刑しているのを見た。」のように。だが、これも、かならず、限界まで到達する過程を表している（もし、途中で中断するならば、「処刑しようとしていた」としなければならないだろう）。というより、限界にいたるまでの過程全体を目撃性というニュアンスをつけて表していると言った方がいいかもしれない。

76　ただし、「約束する、予約する、申し込む、用意する」は、具体的な動作の過程を表すこともある。

77　「損する、得する、勝つ、負ける」の場合、動作から切りはなされて、もっぱら評価のみを表すようになると、パーフェクトから離れ、「間違っている、合っている」などのように、形容詞的になることがある。

78　工藤真由美1995は、シカケル（シカカル）、シトオス、シツクス、シキルなども、シハジメル（シダス）―シツヅケル―シオワル（シヤメル）も、ともに、時間的局面性を表す、アクティオンスアルトという動詞的な語彙的表現手段（派生動詞）としている。

79　そうであるがゆえに、単純動詞化せず（あるいは、二つの文の成分でなく）、複合動詞であるわけだが。

80　ただし、「おちつく、もちかける」などのように、前項動詞と後項動詞の語彙的な意味がともに失われていて、単純動詞化していると思われる複合動詞は、とりあげていない。また、以下にあげるような、連用形（第一中止形）から作られる複合動詞と比べると、はるかに数が少ないのだが、第二中止形「して」から作られる複合動詞も、わずかだが、存在する。たとえば、「やってのける、言ってのける、聞いてまわる、見てまわる、見てとる、とってかわる、とってかえす」など。さらに、「ひとゆれする、ひとねむりする」「行き来する、出入りする」などといったものもある。

81　そうした意味において、これらを第Ⅱ部では「形態論的な系列」と呼んでいる。

82　アスペクト的な形をとるものが、すべて、限界動詞か無限界動詞かに分けられるとすれば、段階動詞も、「しはじめる」と「しおわる」は限界動詞に、「しつづける」は無限界動詞に分類されることになる。

第5章　時間表現のナラトロジー
—小説の地の文のアスペクトとテンス

この章では、小説というテクストに関わるアスペクトとテンスの諸問題を扱う。まず、第1節では、直接、アスペクトとテンスに関わる問題ではないのだが、動詞のアスペクト的な意味とテンス的な意味にとって重要な意味を持つ基準時点が、小説の地の文において、どのように位置づけられ、支えられているかを、視点の問題を中心にして見ていく。これは、このあとの第2節と第3節で述べることの前提となるものであるが、ナラトロジーの問題に、より接近している部分でもある。しかし、言語学の観点からのナラトロジーの本格的な検討は、今後の課題である。次に、第2節では、第1節で明らかにした、基準時点の設定との関係において、アスペクトと関係するテンポラリティを検討する。そして、最後に、第3節で、小説の地の文におけるアスペクトの使用について検討する。この第3節は、アスペクトの意味の体系を明らかにした第1章とも、密接な関係を持っている。

第1節　小説の地の文における視点の設定

1.　はじめに

発話時が明確に現れない小説の地の文では、アスペクトやテンスの意味を規定する発話時や基準時点が、どのように定められているかが重要である。とくに、物語のそとに置かれた発話時ではなく、物語が進行する場面のなかに、発話時が、いかに設定されているかが問題となる。基本的に、それは、場面のなかで起こってくる動作相互の時間的な関係づけによって設定されているのだが、同時に、テクストにおける、そのほかの言語的な手段によっても支えられている。ふつうの会話文で発話時に話し手が存在するように、物語の場面のなかで起こる出来事をその場で同時的にとらえる語り手を、物語の進行時点に設定する手段としては、さまざまな言語的な手段がある。それらは、ふつうの会話文において、話し手を基点として位置づける表現や、話し手のとらえ方や視点を示す手段などである。

これは、ナラトロジー（物語論）を、その物語言説の面について、言語学的に検討するということでもある。物語も言語によって構成されているものであれば、ナラトロジーで論じられてきたさまざまなものも、その基盤を言語的な手段に置いているはずであるが、これまでのところ、文学論的なナラトロジーでは、そのような基本的な言語的な諸手段が十分には明らかにされていないように思われる。

そこで、まず、この節でとりあげるのは視点の問題である。「視点」という概念は、現在のナラトロジーでは、「焦点化」「パースペクティヴ」などの用語によって、さらに精密化されているが、ここでは、まだ、そのような精密化の必要を感じないので、「視点」という用語を使用する。ここでいう視点とは、物語の場面のなかで起こってくる出来事をとらえる主体が存在する場所であり、そこからの認識の方向づけ(志向性)である。具体的な出来事に対しては、知覚の方向性ということになる。「まなざし」という言葉で、比ゆ的に表現してもよい。すなわち、知覚主体の目が向かう向きなのである。

小説を構成する文は、地の文も会話の文も、基本的にすべて語り手によって、とらえられ、語られている。しかし、そこに部分的に物語の主人公の視点が重なってくる場合がある。そして、さらに、その主人公の視点を通して、読者が物語世界を見るようになる。こうしたことを可能にするのは、上に述べたように、日常的な話し言葉にも使われるような、さまざまな、話し手との関わりを示す言語的な諸手段である。以下では、そうした言語的な手段に、どのようなものがあるかを検討していく。

さらに、これらは、視点を示すと同時に、主人公の動作かそれ以外の登場人物の動作かということを示し、そのことが、物語における文の主語の省略を可能にしているという場合もある。このように、これは地の文におけるさまざまな文法的な問題につながっていくだろう。

また、語りには、さまざまな特殊なタイプもあるが、この第1節では、基本的な言語的手段を確認するために、現在ふつうに見られる小説の例として、宮部みゆきの短編集『返事はいらない』(新潮文庫)をとりあげ、検討する。この短編集には、六つの短編がおさめられているが、検討の対象とするのは、そのうちの五つのいわゆる三人称小説である。ただし、以下に検討する言語的な手段のいくつかは、ほかの作品においては(特に、語り手が前面に出てくる作品においては)、異なった機能をはたすこともあるし、また、この作家独自の手法もあるものと思われる。

2. 発話主体(話し手)の視点

以下にあげるものは、発話主体(話し手)による視点を示すのに使われる諸手段である。語り手が独立した人格的な存在として設定されていないなら、多くの場合、それらは、物語のなかの動作が、語り手とともに、主人公によっても、とらえられていることを表している。しかし、完全には、主人公によってとらえられた動作（たとえば、内言のような）になっていないので、まだ、物語の基本的なテンス形式である過去形をとることが多い。

2.1.　ダイクシス

主人公の視点を示すものとして、まず、あげられるのはダイクシスの表現手段であろう。話し手を志向するダイクシスの表現は、その文の表す出来事が、語り手とともに、主人公によっても、とらえられたものであることを示す[83]。

物語のダイクシスには、テンポラリティ、空間指示（コ系とア系）、人称性（主に一人称）などがあるが、このうち、一人称の人称代名詞（例 399）の場合は、語り手が背景に退き、ほとんど主人公の内的な発話のようになる。また、「あれ、あの」などのア系の指示（例 398）も、これに近いかもしれない。（以下、用例中の主人公は太線で示すことにする。）

（396）今朝トラックの荷台に乗り込み、幌が降ろされて、祖母の顔が見えなくなったとき、ほとんど宣誓に近い厳粛な気持ちで、勉は考えた。
　大人になったら、できるだけ早く、可能なかぎり素早く、うちを出よう——と。
　そして今、九月の残暑の熱気に包まれながら、勉は、しかるべき時がくるまではそこで両親と共に暮らす家の前に立っているのだった。
（宮部みゆき・聞こえていますか）

（397）道路沿いに開けている駅前の商店街の中でも、そこはひときわ明るい店だった。大きな看板があるからだ。「下町名物　いずみ屋の人形焼」と読める。
　このあたりでは有名な老舗だった。（宮部みゆき・返事はいらない）

（398）千賀子は目を閉じた。あのみぞれの夜の寒さがよみがえってきた。
（宮部みゆき・返事はいらない）

（399）聡美はどきりとした。芦原さんは、あたしとその娘を見間違ったんだろうか？（宮部みゆき・言わずにおいて）

「してくる」「していく」（例 400）や「してくれる」（例 401）も、ダイクシスと関係する。

（400）五分ほどして、さっきの店員が戻ってきた。すぐ後ろに、真っ赤なボディコンシャスのワンピースを着た女性がついてきた。
「お待たせいたしました」と、頭をさげて、店員が離れていく。伸治はその女性と向き合うことになった。（宮部みゆき・ドルシネアにようこそ）

(401) 伸治は、喜子と平田と三人で、「ドルシネア」の奥の、狭い事務室にいた。隅のテーブルの上にあるサイホンで、喜子がコーヒーをいれてくれた。
(宮部みゆき・ドルシネアにようこそ)

2.2. 認識・評価

話し手の認識のし方を表す「考えてみれば」「そういえば」「やはり」「思った通り」「たしかに」「どう見ても(考えても)」「当然」「間違いなく」などのような副詞や副詞的な成分も、物語世界の出来事(棒線)を主人公がそのような認識のし方でとらえていることを示す[84]。これは主人公の内的な発話に近い。また、これらのうち、思い出しや発見などを表すものは、文の述語のテンスが、会話文と同様の効果をもたらすように、過去形をとることが多い。

(402) そういえば、女性の酒飲みはあまり好きじゃない、ワインぐらいが可愛いね——と言ったのも、神崎だった。　(宮部みゆき・返事はいらない)

(403) それによると、運転していた男はやはり、芦原庄司だった。四十五歳。自宅は品川区内で、当然、あの車も品川ナンバーだった。
(宮部みゆき・言わずにおいて)

次のように、文や文の部分に、主人公による評価(波線)が表されているものもある。この場合、その評価をひきおこす出来事(棒線)が、主人公によってとらえられていることになる。ただし、これは、評価の主体が語り手の場合もあるかもしれない。

(404)「遺書があるかもしれませんね」と、仁科が言ったが、残念ながら、ことはそれほど簡単には運ばなかった。　(宮部みゆき・裏切らないで)

(405) 伸治の視線に気がついたのか、喜子は指で汚れをこすりながら、「スタンプインキって、落ちにくいのよねえ」と言った。まったく、屈託がない。　(宮部みゆき・ドルシネアにようこそ)

「してしまう」も、評価的な(感情・評価的な)意味を持ち、主人公の視点を表すことがある。また、これは、主人公が動作主体の場合も多い。その場合は、自分の行った動作に対する評価を表している。

(406) ぺこりと頭を下げて、行ってしまった。取り残された伸治は、なにかひどく残酷なことをしたような気持ちになった。

（宮部みゆき・ドルシネアにようこそ）

2.3.　知覚・目撃

主人公の視点から、物語世界における外的な出来事が知覚されている場合があるが、それを示す言語的な手段には、さまざまなものがある。たとえば、主人公の知覚動作（あるいは、障害をとりのぞいて、その知覚を可能にする動作）（例407）や、別の文にさしだされる出来事に対する主人公の反応（例408）などが、従属文や前後の文にさしだされている場合である（波線）。そうした場合、知覚される出来事や反応をひきおこす出来事（棒線）は、主人公によって、とらえられたものとなる。これについては、第3節でも触れる。

（407）読み終えて裏表紙を見ると、中央に、この社団法人のマークが入っていた。両手のひらを交差させてバツじるしをつくった形を模したものだ。覚えておこう、と思った。　（宮部みゆき・ドルシネアにようこそ）

（408）「ドルシネア」の入り口は、いかにも人をはばむような、どっしりとした一枚板のドアだった。ちょっと押した程度ではびくともしない。伸治はそこでもう帰りたくなった。　（宮部みゆき・ドルシネアにようこそ）

3.　動作主体の視点

多くの小説では、語り手によって、外的な出来事とまったく同じように、外面的には分からない、主人公の生理・心理も描かれる[85]。そうした主人公の生理・心理的な状態の描写は、主人公の内的な視点も表している。すなわち、語り手が主人公の生理・心理にわけいることで、主人公がその自分の生理・心理を内的にとらえていることが暗示されるのである。主人公にしか分からない心のなかを描くことによって、それを体験する主人公の認識につながり、それが、さらに、読者による主人公との共感をひきおこすのだろう。これは、上に述べたような、語り手の存在が背景に隠れる「発話主体の視点」を表すものと異なり、語り手による描写と主人公の視点との共存である。

（409）「坊ず、なんとなく元気ないな」

　健司は、勉の顔を見ずにそう言った。（スルドイなあ）と、勉はびっくりした。引っ越し業をしていると、人を見る目ができるのだろうか。

（宮部みゆき・聞こえていますか）

（410）「コーヒーでも飲んでいかないか？」

　喫茶店がすぐそばにあるのだ。少し喉が渇いていたが、聡美は断った。

（宮部みゆき・言わずにおいて）

「ふと」「不意に」「思わず」「わざと」「思い切って」などの副詞は、動作の実現のし方に対する主体の認識を表していて、動作主体である主人公の内的な視点に読者を引きよせる。

(411) ふと、右手のほうに見える明るい店先に目がいった。
（宮部みゆき・返事はいらない）

「自分でも情けないほど」「不本意ながら」「不覚にも」などは、評価的な意味を含んだ、動作主体＝話し手の認識のし方を表している。話し手の視点との中間的なものである。

(412) 自分でも情けないほど、かすれた声しか出なかった。
（宮部みゆき・返事はいらない）

地の文では主人公の動作にしか使われていない「してみる」も、試みという動作主体の意図を表しているため、主人公の視点を表す。試みという意味あいも、主体のもくろみと関係しており、それは外面的には分からないものである。

(413) 勉は黒い電話機を抱えて二階へあがり、小さな整理ダンスの上に、目覚まし時計と並べて置いてみた。こうしておくと、自室に専用電話があるようにも見えて、なかなか格好がいい。　（宮部みゆき・聞こえていますか）

4.　引用

4.1.　思考内容の引用

主人公の思考内容は、もっともふつうには、発話の間接話法のように、引用の「と」によってさしだされる（例 414）。しかし、そのほかに、発話の直接話法の「　」のように（　）で引用されるもの（例 415 の棒線）や、何の表示もなく地の文のなかに挿入されるもの（例 415 の二重線）もある。いずれも、主人公の心理にわけいり、主人公の視点を示しているが、最初のものは、はっきりと、語り手の存在も示すものである。

(414) 課長はため息をもらした。仕事でつくため息とは違うな、と聡美は感じた。
（宮部みゆき・言わずにおいて）

(415)（ああ、バカらしい）

　聡美は立ち上がり、ジーンズの尻をはたいた。帰って寝よう。ここでこんなことしてたって、何も解決しないんだから。

（宮部みゆき・言わずにおいて）

地の文であっても、文体的に、いわゆる終助詞や縮約形などの、話し言葉に特徴的なものが使われていれば、それが主人公の内的な発話の直接的な表現であることは明らかとなる。

(416) 眠れないまま、ただ寝返りばかり打っているとき、勉はまたあのエンジンの空ぶかしの音を聞きつけた。

　ホントに下手だなあ……車だって痛んじゃうよ……でも、あれだけ向上しないっていうのも、いっそ見事かもしれないけど……

　そして、ハッとした。　（宮部みゆき・聞こえていますか）

4.2. 発話内容の引用

　発話は、基本的に、物語のなかで起きる外的な出来事であり、主人公の視点を示すものではない。しかし、登場人物たちの発話の、直接話法による直接的な表現は、登場人物たちの生きる物語の場面の現在性をもっとも明確に表すものである。これは、もちろん、発話時を直接的に表現していると言える。視点とは関係なく、読者の目の前に、登場人物たちの会話がたちあがるのである。

　登場人物たちの発話は、ふつう、「　」を使った直接話法でさしだされる。しかし、それとともに、引用の「と」を使った間接話法や、そうしたもののない直接的なさしだしもある[86]。間接話法だけは、過去の発話の引用となるので、上に述べたような、物語の現在性を表すものではないと言える。しかし、間接話法は、主人公の視点の問題に関わることがある。たとえば、次の例のように、同じ主体のひとつながりの発話で、実際の発話そのままの内容のものが、直接話法の引用のあいだに、間接話法（例417）や直接的なさしだし（例418）の形で、はさみこまれている場合がある。これらは主人公以外の登場人物の発話に限られていて、主人公の視点を示す働きがあると言えるだろう。直接話法だけであれば、客観的に行われている会話をそのままさしだすので、会話が続くと、だれの視点から物語が語られているのか、分からなくなってしまう。そこに、間接話法などをはさめば、それは、主人公の内的な視点からとらえられているように受けとられ、視点の一貫性が保たれるわけである。もちろん、これには、文章に変化をもたせる、短く要約するなど、ほかの目的も考えられるのだが。

(417)「大丈夫ですか？　顔色が真っ青だ」
「ありがとう、平気です。ちょっとショックだっただけで」
　救急隊員は、目の前で死亡事故を目撃したのだから無理もない、と言った。
「ヒリヒリするところはありませんか？　火傷をしているかもしれない」
（宮部みゆき・言わずにおいて）

(418)「この欠陥のある方法に代わって、新しい暗証番号照会法が登場してきました。ひとつはブラックボックス方式。もうひとつはゼロ暗証方式と言いますが、ふたつとも原理は似たようなものです」
　ブラックボックス方式とは、キャッシュカードに書き込む暗証番号を、そのままではなく、別の数字に混ぜて暗号様にしておく、というものだ。ただし、それを解読して照会する作業は、CD機の内部で行う。ホストコンピュータまでは行かない。
「ゼロ暗証式というのはもう少し手がこんでおりまして、四ケタの暗証番号が書き込まれるべきところに、ゼロを四つ並べておく。そして、客が打ち込んだ暗証番号の確認は、ホストコンピュータが行う、というものです」
（宮部みゆき・返事はいらない）

宮部の作品では、主人公の回想としてさしだされる、物語進行時より前の時点の会話は、「　」ではなく、（　）で引用されている。これは主人公の視点から過去の出来事としてとらえられたもののようである。これも、物語の進行時点の現在性をきわだたせるものと言える。

(419) 計算違いは、それだけではない。とっくについていなければならないはずのホームテレホンも、こちらで希望した機種が品切れになっているそうで、入荷は明日以降になるという。このふたつの不手際が判明したとき、母は怒った。
（まあ、いいじゃないか。寝室は雨戸を閉めればいいんだし、前の人が残していった電話機があるんだから、当座はそれで間に合うよ）
　父がそうなだめても、（全部揃えてスタートを切りたかったのに）と、いつまでもふくれていた。母さん、カンペキ主義者なのだ。
（宮部みゆき・聞こえていますか）

第2節　小説の地の文における発話時の設定

本節では、前節で見た視点に関わるさまざまな表現手段と相互作用するテンポラリティについて、とくに、比較的新しい現代小説（三人称小説）の地の文を対象にして、検討する。井島1989「物語と時制」などの先駆的な研究もあるが、筆者の立場に近い、この分野の画期的な研究としては、工藤真由美1993があげられる。ここでは、その工藤の研究から出発することにする。

1.　工藤真由美1993「小説の地の文のテンポラリティー」による問題提起

工藤真由美1993「小説の地の文のテンポラリティー」は、小説の地の文における動詞のテンス的な意味の特殊性を、はじめて綿密に明らかにした論文である[87]。工藤は、テクストを〈はなしあい〉と〈かたり〉に分け[88]、鈴木重幸1979「現代日本語の動詞のテンス」が明らかにした、〈はなしあい〉における基本的なテンスが、〈かたり〉において、どのように変容して実現しているかを検討し、〈かたり〉のテンポラリティの研究という未開拓な領域を切りひらいた。このテーマについては、これまでも断片的な指摘としては、なされたこともあったが、本格的な体系的な研究は、工藤真由美1993によって始まったと言っていいだろう。

工藤は、小説の地の文を、外的出来事の提示部分〈典型的かたり〉と、内的意識の提示部分〈内的独白〉〈描出話法〉と、解説部分との、三つに分ける。そして、過去テンスを基本とする外的出来事の提示部分については、地の文では基本的に使われないダイクティックな時間副詞の特殊な使用とからんで、テンス形式が相対化することを指摘している。物語の到達時点を基準軸として、過去形と非過去形が、会話文と同じく、過去や現在や未来を表すことがあるのである。

《相対的未来》

(420) ビホロ町では、明後日から、開基66周年、町制施行30周年の祝典が催される。女画家は、その町から、和人が定住しはじめた頃の模様をパノラマ風の絵に、わかりやすく仕上げる仕事を依頼されていた。

（工藤真由美1995の用例）

《相対的現在》

(421) 雑煮を祝うと、洪作は戸外に出た。宮参りの時は風はなかったが、いまは風が吹いている。（工藤真由美1995の用例）

《相対的過去》

(422) 彼は急いで食事をしながら、胸の内でそうつぶやいていた。彼は昨夜、麻沙子の気迫にたじろぎ、理性にふちどられた、たおやかな美貌に見惚れた。

（工藤真由美 1995 の用例）

しかし、これらは、単なる外的な出来事の提示とは言いきれないように思われる。会話文において、ダイクティックな時間名詞は、発話時、そして、その時点に存在する話し手を強くほのめかすように、ここでも、物語の進行する時点に存在するダイクシスの中心を強くほのめかしている。そして、そこにいるのは、語り手か、あるいは、主人公である。それが主人公であれば、これは、主人公の視点からとらえられた出来事であり、あとにあげる内言に近くなるだろう。

これらは、いわば、場面内を流れる時間の現在を基準とした過去や現在や未来である[89]。これは、上の例のように、一つの出来事を挿入することもあるし、次にあげる例のように、一連の出来事（一つの場面）が挿入されることもある。この例は、主人公の回想であり、完全に主人公の視点を示している。

（423）確か、一度どこかで会った覚えのある顔だ——と思った。そして、声の届く距離にまで近づいたときに、思い出した。

もう半年は前のことになる。あの事件のすぐあと、マンションの出入口のところで会ったのだ。千賀子は出かけるところで、正面玄関のオートロックのドアを内側から開けようとしていたのだが、ドアの向こう側に人がいるのを見つけて、足をとめた。

（中略）

そう言い残して、二人の刑事はエレベーター・ホールへと歩いて行った。千賀子は外に出た。振り向いちゃ駄目と、心に言い聞かせながら。

あの時のことを、千賀子はよく覚えていた。一部始終、鮮やかに再生することができた。なぜならそれは、千賀子が手を貸して実行したあの事件のあと、じかに警察官と接触した、たった一度きりの機会だったから。

今また、あの時の男が目の前に立っている。そして今度は、千賀子に会いにやってきたのだ。　（宮部みゆき・返事はいらない）

また、工藤は、内的意識の提示部分については、次にあげる例のような、過去形と、現在のダイクティックな時間名詞が共起する現象をあげ、これを、時間副詞が、作中人物の思考（内的発話）時基準の内的視点化と結びつき、過去形が、作中人物の思考の対象化＝外的視点化と結びつくことによって、〈二重視点化〉が行われている〈描出話法〉であると規定した。

（424）今、向うは、朝の 8 時過ぎのはずだった。　（工藤真由美 1995 の用例）

これは、物語の時間構造の特殊性であると言えるだろう。物語の基本的なテンスは過去形であるが、物語の進行する時点においては、そこに進行する出来事は「現在」である。物語は、本質的に、そのような時間構造の二重性を持つのである。そのことが、このような特殊な使用を可能にしている。そして、動詞のテンスの形態論的な形に対して、時間名詞は、テンポラリティにおいて周辺的な表現手段であるため、それを使用することは、特別に、ダイクティックな意味を明示することになる。つまり、物語の進行時点において、それをとらえる主人公の視点を強くほのめかすのである。それに対して、動詞のテンスの形態論的な形は、小説の地の文では、発話時のような明確な時点を持たないため、その場その場の言語的な環境に依存していて、あいまいにしか機能していないと言えるかもしれない。

工藤は、また、会話文では一人称に限られる感情形容詞や希求文の主語に、三人称が現れる現象も、〈描出話法〉と位置づけ、〈二重視点化〉を起こしているとする。

(425) その小柄な背を眺めながら、香山は寂しかった。（工藤真由美 1995 の用例）
(426) 達也は、二十歳の誕生日を有希枝と二人で旅先で過ごしたかった。
（重松清・なぎさホテルにて）

このように、工藤は、一人称小説と違って、三人称小説には、「彼は寂しかった。」というような、感情・感覚形容詞文の主語に三人称がくることがあると指摘している。しかし、工藤は明確には述べていないが、三人称小説における「彼は寂しかった。」のような文も、それは、主人公（複数の場合もある）の心理描写に限られる。主人公に語りの視点が置かれる場合、語り手は、主人公の心理にわけいって、それを描写することはあっても、それ以外の登場人物の心理にまでわけいることはない。この、主人公をさしだす三人称主語を、一人称にかえれば、ここでは、三人称小説と一人称小説とのあいだに、それほどの違いは認められない。工藤は、上のような事実を、一人称小説と三人称小説の人称性の性格の違いとして説明しているが、視点という観点から見れば、その二つは連続的である。

2.　場面の時間的な位置づけ

物語のなかの場面は、ある時間のなかに存在するものであるが、言語的な表現による、明示的な、ある時点への位置づけは、小説によって、示されているものもあるし、いないものもある[90]。それは、基本的に、一人称小説でも三人称小説でも同じである。時間的な位置づけを表すものがあれば、物語は過去のものとして読者にさしだされ、そのあとに具体的な場面がひらけていくが、それがない場合は、読者は、いきなり、物語の具体的な場面のなかに放りこまれ、その場面を、今、起こっている現在のものとして、うけとる。

(427) 三原は、その日、佐山とお時との情死の一件書類をひっぱりだし、あらためて検討した。現場報告書も、死体検案書も、現場写真も、参考人調書も詳細に調べた。一字一字に注意した。男も女も青酸カリ入りのジュースを飲んで、抱きあうような姿勢で死んでいる。今まで何十度となく目をさらしたとおりであった。新しい発見は少しもなかった。　　　　（松本清張・点と線）

3. 具体的な場面における非過去形の使用

少し古い時代の作品は、目撃性をともなう「している」以外は、ほとんど「した」と「していた」で書かれているものが比較的多いのだが、現代の新しい作家による作品では、地の文に、「した」と「していた」だけでなく、「する」と「している」も、さかんに使われている。しかし、そこにはさまざまなものがあるため、それらを、すべて、「歴史的な現在」として、すませておくわけにはいかない。どのような場合に、「する」と「している」が使われるのか、それは作家によって多少の違いはあるとしても、だいたいの傾向は確認することができる。以下では、それについて検討していこう。ただし、アスペクトと関わる非過去形の使用については、第3節で、くわしくとりあげる。

3.1. 外的な出来事の提示

以下で検討する、非過去形が使われる述語は、多くは、他の動作に対して従属的な動作であり、それ自体のテンス的な意味について積極的に表す必要のないようなものである。すなわち、これらが非過去形をとるのは、コンテクストの構造の問題であり、次に述べるような、主人公の目撃性などを示すものとは違うのである。

たとえば、一連の関連づけられた動作のつらなりにおいて、あとに、その動作に対する反応となる動作が続くとき、先行する動作は、非過去形でさしだされることがある。これには、前提や条件など、さまざまな関係がある。これは「〜すると」のような従属文に近くなっているとも言える。また、例429のように、後続する動作が非過去形でさしだされることもある[91]。

(428) この暑いのに、男は濃い茶色のスーツを着込んでいた。その上着の内ポケットから黒い手帳を出すと、ちらりと見せる。千賀子はもう一度うなずいた。
（宮部みゆき・返事はいらない）

(429) さっきの家族連れが、達也たちの前を通り過ぎる。

「こんにちは」と、母親が笑いながら挨拶をした。
達也も「どうも」と会釈を返す。
有希枝ではなかった。　　　　　　　　　　（重松清・なぎさホテルにて）

一人の登場人物の二つの発話にはさまれている、その登場人物の動作（特に発話動作）は、非過去形でさしだされることがある。

（430）「いつかはやる気があるんでしょうね。いつかはね」と、久子が言う。「でも、実行できないうちに三味線だけひいてちゃ駄目よ。願い下げだね」
（宮部みゆき・返事はいらない）
（431）「ミーハーな新聞記者だねえ」久子は苦笑している。「寄らば大樹じゃ、社会の木鐸は務まらないと思うけどね」　　　（宮部みゆき・返事はいらない）

前後の文にさしだされた出来事に関わる何かについて、何らかの説明を加えているような動作や状態も、非過去形でさしだされることがある。

（432）滝口はゆっくりと答えた。「わかっています」
その目は、依然として放心した象のような色をしている。
「あなたは逃げる人じゃない。たいへん立派だった」
（宮部みゆき・返事はいらない）
（433）自分の生年月日を使った。昭和 40 年 7 月 7 日。4077 である。
（宮部みゆき・返事はいらない）

次の例は、あとに続く文のさしだすもののさししめす内容を表す場合である。

（434）一つ一つの言葉は、みぞれのように冷たく千賀子の心を濡らした。それでいて、はっきりした形をもっていなかった。千賀子の心に積もることもなく、溶けて流れ去っていってしまう。それほどつかみどころがなく、千賀子には理解のできない言葉だった。　　　　（宮部みゆき・返事はいらない）

3.2.　内的意識の提示部分（内言）

登場人物の内言を表す文は、当然、一人称小説の方が多くなるが、三人称小説でも、主人公の内言として、ふつうに地の文に存在する[92]。

（435）それが答えなのだと、千賀子は悟った。神崎はもう、手をあげてバーテンを呼び、もう一杯のギムレットを注文することはないだろう。二人で肩を並べて飲む酒のグラスは、もう永遠に空になったままだろう。話は終わったのだ。

（宮部みゆき・返事はいらない）

(436) ちょうどそのとき、窓の下で、大きく車のエンジンをふかす音が聞こえてきた。一度だけでなく、何度も何度も、執拗に繰り返す。うるさいなあ、と見おろしてみると、車体の低い左ハンドルの車が、車庫入れの最中だった。どうやら、この家の南側は、ブロック塀ひとつ隔てただけで、隣家のカーポートと接しているらしい。（宮部みゆき・聞こえていますか）

「〜だろう」は過去形にならないが、「〜らしい」「〜にちがいない」などは、「〜らしかった」「〜にちがいなかった」のように過去形になる。小説の地の文の「〜らしかった」「〜にちがいなかった」などを工藤真由美1995は「描出話法」と呼んでいる。そして、これを、作中人物の思考（内的発話）時基準の内的視点化と作中人物の思考の対象化＝外的視点化との〈二重視点化〉と規定する。しかし、小説のテンス形式が過去形を基本としていた時代の小説では、このようなものも多く見られるかもしれないが、現代の新しい作家の作品においては、上のように、登場人物の内言を直接的にさしだす文の多用により、「〜らしい」「〜にちがいない」という非過去形が使われる傾向にあるようである（例436）。

それに対して、工藤が描出話法に入れているものでも、「うれしい」「かなしい」などの感情・感覚形容詞の三人称主語・過去形での使用（例437）は、現代の小説でも、比較的、多く見られる。さらに、「思う」「考える」「分かる」「知る」「感じる」「気がする」などは、感情・感覚形容詞と同様に、会話文では三人称主語・過去形で使われることはないが、小説の地の文では、現代の新しい小説でも、ふつうに使われるだろう。以上のような違いは、それぞれの述語の、ムード的な意味に対する対象的な（ことがら的な）意味の程度差によるものだろう。

主人公の思考過程がさしだされている段落において、判断の根拠となるような動作や状態をさしだす述語は非過去形をとる。これも、主人公の思考の現在であろう。つまり、これは、外的な出来事の単なる描写ではなく、主人公の思考のなかにとりこまれた外的な出来事なのである。内言は、上のようなムード形式を持つものなどだけではないということである。

(437) 千賀子はちょっと考えてから、首を横に振った。この時間、近くの喫茶店はどこでも、同僚たちであふれている。妙な好奇心を興されるのは嫌だった。

（宮部みゆき・返事はいらない）

会話文にも見られるものだが、主人公の感情・評価的な態度が向けられていると見られる動作が、「する」でさしだされることがある。これも、主人公の思考過程のなかの動作であると言えるだろう。しかし、これによって地の文における「する」の使用をすべて説明するということはできないだろう。

(438)「すみません、お願いします」
阿部は屈託なく最敬礼する。上司に自分のミスを尻拭いをしてもらうバツの悪さもなければ、自分がやろうと思っていた仕事を上司に奪われた悔しさもない。（重松清・はずれくじ）

非常に緊迫した場面において、主人公は、一連の動作を、日常的な時間の流れと異なる時間のなかでとらえることがある。主人公の意識に流れる内的な時間である。それを表現するとき、「した」でなく、「する」が使われる。「する」を使用することによって、次々と出来事が起こってくるような場面でも、主人公の心理的な時間においては、ゆっくりとしたテンポで出来事が起こってくるように感じられ、表現される。なぜ、「する」が、そのような効果をもたらすかというと、第 1 章で述べたように、中核的な意味を表すとき、「した」であれば、動作が直前に終わっているのだが、「する」にすると、直後に終わることになり、場面のなかで、起こってくる一つ一つの動作が、順番に終わっていくことを、いちいち確認することになるからであろう。これについては、第 3 節でも触れる。

(439) CD 機に向き合ったとき、初めて膝が震えた。
間違えないように、慎重に、二十枚の偽造カードのなかから、「カンザキシゲル」のカードを選ぶ。「引き出し　通帳なし」のキーを押し、カードを差し込む。
「暗証番号をどうぞ」
4　0　7　7。
「金額をどうぞ」
80 万円。
「ただいま電子計算機と照会中です」の文字が出る。カタカタ、ジー、カタカタ、ジー。そして札を数えるシャーという音。
「紙幣をお取りください。ありがとうございました」
取り出し口が開いて、バラの一万円札がまとまって出てくる。千賀子はそれをつかむと、そばのポケットにある封筒に入れて、バッグに投げ入れた。
（宮部みゆき・返事はいらない）

三人称小説では、主人公によって知覚された動作であることが強調されるとき、「している」が使われることがある。これも、内言と同じく、主人公の意識にとらえられた動作と言えるかもしれない。しかし、知覚性（目撃性）自体は、同時性という、継続相の機能に関わるものなので、「していた」において、すでに存在していたものである。とすれば、主人公により知覚されるということと、主人公の意識にとらえられるということとを区別する必要があるということになるかもしれない。また、地の文の「している」の使用を、すべて、これで説明することはできないだろう。

（440）ウィンドウを指差して、店員に話している。これと、これと、これ。店員が笑顔でうなずいて、箱に詰め始める。男がそれを受け取って、代金を払い、通りを歩き始めるところまで、千賀子は見守っていた。

（宮部みゆき・返事はいらない）

3.3.　解説部分

時間的な一般性を持つもので、一般的な真理のようなものは、つねに非過去形をとる。

（441）ただ、いまの人生ではない人生を生きていた可能性は、たしかにあった。たいして違いはないかもしれないが、妻が変われば人生だって変わる。

（重松清・なぎさホテルにて）

しかし、時間的な一般性と考えられるものでも、さまざまなものがあり、つねに非過去形をとるとは言えない。たとえば、次の例では、一般的なものに関する一般的な事実には非過去形が使われているが（棒線）、登場人物に関わる個別的な事実には、名詞述語で、ある程度、時間的な一般性が認められても、過去形が使われている（波線）。

（442）翌々日の日曜日は、どこにも出かけず練習に専念した。試験が近いからだ。

日本速記協会が主催する速記技能検定試験である。国家試験ではないが、文部省が認定しているものだ。伸治が受けようとしているのは、その一級の試験である。合格すれば一級速記士と認められ、顔写真つきの「速記士証」が発行される。

東京で頑張っているのは、一にも二にもそのためだった。二十歳の年に二級の試験に受かってから、ずっとそこで足踏みしている。一級へのチャレンジは、今度で四回目だった。

といっても、速記士という職業につくために、どうしてもこの試験にパスしなければならない、というわけではない。資格試験ではないから、受けたくなければ受けなくてかまわないし、技量さえあれば、実務はこなしていける。要は実力である。　（宮部みゆき・ドルネシアにようこそ）

個別的なものに関しても、さまざまなものがある。たとえば、主人公が、すでに持っている情報から、説明を与えているような説明的な文であれば、過去形となる（波線）。これは語りの基本的なテンス形式と言える。それに対して、その場面において、主人公が新たに目撃しているような描写的な文では、非過去形をとり、アクチュアルな現在に近くなっている（棒線）。

(443) ふと、右手のほうに見える明るい店先に目がいった。

道路沿いに開けている駅前の商店街の中でも、そこはひときわ明るい店だった。大きな看板があるからだ。「下町名物　いずみ屋の人形焼」と読める。

このあたりでは有名な老舗だった。雑誌やテレビでも紹介されたことがある。今その店先に、小柄な老人が立っている。

（宮部みゆき・返事はいらない）

(444) 千賀子は、さっきよじのぼってきたフェンスを振り返った。高さ２メートルはある。だから、大仕事だった。　（宮部みゆき・返事はいらない）

第３節　小説の地の文におけるアスペクト

第１章で明らかにした、完成相と継続相の中核的な意味と基本的な意味は、会話文での、出来事を記述する文における用法である。これらの意味は、その基本的な性格をかえることなく、小説の地の文での、同じく、出来事を記述する文にも、現れる。すなわち、会話文と小説の地の文とでは、アスペクト的な形の表すアスペクト的な意味は、基本的にかわらず、ただ、その使用のされ方が異なっているのである。以下では、それについて検討していく。

1.　語り（外的出来事の提示部分）における過去と現在[93]

1.1.　地の文における完成相のテンス的な意味

工藤真由美 1995 によれば、外的出来事の提示部分は、具体的な（アクチュアルな）出来事をさしだす典型的な語りであり、過去形を主導時制形式とするものであると言う。しかし、それは、会話文におけるような〈(回想的)過去〉ではなく、非回想的な〈叙事詩的時間〉を提示するとされる。

工藤は、工藤真由美1993において、「〈かたり〉においては発話時との関係を断ち切ってしまう完成相定過去（アオリスト）と持続相過去、パーフェクト相過去が基本的テンス形式であって、発話主体（書き手）の発話行為（書く行為）の現存の時と直接的に結びつく完成相スル（知覚の現在・未来）、持続相シテイル（現在・未来）、パーフェクト相シテイル、シタ（現在）は使用しえないものである」（傍点筆者）としている。また、工藤真由美1995では、語りの完成相過去（完成相定過去）は「過去の出来事の継起性」を表し、はなしあいのパーフェクト相シタ（現在）は「過去の1つの出来事」を表すとされている。

工藤の言う、「完成相定過去（アオリスト）」と「パーフェクト相シタ（現在）」とは、鈴木重幸1979「現代日本語の動詞のテンス」のアオリスト的な過去とペルフェクト的な過去に対応するようでもある。だが、ここで問題としなければならないのは、上にあげた、工藤の完成相定過去についての説明のなかの「発話時との関係を断ち切ってしまう」という規定である。工藤は、この規定のもとに、持続相過去のテンス的な意味も含めているので、鈴木重幸1979のアオリスト的過去の規定「現在からきりはなされた過去」と、それは同じもののようにも見える。しかし、工藤が、「発話行為の実践場（わたし・いま・ここ）へ指向的な〈はなしあい〉とは異なり、〈かたり〉においては、発話行為の場から切断された〈過去性＝物語世界の出来事成立時間〉という単一の時間が流れてゆく」と述べていること、そして、「〈過去〉というテンス的意味なき完成相（シタ）」、「過去形がダイクティックなテンス的意味を失う」（工藤真由美1995, p.170）などと述べているところを見ると、やはり、二つは異なっているもののようである。なぜなら、鈴木のアオリスト的過去とは、現在から切りはなされているとはいっても、発話時から規定される過去であるかぎり、発話時への指向性を持っているのであって、その関係が完全に切断されているわけではないのである。だが、小説の地の文においては、たしかに、工藤も「現実の発話行為時（現実の書き手のいま）との〈外的〉時間関係が存在せず」（工藤真由美1995, p.168）と述べているように、作者の発話時との関係は存在していない。

工藤は、工藤真由美1993において、「物語世界の時間の流れを前進させプロットラインをつくりだす完成相シタは、〈かたり〉性を明示しなければならないがゆえに、〈かたり〉というテクストの枠組み自体を作り出さなければならないがゆえに、スルにかえることは少ない」、「前景的＝中心的なものはシタの連続で、「過去の出来事のかたり」であるというテクストのタイプ性を示」すとも述べていた（p.52）。しかし、上に引用した工藤の規定のように、完成相シタがテンス的な意味を持たないとしたら、なぜ、「過去の出来事のかたり」であることを示せるのだろうか。この矛盾に気づいたためだろうか、のちに、工藤真由美 1995 では、このような説明はなくなっている。しかし、それでは、なぜ、小説の地の文はシタを基本的なテンス形式としているのか、ということについて、それにかわる説明も工藤真由美 1995 では見られないので、この問題は説明されないままに残っている。

工藤は、一人称小説では、〈虚構の発話主体＝語り手〉としての〈わたし〉が現れ、〈虚構の語り手による語りのいま〉が現前化しうるのが特徴的であるが[94]、三人称小説には、その〈語り手としてのわたし＝語りのいま〉が存在しないがゆえに、過去という時間的意味が前面化しないとしている（工藤真由美 1995, pp.175–176）。ここで工藤が「虚構の語り手」というものを設定していることは重要である。つまり、現実の作者と語り手をはっきりと区別しており、作者でなく語り手の現在に対する過去の出来事として、物語が語られうることを明らかにしている。しかし、工藤は、作者と語り手との関係を徹底的に追及してはいない。工藤真由美 1993 では、三人称小説でも語り手が設定されていたようだが、工藤真由美 1995 になると、語り手の設定は一人称小説だけに限られてしまっている。顕在的に現れてこない三人称小説における語り手を設定することにためらいがあったのだろうか。

随筆や評論などは現実の作者によって語られるものであるが、小説などの物語を語るのは、つねに、現実の作者ではなく、語り手である。物語の虚構性を保証するのは、この語り手の設定である。物語が、作者のつく「うそ」と言われないのは、語り手を媒介としているからであろう。したがって、一人称小説だけでなく、三人称小説においても語り手は存在するのである。ただ、一人称小説では、「わたし」として顕在化するが、三人称小説では、ふつう、潜在化していて、表には現れてこない。だが、一人称小説と三人称小説のいずれの場合でも、その語り手の現在から、物語のなかの出来事は過去の出来事と規定されるのである。

しかし、その語り手の現在が、小説全体をつうじて、つねに、ある時点に、とくに、物語のそとに固定されているわけではない。それは、小説の物語の展開とともに移行していき、そのことによって、読者は、物語のなかの出来事を、離れた過去の出来事として感じたり、あるいは、今、目の前で起こった、直前の過去の出来事として感じたりするのである。つまり、語り手は、物語のそとにいることもできるし、物語のなかに入りこむこともできる。

たとえば、次の例は、物語の背景的な状況や事件のいきさつなどを説明している段落であるが、完成相の表す動作は、語り手の架空の現在とは時間的に離れた「むかし」のこととして語られている。これは、鈴木の言う、会話文におけるアオリスト的な過去に対応するものである（アスペクト的な意味としては、基本的に、全体的な事実の意味を表す）。

一人称小説であれば、これは、語り手である「わたし」の回想という意味あいをおびるのだが、三人称小説でも、そのような意味あいは、弱いけれども、存在する。語り手の記憶のなかにある出来事を語っているかのようである[95]。ここでは、まだ、登場人物が活動し、物語が展開する、具体的な空間・時間的場面は現出していない。

以下の例では、語る時点の設定は明確ではないが、それが明確に設定されているものもある。それが明確であれば、その小説は、物語の進行する時点と語る時点との、二つの時点を持つと言える。それは、三人称小説でも一人称小説でも同様である。一人称小説に関して工藤が言っている「〈虚構の語り手による語りのいま〉が現前化しうる」ものというのは、そのようなものなのだろう。

(445) たまえは、台湾の台北の生まれで、父は鉄道の方へ勤め、官吏の娘としてきびしい教育を受けたが、アモイの神学校を出て、台北のたまえの知人の家に一カ月ほど滞在していた伊部直樹と知りあい、伊部とかけおちのような状態で二人は東京へ出て来た。たまえは十九歳で、女学校を卒業した翌年の春であった。雑司ヶ谷の老松町に、二人は家賃十五円のささやかな家を持って、そこでたまえは作男を生んだ。（林芙美子・水仙）

(446) 美津と一緒になった翌年の秋、男の子が生れた。その年は終戦後始めての豊年であったので、子供の名前に稔とつけた。（林芙美子・牛肉）

(447) 騙し盗った1600万円は、事件からしばらくして、犯行に使った偽造カード二十枚と、二枚の支払い伝票を見本に付けた説明書と一緒に、JR新宿駅東口のコインロッカーに入れた。三日後、そのまま事件の捜査本部の手にわたった。
以来、犯人がわからないまま、現在まで半年が経過してきた。
（宮部みゆき・返事はいらない）

持続的な動作をさししめす動詞を持つ文が、時間的な状況語をともなって段落の始めに置かれ、その段落の表す場面を性格づけるような代表的な動作をさしだすことがある。これも、場面のそとにある語り手の現在から見た過去の出来事である。[96]

(448) 三原は、その日、佐山とお時との情死の一件書類をひっぱりだし、あらためて検討した。現場報告書も、死体検案書も、現場写真も、参考人調書も詳細に調べた。一字一字に注意した。男も女も青酸カリ入りのジュースを飲んで、抱きあうような姿勢で死んでいる。今まで何十度となく目をさらしたと

おりであった。新しい発見は少しもなかった。　　　　（松本清張・点と線）

(449) その晩、リョウコは彼の部屋に泊まった。

夜具は一組しかなかった。眠っている間、彼はずっと彼女を抱き続けている夢を、見ていたような気がする。　　　（増田みず子・シングル・セル）

一方、次の例は、物語の出来事の展開する具体的な場面を描いている段落である。この場合、語り手は、場面のなかにいあわせて、そこで、次々と起こってくる出来事を観察しているようである。語り手が場面のなかにいるのであれば、語り手の現在は、その場面のなかに流れている時間における、物語の到達時点である。より正確にいえば、場面のなかで起こってくる出来事を、今、起こったものとしてとらえているのであれば、一つの動作が起こった直後が、語り手の現在である。このような解釈が成りたつのは、完成相過去形の動詞が、ここでは、鈴木重幸 1979 の言うペルフェクト的な過去の変種の一つである「発言の直前の動きや変化」、つまり、基準時点に先行して起こり、その基準時点に何らかの結果を残している動作という意味を表しているからである。そして、アスペクト的な意味としては、これは限界到達を表しており、その個々の動詞の表すアスペクト的な意味における基準時点が場面のなかの現在となっているのである[97]。こうして、場面のなかでの出来事の生起にしたがって、つまり、コンテクストにおける文の交替にしたがって、物語の時間における現在は、順次、移りかわっていくことになる。そして、この現在の移行が、物語世界の時間の流れを構成するのである。

(450) 監督はハッと思って、顔を押えた瞬間、吃りがキノコのような円椅子で横なぐりに足をさらった。監督の身体はテーブルに引っかかって、他愛なく横倒れになった。その上に四本の足を空にして、テーブルがひっくりかえって行った。　　　（小林多喜二・蟹工船）

(451) おりんは誰も見ていないのを見すますと火打石を握った。口を開いて上下の前歯を火打石でガッガッと叩いた。　　　（深沢七郎・楢山節考）

以上の例における完成相・過去形は、いずれも、語り手の現在から見た過去の出来事を表しているという点においては共通している。だからこそ、これらは過去形をとらなければならないのである。だが、そのテンス的な意味の変種（鈴木重幸 1979 の言うアオリスト的な過去かペルフェクト的な過去か）の違いによって、その語り手の現在が、物語の場面のなかに置かれたり（例 450, 451）、そとに置かれたり（例 445, 446, 447, 448, 449）している。この語り手の現在の置かれ方の違いは、さまざまな言語的な環境の諸手段（たとえば、文にうつしとられる出来事の時間的な性格、とくに、述語となる動詞のさししめす動作の時間的な性格や、文と文との関係など）による。だが、この二つは地の文において連続していて、いちいちの用例をはっきりとどちらかに分けるということは困難である。

工藤は、小説の地の文に、このようなテンス的な意味の変種を認めていない。そのことは、工藤の、完成相のアスペクト的な意味のとらえ方とも関係している。

1.2.　地の文における完成相のアスペクト的な意味

工藤真由美 1995 は、完成相の表すアスペクト的な意味を〈限界づけられ性＝完成性〉と一般的に規定して、その変種として、次のようなものをとりだしている。

1）〈ひとまとまり性〉　運動（動作、変化）の成立＝開始限界から終了限界までを全一的にとらえる

2）〈限界達成性〉　開始の時間的限界か終了の時間的限界のどちらかのみをとらえる

2・1）〈終了限界達成性〉　変化の終了（結果の成立）限界をとらえる

2・2）〈開始限界達成性〉　動作の成立＝開始限界をとらえる

工藤は、「〈ひとまとまり性〉と〈限界達成性〉は、焦点化の相違でもあって、相互排除的に成立するとはいいきれない。従って、動詞の語彙的意味と同時に、〈場面・文脈性〉とも相関する」と述べている。しかし、その実際の分析は、動詞の語彙的な意味の違いにもとづくアスペクト的な意味の違いの分析となっていて、〈場面・文脈性〉については具体的な説明がない。それぞれ、完成相が、主体動作・客体変化動詞はひとまとまり性＝終了限界達成性、主体変化動詞は終了限界達成性、主体動作動詞はひとまとまり性か開始限界達成性を表すとされている。ただ、最後の主体動作動詞がひとまとまり性を表すか開始限界達成性を表すかというのだけが、場面・文脈によるということのようである。

しかし、工藤の言う〈ひとまとまり性〉と〈限界達成性〉は、基本的には、それぞれ、動詞のタイプではなく、コンテクストの作用を受けて現れる、完成相の個別的な意味であると規定しなければならないと考えられる。第1章に述べた筆者の用語で言えば、前者は、基準時点との関係によって動作の時間的な内部構造を明らかにしない、全体的な事実の意味であり、後者は、基準時点との関係において動作の時間的な内部構造を明らかにしている、限界到達の意味である。動詞のタイプによる違いは、そのように分けたアスペクト的な意味につきまとうニュアンスの違いにすぎない。すなわち、筆者は、工藤の言う「焦点化の相違」を第一に持ってきていて、その形成に作用する〈場面・文脈性〉を、すべての動詞のタイプの場合に働

く基本的なファクターと見るのである。

動詞のさししめす動作において、限界は、動作の内的な時間構造における構成要素の一つである。したがって、限界到達というアスペクト的な意味は、動作の展開過程における段階の連鎖、とくに、限界到達後の段階との関係において明らかになるものであり、限界への到達は、その限界到達後の段階をほのめかすのである。つまり、基準時点以前に限界へ到達した動作が、基準時点に、その動作の結果を残しているのである（例450, 451）。具体的な場面を表す段落における完成相では、限界到達後の結果の残っている基準時点が物語の現在となっていて、その、前の動作の結果が残っている状況において、次の動作が生じてくる。このように、前の動作の結果が、それに続いて起こってくる、あとの動作の生起の状況になっていること、そのように、動作同士が相互に内的な時間構造において関係しあっていることが、前の動作を、限界へ到達した動作という、内的な時間構造を明らかにしている具体的な動作にするのである。そして、個々の動作が、そのように、内的な時間構造を明らかにしていて、前の動作の結果の段階が、「のりしろ」のような働きをしていることによって、動作は、継起的な関係において、たがいにつながることができ、一つのつらなりとして物語の時間の流れを構成することができるのである。このとき、一連の動作が継起的な関係をなすのは、個々の動作の全体ではなく、その内的な時間構造の限界においてである。このような、動作自体の持つ、動作の展開過程における内的な時間の流れが表されていなければ、いくつかの動作をつなぎあわせても、時間の流れを形成することはできない。ただ動作が完成しているというだけでは十分ではないのである。たがいに結びつく側面を持っていない「点」は、結びつける手段がほかにないならば、「線」にはならないのだろう。

一方、全体的な事実の意味（工藤の言うひとまとまり性）は、動詞の表す動作が時間的に非分割的であり、動作の内的な時間構造があらわになっていない。たとえ、それが、限界動詞であってもである。そして、これは、動作がたがいに時間的に関係づけられておらず、孤立的にとらえられているという条件において生じてくる。時間的な展開という側面において、他との関係を持たないものは、その内部構造をさらけだすことはない。また、自らの時間的な構造をさらけだしていない動作は、他の動作と、時間的な展開において、結びつくことはない。したがって、それ自体においては、継起的な関係を表すことはできない。ただし、他の動作との継起的な関係を積極的に拒否しているわけではないので、接続詞などによってつなげられた文においては、全体的な事実の意味を表す完成相も、継起的な動作を表すことがある（例445–447）。しかし、それは、コンテクスト的な手段による表現である。

1.3. 地の文における継続相のアスペクト・テンス的な意味

完成相の作りだす、物語の現在は、継続相によって、さらにたしかなものとされる。継続相は、過去や現在や未来に置かれた基準時点に対して同時的な過程を表すのだが、会話文においては、次の例に見られるように、話し手が動作を観察あるいは目撃する時点が、基準時点となっていることが多い。また、話し手が発話する時点と、話し手が目撃する時点とは、現在形では一つになっているが（例 452）、過去形では、その二つは分離している（例 453）。すなわち、発話する時点は現在であるが、目撃する時点は過去なのである。

(452)「まあ、お時さんはたのしそうに話しているわ」　（松本清張・点と線）
(453)「余程長くかかりましたか。何か画をかいていましたね。先生も随分呑気だな」　（夏目漱石・三四郎）

小説の地の文では、動作を目撃し発話する（語る）主体は、語り手である。語り手が語る時点と目撃する時点とは、過去形であれば、会話文と同様、分離している。つまり、語り手の語る時点は場面のそとにあるが、語り手が動作を目撃する時点（動作の基準時点）は場面のうちにあり、限界到達を表す完成相と同様に、後者の、目撃する時点、つまり、動作が内的な時間構造において関係づけられている基準時点が、物語世界の現在となっている。継続相の表す動作は、語る時点からは過去のものであるが、目撃する時点からは現在のものなのである。とすれば、工藤は、小説の地の文の、具体的な場面を表す段落において、「過去の出来事のかたり」であることを示すのは、完成相・過去形であるとしているが、それは、むしろ、継続相・過去形によって示されていると考えなければならないだろう。そして、この継続相を過去形から非過去形にかえれば、語り手の語る時点が、目撃する時点に重なり、語り手は場面のなかで語っているということになる[98]。

(454) 富岡は、新しく茶碗にコオヒイをいれてやった。ゆき子は眼を開けたまま天井を見ていた。　（林芙美子・浮雲）
(455) 初之輔は、よろめきながら、土間へはいり、どんと、かまちに、腰をかけた。
三千代は、戸を閉めて、ゆっくり、鍵をかけている。
「電車で、前の金沢さんと、一緒だったよ」
靴をぬぎながら、初之輔が云った。　（林芙美子・めし）

アスペクトの対立における有標の形式である継続相は、テンス的な意味とアスペクト的な意味が未分化な完成相と異なり、基準時点との関係が、つねに同時的であり、安定している。テンス的に過去形をとっていても、アスペクト的な意味と機能はゆるがないのである。そのため、過去形をとって、過去の物語であることを示しても、物語の現在性（目撃性）は乱されず、継続相においては、物語の過去性と現在性が分化して共存しうる。

こうして、継続相のアスペクト的な意味と機能の安定性は、完成相のアスペクト的な意味と機能を支え、よりたしかなものとし、完成相と継続相は、たて糸とよこ糸のように、テクストの時間を織りあげていくことになる。

1.4.　物語の現在性

工藤は、「地の文は、物語の主筋の方はシタ（完成相過去形）で表すことによって「過去におこったこととしての出来事の物語」であることを明示しつつ、同時にまたそれに従属する副次的出来事は、非過去形、ダイクティックな時間名詞をメタフォリカルに使用することによって、あたかも物語世界内における現在性という芸術的幻想を生み出してゆく」と述べている（工藤真由美 1993, p.28）。しかし、以上に述べたように、〈かたり〉のテクストにおいては、過去形という、その本来的なすがたにおいても、「物語世界内における現在性」が存在する。直接話法の会話文は、現在性を直接的に表していて、重要な役割をはたしているのだが、それは、ひとまず、おいておくとしても、動詞の完成相と継続相は、たとえ過去形であっても、それらの結びつきによって、「物語世界内における現在性」を作りだしているのである。工藤の指摘する時間名詞の特殊な使用は、その土台のうえに成りたつ周辺的なものであると言えるだろう。時間名詞の特殊な使用が可能な条件は、すでに、過去形を持つ文からなる段落の内容のなかに作りだされていて、特殊な使用というはなやかな活動を準備しているのであって、けっして、時間名詞の特殊な使用が、突然、「物語世界内における現在性」を作りだしているわけではない。

このことは、小説の地の文における、完成相・過去形のアスペクト・テンス的な意味が、鈴木が会話文においてとりだした完成相・過去形のテンス的な意味と同様に、多様なものであるということを認めなければ、明らかになってこない。小説の地の文における完成相・過去形のアスペクト・テンス的な意味は、会話文における多様なアスペクト・テンス的な意味が、その基本的な意味を生かしながら、それぞれにすがたをかえて現れているものなのである。

2.　継起性と同時性―完成相と継続相のコンテクスト的な機能について[99]

アスペクトは、同時性や継起性という、テクストにおける他の動作に対する時間的な関係を表すことが、多くの研究者によって指摘されている[100]。たとえば、奥田

1993bには次のような説明がある。

> ひとつの動作は、ほかの、いくつかの動作との時間的な構造のなかにさしだされる。こうして、いくつかの動作の先行・後続の関係、あるいは同時の関係を表現するために、動詞には完成相と継続相との、対立する、ふたつのアスペクトのかたちが必要になる。じじつ、継起的におこってくる、いくつかの動作は、完成相の動詞をならべることによって表現されている。それにたいして、同時に存在する、いくつかの動作は、継続相の動詞をならべることによって表現されている。

アスペクトが動作のあいだの時間的な関係を表すというのは、欧米の言語学でも指摘されていることなのだが、はたして、ほんとうに、日本語において、完成相や継続相が継起性や同時性を表していると言えるのだろうか。

2.1.　完成相は他の動作との継起性を表すか

完成相が並べられると、継起的な動作を表すと言われるが（高橋 1985a, 奥田 1993b, 工藤真由美 1995）、会話文においては、完成相の表す動作は、いかなる個別的な意味においても、接続詞などの手段によらず、それ自体によって、継起的な関係を表すことはない。会話文において完成相が継起性を表すと言えるとしたら、完成相が限界到達を表すときの、二つの動作のあいだの継起的な関係に限られる。つまり、完成相が限界到達を表し、その動作が発話時＝基準時点と時間的に関係づけられると、発話時＝現在にある動作と、あるいは、未来にある動作と継起的な関係を結ぶことになる（たとえば「あっ、彼が来たね。じゃ、行くよ。」など）。これは、小説の地の文における動作のあいだの継起的な関係のもと（原型）になっているものである。しかし、会話文において、完成相が全体的な事実の意味を表すときは、動作は継起的な関係を結ぶことができない。テンス的に、過去の動作と現在の動作と未来の動作は、時間的な順番にはなるが、これは、たがいに時間的に関係づけられてはいないので、継起的な関係を結んでいるとは言えないだろう。たとえば、「きのう、太郎と話した。今、次郎と話している。あした、三郎と話す。」のような例であるが、これは、それぞれ別の時間的な平面にある動作であり、たがいに結びつきがなく、今、述べている継起性ではない。このように、完成相が全体的な事実の意味を表すとき、その動作は、内的な時間構造を顕在化せず、そのため、発話時から切りはなされていて、現在や未来にある他の動作と時間的な関係を結ばないのである。

完成相が限界到達を表す場合、一連の他の動作と継起的な関係を結ぶのは、本質的に、小説の地の文においてである。限界到達は、工藤の言うパーフェクト相現在の一部（基準時点と、動作の内的な時間において関係づけられているもの）に相当するだろうが、工藤は、パーフェクト相現在は、過去の１つの動作を表し、他の動作と継起的な関係にある動作は表さないとしている。たしかに、会話文においては、上に述べたように、継起的な動作を表さないと言えるのだが、地の文においては継起的な動作を表す。

(456) 若者の顔が不意に緊張し、右肩がさがった。はげしい一撃がとんでくる前に、砧は無造作に相手の肩に大きな掌をうちおろし、右手を胸にあてがうと強く突きはなした。若者は麻幹細工のようにきりきり舞いし、後の仲間たちの真中へ吹きとばされ倒れこんだ。　　（平井和正・憎しみの罠）

工藤が継起的な動作を表すとするのは、工藤の言う「完成相過去のシタ」である。これは、テンス的には、鈴木の言うアオリスト的な過去であり、アスペクト的には、筆者の言う全体的な事実の意味を表すものである。工藤は、次のような例をあげて、完成相過去は過去の出来事の継起性という特徴を持つとしている。

(457) それから、わたしはうちへ帰ったの。そしてテレビをつけた。今日のお買物案内というのが終わって、すぐニュースが始まったわ。つまらないから切っちゃった。　　（工藤真由美 1995 の用例）

この例は、たしかに、全体的な事実の意味を表すものと見ることができる。だが、完成相が全体的な事実の意味を表す場合、動作は内的な時間構造を明らかにしておらず、他の動作と関係づけられる側面を持っていないため、基本的には、他の動作との時間的な関係を持たず、孤立的な動作を表す。したがって、これは、動詞の表す動作自体によって、たがいに関係づけられているのではなく、接続詞などのコンテクスト的な手段によって継起的な関係が表現されているものと考えられる。だが、過去の一連の出来事を述べているのであれば、部分的には、小説の地の文に近いものへの移行は見られ、完成相の意味も、全体的な事実の意味から限界到達の意味へ近づいているとも言えるかもしれない。同じような例を、ほかにもあげておく。

(458)「私、思い出すわ。いろんなこと…。あの頃って、私も、あなたも狂人みたいだったわね。チャンボウの保存林を視察に行く時、牧田さんと、内地から来た何とかという少佐のひとと、あなたと、自動車に乗る時、急に、あなたが、幸田さんも行きませんかって云ってくれて、少佐のひとも、そうだそうだ、幸田嬢も連れて行こうって云って、四人でチャンボウへ行ったでしょう？何ていう宿屋だったかしら、安南のホテルに泊って、ランプで御飯を食べて、みんなお酒を飲んで、酔って、眠ったのよ。一番はずれの部屋があなたのところだって、覚えておいて、私、夜中に、裸足で、あなたの部屋へ行ったわね。並んだ部屋の前は沼になっていて、森で気味の悪い鳥のなき声がしたわ。ドアには鍵もおりてなかったので、そっとノブをまわすと、安南人の番人が庭に立っていたンで、びっくりしちゃった…。でも、あの時が、あなたとは、初めてだったでしょう？」　（林芙美子・浮雲）

だが、問題は、なぜ完成相の表す動作が継起的な関係を持つのかということを、工藤が十分には明らかにしていないという点にある。工藤は、次のように説明する。

時間的な継起（連鎖）のなかに出来事を配置するとすれば、その出来事＝運動はどんなに長く続くものであっても、継起性を無視し、時間的に限界づけられて圧縮的にとらえられることになる。1つの運動が時間的に限界づけられてとらえられなければ、次の運動への展開性がない。　（工藤真由美 1995, p.64）

しかし、圧縮された点のように動作をとらえている動詞が並べられれば、継起的な関係が表現されるというわけではない。動作自体が構造を持っていないとき、他の動作との関係づけはありえないのである。次の例における、全体的な事実の意味を表している完成相の並びは、継起的な動作を表してはおらず、ある時間帯に起こったいくつかの動作を、その時間的な順序とは関係なく、列挙しているだけである（しかし、これも、時間的な順序を表していることを完全に否定することはできないが、それがあいまいであることは確かだろう）。

(459) 何処のチャーチか教えて貰って、三四郎はよし子に別れた。横町を三つ程曲がると、すぐ前へ出た。三四郎は全く耶蘇教に縁のない男である。チャーチの中は覗いてみた事もない。前へ立って、建物を眺めた。説教の掲示を読んだ。鉄柵の所を行ったり来たりした。ある時は寄り掛かってみた。
（夏目漱石・三四郎）

コンテクスト的な手段によるものならば、動作自体は非分割的である「している」の形の表すパーフェクトも、継起的な動作を表すことがある。この場合、もちろん、基準時点は発話時にあり、動作のあいだの時間的な関係は、「している」の形自体は示していない。

(460) 主任は石田部長のそのときの日程のメモを示した。それによると石田部長は札幌に下車せずに、そのまま釧路まで乗りつづけている。あとは北海道の各管轄地をまわっているのだ。　(松本清張・点と線)

2.2.　継続相は他の動作との同時性を表すか

継続相は、基本的に、同時性という機能をはたすと言われるが (高橋 1985a, 奥田 1993b, 工藤真由美 1995)、それは、他の動作との同時性ではなく、基準時点との同時性であると考えられる。とすれば、それは、小説の地の文において、どのように現れてくるのだろうか。地の文では、ふつう、物語の到達時点が基準時点となっているのだが、その場面のなかでしばらく続くような二つの動作が継続相で表されれば、物語世界の時間の進行における、物語の到達時点 (物語の現在) において、それぞれの基準時点は重なり、たがいに同時的な関係になる。ただし、厳密に言えば、語り手が動作を知覚する時点は、最初の継続相がさきで、次の継続相があとというように、二つの動作のあいだで微妙なずれがあるはずだが、一つの動作を知覚したあとも、継続相の表す、その動作の過程がしばらく続いているのであれば、わずかに移動した基準時点 (知覚する時点) も、二つの動作の過程のなかにとどまっている。そして、その二つの動作のあいだに、時間的な共存以上の関係 (因果関係など) がないならば、この知覚の継起的な順序は重要ではなく、どちらをさきにしても、ほとんど、かわりはない。

(461) 小芳は、無口になって、鯛の頭の煮たのを、つついている。三千代は、扇子型の、織部の皿を、持ちあげるようにして、眺めていた。(林芙美子・めし)

このように、動作を知覚する時点が重要な意味を持ってこない場合、継続相が同時的な動作を表すと言っても、問題はない。とくに、場面の状況設定 (背景、舞台セット) をなすような、自然現象などを表す継続相は、知覚されるという意味あいが弱く、基準時点との関係も弱いので、同時的な動作を表すと言える。この種の動作は、場面のなかに出てくる他の動作とも、それらを包みこんでいるという意味において、同時的な関係であると言える。たとえば、次の例で言えば、「引きかえした」という、完成相の表す動作と同時的な関係にある。

(462) 寒い風が吹いていた。うら寂しい商店の旗が揺れている。黒い空には、星がといだように光っていた。

鳥飼重太郎は香椎駅に引きかえした。　（松本清張・点と線）

継続相が、小説の地の文において、語り手、とくに、主人公が知覚する時点と同時であるという意味において、物語の到達時点＝物語の現在と同時であることを表す場合、基準時点が物語の進行とともに動いていくことによって、先行する継続相の表す動作の基準時点と、後続する継続相の表す動作の基準時点とが継起的な関係になり、継続相の表す動作も同時性を表さない場合が出てくる。その場合は、同時性は、動作のあいだの同時的な関係ではなく、知覚する時点との同時的な関係ということになる。

だが、継続相が動作の継続する過程を表しているのであれば、基準時点の前後にも動作が続いていて、そのほのめかされている動作の過程において他の動作と同時的な関係を持つことはあり、その場合は、同時性がほのめかされる。しかし、コンテクストによっては、それが否定されていて、動作が継起的な関係にある場合もある。次の例では、それぞれの動作が短く終わっているとするならば、同時的でないということもありうる。

（463）志村はじいっと深夜の物音に耳をかたむけた。すぐ近くの山王の森に、梟が鳴いている。ホテルの窓下で野良犬が厭な遠吠えで風の中に吠えている。ぐうんぐうんと窓辺すれすれに飛行機が飛んでいた。固い歩道をこつこつと歩く音がしている。洗面台の水栓が、急に息をついたように、ごおっと風を吸っている。　（林芙美子・松葉牡丹）

また、完成相のあとに継続相がくるような結びつきでは、二つの動作の基準時点は一致しているようである。とすれば、二つの動作は、一つの基準時点をめぐって、先行する動作と、同時的な動作との関係になる。したがって、基準時点以前に、継続相の表す動作が、どれほど、続いているかによって、完成相の表す、限界に到達した動作と、同時的であったり、非同時的であったりするだろう。

次にあげる例の、例 464 では、継続相がほのめかす、基準時点以前に続いていた過程が、完成相の表す動作と潜在的に同時的であるが、例 465 では、それがコンテクストによって否定されていて、非同時的になっている。例 466 では、他の動作と同時的であるようでもあるが、そうでないようでもある。

（464）対面の草の斜面を素早く滑り降りた。水がそこに音を立てて流れていた。

（大岡昇平・野火）

（465）やかんの湯が沸いたので、洗面器に湯をあけて、むしタオルをつくり、顔にタオルをかぶせた。熱いタオルの下で、瞼がひくひくしている。
（林芙美子・水仙）

（466）初之輔は、よろめきながら、土間へはいり、どんと、かまちに、腰をかけた。
三千代は、戸を閉めて、ゆっくり、鍵をかけている。
「電車で、前の金沢さんと、一緒だったよ」
靴をぬぎながら、初之輔が云った。（林芙美子・めし）

無限界動詞の完成相の場合、基準時点のまえに、すでに、始まっている動作が、基準時点においても、続いていることがほのめかされるので、そのほのめかされた過程が、継続相の表す、基準時点にある動作の過程と同時的になる。

（467）押し潰された傷の上に、また傷のつくという人生にもとみは馴らされて、とみはまたビール瓶を透かして酒をコップについだ。手がぶるぶるとふるえていた。（林芙美子・白鷺）

（468）三千代は眼をみはった。鶏の肉を、フォークにさしたまま、一夫の顔をみつめた。一夫は笑いながら、コップの冷い水を飲んでいる。（林芙美子・めし）

このように、地の文における継続相の機能を一般化すれば、他の動作との同時性ではなく、基準時点との同時性、とくに、その動作を語り手や主人公が知覚する時点との同時性であるということになるだろう。

以上のように、小説の地の文では、完成相は、限界到達の意味において、継起性を表すが、継続相は、過程継続の意味において、かならずしも、同時性を表すわけではない。

3.　場面のなかの出来事をとらえる主体について

物語の出来事をとらえる主体として、語り手は、その場面のそとに存在しうる。したがって、出来事が語り手によってとらえられているかぎり、つまり、読者が語り手の視点から物語の出来事を見るかぎり、物語のそとからも、うちにおいても、出来事をとらえうる。しかし、それを、物語の場面のなかにしか存在しない主人公の視点に移すことによって、出来事をとらえる視点は場面のなかに固定され、読者は場面のなかにとじこめられる。こうして、物語の現在は、読者にとって、よりリアルなものとなるのである。

第1節と第2節で見たように、物語のなかの出来事が登場人物によって観察されているということを示すコンテクスト的な手段には、さまざまなものがあるが、アスペクト的な形によるものには、次のようなものがある。

たとえば、主人公の知覚動作をさししめす動詞を持つ文のあとに続く文の継続相の表す動作は、その知覚動作の主体である登場人物が知覚し、観察しているということが示される。この、主人公が知覚しているという意味あいは、次にあげる例に見られるように、継続相が過去形をとるか非過去形をとるかに、直接的には関係していない。

(469) 広介は取り上げて明子を見た。眼鏡をはずした明子の目は吊って広介を睨んでいた。　（佐多稲子・くれない）

(470) 三千代は眼をみはった。鶏の肉を、フォークにさしたまま、一夫の顔をみつめた。一夫は笑いながら、コップの冷たい水を飲んでいる。

（林芙美子・めし）

次のようなコンテクストも、主人公の視点を作りだしている。例471では、先行する完成相に、後続する継続相にさしだされる動作や状態の知覚を可能にする動作がさしだされている。例472では、先行する継続相のさしだす動作や状態を、主体が認識することによってひきおこされる動作が、後続する完成相にさしだされている。

(471) たまえは呆れて、縁側を開けた。空が晴れ渡っていた。　（林芙美子・水仙）

(472) やがて身支度をして、二階の硝子戸を閉めに上ると、丁度、向いの二階から、金沢りうが、風呂から戻ったところとみえて、てすりに凭れて、三千代の方へ笑いかけていた。

三千代もあわてて笑いながら、挨拶をした。　（林芙美子・めし）

工藤真由美1993では、「外的視点」「物語世界外からの視点」を過去形や相対的時間名詞と結びつけ、「内的視点」「物語世界内からの視点」を非過去形やダイクティックな時間名詞と結びつけている。そして、次のように述べている。

> このような〈かたり〉のテクストにおける非過去形の〈眼前描写的〉使用は、〈作中人物〉の知覚性である。以上のシテイル、スルを過去形シテイタ、シタにかえれば、〈語り手の外的視点〉から〈客観的に〉出来事がとらえられることになる。一方、非過去形を使用すれば、作中人物の内的知覚体験として、つまりは、〈作中人物の内的視点〉から〈主観的〉に出来事が表現されることに

なる。(中略)

作中人物の〈知覚活動＝認識活動の現在性〉が前面化されてくる。[101]　(p.49)

しかし、「物語世界内からの視点」も、「作中人物の内的視点」も、過去形を非過去形にすることによって、はじめて生じてくるというわけではなく、次の例のように、地の文の基本的なテンス形式である過去形において、すでに存在しているものである。それは、文の表す出来事のあいだの相互作用が作りだしているのである。

(473)　広介は取り上げて明子を見た。眼鏡をはずした明子の目は吊って広介を睨んでいた。　(佐多稲子・くれない)

過去形を非過去形にするだけでは、語り手の語る時点が場面外から場面内へ移り、語る時点が目撃する時点に重なることによって、語り手が場面のなかで出来事を目撃しているということを、よりはっきりと表すようになるだけで(それは、すでに、過去形でも、表されているのだが)、「物語世界外からの視点」から「物語世界内の視点」への視点の移行をもたらすわけでもないし、語り手の視点から作中人物の視点への移行をもたらすわけでもない。しかし、工藤は、相互排除的に、語り手を「外的視点」「物語世界外からの視点」と対応させ、作中人物を「内的視点」「物語世界内からの視点」と対応させていて、語り手が「内的視点」「物語世界内からの視点」から見ることや、作中人物が「内的な視点」から見たものを、語り手が「外的な視点」から物語るということを否定しているようである。このことは、工藤真由美1995における語り手の存在の否定とつながっているのかもしれない。これらは、工藤真由美1995では、次のように、少しあいまいな形で、述べられている。

〈同時タクシス〉の場合には、シテイタ形式でもシテイル形式でも、時間関係は変わらないことになる。実際、かたりにおける、過去形と非過去形の競合現象は、完成相ならぬ、継続相形式に、頻繁に起る。(中略)

この〈同時タクシス〉の場合は、アスペクト的意味が同じであるがゆえに、過去形シテイタと非過去形シテイルとが、作中人物の知覚体験性＝内的視点性の明示の有無で、対立する場合が起ってくるであろう。　(p.198)

だが、たしかに、工藤の言うように、継続相の場合、語り手のとらえていると考えられる動作(棒線)は、基本的なテンス形式である過去形で表され、主人公のとらえていると考えられる動作(波線)は、過去形から非過去形にかえられるという例がある。こうした場合は、非過去形によって、工藤の言う「作中人物の知覚体験性＝内的視点性」が強調されるだろう。筆者は、これを、単なる知覚と区別して、主人公の意識にとらえられた動作としている。

(474) 足を早めて、初之輔が、境内へはいって行くと、若い女の声で、文句をいいながら、運転手に金を払っている、声がしている。
　初之輔は、石の柵に凭れて、ライトの明るい自動車を、眺めていた。自動車のそばに、里子がつっ立っている。（林芙美子・めし）

(475) 突然空襲のサイレンが深夜の空に不気味に鳴り響いた。すると、廊下に並んだ扉がぱたぱたと開いて、志村の部屋のそばの階段を足音荒く幾人かが怒鳴りながらかけおりている。四囲に不安な気配が漂う。志村は眼を開けて天井を見ていた。白いシックイ塗りの天井に地図のような汚点が拡がっている。（林芙美子・松葉牡丹）

しかし、語り手がとらえている動作を継続相・非過去形が表していることもあって、その場合は、やはり、語り手が場面のなかで動作をとらえていることが、前面に出てくるだけである。（場面のなかには「志村」（主人公）と「娘」しかいない。）

(476) よあけの冷いあの気持ちのいい空気が吹きつけてきた。夜霧でしめった毛布の上に、志村はボストンバッグを枕に泥のように疲れて眠っている。娘も竿に両腕を巻いて額をのせて眠っていた。（林芙美子・松葉牡丹）

4.　完成相・非過去形の使用について

完成相の場合は、継続相と比べて、過去形が非過去形にかえられることは、それほど多くないという指摘がある（工藤真由美 1995, p.198）。これも、中核的なアスペクト的意味に関係しているのだろう。継続相の過去形と非過去形は、基準時点との時間的な関係が同じであるが、完成相の過去形と非過去形は、限界到達を表す場合、基準時点との時間的な関係が異なっている。そのため、物語の到達時点を基準時点とした場合、動作の時間的な位置づけが、過去形と非過去形とで、継続相ではかわらないが、完成相では、異なってしまうことになる。この違いが、過去形を非過去形にしやすいかどうかの違いにつながっているのではないかと思われる。

それでは、実際に、完成相の非過去形は、地の文において、どのようなアスペクト的な意味を表しているのだろうか。

会話文において、完成相が限界到達を表している場合、基準時点＝発話時に対して、過去形は、直前の過去に限界に到達した動作を表すが、非過去形は直後の未来に限界に到達する動作を表す。これと似た例が、小説の地の文にも見られる。次の例の完成相・非過去形は、限界への到達を表しながら、そこへ向かう過程も、ほのめかされていて、動作が終わったあとというより、今、終わりつつあるというニュアンスが出ている。つまり、基準時点に、動作の、限界に向かう過程があり、基準時点の直後に動作は限界に到達するのである。このような用法があるとすれば、やはり、非過去形の使用を、完成相・過去形と同じアスペクト的な意味を表す歴史的な現在であるとすませておくわけにはいかないだろう。

(477) 二人の女は三四郎の前を通り過ぎる。若い方が今まで嗅いでいた白い花を三四郎の前へ落して行った。三四郎は二人の後姿をじっと見詰めていた。看護婦は先へ行く。若い方が後から行く。　（夏目漱石・三四郎）

(478) 初之輔は、急いで、二階に上り、釘に引っかけてある、着物を着て、兵児帯を、腰に巻きつけながら、したへ降りて、下駄をはいた。

　そとへ出て、そっと、硝子戸を閉める。

　駅のそばの、天神さんの境内へ、はいると、向うの、街燈の下に、三千代らしい人物が立っている。　（林芙美子・めし）

次にあげる例では、限界がさきの方へひきのばされていて、限界へ向かう過程が、比較的、強く感じられる。

(479) 美禰子は又向うをむいた。見物に押されて、さっさと出口の方へ行く。三四郎は群衆を押し分けながら、三人を棄てて、美禰子の後を追って行った。　（夏目漱石・三四郎）

(480) 重太郎は黙って洋服をぬぐ。くたびれた洋服で、裏地が破れかかっていた。ズボンの折返しにごみや砂がたまって、畳の上にばらばらとこぼれた。　（松本清張・点と線）

ただし、これらの場合、物語の到達時点が基準時点となっているならば、他の動作との関係で、その基準時点を、以前か以後かという点で、過去形の場合と異なるものとして、はっきり位置づけることは難しい。そのために、発話時を基準時点とする会話文と違って、過去形と非過去形とが意味的に非常に近くなってしまうのである。

しかし、次の例のような、限界と関わりなく進行している動作を、無限界動詞の完成相・非過去形が表すのは、小説の地の文に独自なものである。これは、会話文であれば、継続相・非過去形でなければならないところだろう[102]。この例は、過程継続を明示する有標の項である継続相に対して、完成相が、無標の項として、過程継続を明示しない動作を表しているものとも言える。しかし、この完成相の表す動作は、その場面のなかで、新たに生じてきた動作であり、すでに始まっていて、なおも続く動作を表す継続相とは異なっている。この点に、やはり、完成相が使われる理由があるのだろう。場面のなかで新たに生じてきた動作という特徴は、過去形でも非過去形でも、具体的な動作を表す完成相のほとんどの用法に共通する特徴だと言える。

(481) そのうち、蛾は、勢いよく引かれた拍子に、横倒しに倒れてしまった。か細い脚が宙でもがいている。蟻は、そんなことには構わずに、ぐいぐいと、倒れた獲物を運搬する。　　　　(増田みず子・シングル・セル)

(482) 曇りガラスの小窓がまっ赤だ。ぱちぱちと火の燃える音だ。なにかわめいて持っていたばけつを当てがい、水栓を明ける。そして引戸のねじを戻そうとするが、そのねじが空廻りしたまま抜けて来ないのだ。「火事だ。火事みたい、火事じゃないかしら！」

勝代が飛んで来た。「あら！　ほんと！　早くう！」その顔がまっ赤に映っていた。

じゃあじゃあ水がばけつを溢れる。梨花は錠を棄てて洗い桶と取りかえる。

(幸田文・流れる)

(483) 一人きり、駅の階段を降りて歩道橋を渡る。靴音がうつろに響く。今日で四日も同じ靴を履いていた。そんなことなどどうでもよくなっていた。

歩道橋まであがると、頬を切るように冷たい木枯らしが吹きつけてきた。

(宮部みゆき・返事はいらない)

また、工藤は、次のような、連続的にスルが使用されている例をあげて、以下のような説明をしている（工藤真由美 1995, p.202）。

(484)「電車は新橋で降りる。そして田村町の方へ歩いて行き、交差点を右に折れ、日比谷公園と反対側の舗道を半町程行って、南方ビルの、ビルの建物に比べては大きい入口へと入って行く。そして突き当たりのエレベーターに乗って3階で降りると、「新東亜商事」と表戸の曇硝子に記してある部屋に入って行く。」　　　　(工藤真由美 1995 の用例)

一方、後半のスルの連続には、出来事生起の現場から、直接的に知覚する出来事を、同時進行的に伝達（実況報告）しているかのような眼前描写性が感じられる。これをルポルタージュ的手法とよんでもいいかもしれない。が、また同時に「ト書き」を読んでいるかのような、演劇的眼前描写性も感じられる。どちらにしても、完成相非過去形スルの連続は、小説ならぬ、ルポルタージュあるいはト書きといったような、異なるテクストのタイプへの（部分的）移行性をもたらすように思われる。（中略）

スル形式による継起タクシスの提示は、後述するノンフィクションのテクストのタイプに見られる用法である。

本当のルポルタージュやノンフィクションの場合、出来事をとらえ、伝えるのは、虚構の語り手ではなく、その作者であり、その作者の現在が出来事の基準時点となっているので、「した」を使えば、過去の出来事であることが強く出てきてしまう。そうしたテクストでは、それを弱めるために、「する」が多く使われるのであろう。しかし、そのような作者の現在との関係を持たない小説の地の文において、「した」を「する」にかえただけで、テクストのタイプがかわるというのは、考えがたい。もちろん、動詞のアスペクト・テンス的な意味の使用に、ルポルタージュやノンフィクションとの共通性はあるので、小説における完成相の特殊な用法を、「ルポルタージュ的な用法」などと言ってもいいのだが、作者へのアクチュアルな関わりがあるかどうかは、小説とルポルタージュとの決定的な違いであり、それは作品全体を規定している。やはり、上に述べたように、この「する」は、「した」とは、基準時点との関係が異なっていると見るべきではないだろうか。

ただし、これは、接続詞で結びつけられているところもあるように、動作相互の時間的な関係が相対的にゆるいために、「する」を使うことができるようである。工藤のあげている『雪国』の例のように、接続詞なしに、いくつかの動作が相互に緊密に結びついている場合は「する」にかえることができない。工藤も、もし、「する」にかえれば、「〈かたり〉というテクスト性を破壊してしまう、anti-narrative になってしまう」と述べている（工藤真由美 1995, p.202）。

（485）国境の長いトンネルを抜けると雪国であった。夜の底が白くなった。信号所に汽車が止まった。

向側の座席から娘が立って来て、島村の前のガラス戸を落とした。雪の冷気が流れこんだ。娘は窓いっぱいに乗り出して、遠くに叫ぶように、

「駅長さあん、駅長さあん」　（川端康成・雪国）

すでに限界に到達し、基準時点にその結果を残している動作を表す完成相・過去形と違って、完成相・非過去形は、基準時点以後に限界へ到達する動作を表すの

で、次の動作の起こる状況がまだ開かれていないことになる。となると、前の動作がまだ終わっていないときに、あとの動作が起こってくることになってしまい、それぞれの動作が、継起的に関係づけられるような、時間的な構造と時間的な関係を持つことができない。そのために、継起的な動作を表しにくくなるのであろう。このため、動作がたがいに密接な時間的関係にあるような、緊迫した場面において、とくに、「した」を「する」にかえることができないことになる。もし、そうすれば、次にあげる例のように、たがいの時間的な関係が弱まり、時間ばなれを起こし、呆然とした登場人物の心理を表すような、コマおくりのスローモーションのようになってしまう。「した」であれば、今、直前に終わった動作が、次々と交替していくが、それに対して、「する」の場合は、一つ一つの動作が登場人物の目の前で、かわるがわる限界へ達していくのである。

(486)　だが、秀明は政彦にかまわず、隣で身をすくめる綾子にも目を向けずに、うなり声をあげながらリビングに入った。
　テーブルを、ひっくりかえす。ソファーを蹴り倒す。サイドボードの上の時計や花瓶やアンティークの人形を両手でなぎはらう。壁に掛かった絵をむしり取って、カーテンをひきちぎる。キッチンとの仕切のカウンターに置いてあったガラスのティーポットに、ふりまわすダイニングテーブルの椅子の脚がぶつかって、ポットはとがったかけらを飛び散らせて、割れた。
　戸口に立って呆然とそれを見つめる政彦の耳には、物のぶつかったり壊れたりする音はほとんど入ってこない。　（重松清・かさぶたまぶた）

　しかし、次にあげる例のように、一連の決まった手順や、予測できる一連の動作を表す場合、完成相・非過去形で継起的な動作を表すことができるようである。これは、一連の動作全体がまとまりをなすようなものである。一つ一つの動作のあいだに因果関係などもなく、相互の独立性が弱い。

(487)　やがて度盛が明るい中で動き出した。2が消えた。あとから3が出る。そのあとから4が出る。5が出る。とうとう10まで出た。すると度盛がまた逆に動き出した。10が消え、9が消え、8から7、7から6と順々に1まで来て留った。　（夏目漱石・三四郎）

(488)　今夜はカレーをつくるつもりだった。野菜を洗って剥き、剥いて切る。鍋には油が芳しい。しゃっと煎る。牛肉は野菜とまじって、うまそうな臭いをあげて煮える。玄関から啼き声が来る。犬の鼻へこの臭いは届いているにちがいない。　（幸田文・流れる）

ノンフィクションや説明的な文章では、例489, 490のように、全体的な事実を表すとき、完成相・過去形でなく、完成相・非過去形が使われる場合も多いのだが[103]、三人称小説では、全体的な事実を表す完成相が非過去形をとることは少ない。全体的な事実の意味を表すのは、物語の舞台の時間的な位置づけを示すような場合が多いのだが、そうした場合、例491のように、やはり、過去形でさしだされ、それが過去の出来事であることが示されるのが基本的なようである。

(489) しばらく互いに離れていたこの二人は、1797年の初めに再会する。
(中埜肇・ヘーゲル)

(490) 太田は仕事の無理がたたったのか、1917年、42歳の若さで亡くなる。「ダバオ麻農園の成功の秘密は、自営者にある」を口ぐせにしていたという。
(鶴見良行・バナナと日本人)

(491) 二月十三日、月曜――。
午前六時に起きて、新聞を読みながら、クラッカー五枚とカマンベールチーズ、ベーコンエッグ、ミルクティー二杯の朝食をとった。
パジャマを脱ぎ、下着を二枚重ねてから、ネルシャツ、セーター、作業着を着る。毛糸の帽子を被り、ダウンジャケットをはおって、六時三十二分に部屋を出た。
(黒川博行・カウント・プラン)

ノンフィクションや説明的な文章では、過去形と非過去形との対立において、無標の非過去形の表す意味領域が、有標の過去形の表す意味領域を含みこんでいる。これは、特殊なコンテクストの、全体的な事実の意味という個別的なアスペクト的意味において、テンスの対立の有標形式を無標形式にかえられるという欠如的な対立の特徴が現れたものと見ることができるだろう。

5. 物語の時間は休止するか

工藤は、「最も単純な〈かたり＝物語世界〉の時間の流れは、アスペクトと相関しつつ、次のように構成される」と述べ、完成相シタを「継起性・時間の流れの前進性」「主要な筋（プロットライン）」と、継続相シテイタを「同時性・時間の流れの休止性」「従属的筋（状況描写）」と結びつけている（工藤真由美1993, p.43、1995, p.170）。しかし、完成相も継続相も、アスペクト的な意味として、具体的な動作の時間的な展開のし方を表しているのであれば、どちらも物語の時間の流れを前進させているはずである。もし、異なるところがあるとすれば、ただ、その前進のさせ方が異なっているのである。すなわち、完成相は、動作の交替によって、物語の時間を前進させるが、継続相は、その動作の内的な時間の流れによって、物語の時間を前進させる。たとえば、次の例では、継続相の表す持続的な動作が、いくつかの完成相の表す、限界へ到達した動作のあいだをうめて、つないでいると見ることができる。

工藤の言う前進性・休止性というのも、物語の「時間」ではなく、物語の「筋の展開」に関して、完成相は前進させるのに対して、継続相は前進させないか、あるいは、それについて示さないと述べているのであれば、問題はないのかもしれない。

(492) 富岡はゆき子に復讐するような眼で、酔っぱらいの化粧のはげた、醜いゆき子を嫌悪の表情でみつめた。この女との幕は終ったような気がした。富岡は、寝転んでまだ喋っているゆき子にはおかまいなく、おせいの肩を抱き寄せて激しく口を封じた。ゆき子が笑いながら唄をうたっている。初めて逢った時の眼の色が本当だという唄をうたっている。馬鹿な奴だと、富岡はおせいの膝にくっついた火鉢を引きはなした。　（林芙美子・浮雲）

次の例 493 では、最後の文の「顔を洗いにいく」という動作が起こるまでの時間の流れが、継続相の動詞、「めくっていた」「考えている」によって、表されている。物語の具体的な場面の、ある時間帯をしめる動作・状態を継続相が表しているわけだが、動作や状態の過程の進行、つまり、内的な時間の流れが、物語の時間を前に進めていると言えるだろう。いくつかの継続相の並びは、動作や状態が、たばとなって、同時的に、物語の時間を進行させているのである。いくつかの完成相のさししめす動作の交替による時間の経過より、より長い時間の経過が、継続相によって表されていることも多い。このように、「同時性」は「時間の流れの休止性」と直接的につながるわけではない。「時間の流れの休止」は、背景的な説明の挿入（例 494）などによる、具体的な場面の中断などでなければ、起こりえないだろう。

(493) 里子は、急いで、ハンドバッグから、コンパクトを出して、パフで、鼻の頭をおさえながら、
「大阪から乗っていらっしたのかしら、偶然ね……」
と、云った。
　三千代は、そのまま黙って、大阪の駅で買った、週刊雑誌を、ばらばらと、めくっていた。三千代は、朝の相模の海を、眺めながら、ぼんやりと、昨夜のことを考えている。
　夜来の雨は、はれ渡って、しみとおるような、海の色である。レースの、

縁取りをした、なぎさが、トンネルの横穴の行列から、ちらちら見えた。
　久しぶりに見る、懐かしい景色だった。三千代は、やがて、洗面道具をトランクから出して、顔を洗いにいった。（林芙美子・めし）

(494)「くれぐれも営業妨害にはならんように気をつけてくれ」
　籠谷は仏頂面でいった。地元振興とやらのお題目で、商工会の有力メンバーであるエイコーの店長とは半年に一回ゴルフをする間柄だ。間違ってもグリーンフィーは払わないし、帰りは忘れずに土産をもらってくる。うわべの権力と接待漬けの日常が警察官としての矜持をスポイルし、こういう能なしを作るのだ。
「それで、手紙の指紋はどうやった」籠谷はつづけた。
（黒川博行・カウント・ダウン）

次の例は、完成相と継続相とが、継起的に起こっている、いくつかの動作を表しているのだが、完成相は、限界へ到達する、時間的に比較的短い動作を表し、継続相は、その過程が時間的に長く続く動作を表すというように、異なるし方で、物語の時間を作りだしている[104]。

(495) ストーヴを囲んでいた連中は、さっと立ちあがってヤギのそばへ行った。急に生色が戻ったように皆は愉快そうにはしゃぎながら、ヤギに手をふれている。分け前にあずかろうと、ヤギの前脚をさすってみているものもある。やがてヤギは物置の方へ男達に連れられて行った。（林芙美子・松葉牡丹）

(496) 阪堺線の、天神ノ森の停留所で初之輔は、谷口のおばさんに会ったが、初之輔は、そこへ来た、恵美須町行きの電車に、乗ってしまった。
　おばさんは、小さくなってゆく、電車を見送っていたが、すぐ、酒屋の角を曲がった。（林芙美子・めし）

(497) おりんは筵の上にすっくと立った。両手を握って胸にあてて、両手の肘を左右に開いて、じっと下を見つめていた。（深沢七郎・楢山節考）

6.　前景と背景

工藤は、「物語世界は、浮き彫り付与（salience）の構造上、前景的なもの（図＝figure）と背景的なもの（地＝ground）とに分化されている」とし、完成相シタを前景と結びつけ、継続相シテイタを背景と結びつけている（工藤真由美 1993, p.43）。だが、この見解は、鈴木重幸 1993「『ことばの科学』第6集の発行にあたって」で、次のように批判されている。

たとえば、テキストがさしだす意味構造を《前景》と《背景》とにわけながら、《前景》を完成相の、《背景》を持続相の意味・機能的な領域としてとらえている。しかし、完成相と持続相との対立は、いくつかの動作の、同時か、それとも先行・後続かという時間的な関係の表現であるとすれば、事件の展開過程における《前景》か《背景》かということにまでいたっていないのではないか、という疑問がのこる。

この批判をうけてであろうか、工藤真由美1995では、前景と背景という規定は見られない。したがって、ここで工藤の引用にもとづいて書くべきではないのだが、欧米のアスペクトの研究では、工藤真由美1993と同じく、アスペクト的な形が前景foregroundと背景backgroundと結びつけられることが多い（たとえば、Forsyth 1970, Hopper 1982）。また、工藤自身は、なぜ前景と背景と規定してはいけないのか、明らかにしていないので、やはり、ここで触れておかなければならない。

前景と背景（図と地）という用語は、もとは、おもにゲシュタルト心理学において使用されていたものであろうが、いまは、言語学、とくに認知言語学において、トラジェクターとランドマークという用語を使って、その考えが援用されているようである（辻編2002『認知言語学キーワード事典』参照）。

われわれがある対象を認知する場合には、その対象のもっとも際立った部分に焦点をあてながら認知していく。この場合、一般にこの際立っている部分ないしは焦点化されている部分は「図」(figure)、その背景になっている部分は「地」(ground)とみなされる。（別の見方からすれば、前景となっている部分が図、背景となっている部分が地ということになる。）　（山梨1995, p.11）

このような心理学における「図」と「地」という概念が、どのように言語分析に利用されるかについては、さまざまな考えがあるようであるが、それはともかくとして、心理学における「図」と「地」という概念から考えてみて、たしかに、次の例のように、背景を表しているように思われる継続相も多い。

(498)　押し潰された傷の上に、また傷のつくと云う人生にもとみは馴らされて、とみはまたビール瓶を透かして酒をコップについだ。手がぶるぶるとふるえていた。　（林芙美子・白鷺）

(499)　矢も盾もなく、富岡はおせいの裸が恋しかった。後姿にそそのかされた。いきなり、富岡もその方へ泳いで行き、おせいのそばに上って行った。湯殿の

ひさしを掠める、荒い夜の山嵐がごうごうと鳴っている。「背中、流しましょうか？」おせいが云った。　(林芙美子・浮雲)

しかし、次の例では、完成相が背景的なものを、継続相が前景的なものを表しているようにも見える。だが、これも、認知的には、完成相が前景的なのであろうか。こうなると、やはり、何が前景であり、何が背景であるか、明確に理解することは難しいようである。

(500) 葉扇はかつかつと風に鳴った。私は根方の草に寝て眼をつぶり、その音だけを聞いていた。　(大岡昇平・野火)

(501) 初之輔は、みごとな腰の線をみせて、毛布にくるまって眠っている里子の、逞しい寝姿に、見とれていた。
　二年見ない間に、すっかり女らしくなったものだな、と思った。　(林芙美子・めし)

継続相だけが並んでいる場合は、主人公の動作も、それ以外のものも、すべて、背景なのだろうか。背景と規定されるのは、完成相といっしょに、対比的に使用される場合だけなのだろうか。

(502) ゆき子は、外套の襟をたてて深い眠りに落ちていた。博多停りの三等車は、割合混んでいた。通路にも坐り込んでいるものがあった。
　いろいろな食べ殻と、人いきれで、スチームのない昼間の車中は、割合むしむししていた。よく眠っているゆき子の顔を富岡は呆んやり眺めていた。
(林芙美子・浮雲)

(503) 袖のみじかい着物に、着替えて来た、富安せい子が、次の間の屏風を背に、舞っている。ポータブルのレコードが、うたっていた。
　三千代は、食卓に肘をついて、うっとりと、せい子の踊りにみとれている。
　銀の屏風には、草花があしらって描いてあった。その屏風に、時々、せい子の影がゆらめく。
　三千代は、女の一生に就いて、考えていた。同じ女学校を出て、十年もたってみると、同級生の一人一人に、いろいろな運命が、暈のように被さって来ているものだと、思うのである。　(林芙美子・めし)

認知的な解釈と異なるものになるが、前景と背景という概念を、鈴木重幸1993

のように、物語の構成という点から考えると（また、そうすることによって、はじめて、アスペクトと関わりを持ってくると思われるのだが）、次の例のように、登場人物をとりまく、自然現象や、空間や物の状態など、場面状況の設定を表す文は、しばしば、述語動詞が継続相をとっていて、背景と呼べそうである。これらの動作は、多くの場合、場面のなかで、ずっと続いているものであり、登場人物の動作と時間的に相互作用しながら、始まったり、終わったりするようなものではない。完成相と継続相との対立を持つ具体的な動作をさししめす動詞ではないため、完成相でも、ほとんど、同じアスペクト的な意味を表すことがある。このように、完成相と継続相とのアスペクトの対立が失われた、場面状況の設定を表すようなものを、「背景」と呼ぶことにしよう。

(504)　矢も盾もなく、富岡はおせいの裸が恋しかった。後姿にそそのかされた。いきなり、富岡もその方へ泳いで行き、おせいのそばに上って行った。湯殿のひさしを掠める、荒い夜の山嵐がごうごうと鳴っている。「背中、流しましょうか？」おせいが云った。　（林芙美子・浮雲）

(505)　すっかり、露店もなくなり、あたりはいやに淋しくなっていた。廃墟の角々に街燈がついているのが、いっそう敗戦のみじめさを思わせた。凍ったような冷たい風が吹いた。二人は電車通りへ出た。　（林芙美子・浮雲）

しかし、登場人物の動作を表す継続相は、完成相の表す動作と、時間的な相互作用を持ちながら、物語の筋を構成していく。この継続相は、完成相との意味的な対立を持つ。このような完成相と継続相は、継起的か同時的かという、物語の時間の流れに対する時間的な関わり方が異なるだけであって、継続相が背景を表すとまでは言えないだろう。

(506)　初之輔は、よろめきながら、土間へはいり、どんと、かまちに、腰をかけた。
三千代は、戸を閉めて、ゆっくり、鍵をかけている。
「電車で、前の金沢さんと、一緒だったよ」
靴をぬぎながら、初之輔が云った。　（林芙美子・めし）

物語の展開の中心をなす登場人物の動作は、たがいに時間的な関係で結びついていて、それらをさししめす動詞は、完成相と継続相との、アスペクトの対立を持つ。さらに、登場人物の動作に作用する、場面のなかで起こってくる、さまざまな出来事も、登場人物の動作と、あるいは、それらどうしで、時間的な関係で結ばれていて、アスペクトの対立を持つ。このように、物語の中心をなし、アスペクトの対立を持つものを、「前景」と呼び、物語の周辺に存在する場面設定として、登場人物をとりかこみ、アスペクトの対立を持たないものを、「背景」と呼べば、アスペクト論としては、いくらか意味のある概念になるように思われる。つまり、前景・背景という概念を、アスペクト的な形のテクスト的な機能とするのではなく、文の表す個々の出来事が物語の場面のなかでおびる役割と考えるべきではないだろうか。

注

83　ただし、主人公とともに語り手もその場面のなかにいると考えると、主人公の視点ではなく、語り手の視点を表している場合もあると思われる。

84　このような副詞（陳述副詞・叙法副詞）については工藤浩 2000 参照。

85　ただし、わきの登場人物の心理には、語り手も、わけいらない。主人公以外の登場人物の心理は、おもに、主人公の目をとおして、その外的な現れによって描写される。「～そうだ」や「～ようだ」のように間接的な認識であることが示されているものが多いが、そうでないものもある。

・宗一はうれしそうに手をすりあわせた。　　（宮部みゆき・返事はいらない）

・「わっ！」と、相手は叫んだ。街灯の光に照らされたその顔は、本当に驚いている。間違いなく、隣家の息子だ。　　（宮部みゆき・聞こえていますか」）

86　そのほか、次の例のように、出来事として描写され、発話内容は具体的には引用されない場合もある。

「お勤めに障りますよ。それに、夜道の一人歩きは感心しませんね」
問われるまま、聡美は目撃した事故の一部始終を話した。
（宮部みゆき・言わずにおいて）

87　工藤真由美 1995 では、工藤真由美 1993 をもとにして、それを部分的に修整しながら、同じテーマについて、ふたたび論じている。以下の引用や言及は、おもに工藤真由美 1995 にもとづく。

88　以下、筆者は、工藤の言う〈はなしあい〉を会話文と呼び、〈かたり〉を地の文と呼ぶことにする。

89　工藤真由美 1995 は、このようなものを「相対的なテンス」としている（p.172, pp.195–198）。しかし、三人称小説の地の文に使用されている過去形が、工藤が言うように、テンス的な意味のないものであれば（第 3 節参照）、物語の到達時点以外に、会話文の発話時のような、基準となる時点は存在しないことになる。とすると、それは、工藤の論理に従えば、物語の到達時点を基準とする「絶対的テンス」ということになりはしないだろうか。工藤の言う、内的独白と同様に、〈内的発話時＝意識時〉を基準軸とするダイクティックな対立を示すと言えるのではないだろうか。

90　場面の時間的な位置づけには、「翌日」などのように、段落の間の相対的な時間的な関係を示すものもある。

91　ただし、この例では、そのあとに、前の動作にともなう思考過程の内容を表す文が続いていることも、非過去形の使用に関係していると思われる。

92　次のように、実際に発話された内容も、地の文にさしだされることがある。これも、内言と同じく、登場人物の意識にとらえられた動作なのだろう。

電話の向こうから、相手側のうろたえぶりが伝わってくる。宗一の自転車や衣類を確認したのだろう。逆探知されていることはわかりきっているので、千賀子は早口にしゃべった。

　金が支払われない場合、人質は即座に殺害する。五千万円は全額、新券ではない一万円札で用意しろ。金はかならず支払うから人質に危害は加えないでくれ、という相手側の懇願を途中に、受話器を置いた。（宮部みゆき・返事はいらない）

　また、地の文における内言と、より直接的で明確な内言とを区別している場合もある。

（それにしても、あたし、どこであんな汚い悪態を覚えたのかなあ）
故郷で暮らしている両親がこれを知ったら、育て方を間違えたと嘆くだろう。
（宮部みゆき・言わずにおいて）

93　山岡 2001『「語り」の記号論』では、筆者と同じ論拠により、工藤の論文への批判がなされている。一つは、三人称小説における語り手の設定と、その語り手が物語の場面のなかに存在しうるということである。そして、もう一つは、助動詞「た」の表す完了の意味と過去の意味を、小説の地の文にも認め、物語の出来事を読者が目の前で起こっているかのごとく感じるのは、「た」が完了を表しているときであるとしていることである。しかし、これらの点に関しては、筆者も、須田 1993 において、すでに述べている。

　ただし、アスペクト・テンス的な形の表すアスペクト・テンス的な意味のとらえ方が異なるので、筆者と異なるところも少なくない。とくに、継続相の過去形を気づき・発見の「た」であるとしているように、継続相に関するアスペクト・テンス的な意味の分析は、筆者とは大きく異なるだろう。

94　それが起こらない一人称小説もあるという指摘もある。

95　非過去形にすれば、この回想という意味あいは弱まるだろう。

96　その文のあとの段落のなかには、その場面に起こってくる出来事を表す文が続いていて、ある意味においては、同時的な関係にあるとも言えるが、それらを含みこんでいるという意味において、レベルが異なっていると言えるだろう。

97　厳密にいえば、鈴木の言う「発言の直前の動きや変化」が、すべて、筆者の言う、中核的なアスペクト的な意味である限界到達と重なるわけではない。動作の内的な時間構造を顕在化させていなければ、たとえ、「発言の直前の動きや変化」であっても、筆者の言う限界到達ではない。また、直前でなくても、動作の内的な時間構造を顕在化させていれば、限界到達を表すと言える。重要なのは、話し手の、その動作のとらえ方であって、その動作の、発話時への時間的な近さではない。

98 それが、さらに、登場人物の意識にとらえられる動作へとつながっていくのだろう。

99 須田2000「小説の地の文における動作の間の時間・意味的な関係の諸タイプについて」参照。

100 ただし、文の述語動詞にさしだされる動作が、すべて、そのような時間的な関係を持つわけではない。たとえば、次の例のように、説明的な関係を持つものもある。後続する、同じか、似た単語を含む文が、先行する文の内容に関する、よりくわしい（あるいは、別の観点からの）説明をつけくわえているのである。

・私はそのまま銃を水に投げた。ごぼっと音がして、銃は忽ち見えなくなった。孤独な兵士の唯一の武器を棄てるという行為を馬鹿にしたように、呆気なく沈んだ。　（大岡昇平・野火）

・里子は、寝床へはいって、本を読んでいた。三千代が、堂谷小芳から借りた、武蔵野夫人を読んでいる。姦通を扱った小説だった。　（林芙美子・めし）

今後、論理的な関係など、非時間的な関係も含めて、テクストにおける文のさしだす出来事のあいだの関係全体のなかで、こうした時間的な関係もとらえていく必要があるだろう。

101 工藤真由美1995では、語り手という概念はなくなってしまうのだが、とすると、具体的な場面のなかで、非過去形によって、誰かが見ているようにさしだされている動作で、作中人物がとらえていない動作は、いったい誰がとらえていることになるのだろうか。

102 ただし、感情・評価的な意味をともなう場合は、会話文でも、このように、完成相・非過去形が使われることがある。また、小説の地の文の完成相・過去形にも、同じような用法がある。

103 このような使用は、日記における非過去形の使用にも近いだろう。また、このような用法は、会話文においても、ありうるかもしれない。

104 もちろん、一般的に、完成相が時間的に短い動作を、継続相が時間的に長い動作を表すというわけではない。

第II部

第Ⅱ部では、第Ⅰ部で展開したアスペクト論の背景にある言語学的な理論を検討していく。アスペクト論が文法論の一つの領域であれば、文法論全体の体系のなかで、他の文法論の領域にも通ずるような、一般的な理論にもとづきながら、それを位置づけなければならない。すなわち、アスペクトに関して述べたことを一般化して、ここで述べるということになるのだが、それは、また、アスペクトに関して述べたことを補足的に説明するものともなるだろう。

筆者の研究は、奥田靖雄や鈴木重幸を中心とする言語学研究会の理論にもとづいているが、その言語学研究会は、おもに、ソ連・ロシアの言語学の方法論に学びながら、日本語の文法論を発展させている。ここで行いたいのは、そのソ連・ロシアの言語学を参照しながら、現代の段階において、あらためて、奥田らが築きあげてきた言語学的な理論を再検討するということである。そして、その中心となるものを、一言で言えば、形態論的なカテゴリーと構文論的なカテゴリーの理論の検討ということになるだろう。

第１章では、文法論全体の基礎的な諸概念について論じるが、第１節では形態論を中心に、第２節では構文論を中心にして検討していく。そして、第２章では、その具体的な検討の例として、モダリティとヴォイス性をとりあげる。

第1章　体系的な文法理論の諸概念

第1節　形態論

1.　はじめに

1.1.　単語と形態論

鈴木重幸 1991「文法について」は、「《文法》とはなんであるか、ひとことでこたえろといわれれば、わたしはためらいなく《単語をつかって文をくみたてるきまりである。》とか、《単語を基本的な材料として文をくみたてるさいに、したがう法則である。》とかこたえるだろう」と述べている。すなわち、単語は、文とともに、言語の文法的な体系を明らかにするための、もっとも基本的な対象である。

形態論 morphology は、この、単語から出発する。鈴木重幸 1980b「品詞をめぐって」は、単語を、「言語のもっとも基本的な単位であり、語い的なものと文法的なものとが実質的な内容とそれの文における存在形式との関係で統一した、語い＝文法的な単位である」と規定しているが、もっとも基本的には、形態論は、この、単語の文法的な側面を明らかにするものである。

1.2.　形態論とは何か

伝統的な文法論は、形態論 morphology と構文論 syntax とに分かれるが、鈴木重幸 1972a『日本語文法・形態論』は、その形態論を、「一口にいって、文と連語の基本的な材料としての単語の文法的な側面を対象とする文法論の分野である」と規定している。通常、形態論は、「形態論の対象は、ことばの厳密な意味において、単語の変化の法則の調査、別の言い方をすれば、同一の単語の異なる形の形成のし方の解明である」(『ロシア語文法』(1960 年)) というように、単語の形の変化という面を中心にして、規定されるが、鈴木の規定における「単語の文法的な側面」という部分は、単語の外的な形に限定せず、その形と結びついている文法的な意味も含めて、形態論の対象とするということを示しているように思われる。

形態論には、単語の文法的な形の形成 (形つくり) に関する、本来の意味における形態論と、新しい語彙的な意味を持つ単語の形成 (単語つくり) に関わる、語形成論（派生論）という、二つの分野がある。もちろん、前者が形態論の中心であるが、鈴木重幸 1972a には、「ひろい意味の形態論では、単語つくり（単語のつくり方、単語の内部構造）をもあつかう」（p.34）とある。形つくりは、同一の語彙的な意味を持つ同一の単語の異なる形の形成であるのに対して、単語つくりは、異なる語彙的な意味を持つ異なる単語の形成である。したがって、形つくりにより形成される意味は、文法的なものだが、単語つくりにより形成される意味は、語彙的なものである[105]。しかし、一般性の程度の違いはあるとしても、どちらも、規則的に作られるものであるかぎりは、形態論の領域にあると言えるだろう。

このように、形態論は、単語の形式（形態）を明らかにするものであるが、その形式（形態）の概念には、いわゆる屈折的な語形変化のような一単語内のものから、補助的な単語との組みあわせなど、形式的には二単語以上からなるもの（いわゆる分析的な形）まで、外的な形式的な側面において認められる、すべての表現手段が含まれる。それらは、すべて、広い意味における、単語の形式である。したがって、それぞれの言語の表現手段のタイプによって、屈折的な形以外の、さまざまな分析的な形も対象とする形態論というものがありうる。分析的な形とは、分離性などの形式的な側面においては、二つ以上の単語ではあるが、内容的には、一つの語彙的な意味と一つの文法的な意味というように、一つの単語に相当するものとなっているものである。そのかぎりにおいて、そうしたものも、形態論の対象となるわけである。

形態論は、単語の文法的な性質を調べるのであるが、それは、文法的な性質であれば、一般的な性格を持っていて、あるグループの単語に共通するものとして、存在している。その共通する文法的な性質を根拠として、その言語の単語を分類したものが、品詞である。したがって、単語の文法的な性質を調べていくとき、その出発点となるのは、品詞である。単語の文法的な性質の研究は、品詞ごとに、それぞれの文法的な性質を調べていき、そのなかにおける、さまざまなバリアントをとりだすという手順で進んでいく。

そして、その、単語における文法的な性質のうちで、もっとも一般的なものが、形態論的なカテゴリーである。したがって、品詞は、まず、どのような形態論的なカテゴリーを持つかという観点から、規定されることになる。たとえば、名詞は格という形態論的なカテゴリーを持ち、動詞はヴォイスやアスペクトといった形態論的なカテゴリーを持つといったようにである。

以上のように、形態論の中心的な課題には、品詞論とともに、形態論的なカテゴリーの分析がある[106]。言語的な形式は、単なる音声的な外形ではありえず、つねに、意味の表現手段としての「形式」であり、どこまでも意味につきまとわれているのであれば、その意味を切りすてたところでは、形式の分析も、体系内での位置づけも、不可能となる。言語的な形式は、その意味（そして機能）における共通性と相違性によって、とりだされ、体系化されるため、形式の分析は、実際には、そのほとんどが意味の分析となる。したがって、形態論は、単語の形の形式的な分析ではなく、それが表す文法的な意味と、その体系的な位置づけの土台となるカテゴリーという意味的な側面の分析が中心となるのである[107]。

ところで、すでに述べたように、伝統的な文法論では、形態論とともに、構文論という分野がたてられるのだが、そうした考えに対して、以下のような疑問が出されることがある。たしかに、形態論は単語を対象とし、構文論は文を対象とするというように、その二つの研究対象は、異なってはいるが、文が単語からできあがっているならば、文法論におけるすべての検討は、文において行えばいいのではないかと言うのである。たしかに、形態論は、文のなかで形態論的な形がどのような意味を表すかということも明らかにするため、それは、文において実現する意味に関わっている。しかし、形態論は、そうした意味を、単語の形の面から、形の違いがそれらを一般化し体系化するという面からとりあげるのであり、その点で、文において実現する意味を、文におけるさまざまな表現手段との関係において体系化する構文論とは異なるということになる[108]。また、構文論が、文を作るための、単語の組みあわせのし方、その型を中心に検討するものであれば、その材料となる要素の性質は、あらかじめ、明らかになっていなければならない。それは、単語において、潜在的な能力のようなものとして、すなわち、文法的な意味と表現手段とからなる文法的な形として、あらかじめ存在している。そのような潜在的な能力の存在は、文のなかで単語が相対的な独立性を持つことと相互規定的である。文において、構文論的な構造と単語の形態論的な形とが、つねに相互作用のなかにあり、複雑にからみあって存在しているのであれば、その相互作用によって生みだされる文の意味を明らかにするには、両者をいったん相対的に切りはなして、その複雑な相互関係を解きほぐしていかなければならないのである。

以上のように、形態論は、単語があらかじめ潜在的に持っている能力のようなものを対象とし、それを全面的に明らかにする文法論の分野だと言え、形態論は構文論に従属しているようにも見えるが、それ独自の存在領域を持つと言える。

2.　形態論的なカテゴリー

2.1.　形態論的なカテゴリーの規定

近年、ムードやテンスといった用語が多くの研究者によって用いられるようになってきており、さらに、それらをモダリティやテンポラリティと区別して使う研究者も増えてきた。そうした立場においては、ムードやテンスは形態論的なカテゴリーであるということになるが、その規定に関わる検討は、あまり、なされていないようである。

日本語の研究において、形態論的なカテゴリーを明確に規定したものとして、何よりもまず、鈴木重幸 1983a「形態論的なカテゴリーについて」があげられる。鈴木は、ムード、テンス、ヴォイス、アスペクト、みとめ方、ていねいさ、きれつづき、格、とりたてなどを、日本語に認められる形態論的なカテゴリーとし、形態論的なカテゴリーを次のように規定している。

> 形態論的な形の文法的な意味、機能は、語形変化する単語の単語形式によってあらわしわけるものであるから、必ず文法的な意味、機能においてこの形と同類（つまり、それと文法的に対立し、統一している）の他の一つ以上の形態論的な形の存在が前提になっている。
>
> 形態論的な形は、語形変化する単語における文法的な側面の一部であって、同類の文法的な形は、パラディグマチックな体系をなしていて、形態論的なカテゴリーを構成している。
>
> ふつう形態論的なカテゴリーは、同類の形態論的な形を体系のもとに統合する一般的な、本質的な特徴――一般化された文法的な意味、機能――と規定される。形態論的なカテゴリーを内容の面と表現手段の面の統一体とみれば、それは、そうした特徴によって統合された形態論的な形のパラディグマチックな体系と規定することができる。

ここには、形態論的なカテゴリーに関する基本的なことが、すべて述べられている。文法的な意味と、その表現手段との統一体である形態論的な形のいくつかが、それらに共通する一般的な意味のもとに、まとめられ、互いに対立しながら、体系をなしているものが、形態論的なカテゴリーであると言えるだろう。もっとも重要なところは、意味の体系と形の体系を統一する一般的な意味が規定的であるということである。たとえば、「する」と「しない」は、それぞれ肯定と否定を表しながら、それらをまとめあげるみとめ方という一般的な意味のもとで、一つの形態論的なカテゴリーを構成するのである。

伝統的な考え方によれば、形態論的なカテゴリーは、構文論的なカテゴリーとともに、文法的なカテゴリーの下位タイプをなすとされるが[109]、構文論的なカテゴリーの研究が進んでいない現在の段階においては、文法的なカテゴリーは形態論的なカテゴリーと同一視されることも多い。日本語に関しても、仁田 2002「日本語の文法カテゴリー」のように、形態論的なカテゴリーという用語を使わずに、それと同じ意味で、文法的なカテゴリー（仁田はそれを「文法カテゴリー」と呼んでいる）という用語を使う研究者もいる[110]。

ソ連・ロシアの言語学では、文法的なカテゴリーは、たとえば、「その構造が言語の形態論的なタイプに依拠する、その言語における、文法的な形の体系によって一貫して表現される、一般化された意味」と規定されている（ヤルツェヴァ 1975「文法的なカテゴリーと言語のタイポロジカルな性格づけのヒエラルキー」）。これは、タイポロジーの立場からの規定である。また、マスロフ 1997『言語学入門』では、「文法的なカテゴリーとは、さまざまな形式的なしめし手によって体系的に表される、一連の互いに対立する同種の文法的な意味と規定することができる」と述べられている。さらに、レフォルマツキー 1996『言語学入門』では、「文法的なカテゴリーとは、同類の文法的な現象の統一、グループ、総体であり、それは、また、何よりもまず、形の異なる同類の文法的な単語の総体である。いずれのカテゴリーの統一も、表現手段ではなく、一般的な文法的な意味によるものである」と規定されている[111]。いずれの場合も、一般的な意味の規定的な役割が強調されており、その表現手段に関しては、さまざまなものがありうるとされている。

上の鈴木の規定に含まれているとも言えるが、形態論的なカテゴリーを性格づける、いくつかの特徴をとりだしている研究者もいる。たとえば、工藤真由美 1995は、そのような特徴を「文法性＝形態論的範疇の認定基準」として、①義務性（使用の強制）、②包括性（あらゆる動詞、あるいは述語形式をまきこんでいること）、③規則性（一様な形式的指標の存在）、④抽象性・一般性（語彙的意味からの解放）、⑤パラディグマティックな対立性（相補的対立関係）をあげている。

これは、マスロフ 1978「対照アスペクト論の原理によせて」がアスペクトの文法的なカテゴリーについて述べているものと似ている。マスロフは、「われわれがアスペクトについて語ることができるのは、なんらかの相的意味が大部分の（時にはすべての）動詞語彙の限界内でひとつの動詞の互いにパラディグマティックに対立した文法形式によって規則的な表現を得ている場合だけである」と述べているのだが、(1)「…なんらかの相的意味が…」というのは工藤の言う抽象性・一般性に、(2)「…大部分の（時にはすべての）動詞語彙の限界内で…」というのは包括性に、(3)「…規則的な表現を得ている…」というのは規則性や義務性に、(4)「…ひとつの動詞の互いにパラディグマティックに対立した文法形式によって…」というのはパラディグマティックな対立性に対応するようである[112]。

工藤のあげている基準は、テンスやヴォイスなどの形態論的なカテゴリーに、どのようにあてはまるだろうか。たとえば、テンスについて見ると、文の述語になる動詞・形容詞・名詞は、かならず、非過去か過去かの意味を表さなければならず（①義務性）、述語になる、ほとんどすべての動詞・形容詞・名詞は、非過去形（「する」）も過去形（「した」）もとることができ（②包括性）、過去形は、つねに、-ta か -da という決まった語尾がつき（③規則性）、「書いた」「読んだ」などは、いずれも、それぞれの語彙的な意味に関わらない、過去という文法的な意味を表し（④抽象性・一般性）、「する」と「した」の表す意味は、過去か、それ以外の時間（現在か未来か）かであり、相補的な対立をなす（⑤パラディグマティックな対立性）。以上のように、たしかに、テンスは、工藤の言う形態論的なカテゴリーの基準をみたしているようである。

しかし、工藤の基準にてらして問題が出てきそうな形態論的なカテゴリーもあるだろう。たとえば、②の包括性の基準に関しては、（意志表示的な）ムードにおいて、命令形や勧誘形をとるのは、意志動詞であり、無意志動詞は、基本的に、それらの形をとらないことや、ヴォイスにおいて、受動態をとるのは、基本的に、他動詞であり、自動詞は、まともな受動態を作らないといったことなどが、問題となるかもしれない。しかし、これは、それぞれの形態論的なカテゴリーの性格によるもので、形態論的なカテゴリーのタイプの分類のための基準となりこそすれ、カテゴリーとしての一定の一般性をそなえているのであれば、これをもって、それが形態論的なカテゴリーでないとは言えないだろう。ほとんどの他動詞の、「される」の形において、受動態の一般的な意味が存在しているのであれば、それは、十分に文法的である。単語において、文法的な意味と語彙的な意味とが統一されているとすれば、その文法的な意味が、語彙的な意味から完全に自由であることはありえず、つねに、それとの相互作用のなかにあるというのが、本来的なすがたであろう。それぞれの文法的な意味が論理的に成りたつようなカテゴリカルな語彙的な意味を持つ単語の範囲において、それらの文法的な意味が存在していれば、それは包括的であると言っていいだろう。

ところで、工藤は、形態論的なカテゴリーの基準として、五つの基準をあげているが、そのうち、もっとも重要なものは、どれであろうか。工藤は、五つの基準のうち、義務性を最初にあげているように、義務性は、ヤーコブソン 1959「文法的意味についてのボーアズの見解」以来、文法的なカテゴリーをとりだすうえでの、もっとも重要な基準と考えられている。ソ連・ロシアの言語学者たちも、文法的なカテゴリーの基準として、義務性だけをあげているものもいる（たとえば、ブルンギャン 2000『一般形態論』、ペトルヒナ 2003「ロシア語の言語的な世界像の意味論的な優勢素」など）。上述の、ソ連・ロシアの言語学者たちによる文法的なカテゴリーの規定においては、一般性がもっとも重視されていたが、一般性（一般的な意味）は、義務性の内容的な側面とも見ることができるだろう。最高度の一般性を持つものは、義務的であるし、義務的であれば、意味の面における一般性を持つことになると言える。しかし、それでも、形式的に判断する場合、基準となるものは、義務性ということになるだろうか。

たしかに、義務性以外の基準は持っていても、文法的なカテゴリーと言えない場合がある。たとえば、いわゆる「やりもらい」を表す「してやる」や「してもらう」は、包括性や規則性などの特徴は持っているが、義務性という特徴だけは持たず、そのことが、それを文法的なカテゴリーとみなすことのできない理由となっているだろう。つまり、義務性以外の基準は、その形が語彙的なものから文法化していることは示していても、それが文法的なカテゴリーであることは示していないのである。とすれば、やはり、義務性こそが、文法的なカテゴリーにとって、それをそうでないものと区別する決定的な基準であると言えるように思われる。ただし、日本語の人称のように、義務性だけがあっても、ほかの特徴を持っていなければ、それも、やはり、文法的なカテゴリーとは言えないとすると、文法的なカテゴリーと認められるには、上にあげた工藤の基準のセットをすべてそなえていなければならないということになるのかもしれない。

また、アスペクトに関して、「しはじめる」は、「しはじめている」といったように、完成相と継続相の形をとることを理由に、形態論的なカテゴリーではなく、語彙的なものであるとされることもあるが、そうした相互承接は、その両者が異なるカテゴリーのものであることを示すものだと言えるとしても、その一方が、語彙的なものだという証拠とはならないだろう。うけみとアスペクトなら、「されている」のように、当然、相互承接するように、「しはじめる」とアスペクトも、異なるものであるなら、相互承接するということが考えられるわけである[113]。「しはじめる」が文法的なカテゴリーと言えない理由は、ここでも、やはり、義務性にあると見なければならない。文において、必ず、動詞は「しはじめる」か「しつづける」か「しおわる」かの意味を表さなければならないというわけではないため、「しはじめる」などの使用は、義務的ではなく、任意のものということになり、それを形態論的なカテゴリーとすることはできないのである。

しかし、アスペクトは、文の述語の形式としては、「する」と「している」だけでなく、「してある」「しつつある」などもあり、個々の文において、それらのうちの、どれかをとるというようにも言えそうである。ムードに関しても、「しろ」や「しよう」が、意志表示的なムードを構成する主要な形とされるが、実際の個々の文において、その種のムード的な意味を表すのは、その二つの形だけではなく、当然、ほかにもさまざまな形が使われている。だが、ムードという形態論的なカテゴリーの形態論的な形としては、それらを代表する「しろ」や「しよう」がとりだされているわけである。そうしてみると、「してある」「しつつある」などは、実際には、「する」「している」とともに、それぞれの意味領域を分けあいながら、アスペクト的な意味を表しているので、たしかに、このような場合は、義務性が、テンスなどと比べると、より限定的であるとは言えるかもしれない。文において、形態論的な形だけが使われるわけではないというのは、つねにあることなのだろう。

また、命令形では、テンスの対立は多くの言語において失われるが、そのことで、その言語においてテンスが義務的でないとは言えない。これは、命令形のムード的な意味がテンス的な意味をさまたげているのであり、形態論的なカテゴリーのあいだの相互作用として、これは、つねに、起こりうるものである。ただ、この場合は、命令形においても、テンスがないわけではなく、一つに限定されるということだとも言えるかもしれない。対立が失われることと、意味自体が表現されないこととは、分けて考えなければならないだろう。

以上、形態論的なカテゴリーの一般的な問題について検討したが、次に、鈴木重幸 1983a のあげている、いくつかの形態論的なカテゴリーをとりあげて、その問題点を検討していく。

2.2.　格は形態論的なカテゴリーか

名詞の形態論的なカテゴリーとしては、まず、格があげられる。鈴木重幸 1972a『日本語文法・形態論』は、格を「名詞が文や連語のなかで他の単語に対してとることがら上の関係(素材＝関係的な意味)のちがいをあらわす文法的なカテゴリー」であると規定している。

日本語において、名詞は、文のなかで、かならず、「が」「を」「に」などのくっつきをともなって現れ、文の成分となり、述語動詞などの表す動作に対する、その参加者の性格を表しわける。それが格の文法的な意味であり、それぞれの格的な形(形態論的な形)は、それぞれ固有の、そうした格的な意味(形態論的な意味)によって対立し、名詞の存在形式をなしているのである。

このように、「が、を、に、へ、で、から……」などのついた名詞の形が、日本語において、格とされているが、これらは、同等の資格で、形態論的なカテゴリーとしての格とみなしうるだろうか。「〜が、〜を、〜に」を、中心的な格として、ほかと区別する立場は、以前から存在していたが(川端 1965「文論の方法」[114]、川端 1976「用言」など)、村木 1991a『日本語動詞の諸相』、村木 2000「格」は、格を、次のように分けている[115]。

> 文法格「ガ／ヲ／ニ(与格)」、広義の場所格「ニ(位格)／カラ／ヘ」、関係格「ニ(依拠格)／ト／ヨリ」、状況格「デ」、数量格「ϕ (1時間、3キロ、…)」

これにならって、筆者は、日本語の格を、まず、文法的な格(構文論的な格)と意味論的な格に分けたいと思う[116]。前者は、村木の文法格にあたる「が」「を」「に」であり、後者は、それ以外の「で」「と」「から」「へ」などである。そして、前者は、形態論的なカテゴリーとしての格であるのに対して、後者は、そうではなく、あとで述べる形態論的な（文法的な）系列であると考える。その根拠について検討していこう。

まず重要なことは、「が」格や「を」格などの文法的な格が、上述の形態論的なカテゴリーの基準である、義務性、包括性、規則性、抽象性・一般性、パラディグマティックな対立性などの諸特徴をそなえているということである。まず、義務性に関しては、「が」格や「を」格などは、必須成分とも言われるように[117]、さまざまな文において義務的であると言える。コンテクストに条件づけられて省略されることはあるとしても、つねに、それらは、顕在的にあるいは潜在的に存在していなければならないのである。次に、包括性に関しては、人名詞でも、物名詞でも、あらゆる名詞が、「が」格や「を」格をとると言える。そして、抽象性・一般性に関しても、文法的な格は、個々の名詞の語彙的な意味にしばられずに、広い意味における動作の主体や対象などを表すという点で、もっとも語彙的な意味から解放されていると言える[118]。パラディグマティックな対立性についても、動作に関わる参加者として必須の主体か対象かを表していて、相補的な対立をなすと言えるだろう。また、規則性に関しては、他の形と同様に、くっつきによるものなので、問題はない。[119]

このような文法的な格に対して、意味論的な格は、文における、その現われが任意で、義務的ではなく[120]、また、それらの形をとる名詞も、語彙的な意味の制限があり、包括性という特徴も持たない。そして、「で」格が場所を表す場合、その形をとる名詞は場所名詞であるといったように、語彙的な意味からの解放の程度も低く、抽象性・一般性に欠ける。

もし、形態論的なカテゴリーを含めて、文における格的な意味と、その表現手段をまとめあげる「格性」（モダリティやアスペクチュアリティにあたるもの）とでも呼ぶべき構文論的なカテゴリーを考えるとすれば、形態論的なカテゴリーとしての文法的な格は、そのなかで、もっとも文法化したものであり、その体系の中心をしめるものであるのに対して、形態論的なカテゴリーでない意味論的な格は、その体系の周辺に位置するということになるだろう。また、「（に）ついて」「（に）対して」などの後置詞は、分析的な形という表現手段によるものであり、それも格性に入るとすれば、やはり、その体系の周辺に位置していると言える。

しかし、以上のように、文法的な格に限定してもなお、格が形態論的なカテゴリーであるということには、疑問が残る。それは、個々の文におけるパラディクマティックな選択性に関わる問題である。

格は、形態論的なカテゴリーとされるもののなかで、特殊な性格を持つカテゴリーである。上に述べたように、名詞は、文からとりだせば、それ自体としては、いずれかの格をとる選択的な可能性を持っていて、たがいに対立するいずれかの文法的な（格的な）意味を表すと言える。しかし、名詞が、文のなかに存在するときは、たしかに、かならず、いずれかの格の形をとらなければならないとしても、文の特定の位置において、それぞれの格の形のあいだのパラディグマティックな関係が成りたっているわけではない。文においては、名詞のとる格は、文の述語によって、基本的な部分は決まってしまう。たとえば、「太郎が二郎をほめる。」という文では、「太郎」という名詞は、「ほめる」という動詞との関係において、「が」格をとることしかできない。文の、その位置において、「が」格も「を」格も「に」格もとれるという条件のなかで、「が」格を選択しているわけではないのである。

もし、こうした場合、義務性ということを言うとすれば、文は、述語のタイプによって、かならず、いずれかの格体制をとるという意味において、義務的であるということになるのではないだろうか。そして、それを一般化すれば、他動詞の場合は、「が」格と「を」格（そして、「に」格）をとり、自動詞の場合は、「が」格をとるということになるだろう。

動詞も名詞も「数」の形態論的なカテゴリーを持つ言語では、動詞の形態論的な形が、主語の名詞のさしだすものの複数性を表すとともに、主語になる名詞も、その形態論的な形で、それ自体の複数性を表すということがある。これと少し似ているようにも思われるのだが、格の場合は、動詞が、形態論的な形によってではなく、潜在的に隠れたカテゴリーのように、結びつく名詞の格の形を示しており、それに照応して、文のなかに、いくつかの、格の形をとった名詞が現れるわけである[121]。このように、文において選択されるのは、一つの名詞の格の形ではなく、いくつかの名詞の格の組みあわせとしての格体制である。そして、それは、話し手の表現しようとするところによって、どれか一つが選ばれるというものではなく、述語になる単語によって規定されてしまうものなのである。動詞であれば、他動詞か自動詞かによって、もっとも一般的な格体制の枠組みは決まると言えるだろう。

したがって、たとえば、テンスに関して、動詞は、文の述語の位置において、かならず、過去形か非過去形のどちらかの形を選択すると言えるのだが、それに対して、格は、文のなかで名詞のとる位置が一つであり、その特定の位置において、いずれかの形をとるというものではない。あえて言えば、いずれかの文法的な格のセットが、その文における格体制として現れて、その文に現れなかった格体制と対立していると言えるだろう。そして、それぞれの格体制のなかで、個々の格の形は、その格体制の表現手段の一部分をなしながら、相互に、格的な意味という文法的な意味において対立しているとも言えるだろう。

また、テンス的な意味は、単語の文法的な意味であると同時に、文全体の意味でもあるが、格は、文全体の意味ではなく、名詞という単語の文法的な意味にすぎないという違いもある。つまり、格的な意味にとって、一つの単語自体が全体なのである。そのため、文が、つねに、いずれかのテンス的な意味を持つのに対して、名詞（文ではなく）は、つねに、いずれかの格的な意味を持つとは言えるわけである。

以上のように、文の述語動詞が自動詞か他動詞かによって、文の基本的な格体制は決まる。そして、そのとき、つねに現れる格は「が」格であり、「を」格は、他動詞では現れるが、自動詞では現れない。したがって、他動詞の格体制は、形式的な有標性を示し、自動詞の格体制は無標性を示すと言える[122]。その格体制の対立によって、つねに現れる格（「が」格）は主格として規定され、一方の項にだけ現れる格（「を」格）は対格として規定されることになる[123]。こうした格体制における主格と対格の規定は、人をさししめす名詞が主格となり、物をさししめす名詞が対格となるという出発点的な関係と相関している。

2.3. 「きれつづき」は形態論的なカテゴリーか

鈴木重幸 1983a「形態論的なカテゴリーについて」は、終止形・連体形・中止形・条件形などからなる「きれつづき」を、形態論的なカテゴリーの一つとしているが、テンスやムードと同様の意味において、それを形態論的なカテゴリーと見ることができるだろうか。

まず、「きれつづき」は、文のなかでの「位置」という構文論的な「機能」を表すという点において、文法的な意味を表すテンスやムードなどとは異なるものである。もしも、連体形に、連体的な意味という文法的な意味の違いがあるとすれば、それは、機能の対立だけでなく、意味の対立でもあると言えるだろうが、そのようなものは、みいだしがたいように思われる[124]。鈴木重幸 1994「言語の基本的な単位としての単語をめぐって」は、終止形・連体形などを「機能的なカテゴリー」の形とも呼んでいる。それらの表すものが、意味ではなく、機能であれば、そのような名づけの方が適当だろう。しかし、なおも、それらをカテゴリーと呼べるかという疑問は残る。カテゴリーとは、通常、意味の一般化であるからである。

また、表現手段の面において、終止形と連体形を区別できるかという問題もある。動詞や形容詞（第一形容詞・イ形容詞）の連体形は、終止形と、外形的には区別がない。その文法的な機能は、文のなかでの位置（語順）という構文論的な表現手段によって表されているのである。しかし、それも、また、連体形を形づけていると見ることができるなら、形態論的な表現手段とも言えるかもしれない。そうすると、たとえば、「した」は、ある場合は終止過去形であり、ある場合は連体過去形であるということになる[125]。

その一方で、連体という機能は、他の形態論的なカテゴリーと相互作用する。つまり、それらの文法的な意味に変容をもたらしたり、ある文法的な形の欠落をもたらしたりするのである。たとえば、「した」の形は、終止形と連体形とでは、前者では絶対的なテンスを表し、後者では相対的なテンスを表すというように、テンス的な意味が異なる。また、ムードの体系に関して、終止形では、命令形や勧誘・意志形があるが、連体形では、それらの形が欠落しているというように、終止と連体とでは、形態論的な形のパラダイムが異なるのである。連体形は、語順によって明示的に表現されていると言えるが、このような相互作用のなかにも、具体的な現れを持つと言えるだろう。

しかし、これは、きれつづきの意味と、他の形態論的なカテゴリーの意味との複合とは言えないかもしれない。「した」の形が、過去というテンス的な意味とともに、叙述というムード的な意味も表すのとは、それは異なるものであろう。これは、文のなかの構文論的な位置の一つである連体という土台のうえに、それぞれの形態論的なカテゴリーの意味が実現していると見るべきではないだろうか。つまり、その二つは、同質のものではなく、異質なものだということである。ここでも、やはり、きれつづきが、意味ではなく、機能なのではないかということが、問題となってくる。[126]

さらに、以上に述べたことのほかに、もう一つ、きれつづきを形態論的なカテゴリーとすることのできない理由がある。それは、名詞の格と同様に、それが、文の特定の位置においてパラディグマティックに対立する文法的な形ではないということである[127]。たとえば、終止形と連体形は、当然ながら、文のなかで別の位置をしめていて、文のなかの特定の位置で交替しあうものではない。文のなかでは、それぞれの位置では、いずれかの形しかとれないのである。というより、それぞれの位置そのものが、終止形や連体形が表すところのものとも言えるだろう。とすれば、文の終止の位置において、過去形と非過去形とが対立するテンスとは、かなり異なったものと見ざるをえない。

ここには、パラディグマティックな対立という概念の規定に関わる重大な問題がある。シンタグマティックな関係と対をなすパラディグマティックな関係というのは、文の特定の位置において、交替的に現れうる形どうしの対立と言えるだろうが[128]、それに対して、パラダイムを、一つの単語がとりうる、同種の文法的な意味を表す形と考えると、そのようなもの以外のものも入ってくるだろう。パラダイムは、一般的には、次のように規定されている。

　パラダイムとは、1) 広い意味においては、互いに対立させられるとともに、その共通の特徴の存在によって統一されるか、同じような連想（連合）をひきおこす言語的な単位のあらゆるクラス、特に、パラディグマティックな関係で結びつけられた言語的な単位の総体、2) そのようなクラスや総体の組織化のモデルとシェーマ、3) より狭い意味においては、《形態論的なパラダイム》（一つの単語の形の体系）という用語の同義語である。

（『言語学百科事典』(1990年)「パラダイム」の項）

これは、すべて、同じ一つの質（格、数、人称、テンスなど）を持つ事実すべてが、一つの全体のなかで結びつけられ、それぞれの事実が、ポテブニヤが言うように、《全体のなかでの位置》によって、自らの価値を受けとるという、言語の体系性から出てくるのである。そうした現象が含まれる一連の形を、パラダイムと呼び、パラダイムのメンバーの相関によって生じた、形の属性を、パラディグマティックな形と呼ぶ。　（レフォルマツキー1996『言語学入門』）

これらにしたがえば[129]、たとえば、名詞の格は、文から切りはなして、一つの名詞がとりうる格の形をあげていくと、たしかに、テンスと同様のパラダイム（形態論的な形の表）を作ることができるとも言えるが、それは、文の特定の位置に交替的に現れうる形をあげたものではない。いわば、文のなかで、同時的に現れうる形なのである。したがって、テンスの形態論的な形をまとめた表と、格の形態論的な形をまとめた表とでは、その性質が異なると言えるだろう。それは、きれつづきに関しても同様である。

もし、格やきれつづきのようなものを機能的なカテゴリーと呼び[130]、それを形態論的なカテゴリーとの対比において規定すれば、以下のようになるだろう。

きれつづきが機能的なカテゴリーであれば、形態論的なカテゴリーとは反対に、同じ文のなかに出てきうる可能性を持ち、また、実際に出てこなければならないということになる。同じ文のなかで、異なる構文論的な位置に現れながら、それに照応する、異なる構文論的な機能をはたさなければならないのである。つまり、同じ文に同時に現れることによって、それぞれの異なる位置、そして、それにもとづく異なる形が、互いに異なる機能をはたし、対立することになるわけである。それはシンタグマティックな関係であり、それぞれの文法的な意味（機能）は、それによって規定されている。それに対して、それぞれの形が、決して同じ文に共存せず、必ず別の文にしか現れないとしたら、それは、つまり、文の同じ位置に交替的に現れる形態論的な形から成る形態論的なカテゴリーであるということになる。それは、文に顕在的に現れている単語形式と、その位置において、それと交替しうる潜在的な単語形式との対立というパラディグマティックな関係によって規定されるものである。

このように、形態論的なカテゴリーは、パラディグマティックな関係にもとづくパラディグマティックなカテゴリーであるのに対して、機能的なカテゴリーは、シンタグマティックな関係にもとづくシンタグマティックなカテゴリーであるということになる[131]。前者は、形が交替することによって、別の文となることからも分かるように、文全体に関わる意味であるのに対して、後者は、異なる形が一つの文に共存することからも分かるように、文の部分に関わるものである[132]。つまり、文の特定の部分であることを示す機能なのである。

2.4. 「ていねいさ」は形態論的なカテゴリーか

ていねいさも、鈴木重幸 1983a「形態論的なカテゴリーについて」では、形態論的なカテゴリーに入れられている。たしかに、ていねいさは、たとえば、動詞であれば、その規則的な形つくりの手段[133]によって作られる「する」と「します」という形が、ふつう体とていねい体として対立しているようであり、他の形態論的なカテゴリーと似ている。しかし、それを形態論的なカテゴリーとするには、いくつか問題がある。

まず、ふつう体とされる「する」が、ていねいさという意味に関して中立的であるなら[134]、ていねいさの意味（ぞんざいさなど）を表していないことになり、「します」との関係は、対立でなく、派生であるということになる。もし、そうであれば、ていねいさは形態論的なカテゴリーではないということになる。

しかし、「です」「ます」のつく形に対して、それらのつかない形がぞんざいさを表すことがあるという指摘もある。だが、それは、「です」「ます」のつく形と、つかない形との、どちらかを選択的に選んで、話し手が表す意味ではなく、普通「です」「ます」をつけるべきテクストにおいて、「です」「ます」をつけないと、ぞんざいさが生じるということである。つまり、つけるべきところに、つけないという、適切性の違反によって、ぞんざいさが現れてくるわけである。それは、逆に、親しい関係の会話において、「です」「ます」をつけないのが普通のところに、それらをつけると、相手と距離を置くことになり、場合によっては、相手に対する否定的な態度などを示すことにもなるのと同じである。

以上のように、ていねいさは、文の特定の位置において、二つ以上の形のどちらかを選択することにより、表される意味ではないので、やはり、形態論的なカテゴリーとは言えないのである。

また、ていねいさは文法的な意味かという問題もある。それは、文法的な意味ではなく、表現・文体的なバリアントではないかという考えもありうる。話し手は、聞き手との関係のなかで、いずれかのていねいさを選ぶのだが、それは、聞き手との関係の表現ではあっても、聞き手に何かを伝えているわけではないだろう。もちろん、聞き手はていねいさを感じとるわけだが、それは、伝えられた意味ではなく、伝え方に関わるものだとも言える[135]。ていねいさが、伝えられる意味ではないとすれば、それをカテゴリーと呼ぶのは適当ではないように思われる。

そのことと関係しているが、ていねいさにおいて、その形の選択は、話し手の、聞き手に対する関係により、テクスト全体と結びついて、決まってくるものである。すなわち、テクストを構成する一つ一つの文に関して、対立する形のどちらかを選ぶというものではなく、ていねいさを表現するテクストであれば、それに含まれる、すべての文の述語動詞がていねい体となるのである。すなわち、それは、テクストのレベルと相関するものであり、他の形態論的なカテゴリーと、かなり異なった性格を持つと言えるだろう。仁田 2002「日本語の文法カテゴリー」は、「丁寧さは、述語の形態論的カテゴリーとして実現しているものの、文だけでなく、テクストに存在している文法カテゴリーとして捉える方が良いのかもしれない」と指摘している。

3.　形態論的な形

3.1.　形態論的な形とは何か

アスペクトにおける完成相と継続相や、ヴォイスにおける能動態と受動態などのように、形態論的なカテゴリーを構成する項（メンバー）を形態論的な形と言う[136]。形態論的な形の名づけは、継続相や受動態のように、「カテゴリーのなかで対立する項の意味の名称＋カテゴリーの意味の名称」という形をとる（「相」はアスペクト、「態」はヴォイスをさす）。

形態論的な形の規定としては、鈴木重幸 1983a「形態論的なカテゴリーについて」の、次のような規定がある。形態論的な形は、表現手段だけをさすものではなく、以下の規定にあるように、文法的な意味と表現手段との統一体をさす。言語学における「形式」とは、単なる外形とは異なるのである（奥田 1973「言語における形式」参照）。

> 同類の単語の特定の単語形式のあらわす文法的な意味、機能とそれの表現手段の統一体を形態論的な形という。

しかし、このような理解が十分になされていない場合もある。たとえば、工藤真由美 1995 は、その見出しにおいても、「パーフェクト相」「反復相」という用語を使っているが、これらは、工藤の考えによれば、「している」の形の表す個別的な意味の一つにすぎないので、完成相や継続相とならぶ形態論的な形とすることはできず、「〜相」と呼ぶことはできないはずである。こうした、アスペクトの形態論的な形に対する理解は、基本的に工藤にしたがっている金水 2000「時の表現」にも見られる（もちろん、こうした用語を意味論的に使うという用語法もありうるのだが）。

また、名詞の格に関して、鈴木重幸 1972a『日本語文法・形態論』に、「たとえば、に格には、ありか格、あい手格という二つの用語があがっているが、これはどちらか一つでよいのであって、格としては同一のものであるから、その意味や用法によってよびわける必要はないし、よびわけてはいけないのである」(p.206) とあるが、これは、「に」格が形態論的な形であるということを言いたいのだろう。そして、名詞の格は多義的であると述べ、「形態論では、その多義的な意味の構造を、基本的な意味と派生的な意味の構造として、あきらかにする」のに対して、文論では、「この多義的な意味の実現した一つ一つの意味を文論的に整理してあつかうのである」としている (p.207)。たとえば、ありかの「に」格は場所の状況語の項で、あい手の「に」格は対象語の項で、というように、それぞれ、別々に扱われると言う。このように、鈴木は、格に関しても、はっきりと形態論と構文論(文論)とを区別していて、形態論の役割が、形態論的な形のもとに、多様な意味を体系化し、一つにまとめあげることにあるということを明確にとらえている。

これに対して、村木 1991a, 2000 では、次のように、「〜に」が与格、位格、依拠格に分けられている。

文法格「ガ／ヲ／ニ (与格)」、広義の場所格「ニ (位格)／カラ／ヘ」、関係格「ニ (依拠格)／ト／ヨリ」、状況格「デ」、数量格「ϕ (1時間、3キロ、…)」

この村木の分類では、格が、まず、文法格、広義の場所格、関係格、状況格、数量格というグループに分けられているのであるが[137]、この格の体系において、「に」格だけが、三つのグループにまたがっているため、それぞれ、与格、位格、依拠格とされているのだろう。

もし、村木の言う与格、位格、依拠格が、互いに、まったく関わりのないものであるならば、それらは、村木のするように、文法的な同音形式として、別の形態論的な形としなければならない。それに対して、鈴木重幸 1972a のように、それらを一つの形態論的な形とするときには、どのような根拠が必要だろうか。そこに、「に」というくっつきがつくという形態論的な表現手段の共通性だけでなく、意味的な側面でまとめあげる特徴がなければならないはずである。しかし、その場合、それが、基本的な意味から派生的な意味へという相互関係か、それとも、一般的な意味による意味的な共通性かということが、また問題となってくるだろう[138]。

3.2.　分析的な形 (形態論的な形の内部構造)

鈴木重幸 1983c「動詞の形態論的な形の内部構造について」は、語幹、語尾、接尾辞などの用語を使って、形態論的な形の構造を明らかにしている。たとえば、

「食べた」の「た」は、語尾と呼ばれ、語幹のあとについて個々の活用形を特徴づける要素であるとされ、「食べられる」の「られ」は、接尾辞と呼ばれ、語幹などのあとについて二次的な語幹を作る要素であるとされている。

さらに、形態論的な形は、屈折的な形だけでなく、分析的な形というものもある。分析的な形とは、一つの単語のように働く、主要な（自立的な）単語と副次的な（補助的な）単語との結びつきである。そして、分析的な形も、形態論的なカテゴリーを構成する一つの形態論的な形となる。たとえば、英語で、“will read”というのは、未来というテンス的な意味を表す分析的な形である。

どのような表現手段によって文法的な意味が表現されるかは、それぞれの言語のタイプや、体系の発展の段階などによって、規定されている。語彙的な手段から文法化したものと、語彙的な手段とのあいだに明確な線引きをすることは難しいこともあるが、文法化したものに関して、分析的な形が屈折的な形より一般的に文法的でないとは、かならずしも言えない。何らかの規則的な表現手段によって、一般的な文法的な意味が表現されていれば、それは、同程度に文法的でありうるだろう。

3.3.　文法化と「形態論化」

形態論的なカテゴリーという概念を持つ文法論において、文法化した形と、「形態論化」した形との区別は重要なものとなる。文法化は、語彙的な手段から文法的な手段への転化であるが、形態論化は、単語の形態論的なパラダイムへの参入である。たとえば、「してみる」は、「みる」という動詞が、その本来の語彙的な意味を失って、「してみる」全体の語構成的な意味を表現する手段の一部となっており、文法化しているとは言える。しかし、「してみる」は形態論的なカテゴリーを構成するメンバーとはなっていないので、「形態論化」しているとは言えない。それに対して、「している」は、「してみる」と同じく、「いる」という動詞が、その語彙的な意味を失って、文法化したものであるが、さらに、アスペクトという形態論的なカテゴリーを構成するメンバーともなっているので、「形態論化」していると言える。その両者は、表現手段の面からは区別することができず、もとになる形の「する」が、それと対立する意味を表しているか、義務性という特徴を持っているかなど、体系のなかでの位置づけによって区別される。[139]

3.4.　「たずね形」を形態論的な形とすることができるか

鈴木重幸 1972a には、次のような説明があるが、「たずね形」という形態論的な形をとりだすことはできるのだろうか。

たずねる文のモダリティーは、形態論的には、文法的な形によって直接的にあらわされるのではなく、つたえる形にたずねのくっつき「か」をつけたり、しりあがりのイントネーションのたすけをかりたりして、あらわされるのである。(たずねのくっつきのついたものを動詞の文法的な形とみとめることも可能であるが、このばあいも、一次的な形ではなく、二次的なものと位置づけなければならない。)(傍点筆者)　(p.304)

その後、鈴木は、一時的に、たずね形を語形変化表に入れたこともある(鈴木重幸 1977「『日本語文法・形態論』の問題点」)。

工藤浩 1989b「現代日本語の文の叙法性」は、これに関して次のように述べており、たずね形を、形態論的な形として、たてることに否定的である。

いわゆる疑問文は、上昇イントネーションと助詞の「か」とによって表わされ、形態論的なムードとして「疑問形」を立てることは難しい。「するか」を疑問形として立てるなら、「するよ」は告知形、「するね」は念押し形、として立てることになりかねない。　(p.19)

工藤が、どのような根拠にもとづいて、このように言っているか、はっきりしないが、もし、「するか」と「するよ」などが、同じように、いわゆる終助詞をつけた形であると見たうえでの発言なのであれば、やはり、そのような形式的な基準では、歴史的に新しく生じてきた形態論的な手段をとりだすことができず、さらには、形態論的なカテゴリーも正確にとらえることができないと言わざるをえないだろう。新しく生じてきた形態論的な手段は、しばしば分析的である。たとえば、現代語のアスペクトは形態論的な手段として「している」という形を持つが、それは、同じ構成を持つ「してある」「しておく」などから区別されなければならない。それらは、その形の構成によっては区別できず、形態論的なカテゴリーの意味的な側面など、それ以外の面によって区別しなければならないのである。おもに表現手段の面からの形式的な整理は、意味と表現手段の両面によって、その位置づけが決まる文法体系においては、その形の正確な位置づけを保証しないだろう。

文の伝達的なタイプとして、はたして、告知文や念押し文という文のタイプがあると言えるのだろうか。また、告知形や念押し形があるとしたら、それらは、ムード的な意味において、どの形と、どのように対立するのだろうか。告知や念押しの意味は、伝達的な機能において、何かほかのものと、きわだった対立をなしておらず、パラディグマティックな対立をなしていると見ることはできないように思われる[140]。つまり、それらは、単に叙述形や叙述文のバリアントにすぎないと見るべきではないだろうか。

そこで、残る問題は、「か」をつけることが規則的な表現手段かどうかということである。「か」は、疑問詞疑問文ではつかないこともあり、また、ふつうの疑問文でも、疑問の意味はイントネーションによって表されることもあるなど、つねに、「か」がつかなければならないというわけではないので、やはり、それを形態論的な形と見ることはできないかもしれない。しかし、それは、「か」のつかない形が、無標の形式として、有標の形式の表す意味をも、ある条件において、表しているものと見ることもできる。この場合、形態論的な手段ではなく、文において、イントネーションという構文論的な手段や、疑問詞という語彙的な手段によって、たずねの意味が表現されているわけである。このように考えられるならば、「か」のついた形も、形態論的な形と見ることが可能かもしれない。

3.5.　活用と形態論的なカテゴリー

鈴木重幸 1983a は、形態論的なカテゴリーのなかから、テンスとムードときれつづきをとりだし、「あたらしい意味での活用のカテゴリー」と呼んでいる。

> 動詞の形態論的なカテゴリーには、テンス、ムード、きれつづき、みとめ方、ていねいさ、ボイス（たちば）、アスペクト（すがた）がみとめられる。このうち、テンス、ムード、きれつづきは、文のなかで特定の文法的な機能（位置）においてのみあらわれる文法的な意味にかかわるカテゴリーであって、あたらしい意味での活用のカテゴリーとしてまとめられる。活用のカテゴリーの形を活用形とよんでおく。

そして、鈴木重幸 1989「動詞の活用形・活用表をめぐって」では、活用をまとめた活用表と、それ以外のものをまとめた語形変化表との区別を、次のように説明している。

> 特定の動詞を動詞のタイプの代表例にして動詞の語形変化のパラディグマチックな体系をモデル化したのが語形変化表（paradigm）である。動詞の語形変化のもっとも基本的な部分を活用とよべば、その活用の体系をモデル化したのが活用表であるが、さしあたりこれらの厳密な区別には、こだわらないでおく。

これと関連して、テンスとムードときれつづきの形態論的な形は、命令形や過去形や終止形といったように、「〜形」で名づけられており、それらは、アスペクトの形態論的な形である完成相・継続相や、ていねいさの形態論的な形であるふつう体・ていねい体などのように、そのカテゴリーの意味をさす「〜相」や「〜体」がついたものと、その用語法によって区別されている[141]。また、単語のすべての文法的な形をとらえた語形変化表では、この違いは、たての系列とよこの系列として区別されている（鈴木重幸 1972a 参照）。

「文のなかで特定の文法的な機能（位置）においてのみあらわれる」、つまり、主に文の終止の位置に現れるテンス・ムードは、そのほとんどが語尾による変化形である。そして、それらは、陳述的なカテゴリーである。形態論的なカテゴリーのなかで、陳述的なカテゴリーは、そのように、形つくりにおいても、他の、接尾辞などから作られるものから、区別されている[142]。

4.　形態論的なカテゴリーの分類

形態論的なカテゴリーについて理論的に論じたものは、多くはないが、いくつかあり、それぞれに異なる観点から形態論的なカテゴリーの分類がなされている。以下では、それらをとりあげながら、それぞれの形態論的なカテゴリーの特徴づけについて検討していく。

4.1.　宮島 1972『動詞の意味・用法の記述的研究』の分類

宮島 1972 は、どのような文法的な単位が、そのカテゴリーを持っているかによって、すなわち、包括性という特徴から、次のように形態論的なカテゴリーを分類している。単語の文法的な側面を、その語彙的な側面との関係においてとらえるうえで、この分類は重要である。

①超品詞的なカテゴリー（とりたて）
②用言的なカテゴリー（テンス、ムード、中止・条件、みとめ方、ていねいさ）
　体言的なカテゴリー（格、ならべ）
③動詞的なカテゴリー（ボイス、アスペクト）

用言的なカテゴリーと体言的なカテゴリーというのは、それぞれ、述語になる能力がある品詞の持つ形態論的なカテゴリーと、主語になる能力がある品詞の持つ形態論的なカテゴリーのことを、そのように呼んでいるのだろう。こちらの形態論的なカテゴリーは、文の主語や述語に現れる形態論的なカテゴリーであると言えるかもしれないが、その土台には、単語の品詞がある。形態論的なカテゴリーは単語が持つものであれば、形態論的なカテゴリーの実現を規定するのは、基本的に、単語を文法的な特徴から分類した品詞である。そして、いくつかの品詞が共通に持つ特徴が、その形態論的なカテゴリーの実現に作用すれば、その形態論的なカテゴリーは、いくつかの品詞にまたがることになる。それが、ここでは、述語や主語になるという特徴だと言えるだろう。たとえば、動詞や形容詞や名詞がテンスの形態論的なカテゴリーを持つというのは、それらの品詞が述語になるということと相互規定的である。

また、体言的なカテゴリーのなかの格に関しては、その中心は名詞である。他の品詞の場合は、それらが名詞化して、すなわち、「の」などがつくことによって、格のカテゴリーを持つようになる。その点において、用言的なカテゴリーに関して、形容詞が、その形容詞の本来の姿において、動詞のようにテンスのカテゴリーを持つというものとは異なる[143]。したがって、格は、基本的に、名詞の持つカテゴリーだと言えばいいのではないかと思われる。

4.2. 仁田2002「日本語の文法カテゴリー」の分類

仁田2002は、形態論的なカテゴリーを、「語彙—文法カテゴリー」(ヴォイス、アスペクト)、「純粋な文法カテゴリー」(肯否、テンス、丁寧さ)、「形態論的に拡散した文法カテゴリー」(認識のモダリティ)に分けている。

仁田によれば、「語彙—文法カテゴリー」は、その分化・存在が動詞の語彙的意味のタイプによって規定されているが、「純粋な文法カテゴリー」は、生起する述語のタイプを選ばないとされているように、この二つは、部分的に、包括性の観点に関わる分類のようである。

また、「純粋な文法カテゴリー」は、その構成員が閉じられていて、形態論的な対立関係にある少数のメンバーのみから成っているのに対して、「形態論的に拡散した文法カテゴリー」(認識のモダリティ)は、概言を表す形がさまざまにあり、確言と概言とが応分に認識のモダリティの領域を分けあってはいないので、文法カテゴリーの構成員の閉じられ方が、拡散的で緩やかであるとされる。このように、これらは、パラディグマティックな対立性の観点からとりだされたもののようである。「たぶん明日は雨になる。」という文が成りたつように、無標形式に対して、文法的意味の焼きつけ方が緩やかであるということも指摘されている。したがって、肯否、テンス、丁寧さなどの「純粋な文法カテゴリー」が、その名のとおり、もっとも文法カテゴリーらしいものなのだろう。

ところで、「語彙—文法カテゴリー」[144]に関して、「スル」は能動形であるとともに能動動詞であり、「サレル」は受動形であるとともに受動動詞であるというように、その文法カテゴリーの構成員をなす形式が、動詞の語形であるとともに、動詞の語彙—文法的タイプでもありうるとされている。そして、そのため、「預かる、教わる、もらう、捕まる」のような受身動作を表す単純動詞が存在すると言う。同様に、テイル形は、持続相であるとともに、動き動詞の状態動詞化でもあり、単純動詞のなかに「ある、いる、要る、劣る」などのように、状態を表す動詞が存在すると言う。これに対して、「純粋な文法カテゴリー」には、否定動詞、過去動詞、丁寧動詞といった動詞は存在せず、「シナイ・シタ・シマス」は否定形・過去形・丁寧体形という語形であるとされ、純粋な文法カテゴリーは、単語の語彙―文法的タイプを派生させているのではなく、形態論的カテゴリーとして実現していると言う。

これは非常に興味深い指摘である。しかし、否定動詞というものがまったくないかと言えば、「(～するのを)ひかえる」「(～するのを)やめる」といった動詞は存在する。だが、過去動詞や丁寧動詞というのは、たしかに、なさそうである。ただし、仁田の言う「純粋な文法カテゴリー」ではないが、ムードに関しては、「命ずる」(「命じる」)や「さそう」などの動詞が存在する。

仁田の言う「語彙―文法カテゴリー」、つまり、アスペクトやヴォイスが、国語学のいわゆる陳述論争において明らかにされた、助動詞の相互承接でも分かるように、より語彙的な意味に近い面を持つことは、たしかであろう。そして、その文法的な意味と、動詞の語彙的な意味との相互作用がもっとも強いものであると言える。しかし、それを、「動詞の語彙―文法的タイプでもありうる」というのには、疑問がある。仁田は、シテイルを、動き動詞の状態動詞化でもあると述べ、それを「ある、いる」などの表す状態と同一視しているが、両者はまったく異質なものである。後者は、単語の表すものの質に関わるものであるのに対し、前者は、単語が表す動作が時間のなかでどのように展開するかということを表すものである。「している」というアスペクト的な形の表すアスペクト的な意味が、「いる」という動詞の語彙的な意味における一つの特徴を軸に、文法化という過程によって、歴史的に発展してきたものであれば、その二つのあいだに何らかの共通のものがあるのは当然だとしても、それをもって両者を同じものと見ることはできない[145]。

アスペクトも、それが形態論的なカテゴリーであるかぎり、語彙的な意味でなく、文法的な意味を表すという点においては、テンスやムードと同じである。言語によっては、アスペクトという形態論的なカテゴリーがなく、アクチオンスアルトだけを持つと言われる言語もある(ドイツ語など)。また、歴史的にアクチオンスアルトからアスペクトへと移行するということもあり(ロシア語がおそらくそのようなものである)、アスペクトとアクチオンスアルトとのあいだに、絶対的な壁はない。しかし、アスペクトが形態論的なカテゴリーとして存在する言語においては、やはり、それは文法的なカテゴリーであり、動詞の語彙的な意味によって強くしばられているのは、たしかだが、語彙的なものや語彙・文法的なものとは異質なものであると言えるだろう。[146]

4.3.　村木 1991a『日本語動詞の諸相』の分類

形態論的なカテゴリーの持つ諸特徴にもとづく、ヤーコブソンによる形態論的なカテゴリーの特徴づけ（ヤーコブソン 1957「転換子と動詞範疇とロシア語動詞」）にならって、村木 1991a は、日本語におけるそれぞれの形態論的なカテゴリーの諸特徴を明らかにしている[147]。これは、E^n「発話内容の事象」、P^n「発話内容の事象の関与者」、P^s「発話事象の参加者」、E^s「発話事象」などの相互関係によって分類されていて、おもに、陳述的な意味か否か、文の構造に関連するものか否か、などの観点からの特徴づけであると言える。

肯定否定：E^n、アスペクト：E^n、ヴォイス：P^nE^n、接続1（連体）：P^nE^n、接続2：E^nE^n、待遇：P^n/P^s、スタイル：P^s、テンス：E^n/E^s、ムード：P^nE^n/P^s

しかし、この特徴づけだけからは、肯定否定とアスペクト（ともに E^n と規定される）、ヴォイスと接続1（連体）（ともに P^nE^n と規定される）などを区別することはできないようである。また、待遇（普通と尊敬）を形態論的なカテゴリーとし、o-suru と -Rare- のつく形を〈尊敬〉と規定し、それらのつかない形を〈普通〉と規定しているが、もし、この〈普通〉という規定が中立性を表すものであるとしたら、「待遇」は、対立でなく、派生の関係をなすものであり、形態論的なカテゴリーとは言えないだろう。

4.4.　筆者の分類

筆者は、以上のような先行研究をうけて、次のような諸特徴により、形態論的なカテゴリーを分類する。先行する分類に対して、とくに、新しいというところはなく、先行研究に新たにつけくわえたものは、④だけである。ただし、とりたて、ていねいさ、ならべは、形態論的なカテゴリーではないと考え、ここでは、あげていない。また、格については、文法的な格に限定して、とりあげている。

①陳述性
- 陳述的である：【活用】ムード、テンス、【活用以外】みとめ方
- 陳述的でない：ヴォイス、アスペクト、格

②構文関与性
- 構文に関与する：【構文を規定する】ヴォイス、意志表示的なムード
  【構文に規定される】格
- 構文に関与しない：テンス、アスペクト、みとめ方、認識的なムード

③語彙的な意味との相関性

品詞内のカテゴリカルな意味と相関する（語彙・文法的な系列との関係）：
ヴォイス、アスペクト、意志表示的なムード、テンス
品詞内のカテゴリカルな意味と相関しない：認識的なムード、みとめ方、格

④形態論的な意味の関わる文法的な単位

文（節）全体と相関する意味（単語への一般化）：テンス、アスペクト、ムード、
みとめ方、ヴォイス
文（節）の部分に限られた意味（単語のみの意味）：格

これらについて、以下に、かんたんに説明しておこう。

①の陳述性に関しては、ムードやテンスは陳述的な意味であるが、ヴォイスやアスペクトは陳述的な意味ではないと言える（陳述性について、くわしくは、第２章で述べる）。

②の構文関与性とは、ヴォイスは、能動態か受動態かで主語が異なり、意志表示的なムードは、命令で主語が消去されるといったように、それぞれの形態論的な形によって、文の構文論的な構造が異なってくることを言う。また、格は、述語によって規定される構文論的な構造にしたがうという意味において、構文に規定されていると言える。そうしたものに対して、テンスやアスペクトは、「学生が本を読んでいた。」と「学生が本を読んだ。」のように、文の構文論的な構造に関与しない。

③の語彙的な意味との相関性に関しては、ヴォイスは他動詞・自動詞と、アスペクトは動作動詞・変化動詞と、意志表示的なムードは意志動詞・無意志動詞と相関する。テンスも、「いる」「ある」などの動詞は非過去形で現在を表し、それ以外の多くの動詞は非過去形で未来を表すというように、語彙的な意味と相関する。これに対して、推量などの認識的なムードやみとめ方や格（文法的な格）は、そのような、語彙的な意味との相関を持たない。

④に関しては、たとえば、テンスは、文全体が過去の出来事であれば、述語も過去形をとるというように、文全体の意味と相関している。それは、テンスが、基本的に、述語のカテゴリーであるということによる。それに対して、格だけは特殊で、格の意味は、文の成分となる名詞がになう意味であって、文全体の意味と相関しない。

5.　形態論的なカテゴリーのあいだの相互作用

形態論的なカテゴリーのあいだには、それぞれの文法的な意味の、さまざまな相互作用がある。

たとえば、「切っている」と「切られている」のように、ヴォイス的な意味がアスペクト的な意味に作用している場合がある。継続相の形が、能動態か受動態かによって、動作の継続か変化の結果の継続かというように、異なるアスペクト的な意味を表すのである。同じような現象は、「切る」と「切っている」のように、非過去形が、完成相と継続相とで、未来と現在という異なるテンス的な意味を表すというように、テンスとアスペクトとのあいだにも認められる。これは、アスペクトがテンスに作用しているものと言えるだろう。また、ムードとテンスとのあいだには、命令形には過去の意味がないというように、文法的な意味の部分的な欠落の関係がある。ムードは、ヴォイスとの関係においても、受動態の命令というのが、ふつうは、成りたたないとしたら、同じような現象があると言えるかもしれない。

以上のようなカテゴリー間の相互作用に対して、ヴォイスとテンスとのあいだには、そのような現象がなく、「切った」と「切られた」は、ともに過去の意味を表すし、「切る」と「切られる」も、ともに未来の意味を表す。また、「走れ」と「走っていろ」などと言えるように、ムードとアスペクトとのあいだにも、やはり、上のような相互作用は見られない。

6.　語彙・文法的な系列

6.1.　語彙・文法的な系列とは何か

鈴木重幸 1983a「形態論的なカテゴリーについて」は、文法にとって有意義な、カテゴリカルな意味特徴によってグループ化された品詞の下位の種類を、「語い＝文法的な種類」と呼んでいる。鈴木重幸 1980b「品詞をめぐって」によれば、「語い＝文法的な種類」は、共通の意味特徴を持つが、それに対して、その上位の分類である品詞は、そのような意味特徴ではまとめあげられず、両者のあいだには、質的な飛躍があると言う。この「語い＝文法的な種類」は、のちに、奥田が「語彙・文法的な系列」と呼んだのと同じものと思われるので、以下では、「語彙・文法的な系列」という用語の方を使うことにする。

語彙・文法的な系列として、鈴木は、次のようなものをとりだしている。

名詞：具体名詞（もの名詞、人名詞、場所名詞、…）、抽象名詞（動作名詞、性質名詞、…）、数量名詞、時間名詞、

動詞：他動詞と自動詞、意志動詞と無意志動詞、もようがえ動詞・とりつけ動詞…、動作動詞・変化動詞…、使役動詞、局面動詞（しはじめる・しつづける・しおわる）

鈴木重幸 1980b によれば、語彙・文法的な系列のほかに、品詞の下位の種類に

は、以下のようなものがある。そのなかで、語彙・文法的な系列(①)は、カテゴリカルな意味特徴によってグループ化されたものであるという点において、それ以外のものから区別され、とりたてられる。

①カテゴリカルな意味とそれのもつ文法的な特性による種類：
他動詞・自動詞、運動動詞・状態動詞など
②単語つくり的な特徴による種類：形容詞派生の副詞、擬声擬態語など
③主として語い的な意味の性格によるもの：代名詞、固有名詞など
④形つくりの形式＝文法的な種類：強変化動詞・弱変化動詞など

鈴木は、「文法にとって有意義な、カテゴリカルな意味特徴によってグループ化された品詞の下位の種類」と、語彙・文法的な系列を規定するが、「文法にとって有意義な」とは、どのような意味であろうか。

他動詞・自動詞はヴォイスと、意志動詞・無意志動詞はムードと、動作動詞・変化動詞はアスペクトと相互作用するというように、それらは、それぞれ、形態論的なカテゴリーと関係している。「文法にとって有意義な」というのを、狭い意味において理解するとすれば、形態論的なカテゴリーとの、そのような関係をさすということになるだろう。それは、第一に、その形態論的な形の表す文法的な意味のバリアントを作りだし、第二に、対立するどちらかの項の欠落を条件づける。たとえば、前者に関しては、動作動詞と変化動詞が、「している」の形のアスペクト的な意味として、「動作の継続」と「変化の結果の継続」というバリアントを生みだし、後者に関しては、意志動詞は命令形を持つが、無意志動詞が命令形を持たないという欠落を生む。この後者は、その文法的な意味と語彙的な意味との共存不可能性(あるいは共存のしにくさ)であり、たとえ、形のうえでは可能であっても、実際には使われないということもある。

以上のようにとらえると、語彙・文法的な系列とは、その単語において、形態論的な意味の表現や形態論的な形の現れに作用するような共通の意味的な特徴(カテゴリカルな意味)を持つ、品詞内部の下位クラスであると規定することができるだろう。

しかし、鈴木が語彙・文法的な系列としてあげているものは、そうしたものだけではない[148]。たとえば、使役動詞は、使役構造という構文論的な構造との相関から、それ自体がヴォイスに位置づけられることはあっても、うけみという形態論的なカテゴリーに作用するわけではない[149]。それは、動作動詞と変化動詞がアスペクトに作用し、意志動詞と無意志動詞が意志表示的なムードに作用するというのとは異なっている。使役動詞のほかにも、「しはじめる・しつづける・しおわる」「して

ある」「してしまう」「していく・してくる」なども、アスペクトとの関係において、同様である。

また、語彙・文法的な系列は、形態論的なカテゴリーが顕在的なカテゴリーであるのに対して、形態的なしめし手を持たない潜在的なカテゴリーであるとも言われるが、使役動詞は、これにあてはまらない。上にあげた鈴木重幸 1980b の分類で言えば、使役動詞は、①の「カテゴリカルな意味とそれのもつ文法的な特性による種類」という規定だけでなく、②の「単語つくり的な特徴による種類」という規定にも、あてはまりそうである。鈴木重幸 1983a では、語彙・文法的な系列が、単語つくり的に（形態素的に）特徴づけられているもの（使役動詞）と、単語つくり的に（形態素的に）特徴づけられていないもの（動作動詞・変化動詞、他動詞・自動詞）[150] とに分けられているが、やはり、使役動詞は、ほかのものとは少し異なっているようである。

さらに、このことと関係して、他動詞・自動詞などが、動詞語彙を二分する分類的なものであるのに対して、使役動詞は、もとになる動詞からの派生という手つづきで作られるものであるという違いもある。すなわち、他動詞と自動詞は、動詞という語彙のグループに属するもので、その下位の種類と言えるが、使役動詞などは、もともと動詞語彙のなかにあったものではなく、そこから派生したものであって、動詞の持つ文法的な特徴をそなえているということにおいてだけ、動詞という品詞に属すると言えるものである。そして、使役動詞などの派生は、形式的にも規則的な手段によって作られ、また、派生した意味も規則的である。そのため、使役動詞は、もとになる動詞に対して、新しく作られた、まったくの別の単語であるとは、通常、みなされない。そして、また、もっとも重要なことは、使役動詞を作る、もとになる動詞は、使役と対立するような意味を持たないということである。これは、派生というものの持つ、もっとも明確な特徴である。以上のような特徴は、「しはじめる」「しつづける」「しおわる」からなる段階動詞についても同様である。

使役動詞や段階動詞は、ほかの語彙・文法的な系列とは異なっており、部分的に、形態論的なカテゴリーの特徴に近い特徴も持っていて、語彙・文法的な系列と形態論的なカテゴリーの中間的なものとして位置づけられそうに思われる。そこで、これらを、とくに、とりだして、「形態論的な系列」と呼び、次に検討する。

6.2. 「形態論的な系列」について―とりたては形態論的なカテゴリーではない

以上に述べたように、使役動詞は、ほかの語彙・文法的な系列とは少し異なる性格を持っている。段階動詞も、これと同じようであるが、そのほか、とりたてなども、これに似ている。とりたては、鈴木重幸 1983a では、格とともに、くっつきという表現手段による形態論的なカテゴリーであるとされているが、格は、名詞の存在形式として、文のなかで、つねに義務的に表現されるものであるのに対して、とりたては、かならずしも、つねに文のなかで表現されるものではなく、文脈により必要なときにだけ、表現される。そのため、義務性という点において、それを形態論的なカテゴリーと言えるかどうか、疑問が出てくる[151]。また、やりもらいなども同じような特徴を持つ。「してやる」「してもらう」「してくれる」などは、それだけで見れば、文法化した形と言えるだろうが、そのやりもらいの意味は、つねに文に表現されるものではない。つまり、文法化しているとしても、形態論化しておらず、そのため、それは、ふつう、形態論的なカテゴリーとは呼ばれないのである。

他動詞・自動詞や意志動詞・無意志動詞などは、日本語の語彙のなかに、もともとある品詞の下位の種類であるが、段階動詞ややりもらい動詞は、動詞的な特徴を持っていると言えるとしても(そのため「〜動詞」という名づけで呼ばれることもあるのだが)、もともと日本語の動詞語彙のなかにあったものではなく、規則的な手つづきで新たに派生して、できたものであるという違いが認められる[152]。

このように、文において、つねに義務的に表現されるものではないが、形態論的なカテゴリーの形態論的な形のように規則的な表現手段を持つ、文法化された形を、仮に、形態論的なカテゴリーと語彙・文法的な系列のあいだの中間的なものとして、「形態論的な系列」(あるいは「文法的な系列」)と呼ぶことにする。この形態論的な系列の例としては、「してやる」(「してあげる」)・「してもらう」・「してくれる」からなる「やりもらい」、「〜は」・「〜も」などの「とりたて」、「しはじめる」・「しつづける」・「しおわる」からなる段階性[153]、「お〜になる」「お〜する」などの敬意性(尊敬語・謙譲語)といったものがあげられる。これらは、それらの形をとらない、派生の出発点となる形に、それぞれの意味が加わったものであって、もとの形が、それと同種の意味を持たないため、両者は対立をなしていない。たとえば、「作る」と「作ってやる」において、「作る」はやりもらいの意味を表していないため、「作ってやる」と対立しているとは言えず[154]、「学生を」と「学生も」においては、「学生を」が何らかのとりたての意味を表していないため、「学生も」と対立しているとは言えないのである。これこそ、派生の特徴である。

また、この形態論的な系列には、やりもらい(「してやる」「してもらう」「してくれる」)やとりたて(「〜は」「〜も」)のように、いくつかの形がたがいに対立しあうセットをなしているものと、使役動詞、「してある」、「してしまう」、「しておく」などのように、孤立して存在するものとがある。基本的には、前者のようなものが形態論的な系列の中心と見られる。

6.3.　「文法的な派生動詞」とは何か

鈴木重幸 1980b には、次のように、「なぐられる、なぐられた、……」がうけみのたちばの「形」(受動形、受動態)であると明確に述べられている。

> 「なぐる、なぐった、……」は、はたらきかけのたちばの動詞ではなく、はたらきかけのたちばの形(能動形、能動態)であり、同様にして「なぐられる、なぐられた、……」はうけみのたちばの形(受動形、受動態)である。

それに対して、使役に関しては、「つかいだてのたちばの動詞は、もとになる動詞と語い的な面でことなる独立の動詞――使役動詞――でなければならない。使役の形ではない」とある。このように、同一の単語の語形か、それとも、新しく作られた別の単語かということを区別しているのである。

しかし、その一方で、鈴木重幸 1994「言語の基本的な単位としての単語をめぐって」では、ていねいさ、みとめ方、ヴォイスを、文法的な派生動詞と基本動詞との対立(文法的な接尾辞のあり／なし)としており、「文法的な派生動詞」という用語が使われている[155]。文法的な派生動詞というのは、語彙的な派生動詞と区別されているのだろうが、それは、いったい、何なのだろうか。鈴木は、語尾でなく接尾辞によって作られる動詞を「派生動詞」と呼んでいるようであり、それゆえ、それは、語尾がついて、さらに活用するという特徴を持つ。つまり、これは、形つくりや単語つくりの、屈折と派生との区別における派生のことなのだろう。その場合、文法的な派生動詞が形態論的な形として受動態になるということのようである。また、語尾による活用がムードやテンスなどの陳述的なカテゴリーであるのに対して、この、接尾辞によるものは、陳述的なカテゴリーではないというように、意味的にも二つは区別される。

しかし、接尾辞によるものというように、形式的な面において共通するもののなかにも、意味的には、あるいは、文法体系のなかの位置づけにおいては、異なるものがあるだろう。それを、ともに派生動詞と呼んでしまうと、その違いを見えにくくしてしまうことになる。「派生」というものを、本書では、使役などの意味的な派生にかぎって使用したいので、上のような意味において、うけみの形に使うのは避けておきたい。

7.　有標性と無標性

7.1.　形式的な有標性

工藤真由美 1995 は、「完成相(スル、シタ)と、非過去時制(スル、シテイル)とは、形式上 overt marker をもたないが、これは、アスペクトフリー、テンスフリーであることを意味してはいない」と述べ、「アスペクトもテンスも、marked form と unmarked form の相補的対立関係による一般的文法的意味である」としている。このような見方は、一般的であると言っていいだろう。

これに対して、村木 1991a は、テンスは、どちらも marked form であるとしている。

> 形態論的なカテゴリーを構成するメンバーは、そのいずれもが積極的な形式をもつ場合と、対立する一方がある形式をもち、他方がその形式をもたないという場合とがある。《テンス》は前者の例であり、《ヴォイス》は後者の例である。たとえば、「食べる」と「食べた」は《テンス》のうえで〈非過去〉と〈過去〉の対立をしめすが、その文法的意味は、動詞の語尾の -Ru と -Ta の形式と対応している。一方、「食べる」と「食べられる」は《ヴォイス》のうえで〈能動〉と〈受動〉の対立をしめし、その文法的意味は、〈受動〉については接尾辞の -Rare によってあらわされているが、〈能動〉のほうは -Rare の欠如によってあらわされている。日本語の形態論的カテゴリーの多くは後者のタイプ、すなわち積極的な特徴をもつ項とそれをもたない項との対立にもとづいている。 (p.122)

このように、村木は、kak-u と kai-ta（tabe-ru と tabe-ta）は形式的に等価的であると見ている。たしかに、「書いた」は -ta という語尾をつけ、「書く」は -u という語尾をつけているので、そのかぎりにおいては、どちらも何らかの語尾をつけていて、等価的なように見える。村木のあげている「食べる」の場合は、さらに、それがはっきりしている。

しかし、語尾だけでなく、単語形式全体の長さを見ると、「食べる」と「食べた」はかわらないが、「書く」と「書いた」の場合は、「書いた」の方が、若干、長いだろう。この点において、主要な活用である強変化動詞（いわゆる五段活用動詞）の過去形が、非過去形に対して、形式的に有標と言えるのであれば、そうでないものが一部あったとしても、動詞全体として過去形が形式的に有標であると言えるかもしれない。一般的に言って、体系においては、一部に、対立しない形があったとしても、その対立を否定するまでにはいたらないだろう。というより、形式的に有標と規定されるのは、個々の単語形式でなく、過去形という形態論的な形と考えれば、過去形全体でとらえればいいということになる[156]。さらに、否定形における過去形と非過去形も考えれば、「書かない」と「書かなかった」というように、単語形式全体としては、過去形の方が、形式的な有標性を示しているようである。また、形容詞や名詞が述語になる場合も（「大きい」「学生だ」など）、肯定と否定両方で、過去形が形式的な有標性を示している。

このように、過去形と非過去形の対立というテンスの体系全体を見れば、やはり、形式的にも、過去形の方が有標形式であるように思われてくる。有標か無標かは、個々の単語形式ではなく、対立しあう、それぞれの形態論的な形全体について言えるものと考えれば、日本語のテンスでは、過去形の方が形式的に有標であると言えるのではないだろうか。

しかし、以上に見たような、過去形における形式的な有標性の弱さは、能動態・受動態などと比べて、過去形・非過去形が、より等価的な対立に近くなっていることの現れかもしれない。すなわち、非過去形が、より積極的な項になりつつあると考えるべきかもしれないのである。いずれにしても、村木の投げかけた問題は、有標性について検討するうえで重要な意味を持つ。

7.2.　意味的な有標性

たとえば、みとめ方は、「書く」がつねに肯定を表し、「書かない」がつねに否定を表していて、どちらも意味的に有標的であり、等価的な対立をなしている。しかし、テンスは、「した」の形がつねに過去を表しているが、「する」の形は、「書く」など、動作や変化をさししめす動詞では未来を表し、「ある」など、存在や状態などをさししめす動詞では現在を表す。さらに、「する」の形は、「地球は太陽のまわりをまわる。」のように、過去か現在か未来かという対立をこえた時間的な一般性（超時）を表すこともある。すなわち、一般的な意味のレベルにおいては、「した」の形は、つねに積極的に、過去というテンス的な意味を表していて、意味的に有標の項であると言えるが、「する」の形は、動詞によってテンス的な意味が異なってくるなど、積極的に一つの意味を表しているとは言えず、意味的に無標の項であると言えるだろう。

また、ムードに関して見ると、基本的な意味においては、「書く」が断定を表し、「書くだろう」が推量を表しているが、「書く」は、「彼はおそらく手紙を書く。」という文では、推量の意味を表している。とすれば、派生的な意味（周辺的な意味）も含めた一般的な意味においては、「書くだろう」は推量を表しているのに対して、「書く」は推量という意味があるともないとも示していないと言える。したがって、これは、意味的に、有標と無標との欠如的な対立をなしていると言えるだろう。このように、無標の項が、特殊なコンテクストにおいて、有標の項の基本的な意味を受けとる（おびる）のは、欠如的な対立の特徴である。上に述べたテンスにおいても、無標の「する」の形が、日記などの特殊なテクストにおいて、過去の動作をさしだすということがある。

形式的な有標性と意味的な有標性は、ふつうは重なる。しかし、ときとして、それらが矛盾することがある。すなわち、形式的には有標形式であるものが意味的な無標性を示すこともあるのである。

7.3.　使用上の有標性

さらに、以上のような形式的な有標性と意味的な有標性のほかに、使用上の有標性とでも言うべきものがある。これは、形式や意味の表示のありなしではなく、その使用のふつうさと特別さとの対立である。村木 1991a には、次のような説明がある。

> 状態をあらわす内容の文では、逆に、〈能動〉が有標項で〈受動〉が無標項である（「真っ黒な雲が上空をおおっている。」対「上空は真っ黒な雲におおわれている。」）　(p.125)

また、村木は、これについて、「動作主体は、非人間・無情物であり、典型的な動作主とは考えにくく、状態文に近く」、「受動文の方が自然で無標である」とも述べている。この場合、受動文の方が自然であるというのは、事実として、認めることができる[157]。そして、それが、状態を表す内容の文において起こるということも、状態という用語の規定はともかくとして、たしかに、そう言えるだろう。

しかし、問題は、この場合の有標・無標とは何かということである。「自然」であるのが「無標」であるというのは、テクストにおける使用の頻度の問題を有標か無標かと言っているのではないだろうか。たしかに、従来の規定における無標と有標も使用の頻度と関係している。有標は、意味がより限定されているため、より使用頻度が低く、無標は、意味がより広いことから、より使用頻度が高いのである。これは、歴史的な観点からも言える。無標の形式は、さきに形成され、有標の形式は、そのあとに形成される。したがって、無標形式の方が、より基本的であり、使用の頻度も高く、それに対して、有標形式は、特殊であり、使用の頻度が相対的に低くなる。

その、意味の表示の面を切りすてれば、使用上の有標性になるのかもしれない。だが、それを有標性の問題としていいか、疑問が生じる。有標性は、基本的に、何かを表示するということに関わるからである。しかし、有標性という用語の、このような使い方も、現在、かなり、ひろがっているようである[158]。

有標性を頻度と結びつけるとらえ方は、タイポロジーの立場からなされたもののようである。古くは、グリーンバーグ 1966 にさかのぼるようであるが[159]、最近のものでは、クロフト 2003 などが、そのような立場に立っている。また、日本語の研究者では、八亀 2004 が、クロフトを引用しながら、このような有標性について触れている。こうした立場が正確にどのようなものか、とらえきれていないのだが、上に述べたような個別言語に関する頻度だけでなく[160]、言語の普遍性にも関わるもののようである。すなわち、より多くの言語に見られる言語的な特徴が無標であるというとらえ方である。

8.　対立

トゥルベツコイ 1980『音韻論の原理』は、対立を、欠如的対立、漸次的対立、等値的対立に分類しているが、文法論においてもっとも重要なものは欠如的な対立である。トゥルベツコイは、音韻論における欠如的な対立について、次のように規定している。

> 〈欠如的〉(privative) 対立。これは、対立項の一方が或る標識の存在によって、他方がその標識の欠如によって、特徴づけられるような対立である：たとえば、「有声」―「無声」、「鼻音化」―「非鼻音化」、「円唇」―「非円唇」など。標識の存在によって特徴づけられる対立項を〈有標の〉項といい、その標識の欠如によって特徴づけられる対立項を〈無標の〉項という。

欠如的な対立の解釈は、ヤーコブソンにより、その概念がロシア語動詞の形態論的なカテゴリーに適用されるにあたって、変更が加えられた。トゥルベツコイがとりあげていたのが音声的な特徴（ヤーコブソンの言う「弁別的な特徴」）であれば、欠如的な対立となると、それは、必然的に、形式的な特徴があるかないかという対立となる。それは、形態論で言えば、形式的な面における有標と無標の欠如的な対立にあたるものと言えるだろう。表現手段においては、このように単純な形で欠如的な対立が成りたつのである。それに対して、表現内容においては、対立はより複雑な様相を呈する。

意味の面における対立に関しては、中核的な意味は、対立する項がそれぞれに積極的な意味を表していて、互いに等価的であると言える。それは、けっして欠如的ではありえない[161]。一方、一般的な意味に関しては、ヤーコブソンは、その対立を、“A の言明” 対 “A の非言明” という欠如的な対立であるとしている。つまり、無標の項は、A という意味特徴について、それがあるとも、ないとも、表さないのである。一般的な意味は、個々のコンテクストにおいて実現する個別的な意味を含むので、トゥルベツコイの言う欠如的な対立とはレベルが異なり、異質なものとなるのだろう。

> 有標の範疇の一般的意味は、A というある特質（肯定的、否定的の別を問わず）

> の存在を言明することである。これに対応する、無標の範疇の一般的意味は、Aの存在については何も言明せず、主として（すべての場合にではない）Aの不在を示すために用いられる。無標の項は常に有標の項の否定であるが、しかし、二つの項の対立は、一般的意味のレベルでは“Aの言明”対“Aの非言明”として解釈できるのに対し、“狭められた”、中核的意味のレベルでは、“Aの言明”対“非Aの言明”という対立に出会う。
>
> （ヤーコブソン 1957「転換子と動詞範疇とロシア語動詞」）

たとえば、うけみの形態論的なカテゴリーに関して言うと、受動態と能動態の対立は、中核的な意味においては、うけみと働きかけという意味の対立であると言えるが、一般的な意味においては、受動態はうけみという意味を積極的に表すのに対して、能動態は、働きかけという意味を、表す場合もあるし、表さない場合もあり、さらには、うけみという意味に近い意味を表すこともあるというように、うけみという意味について、あるともないとも示さないため、受動態と能動態のあいだには、一般的な意味において、欠如的な対立が成りたっていると言える。

しかし、以上のような、欠如的な対立における無標の項の規定は、一見、無規定のように見える。それに対しては、ボンダルコ 2004『ロシア語文法の理論的な諸問題』が、次のように述べている。

> 意味的に無標の形式として不完成相を規定することは、この形式が「何も表さない」ということを意味しているわけではない。不完成相のそれぞれの個別的な意味は、固有の積極的な特徴づけを持っている。完成相のカテゴリカルな意味の土台にある特徴に対して、不完成相の無標性は、発話に表現される具体的な内容ではなく、その文法的な下位体系における形式の価値である。

派生ではなく、対立が成りたつためには、欠如的な対立の無標の項も、その個別的な意味においては、そのカテゴリーのバリアントである独自な意味を積極的に表していなければならない。有標の項と無標の項との対立を成りたたせているのは、そうした個別的な意味どうしの関係、特に、その中核的な意味どうしの関係である。対立は、体系性のもっとも重要な要素であり、形式的な違いのうえで、共通する面と異なる面を持つ、二つ以上の積極的な意味が対立をなし、体系の土台を形成するのである。

また、一般的な意味は、ボンダルコの言うように、形態論的な形の体系的な価値である。すなわち、カテゴリー内の対立に規定されたものである。したがって、そのカテゴリーをこえた一般化というものはありえず、そのカテゴリーの意味的なバリアントでなければならないという限定がある。カテゴリーをこえた語源的な解釈にも近いような意味の抽象化は、ここで言う、形態論的なカテゴリーの一般的な意味とは異なる。

9.　形態論的な意味の体系──一般的意味をめぐって

鈴木重幸 1983a「形態論的なカテゴリーについて」は、伝統的な立場から、形態論的な意味の多義性について、次のように述べている。

> 多義的な意味のなかには、基本的な意味（一次的な意味）があって、二次的な意味（派生的な意味）が、これと直接、間接に相互関係をもっていて、二次的なものとして基本的な意味に従属している。
>
> 　そうだとすれば、このばあい、基本的な意味は、多義的な意味のなかで中心的な位置をしめていて、多義的な意味を組織づける上で主要な役わりをはたしているにちがいない。そのこととむすびついて、それは、おなじ形態論的な形をおたがいに他の形から区別して特徴づける上でも、また、それぞれの形をカテゴリーのもとに組織づける上でも、主要な役わりをはたしているにちがいない。ということは、基本的な意味は、なによりもまずその意味のためにこの形があるというものであるはずだということでもある。

このように、これまでの日本語の文法研究では、基本的な意味によって、形態論的な形は規定され、そして、基本的な意味から派生的な意味への展開をとらえることが、形態論的な意味を体系的にとらえるということの目標であった。

しかし、ヤーコブソンは、「一般格理論への貢献」（『ヤーコブソン選集１　言語の分析』）で、イェルムスレウの格の研究に触れながら、一般的な意味という概念を提起している。イェルムスレウが「ひとつの言語形式がそうであるように、ひとつの格が幾つかの異なったものを意味するということではない。ひとつの格が意味するのは唯ひとつのものである。すなわち、具体的な諸用法をそこから派生しうるところの唯一の抽象概念を担っているのである」と述べているのを引用し、ヤーコブソンは、それを「全体的意味」「一般的意味」と呼ぶ。そして、この一般的な意味は、それを使って動詞の文法的なカテゴリーも分析しているように[162]、ヤーコブソンの文法論においては、形態論的な形を規定するうえで、きわめて重要なものとなっている。

ヤーコブソンの考えをうけつぎ、一般的な意味により形態論的なカテゴリーを規定するロシアのアスペクト論者、ボンダルコは、ロシア語のアスペクトの完成相と不完成相を、ひとまとまり性と非ひとまとまり性という一般的な意味によって規定している。そして、ボンダルコは、一般的な意味をインバリアントと呼び[163]、それを「出発点となる体系と、とりまく環境との相互作用によって条件づけられた、あらゆる変形のさいもかわらないままである、体系的なものの持つ特徴である」と規定している（ボンダルコ 2004）。そして、「《一般的な意味》は、その文法的なカテゴリーを構成する形の体系のなかでの、文法的な形の価値にもとづいて規定される。このインバリアントなカテゴリカルな意味は、それを表現する形を、ほかの形から区別だてし、さまざまな個別的な意味や言語活動における使用を統一するものとなりながら、そうした個別的な意味や使用の体系的な土台を規定するのである」と述べている（ボンダルコ 2002『機能文法の体系における意味の理論』）。

しかし、一般的な意味は、それだけでは抽象的すぎて、なかみのない空虚なものともなりかねない。ロシア・ソ連の言語学でも、「一般的な意味」という概念に対する批判は、少なくない。たとえば、語彙的な意味や文法的な意味の一般的な意味に対する批判として、カツネルソン 1986『一般言語学と類型論的な言語学』、2001『言語と思考のカテゴリー』などがあげられる[164]。しかし、三谷 2001「ロシア語の『体』の研究史」は、マスロフを引用しながら、次のように述べている（そこにあげられている、マスロフによるアスペクトの個別的な意味の相関の図式は重要である）。

> マスロフ（1972［1984］）は「体の研究は〈一般的意味〉あるいは〈意味的不変体〉の追及に終始してはならない。それよりは、話のさまざまな文脈に現われる個別的な意味に注目を払うほうが有益である［1984: 72］」と、機能主義の立場を重視した。体の〈不変体〉を定めることは、すでに述べたように〈変異体〉と〈不変体〉の関係付けを明らかにするという課題と表裏一体のものである。3 節の最後に言及したヤーコブソンの二項対立の考え方は不変体の意味付けを構造主義的な枠組みで示したものだが、二項対立の図式だけでは〈変異体〉と〈不変体〉の関係付けは置き去りにされてしまう。実際に体の研究において重要なのは、ある環境での〈変異体〉の現れ方であり、それらの関連性の中から〈不変体〉を取り出すことである。（pp.48–49）

ボンダルコ 2002 も、「検討されている構想において、インバリアント性という概念の体系内的な側面が支配的なのは明らかであるが、それは、つねに、機能的な側面との相関のなかにあるのである（インバリアント性という概念自体はバリアント性という概念と、切りはなしがたく、結びついているといったように）」と述べている。

この問題に関しては、すでに、第Ⅰ部第 1 章でアスペクトについて具体的に検討している。

第2節　構文論

1.　文とは何か

言語学では、文は、規定しがたいものとされることもあったが、基本的な部分においては、規定することが可能である。きわめて常識的な規定であるとも言えるが、鈴木重幸 1972a『日本語文法・形態論』は、文に、次のような規定を与えている。この規定を構成する重要な部分は、文が、言語活動の基本的な単位であるということと、ひとまとまりの現実をさしだしているという二点である。後者の、内容的な側面に関しては、何をもって、ひとまとまりと見るかということに対して、疑問が呈されることもあるが、前者の、機能的な側面に対応して、相対的なひとまとまり性を持つことは、たしかであろう。筆者も、このような規定から出発する。

> 文はこうした言語活動およびその結果としての話や文章の基本的な単位であって、話し手が現実、世界との相互作用のなかで考えや意志、要求などを形成し、伝達するために、言語をつかってくみたてた、もっともちいさな言語的な構築物である。したがって、できあがった文には、話し手の意識としてのもっともちいさな、一まとまりの考えや意志、要求などが、そこにつかわれている単語と文法によって表現されているのである。　(p.16)

これと同様の規定は、ロシアの言語学者であるヴィノグラードフの論文にも、見られる。

> 文とは、思考の形成や表現や伝達の主要な手段であるところの、その言語の規則にしたがって文法的に形づけられた、ひとまとまりの(つまり、同じような基本的な構造的な特徴を持つ言語活動の単位には、それ以上、分割できない)言語活動の単位である。(ヴィノグラードフ 1955「文の構文論の基本的な問題」)

2.　構文論とは何か

構文論については、鈴木重幸 1972a が、「統語論(シンタクス)は、単語を材料にしてくみたてられた構成物——連語と文——の文法的な側面をあきらかにする文法論の分野であって、さらに連語論と文論にわかれる」と規定している。

また、ヴィノグラードフ 1955 は、構文論について、次のように述べている。

> 文の構成の法則を調べることによって、構文論は、まず第一に、単語と連語が、文の要素として文の構造に統一されながら、どのように、文(この言語的なコミュニケーションの基本的な構文論的な単位)を形成しているかということと、文の特徴的な構造・文法的な特徴とは何かということを明らかにしなければならない。

このように、形態論と並ぶ文法論の一分野としての構文論の対象は[165]、文を作るさいの単語の組みあわせのし方の規則と、そうして作られた文の構造的なタイプや伝達的なタイプ、その意味・機能であるということになる。

それぞれの文が言語活動の基本的な単位として機能しているとすれば、それは何らかの意味を伝達している。とすれば、そうした文を対象とする構文論も、やはり、形態論と同様に、意味の側面を軸に検討が進められなければならない。すなわち、文の意味を形成するために、どのような意味を持つ単語を、どのように組みあわせ、その結果、できあがった文が、どのような意味を伝えるようになるかという文の文法的な意味を明らかにするのである。意味を切りすてた、単なる、単語の形式的な組みあわせが、構文論の対象なのではない。

3.　構文論的なカテゴリー

文のレベルの文法的な意味に関わるモダリティ、テンポラリティ、アスペクチュアリティなどは、構文論的なカテゴリー(範疇)と呼ばれることがある。たとえば、工藤浩 2005「文の機能と叙法性」は「ここで叙法性(modality)というのは、時間性や題述性などとともに、上述の〈陳述性〉の下位類をなすものであり、形式的に言えば、動詞の形態論的範疇としての〈叙法(mood)〉に対応してたてられる構文論的範疇である」と述べている[166]。

こうしたとらえ方は、ソ連・ロシア言語学において、モダリティという用語を作りだしたヴィノグラードフにしたがったものだろう。あとに述べるが、モダリティ、テンポラリティ、人称性[167]を、ヴィノグラードフは構文論的なカテゴリーとしている[168]。

しかし、構文論的なカテゴリーを、形態論的なカテゴリーとならぶ、文法的なカテゴリーの下位タイプの一つとする伝統的な用語法にしたがうと、文法的なカテゴリーの特徴である、規則的な表現手段によるものという規定が入ってくる。たとえば、テンスであれば、「する」と「した」という動詞の形によって、規則的にテンス的な意味が表現される。だが、テンポラリティは、そのような、単語の語形変化という規則的な表現手段だけでなく、時間名詞(「きのう、来年」など)や、構文論的な位置(終止か連体か)などといった手段も加わってきて、その表現手段は多様であり、規則的な表現手段によるものという規定には、あてはまらないように思われる。工藤浩1989b「現代日本語の文の叙法性」も、次のように、モダリティに関して、「ムード形式」だけでなく、「人称構造や語順・位置など」、多様な表現手段が参加してくると述べている。

> 文の叙法性の表現形式の中心が、動詞の形態論的なムード形式にあることは確かだが、それに尽きるわけではない。後述するように、人称構造や語順・位置なども、構文論的形式としてあるのであり、それらの総合として、文あるいは述語の叙法性は考えられなければならない。(p.19)

4.　機能・意味的な場

以上に述べたような理由もあって、現在のロシア言語学においては、ボンダルコらによって、モダリティやアスペクチュアリティなどが、構文論的なカテゴリーではなく、「機能・意味的な場 функционально-семантическое поле」と呼ばれているのだろう（ボンダルコは、以前は、それらを「機能・意味的なカテゴリー」と呼んでいたことがある）。日本語でも、それにならって、工藤真由美1995が、テンポラリティやアスペクチュアリティなどを、「機能・意味的なカテゴリー」と呼んでいる。この「機能・意味的な場」に似た用語としては、ほかにも、ソ連・ロシア言語学では、メシチャニノフによる「概念的なカテゴリー」[169]などがある。

ボンダルコによると、「機能・意味的な場」という考えは、直接的には、形態論的なカテゴリーのムードに対する構文論的なカテゴリーとして、モダリティという用語を使ったヴィノグラードフの影響があるようであるが、ボンダルコは、自身が編集する、アスペクチュアリティやモダリティなどをとりあげた本のシリーズを、『機能文法の理論』と名づけているように、自らの理論を機能文法の一つとして位置づけており、その、機能文法というとらえ方に関しては、イェスペルセンの『文法の原理』との関係が、より重要なものとされているようである[170]。イェスペルセンは、形式から意味へと進む文法を形態論とし、意味から形式へと進む文法を統語論とし、さらに、言語外のカテゴリーを概念的なカテゴリーと呼んでいる。そして、形態論を形式に、統語論を機能に、概念的なカテゴリーを概念に、それぞれ、対応させて、それらの相互関係を考察している。このうちの統語論がボンダルコの「機能・意味的な場」に対応するわけであるが、「機能・意味的な場」の説明のなかで、ボンダルコは、何度もくりかえし、この「意味から形式へ」という方向性について触れている。

また、「機能・意味的な場」における「場 field」という、用語の名づけ方からは、文法的なものと語彙的なものとの違いはあるが、ドイツ言語学の「場の理論」

からの影響も感じられる（「場の理論」については、福本・寺川編訳 1975『現代ドイツ意味理論の源流』参照）。さらに、ボンダルコは、タイポロジーとの関係も強く意識しているようであり、「機能・意味的な場」についての説明では、つねに、その点に言及している。

「機能・意味的な場」は、ボンダルコ 2004『ロシア語文法の理論的な諸問題』によれば、次のように規定される。

> 機能・意味的な場を、われわれは、その意味論的な機能の共通性を土台にして相互作用し、ある意味論的なカテゴリーのバリアントを表す、その言語のさまざまなレベルの手段の集まりと、とらえている。機能・意味論的な場は、その言語における、多様な（形態論的な、構文論的な、語彙・文法的な、語彙的な）、その表現手段の複合と一体にして検討される意味論的なカテゴリーである。機能・意味的な場の構成のなかには、言語の異なる下位体系に属する諸手段が統合されている。（中略）
>
> 機能・意味的な場とは、その内容面が、照応する意味論的なカテゴリーとその構成要素により決定され、そして、表現面が、その意味論的な領域に属する機能の実現のために（さまざまな結びつきと相互作用のタイプで）働く、多様な言語的な諸手段により、さしだされているような、二側面的な統一体である。

このように、モダリティやアスペクチュアリティは、意味と表現手段との統一体であると規定される。一方、奥田 1988c「時間の表現（2）」は、アスペクチュアリティーを、単に「意味的なカテゴリー」と呼んでいるところがあるが[171]、ボンダルコは、「機能・意味的な場は、意味論的なカテゴリーの体系・言語的なさしだしである」とも述べているように（ボンダルコ 2004）、「意味論的なカテゴリー」（semantic category）という用語を、「機能・意味的な場」の意味的な側面だけをさして、使っている。日本語研究では、モダリティやアスペクチュアリティといった用語を意味的な側面だけをさして使用することが多いようだが、本書では、意味と表現手段との「二側面的な統一体」というボンダルコのとらえ方にしたがって使用する。

参考までにあげておくと、ボンダルコは、「機能・意味的な場」として、以下のようなものがとりだせるとしている。ここには、かなり雑多なものが混じっていて、日本語に関して、アスペクチュアリティ、モダリティ、テンポラリティ、人称性、ヴォイス性とならぶものとして、それ以外のものをとりだすことはできないように思われる。

1）述語を中心にする場：アスペクチュアリティ、時間的なありか限定性、タクシス、テンポラリティ、モダリティ、人称性、ヴォイス性
2）主体—客体を中心とする場：主体性、客体性、発話のコミュニカティヴなパースペクティヴ、定・不定
3）質—量を中心とする場：質性、量性
4）述語—状況を中心とする場：場所性、存在性、所有性、条件性（条件、原因、目的、結果、譲歩性の場の複合）

5.　言語体系における文のレベルの位置づけ

ヴィノグラードフは、モダリティなどの構文論的なカテゴリーについて、「形態論にもとづきながらも、その枠をはるかにふみこえた独自の構文論的なカテゴリーは、文の構造と結びついている」（ヴィノグラードフ 1955）と述べており、文というレベルを強調しているようだが、以上に述べたボンダルコの「機能・意味的な場」の規定では、文というレベルが前面に出てきていない。

しかし、文という単位は、言語の分析にとって基本的なものではないだろうか。ボンダルコは、形態論を中心としながら、それと文との相互作用も、コンテクストとの相互作用も、同等なものとしてとらえているように見える。というより、ボンダルコは、システム論からの影響だろうか、形態論的なカテゴリーの「体系」と、それ以外の「環境」との相互作用というとらえ方をし、その「環境」に、コンテクストや発話の状況だけでなく、単語の語彙的な意味や語彙・文法的な系列なども入れているのである。コンテクストや発話の状況など、文をこえたものも、発話の意味に関わり、最終的には、そうしたコンテクストや発話の状況において言語的な意味が決まることから、ボンダルコは、機能・意味的な場の規定において、文というレベルを強調しなかったのかもしれない。

だが、コンテクストなどが言語的な意味として問題となるのは、それが、文の意味に作用して、その意味を構成するかぎりにおいてではないだろうか。あるいは、文が、コンテクストを構成する要素となって、コンテクストにおける意味の構成要素として働くかぎりにおいて、コンテクスト的な意味は言語的な意味としてとりあげられるのではないだろうか。文に一般化されないコンテクスト的な意味は、言語学の対象にならないとは言えないが、文に一般化される意味とのあいだに大きな違いがあり、そこが言語的な意味の分析における大きな分岐点となっているように思われる。コンテクストと異なり、固有の規則にしたがう文は、内部構造を持つ統一体として、相対的に独立して存在するものである。そのため、文は、言語活動において意味的な完結性を持ち、一つでもテクストを構成しうるという、言語活動の

もっとも小さな単位となるのである[172]。

文の意味は、コンテクストのなかで最終的には決定されるとしても、それ以前に、文のレベルにおいても、潜在的な、一般的なものが存在している。例文という形で、文法的な事実を一般化した形でさしだすことができるのも、そのためである。こうしたことについて、工藤浩 1989b は、次のように、明確に述べている[173]。

> A.H.Gardiner (1951) や、E.Benveniste (1964) も言うように[174]、文はたしかに、言語 langue の単位ではなく、言語活動 speech、話 discours の単位である。語彙と文法という言語の手段によって構成された文は、現象的には多様であり、量的には無限であるが、体系性を持たないわけではない。現象的に無限に多様な文は、陳述的なタイプとして、構造的なシェーマとして抽象され、類型化されて、有限の「型」として組織されている。文は、まさに言語活動の単位として機能するために、言語の〈構成体の型〉として、社会習慣的に存在させられる。アクチュアルな言語活動を支える、ポテンシャルなエネルギーとして、それは存在する。具体的な言語活動の中に、多少の変容を受けながら、生きつづける。 (pp.13–14)

文は、このように、言語的な意味にとって、もっとも重要な単位だと言える。したがって、やはり、「機能・意味的な場」というとらえ方ではなく、文というレベルを強調した「構文論的なカテゴリー」というのを、ここでは採用したいと思う。

6.　文法的なカテゴリーとしての構文論的なカテゴリーとは

それでは、ボンダルコは「構文論的なカテゴリー」というものをどのようにとらえているのだろうか。構文論的なカテゴリーを、ボンダルコは機能・意味的な場と区別して、次のように、構文論的な構造のタイプによってその意味が表現される、文法的なカテゴリーの下位タイプとして位置づけている。

> 文法的なカテゴリーとは、そのカテゴリーの種的概念である構成要素の意味に対する類的な概念である、一般化されたカテゴリカルな意味により統一された文法素——文法的な形の系列（形態論的なカテゴリー）、あるいは、構文論的な構造のタイプ（構文論的なカテゴリー）——の体系である。
> （ボンダルコ 2004）

そして、それは、能動と受動、肯定と否定、叙述と疑問の構造の対立といった「同種の内容を持つ、互いに対立する構文論的な単位とクラス（構文論的な構造、構文論的な手段のグループ）の体系」であるとされている。すなわち、能動・受動をのぞけば、形態論的な手段によらず、構文論的な手段だけによって表現されるものを、構文論的なカテゴリーとしているようである[175]。

しかし、日本語に関して、そうした意味において構文論的なカテゴリーとすることができるものがあるだろうか。多くは、基本的に、形態論的なカテゴリーを土台として、文における、そのほかの諸手段との相互作用によって、その意味を実現しているならば、構文論的な手段だけによるというものは、ほとんどないように思われる。

以上のことから、やはり、構文論的なカテゴリーという用語をヴィノグラードフの規定にしたがって使うべきであると考えられる。そして、そうなると、構文論的なカテゴリーは、ボンダルコの「機能・意味的な場」のように、文のさまざまな言語的な表現手段と、それの表す意味との統一体ということになる。そして、構文論的な手段は、文の意味の表現に参加する、いくつかの表現手段のうちの一つとして位置づけられることになる。しかし、このように規定することになると、構文論的なカテゴリーは、やはり、規則的な表現手段にもとづくものとは言えず、文法的なカテゴリーではないということになるかもしれない。ヴィノグラードフは、モダリティを、文の文法的なカテゴリーとしているのだが。

7.　構文論的なカテゴリーはいかなる意味において「文法的」か

以上のように規定された構文論的なカテゴリーが、それでもなお、文法論の領域にあるとしたら、それは何ゆえに「文法的」なのだろうか。

文に規則的な表現手段がないとしたら、構文論的なカテゴリーは文法的でなく、文における「意味論的」なものとも言えるだろう。しかし、文における文法的な側面を、文の対象的な内容と結びついた何らかの一般的な側面であるとすれば、モダリティやテンポラリティの意味は、個々の文の違いによらず、一般的であり、その点で、文法的な側面であると言えるかもしれない。命令の意味や過去の意味は、文においても、一般的なものとして存在している。すなわち、文における文法的な側面とは、文の表す意味論的なカテゴリーであると考えることができるだろうか。

しかし、それと同時に、文においても、上記の工藤浩 1989b が述べているように、決まった形態論的な形と、決まった構文論的な構造との複合などにより、規則的に、文のモダリティに関わる意味が表現されるという面もあるので、そうした意味においても、やはり、文法的と言える。すでに述べたように、そうだからこそ、例文という形で文の文法的な意味を一般的にさしだすことができるわけである。ただし、文における文法的な意味の表現手段は、単語における文法的な意味の表現手段と比べて、複雑な様相を呈する。構文論的なカテゴリーの検討においては、その、文における文法的な構造、構文論的な型を、一般化して、とりださなければならないわけである。たとえば、命令という意味を表す文は、命令形という動詞の形態論的な形とともに、述語動詞のさしだす動作が意志的であるという構文・意味的な構造における一般的な特徴と[176]、動作主体が二人称であり、主語が消去されるという構文・機能的な構造における一般的な特徴などを持っている。

しかし、それでも、やはり、文のレベルにおける意味は、このように一般化できるものばかりではないという考えもありうる。形態論的なカテゴリーの一般的な意味の、文における個別的な意味への実現というかぎり、それは文法的なものと言えるが、文におけるアスペクト的な意味やヴォイス的な意味やムード的な意味は、それにつきるわけではない。さまざまな文法化した形はいいとしても、副詞などの語彙的な意味の面が強いものを、どのような意味において文法的と考えるかという問題が生じてくるように思われる。たとえば、「しはじめる」「しつづける」「しおわる」などの段階性を表す複合動詞は、まだ、文法的な側面を持つと言えるかもしれないが、動作の反復の意味を表す「毎日」などの時間名詞は、どうだろうか。だが、こうしたものも、完全に語彙的な意味というわけではなく、文の特定の構文論的な位置において使用され、文全体の一般的な意味の形成に参加するという、文法に関わるような一般的な側面を持った語彙・文法的な系列であると見るならば、やはり、これも文法的なものであると言えるかもしれない。

8.　構文論的なカテゴリーとタイポロジーの関係

構文論的なカテゴリーを、以上のように、複合的とはいえ、いくつかの限られた表現手段によるものと規定すると、ある言語ではとりだされた意味が、ほかの言語ではとりだされないということもありうる。

それに対して、純粋に、ボンダルコの言う「機能・意味的な場」という考えを押しすすめていけば、個別言語をこえた、文法的な意味の普遍的な目録やリストのようなものを追及しなければならなくなるだろう[177]。それは、すべての言語をとらえる普遍的なものであり、その目録のなかから必要な項目をとりだし、どの項目が、その個別言語において、どのように表現されているかを明らかにするというように、タイポロジーの土台となりうる。そして、実際、タイポロジー的な研究においては、そのようなことが行われている。たとえば、ロシアの（一部の）言語学者に大きな影響を与えているヴィエジュビツカの semantic primitives という概念（natural semantic metalanguage の理論）などである[178]。それは、たしかに、言語学における必要な研究分野である。しかし、他の言語で文法的な手段によって表現されているものであっても、その言語において、文法的にも語彙的にも表現されておらず、ただコンテクストによって表わされているものや、文の意味において未分化なものとして認められるにすぎないというものは、個別言語の研究においては、とりだす必要がないだろう。そのような必要がないとしたら、個別言語の研究においては、「機能・意味的な場」というとらえ方の方向性は、その根拠を失うのではないだろうか。つまり、そこまでする必要はないのである。

個別言語の研究としては、その言語において、文法的な手段や語彙的な手段など、さまざまな言語的な手段によって表現されている意味だけをとりだして、それらを体系化すればいい。そして、その言語において問題となるような意味は、その言語において、どのような言語的な手段によって表されているかによって、体系のなかにおける、その意味の位置づけが、決まってくる。ボンダルコも、このような考えにもとづいているように述べてもいるようだが、実際の体系化のし方は、そのようになっていない部分が多いようにも思われる。やはり、文の研究をタイポロジーなどの研究につなげようとする、そのし方に問題があったのだろうか。しかし、タイポロジーの観点から見ても、それぞれの言語において、どのような形態論的なカテゴリーがあるかが問題となるように、文において義務的な、どのような構文論的なカテゴリーがあるかも問題となるだろう。

そのように考えれば、やはり、普遍的な意味論的な「場」から研究を出発させるより、個々の言語における構文論から出発させるべきではないだろうか。もし、タイポロジーの研究が求められれば、そのあとの作業となるだろう。そのような意味においても、機能・意味的な場というとらえ方ではなく、構文論的なカテゴリーというとらえ方を、ここではとりたいと思う。

しかし、構文論的なカテゴリーという用語を採用すると、形態論的なカテゴリーと同様に、「カテゴリー」ということから、もっとも一般的な意味として、つねに文に表現される意味という規定が入ってくるかもしれない。もし、そうだとすれば、文において義務的ではない意味に関しては、構文論的なカテゴリーとして、とりあげられないということになる。機能・意味的な場というとらえ方なら、そのような意味もとりあげることができるのだが、もし、機能・意味的な場のかわりに、構文論的なカテゴリーという用語を採用するとなると、文において義務的ではない意味を、その表現手段との統一において、とらえるような用語が、別に必要になってくるだろう。たとえば、文において、名詞に「は」「も」のついた形だけでなく、「たった」や「〜にすぎない」など、さまざまな表現手段によって表される「とりたて」のようなものが問題となるだろう[179]。これは、単語における「形態論的な系列」に対応する構文論的なものである。あるいは、やはり、「機能・意味的な場」というものを設定し、それに含まれるものとして、構文論的なカテゴリーを位置づけるということもできるかもしれない。もし、そうすることができるなら、文におけるとりたては、構文論的なカテゴリーではないが、機能・意味的な場ではあるということになる。

ここまで述べてきたことのまとめとして、ここで、構文論的なカテゴリーを規定しておくと、「構文論的なカテゴリーとは、文において義務的な、カテゴリーをなすような意味に属し、そのバリアントとなる、いくつかのタイプ的な意味と、それらを表す、文のさまざまな階層の多様な（形態論的な、語構成的な、構文論的な、語彙・文法的な）言語的な手段の複合の型とを統一する体系である」ということになる。

9.　構文論的なカテゴリーにおける構文論的な意味と表現手段の諸タイプ

上に述べたように、構文論的なカテゴリーの意味は、多様で複雑であるが、そのなかには、以下のような、いくつかの構文論的な意味のタイプをとりだすことができる。それらを、その表現手段とともに、見ていこう。

第一に、まず、形態論的なカテゴリーにもとづく、その形態論的な意味の、文における実現というものがあげられる。形態論的な意味のうち、基本的な意味はコンテクストからもっとも自由であり、その意味の実現はおもに形態論的な手段によると言えるだろうが、そのほかの形態論的な意味、特に周辺的な意味が実現するには、構文論的な条件が必要である。たとえば、テンスに関して、「あした、ここで待っています。」という文における未来の意味は、継続相・非過去形の持つ個別的な意味であるが、それは、文のレベルにおいて、「あした」という状況語によって表されると言える。実現のし方は異なるが、これらは（基本的な意味も周辺的な意味も）、いずれも、形態論的なカテゴリーの枠組みのなかにおける意味である。

第二には、形態論的なカテゴリーの表す意味は、その意味を基本的な意味として表す形態論的な形だけでなく、それ以外の、それと対立する形態論的な形によっても、同じように表されることがある。たとえば、「そこにすわる！」というのは、命令形という形態論的な形以外の形（叙述形）が、欠如的な対立における無標の項であるため、二人称という構文論的な構造で、それに対立する項（命令形）の持つ命令という意味を表すのである。形態論的な手段により積極的に表される意味ではないが、これも、また、意味のタイプとしては形態論的なカテゴリーの一般的な意味の枠組みのなかにあるものである。こうしたものは、形態論と構文論との表現手段の違いとして、よく、とりあげられるものである。

第三には、形態論的な形の表す意味と同じか、同じタイプの意味と言えるものであるが、その表現手段が、形態論的な形以外の文法化した形や、語彙的な手段などである場合がある。たとえば、命令の意味は、ムードの形態論的な意味の一つであるが、命令形ではなく、「〜すること。」という形や、「命ずる」というような動詞の語彙的な意味によって表されることがある。あるいは、「してください」や「してくれませんか」といった形によって、命令に近い依頼の意味が表現される。これらは、構文論的な条件のなかで、形態論的な形の持つ意味の一つが実現するというものではなく、形態論的な形以外の手段によるものである。

第四の構文論的なカテゴリーにおける意味としては、形態論的なカテゴリーにおさまりきらない意味というものがある。構文論的なカテゴリーには、そのカテゴリーの意味（インバリアント）にバリアントとして属しうる、さまざまな意味が存在する。形態論的なカテゴリーの意味は、そのようなバリアントの一つ、代表的な一つである。したがって、形態論的なカテゴリーの意味以外の意味は、形態論的ではない、さまざまな表現手段によって表される。たとえば、「しはじめる」が表す、はじまりの段階という意味は、「動作の時間的な展開のし方」というインバリアントを持つアスペクチュアリティにおける、そのようなバリアント的な意味である。これは、複合動詞という語構成的な表現手段によるものであるが、完成相と継続相の表すアスペクト的な意味に入らない意味である。また、「そこにずっと座っていた。」のように、修飾語「ずっと」が表す持続性なども、この種のものと見ていいだろう。こうしたものは、構文論的なカテゴリーに含まれるさまざまな意味領域に関わる問題である。

以上のように、構文論的なカテゴリーの意味と表現手段の問題は、多様な側面を含んでいる[180]。

10.　構文論的なカテゴリーとテクストとの関係

ボンダルコの言う機能・意味的な場は、文における表現手段としての、文の内的な構造に関わる側面だけでなく、テクストの種類に関わる側面も含むようである。しかし、構文論的なカテゴリーという立場にたつと、小説かエッセイか手紙かなど、テクストの違いによる使用の問題は、文における一般的な側面を扱う構文論的なカテゴリーには入ってこないだろう。さらに、発話の状況（言語的な環境）との相互作用の問題も、それとの相互作用は、当然、つねに問題となってくるのだが、文の内部構造とは区別して扱われることになる。機能・意味的な場という用語ではなく、構文論的なカテゴリーという用語を採用することによって、このような研究対象の違い、研究の重点の置き方の違いが生じてくるだろう。そして、その違いは、体系的な研究にとって有効に働くものと思われる。このように、構文論的なカテゴリーという用語を採用すると、文の一般的な側面に関わるもの以外の問題は、テクスト論の問題ということになり、そちらで検討すればいいということになる。というより、文の意味の問題とは、問題の性質が異なるので、別に検討しなければならないのである。

11.　構文論的なカテゴリーに対する文の対象的な内容の共通性

単語の形態論的な形とは、語彙的な意味の共通性の土台の上で、文法的な意味が異なる、二つ以上の語形のことである。たとえば、ムード的な形である「行く」「行こう」「行け」は、語彙的な意味が共通していて、文法的な意味において異なっていると言える。しかし、文のレベルでは、主語が異なってきて、「行こう」であれば、一・二人称か一人称、「行け」であれば、二人称になる。したがって、文のモダリティにおいては、ムード的な意味以外の部分を、すべて同じにして、文のパラダイムを作ることができないということになる。ほかのカテゴリー、たとえば、ヴォイスやアスペクトでは、「先生が太郎をほめた。」と「太郎が先生にほめられた。」のように、そのカテゴリーの意味以外の部分はかえずに、文のパラダイムを作ることが可能であるのと異なっているのである。

命令の意味にとって、二人称も、未来というテンス的な意味も、その意味の前提をなしている。それらがなければ、命令という意味は実現できないわけである。このように、モダリティは、人称性とテンポラリティと本質的に相関している。これは、文の陳述性がそれらから成りたっていることと関係しているのだろう。これは、モダリティによる、テンポリティと人称性の含意的な制限であり、構文論的なカテゴリーのあいだの、あるいは、形態論的なカテゴリーのあいだの相互作用と見ることができるだろう。

モダリティにおいて、文法的な意味のとりかえによっても、変わらない文の対象的な内容とは、連語の名づけ的な意味のレベルに近いものであるとしたら、モダリティにもとづく、文のパラダイムは、主語以外の文の対象的な内容の共通性を土台としていると言えるだろう。すなわち、文の文法的なパラダイムであっても、異なる文法的な意味を持つ文のあいだに、その対象的な意味の側面における共通性が、まちがいなく存在するのである。というより、存在しなければならないのである。

注

105 ただし、語彙的なものと文法的なものとの区別は、難しい問題を含む。

106 ただし、英語圏のものでは、マシューズの『形態論』などは、形態論の教科書であるにもかかわらず、形態論的なカテゴリー（文法的なカテゴリー）という用語がまったく出てこない。アスペクトやムードなどの用語が使われていながら、形態論的なカテゴリーなどの用語がまったく出てこないのは、奇異に感じられるが、それは、単に、用語法上の違いということもあるし、文法論の体系の違いということでもあるだろう。形態論では、おもに、形の作り方の面をとりあげ、個々の文法的な意味に関わる面は、アスペクトやムードなどの、個別的な文法論の領域において、別に論じられるということなのだろう。

107 もちろん、鈴木重幸 1983c「動詞の形態論的な形の内部構造について」が示すような、形態論的な形の作られ方についての研究もある。

108 一つの単語に関しても、形態論と構文論では、その扱いが異なることになる。このことについて、鈴木重幸 1972a は、「形態論では、その多義的な意味の構造を、基本的な意味と派生的な意味の構造として、あきらかにする」のに対して、文論では、「この多義的な意味の実現した一つ一つの意味を文論的に整理してあつかうのである」と説明している (p.207)。たとえば、ありかの「に」格は場所の状況語の項で、あい手の「に」格は対象語の項で、というように、それぞれ別々に扱われると言う。

109 たとえば『言語学百科事典』(1990 年) の「文法的なカテゴリー」の項目を参照。

110 構文論的なカテゴリーについては、第 2 節で検討する。

111 また、「文法的なカテゴリーとは、文法的な意味を表す文法的な手段(自立的な単語にともなうもの、たとえば、動詞についた副詞などによる、同じような意味の表現は、文法的なカテゴリーを形成しない)が義務的に存在する場合の、その文法的な意味によって統一される、言語の要素(単語、意味を持った単語の部分、連語)の総体である」とも規定されているが、ここでは、義務性について触れられている。

112 マスロフは、「語彙的ちがいからの解放は、すべての動詞語彙の限界内でつねに絶対的ではないとしても、上に述べたアスペクトの基準のうちもっとも重要なものと認められなければならない」と述べている。つまり、一般性を、もっとも重要なものと見ているようである。

113 形態論的な形に関して、相互承接できないというのは、一つの形態論的なカテゴリーのたがいに対立する項は、文のなかで同時に存在できず、相互承接しないという意味であろう。たとえば、完成相と継続相とは、文の述語のなかで同時に存在できず、相互承接しないのである。

114 川端は、主格、対格、与格を、動詞文述語のヴォイスの層に呼応する内的限定格と呼び、「に・へ・から」などの表す格を、動詞文述語のアスペクトの層に呼応する外的限定格と呼んでいる。

115 文法格という用語は、多少のとらえ方の違いはあるものの、仁田 1993「日本語の格をもとめて」や城田 1993「文法格と副詞格」などにも見られる。

116 ただし、このように規定したとき、「格」という用語は形態論的なカテゴリーをさすものではなく、意味論的なものをさすものとなるため、用語上の混乱が生じてくる。「格」という用語を「が」「を」「に」に限定し、それ以外のものを別の呼び方にかえる必要があるが、適当な用語がないので、仮に、このようにしておく。

117 仁田 1993「日本語の格を求めて」などを参照。

118 名詞は、格という形態論的な形をとり、それが、文のなかで、主語や補語などの文の成分として働くことになる。ここには、①名詞のカテゴリカルな語彙的な意味(人、物、場所など)と、②「が」格や「を」格などの表す、主体や対象などの構文・意味的な関係と、③主語や補語などの構文・機能的な関係との階層的な構造が成りたっている。名詞の格として、形態論の対象となるのは、基本的には、②である。つまり、格の形態論的な意味(格的な意味)とは、②のことであって、③は含まれない。ただし、名詞の格は、歴史的には、文の構文論的な関係(③)との相互作用のなかで形成され、発展していくものであると思われるが。

119 ただし、名詞述語文においては、「が」格ではなく、「は」のついたとりたての形の方が、とりたての意味を持たない無標形式となり、逆に、「が」格の方が、とりたての意味をおびることになる。だが、これは、とりたての意味の問題であって、格の問題ではない。格に関しては、「が」格は、やはり、「が」格なのであって、それが、名詞述語文の主語という位置において、特殊なとりたて的な意味をおびるということである。

120 意味論的な格に関しても、個々の動詞に対しては、「〜から成りたつ」などのように、もちろん、必須の格というのがあるが、それは、動詞の側から見た結合価における義務性であり、ここで言う義務性とは異なる。

121 ただ、格の場合は、数のカテゴリーと違って、特定の動詞に対する格体制に、選択の幅が、ある程度、ある。動詞の多義性によって、あるいは、多義性とまでは言えない意味の違いによって、とる格が異なるのである。しかし、それでも、文の述語になる動詞によって、ある程度、文に現れる格の範囲が決まってくるのは確かであろう。

122 このことにもとづき、個々の格に関しても、「が」格は無標であるが、「を」格は有標であるとも言えるかもしれない。また、意味的な面を見ても、「を」格は、広い意味において、対象を表すと一般化でき、対格と規定することができるが、「が」格は、主体だけでなく、受動文などで対象も表すので、主格という規定ではなく、対立の無標の項として、非対格という規定の方が適切であるようにも思われる。

123 このように、名詞の格の意味は、文のあいだの格体制の対立において規定されるものである。一つの文を見ているだけでは、名詞の格が、互いにどのような対立をなしているのか、明らかにすることができないだろう。「に」格に関しても、同様に、「が」格と「を」格だけを持つ他動詞文の格体制が、さらに、「に」格をも持つ他動詞文の格体制と対立することによって、「に」格が規定されることになるのだろう。

　ただし、もちろん、他の言語では、この事実が、異なる格の体系と結びつくこともある。

124 ただし、条件形は、機能を前提として、おもに意味を表しており、連体形や中止形とは異なる。

125 きれつづきの形は、構文論的な機能も持つものであれば、単なる形態論的な形ではなく、形態・構文論的な形と呼ぶべきものかもしれない。

126 宮田 1948『日本語文法の輪郭』は、文の終止の形を「本詞」とし、中止の形を「分詞」としている。それは、宮田によると、英語の文法にならったものであると言う。このように、終止形や連体形を「〜形」という用語ではなく、別の用語で呼び、区別するということも考えられる。

127 ただし、名詞の格が述語になる動詞などによって規定されているのに対して、きれつづきは、そのように規定されたものではないという点において、格とも異なっている。しかし、格に関しては、「が」格は、つねに文のなかに現れるのに対して、「を」格はそうではないように、きれつづきに関しては、終止形は、つねに文のなかに現れるが、中止形や連体形はそうではないという類似性もある。

128 パラディグマティックな関係の、このような理解は、イェルムスレウの定式化にもとづくものである。

129『言語学百科事典』の「パラディグマティックな関係で結びつけられた」という規定は、同じ構文論的な位置における形の交替のことを意味しているのかもしれないが。

130 機能をカテゴリーと呼べるかどうかという問題は、ここでは、ひとまず、おいておく。

131 あるいは、形態論的なカテゴリーと機能的なカテゴリーとが、いずれも単語の形態に関わるなら、パラディグマティックな形態論的なカテゴリーと、シンタグマティックな形態論的なカテゴリーとすることもできるかもしれない。

132 ただし、(日本語にはないが) 名詞の数のような形態論的なカテゴリーは、パラディグマティックな関係にもとづく形態論的なカテゴリーであるが、基本的に文の部分に関わる意味である。つまり、名詞のカテゴリーは、文の述語になる動詞と違って、基本的には、文の部分に関わる意味なのである。

133 ただし、ていねいさは、他の形態論的なカテゴリーの形態論的な形と、その形つくりの構成が少し異なる。鈴木重幸 1983c は、「ていねい語幹は、基本語幹から直接つくられるのではなく、語基にていねい体の接尾辞をつけてつくられる」と分析している (鈴木重幸 1996, p.181)。

134「する」の形が、その中核的な意味として、友だちの関係の会話などで使われ、親密さなどを表すなら、少し距離のある関係の会話に使われ、ていねいさを表す「します」の形と対立すると言えるかもしれない。

135 このように考えると、ヴォイスの場合も、それが意味かどうかという問題が出てくるかもしれない。

136 形態論的な形に近い意味で使われる用語として、「文法素 grammem, gramema」という用語がある。この用語は、パイクの「タグミーム tagmem」から来ているようである (パイク 1997『英語学の基本概念』参照)。ボンダルコ 2002 などによれば、文法素とは、類的な概念としての文法的なカテゴリーの意味に対して、その意味において種的な概念であるところの、文法的なカテゴリーの構成要素であると規定される。このように、文法素は、文法的なカテゴリーにおいて、対立しながら、それを構成する要素を一般的にさすもののようである。形態論的なカテゴリーに関して言えば、それは、形態論的な形と形態論的な意味との統一体ということになるだろう。しかし、形態論的な形が、つねに形態論的な意味をともなうものであれば、形態論的な形と文法素との区別はあいまいなものとなる。ここでも、とくに、その二つを区別する必要を感じないので、文法素という用語は使わずに、それと同じような意味において、形態論的な形という用語を使うことにする。

137 また、場所格や関係格というのは、意味的な規定であり、そこに、いくつかの形が含まれているならば、それらは、場所を表す格のグループ、関係を表す格のグループということになるのではないだろうか。「〜格」というのが、形態論的な形に対する名づけであり、場所格や関係格が形態論的な形でないならば、「場所格」や「関係格」という用語は適当ではないだろうが、村木にとっては、単に、「場所を表す格」を略して「場所格」と称しているだけなのかもしれない。そうであれば、これは用語法上の違いにすぎない。

138 格の体系のなかで、「に」格を規定するのは、やはり、難しい問題である。それは、「が」格や「を」格に対して、欠如的な対立を示すものとしてしか、位置づけられないのかもしれない。ここでは、形態論的な形に関する基本的な考えを提示することが目的なので、「に」格の問題については、これ以上、触れることができない。

139 ホッパー他 1993『文法化』は、文法化 grammaticalization と区別して、形態論化 morphologization という概念を出している。それは、分析的な形から屈折的な形への変化のことをさしているようである。しかし、さらに、パラダイム化 paradigmatization という概念を提出する。それは、筆者の言う形態論化に近いものとも言えるかもしれない。

140 宮崎他 2002 は、モダリティのなかの疑問の下位タイプとして、質問・疑いに並べて、確認要求というものをたてていて、たいへん興味深い。ほかと対立するタイプ的な意味として、それをたてることができるということのようである(ムード的な形として、たてているわけではないようだが)。

141 ただし、肯定形・否定形などのように、これにしたがわない用語法も見られるが、鈴木重幸 1965–1966「文法について」では、みとめ方は、陳述的なカテゴリーとされていた。

142 鈴木重幸 1965–1966 では、陳述的なカテゴリーに、みとめ方とていねいさも入っている。

143 ただし、テンスやムードに関わるのは、まず、動詞であり、次に、形容詞であり、最後に、名詞であるということも言える。

144 ロシア語のアスペクトに関しては、完成相と不完成相という、アスペクトの相関するメンバーが、同じ一つの単語の形であるか、あるいは、二つの異なる単語であるかという議論がある。その場合の後者の見方にもとづくと、アスペクトは、分類的なタイプの文法的なカテゴリー、すなわち、「語彙・文法的なカテゴリー」であるとされる(ボンダルコ 1976『形態論的なカテゴリーの理論』参照)。

145 もし、過程の「状態的な側面」というのなら、問題はない。「状態的」というのは、「状態」に特徴的である均質性などの特性を持つということであって、それが「状態」そのものだと言っているわけではないのである。

146 ただし、アスペクトとヴォイスは、テンスやムードと違って、個々の動詞(語彙素)が、その語彙的な意味において、アスペクト的な性格やヴォイス的な性格を持つ。アスペクトに関しては、第I部第4章で述べたように、動詞全体が限界動詞と無限界動詞に分かれるだけでなく、形態素によって特徴づけられていないアクチオンスアルトなどもあり、あらゆる動詞が語彙的な意味においてアスペクト的な性格を持つとも言えるし、ヴォイスに関しては、このあと、第2章で述べるように、個々の動詞が、主語になる動作の参加者の特殊性を示していて、これも、語彙的な意味において、ヴォイス的な性格を持つと言える。それに対して、テンスなどは、動詞全体が、その語彙的な意味によって、過去動詞と非過去動詞に分かれるといったようなことはない。こうした意味においてなら、アスペクトとヴォイスは、語彙的な意味とも密接な関係があると言えるだろう。

147 これにならったものとも思われるが、同様の試みとして、浜之上 1998「現代朝鮮語の形態論的範疇について」があげられる。

148 鈴木のあげている「もようがえ動詞、とりつけ動詞…」なども、連語の実現に作用する動詞の分類ではあるが、連語は形態論的なカテゴリーではない。

149 ただ、文における動作の主体や客体のさしだし方に関わるため、使役動詞は、文の構文論的なカテゴリーとしてのヴォイス性のなかに入り、そのなかで、他動詞のように働き、うけみの形態論的なカテゴリーと相互作用しあうとも言える。この点から見れば、他の語彙・文法的な系列と同じと見ることができるかもしれない。くわしくは、第2章第2節で論じる。

150 ただし、他動詞・自動詞も、部分的に、形式的な対応と意味的な対応とが見られ、個々の動詞がペアをなしている。

151 名詞述語文の主語において、「が」格が、とりたて的な意味をおびる場合も、「が」格の主語は、とりたて的な意味を持っているが、「は」のついた主語は、それを持たないので、とりたてのカテゴリーの対立となっていない。

　それから、また、もちろん、とりたては、格と違って、名詞だけでなく動詞や形容詞にも存在する。

152 ただ、見方によっては、たしかに、鈴木重幸 1983a が言うように、意志動詞が、その語彙的な意味に意志性という意味を共通に持つ動詞であるように、「しはじめる」の形をとる動詞も、すべて、始まりという意味を共通に持つ動詞であると言え、その違いは、それが形式的に表現されているかどうかの違いだけであるようにも思える。

153 これはアスペクチュアリティーのなかに入る。

154 仁田 2002 は、「文法カテゴリーを形作るか否かは、無標形式が有標形式との対立において、有標形式の有している文法的意味と対立した意味を、いかほど明確に有しているかにある。(中略)「シテヤル・シテモラウ・シテクレル」は、「スル」といかほど対立するのか、また、「スル」は、いわゆるやりもらい形式と対立して、どのような意味を焼き付けられているのか、さほど明確ではない。明確ではないその程度に応じて、文法カテゴリーとしての定立は不確かである」と述べている。

155 これは、宮田 1948 から受けついだとらえ方のようだが、「文法的な派生動詞」という用語は、鈴木重幸 1972a にも見られる。

156 それに対して、意味的には過去形が有標と規定されるとしても、形式的には、個々の単語形式によって、過去形が有標になったり、無標になったりするという考えもありうる。

157 この事実は、文の特殊な対象的な内容のもとに起こる、単ヴォイスの現象（対立するヴォイス的な形のどちらかしかとれない）を指摘したものと見ることもできるのではないだろうか。また、くりかえしになるが、意味上の対立としては、一般的な意味でなく、このような個々の個別的な意味に関しては、どちらも有標であるはずである。

158 というより、現在においては、このほかにも、有標性に関するさまざまな解釈が存在する。たとえば、他の文法的なカテゴリーの対立が少ない方が有標であるという考えもある。すなわち、叙述形と命令形を比べると、叙述形はテンスの対立を持つが、命令形はテンスの対立を持たないため、命令形の方が有標であるということになる。しかし、これも、意味的な有標性の現れの一つとも解釈できるだろう。ハスペルマス2006は、有標性という用語には、大きくは四つのクラスに分けられる12の意味があると述べている。

159 ハスペルマスは、グリーンバーグの再版された『言語普遍性』（1966年）の解説で、グリーンバーグは、頻度を有標性と同一視し、多くの批判を浴びたと述べている。

160 個別言語に関しては、従来の有標性と、頻度の有標性が矛盾することがあることは、アプレシャーンが、注において簡単にだが、指摘している（アプレシャーン1988『現代構造言語学の原理と方法』）。

161 ただ、ヤーコブソンは、それを、等価的な関係にあるものは互いの否定でもあることから、“Aの言明”対“非Aの言明”という欠如的な対立であるとしている。

162 たとえば「ロシア語動詞の構造について」（『ヤーコブソン選集1　言語の分析』）など。

163 バリアントとインバリアントという用語は、ヤーコブソンも用いている。

164 一般的な意味に対する批判については、池上1975『意味論』でも、論じられている。

165 文とならんで、連語も構文論の対象とされるが、連語に関わる問題については、ここでは、触れることができない。

166 工藤浩1989b「現代日本語の文の叙法性」では、モダリティは、「意味・機能的なカテゴリー」と呼ばれていた。

167 ただし、ヴィノグラードフは、テンポラリティと人称性に関しては、形態論的なカテゴリーと同じ用語を使っている。

168 別の用語法としては、ソ連・ロシアの言語学でも、構文論的なカテゴリーという用語のもとに、「主語の文法的なカテゴリー」「単文のカテゴリー」などがあげられることもある。また、文の成分が表す動作主や道具などが「意味・構文論的なカテゴリー」と呼ばれたり、述語や規定語などが「構造・構文論的なカテゴリー」と呼ばれたりすることもある。日本語に関しても、奥田1975「連用、終止、連体……」では、文の成分の表す主体、客体、空間、時間、動作、状態などが、「構文・意味的なカテゴリー」と呼ばれ、主語、述語、対象語、規定語、状況語などが、「構文・機能的なカテゴリー」と呼ばれている。

169 グフマン 1985「概念的なカテゴリー、言語的な普遍性、タイポロジー」によると、メシチャニノフは、「言語によって伝えられるあらゆる概念が、「概念的なカテゴリー」だというわけではない。言語的な構造に現れ、そのなかで、一定の構成を持つ概念が、概念的なカテゴリーとなるのである。概念的なカテゴリーは、一定の、語彙的か、形態論的か、構文論的な体系において表現されるのである」と述べており、概念的なカテゴリーを言語的なカテゴリーとみなしている。そして、概念的なカテゴリーに属するものとして、対象性と述語性、主体と客体、規定性、モダリティ、量性と質性などをあげているのである。このような、メシチャニノフの「概念的なカテゴリー」は、ボンダルコの「機能・意味的な場」と、少し異なるもののようにも思われるが、ボンダルコ自身は、ボンダルコ 2002 で、メシチャニノフが、概念的なカテゴリーにとって、概念の言語的な現れにおける体系性という特徴が不可欠であるとしていることを指摘し、自分の考えとの近さを強調している。

　また、レフォルマツキー 1996『言語学入門』は、概念的なカテゴリーについて、「こうした試みが、すべて、失敗しているのは、《カテゴリー》が外から言語に付けくわえられていて、その言語の実質と形式からとりだされたものではないことに原因がある」と、批判している。

170 また、機能文法に関しては、ドイツ語学者であり、理論的な著作も多いアドモニからの影響もあるようである。ドイツにおける機能文法に関しては、ヘルビヒ 1973『近代言語学史』参照。そこには、アドモニの考えも紹介されている。

171 ヴィノグラードフも、モダリティを意味論的なカテゴリーと呼んでいるところがある（ヴィノグラードフ 1950「ロシア語におけるモダリティのカテゴリーとモーダルな単語について」, p.87）。

172 文と文との組みあわせは、文を土台としながら、また、別の研究領域としてある。それは、ここで言うコンテクストの問題からは、その一部を構成するものだとしても、そのなかで区別される。

173 ゴロヴィン 1983『言語学入門』によれば、言語の単位は、再現性という特徴を持つように、文も、その一つとして、構文論的なモデル、シェーマ（型）、文法的な構築物であると言う。ゴロヴィンは、語彙素と単語（形式）、音素と音声など、言語の単位と言語活動の単位とを区別するように、文と発話を区別しながら、発話は、文の言語活動におけるバリアントであり、文は、さまざまな発話の形成のために使用される（発話の形において機能する）文法的な骨組みであると規定している。このように、文と発話を区別しなければ、異なる語彙的な構成を持ち、異なる内容を表現する異なる文（発話）が、どのようにして、個々の現象の一般的な特徴や特性を扱うという文法によって、調査できるのかが、説明できないとも言う。すなわち、文法論の対象としては、発話ではなく、文がとりあげられるということになるだろう。

174 ガーディナーとバンヴェニストに関しては、ガーディナー 1958『SPEECH と LANGUAGE』と、バンヴェニスト 1983『一般言語学の諸問題』所収の「言語分析のレベル」参照。

175 しかし、ロシア語の否定文や疑問文を作る補助的な単語や小詞などを、構文論的な手段とするかどうかについては、検討が必要である。

176 意志動詞は、単語の問題なので、形態論的なレベルとも言えるかもしれない。

177 ボンダルコ自身は機能・意味的な場が個別言語の文法構造にもとづくことを指摘してはいるのだが。

178 林田 2007『ロシア語のアスペクト』では、アスペクトに関して、ヴィエジュビツカの考えが紹介されている。そこでは、semantic primitives についても、「意味的原始語」と訳され、説明されている (p.60)。ロシアの言語学では、ヴィエジュビツカからの影響もあるのだろうが、「言語的な世界像」という概念による分析の試みが見られる。シメリョフ 2002、ペトルヒナ 2003 参照。

179 とりたてに関しては、それがモダリティに入るとすれば、この問題はなくなる。

180 同じ形であっても、終止の位置と連体の位置によって、その意味が違ってくるということがあるが、これは構文論的な機能による意味と言えるだろう。工藤浩 1989b は、構文論的なカテゴリーとしてこのようなものをあげている。しかし、これは、終止形と連体形との違いであるとすれば、はじめにあげたものと同じような、形態論の問題として扱うことができるかもしれない。

第2章　構文論的なカテゴリーとしてのモダリティとヴォイス性

以上の理論的な枠組みにもとづき、形態論的なカテゴリーと構文論的なカテゴリーが、具体的な個々のカテゴリーにおいて、どのように現れているのかを、モダリティとヴォイス（ヴォイス性）をとりあげて、以下に見ていく。この二つをとりあげるのは、ほかのカテゴリーに比べて複雑な構造を持ち、形態論的なカテゴリーと構文論的なカテゴリーとの検討において、さまざまな問題が生じてくるものだからである。とくに、モダリティは、もっとも複雑な構文論的なカテゴリーであると言える。したがって、以下に述べるものも、構文論的なカテゴリーのモデルを明確に示しているとは言いがたいかもしれない。

第1節　モダリティ

モダリティの研究は、近年、日本語研究において、かなりの進展をみせている。仁田1991『日本語のモダリティと人称』や益岡1991『モダリティの文法』などのように、モダリティのみを対象とした研究書として先駆的な単著があり、さらに、最近は、宮崎他2002『モダリティ』や日本語記述文法研究会編2003『モダリティ』などのように、日本語のモダリティの全体像を記述的に明らかにする集団的な労作も現れている。そのほかにも、森山他2000『日本語の文法3 モダリティ』や益岡2007『日本語モダリティ探求』など、モダリティに関する研究書は多い。

そうした研究では、モダリティという用語のもとに、形態論的なカテゴリーのムードにとどまらない、文におけるさまざまなムード的な意味の検討が行われている[181]。そして、それぞれの研究者によって、さまざまなモダリティの体系が提案されているが、以下では、おもに奥田靖雄のモダリティの理論について、ソ連・ロシア言語学のモダリティ論を参照しながら、再検討することによって、筆者の理論的な枠組みにそったモダリティの体系を考えてみたいと思う。

アスペクチュアリティやヴォイス性と異なり、構文論的なカテゴリーとしてのモダリティを論じるにあたっては、文の基本的な概念から始めなければならない。そこで、まずは、陳述性や文の伝達的なタイプについて論じ、そのあと、モダリティの体系について検討する。

1.　陳述性とモダリティ

1.1.　陳述性とは何か

文を、単語や連語など、それ以下の言語的な単位と区別する、もっとも基本的な特徴として、陳述性 predicativity という概念があげられることがある[182]。たとえば、陳述性は、ソ連・ロシア言語学では、文を規定するうえで、もっとも重要なものとされる。陳述性の規定は、ソ連・ロシア言語学でも、研究者によって多少の違いがあるのだが、もっともよく知られたものとしては、ヴィノグラードフによる規定があげられるだろう。ヴィノグラードフ 1955「文の構文論の基本的な諸問題」は、文にとってその存在が義務的であり、文を一般的に性格づける特徴として、陳述性[183] をあげ、それを次のように規定している。

> 現実に対する話し手の関係を表し、相対的に完結した思考内容に形を与える、言語活動の文法的に組織づけられた基本的で一次的な単位である文の、その本質を規定し、その本質をなすところの、いくつかの文法的なカテゴリーのまとまりに現れる、レアルな現実に対する発話内容の関係づけ

それに対して、マスロフ 1997『言語学入門』は、ヴィノグラードフの陳述性と同じものをさしていると思われるが、次のように、陳述性ではなく、伝達性 communicativity という用語を使っている。

> 「下位の」言語的な単位との比較における、文の特殊性は、それが、発話であること、伝達的であることにある。これは、つまり、文が、1) 一つのシチュエーションと相関し、また、2) 肯定（あるいは否定）、疑問、あるいは、何かの命令に対する伝達的なかまえを持つということである。文の伝達性はモダリティとテンスの構文論的なカテゴリーに具体化する。

また、ゴロヴィンのように、陳述性と区別して、伝達性という用語を使用する研究者もいる。ヴィノグラードフが、陳述性を、文の形式的な構文論的な手段によって表現されたものといったように、少し狭く規定したことを厳密化し、おもに文の伝達的なタイプに関わる、より一般的なカテゴリーとして、新たに、伝達性という用語を出しているようである。したがって、彼によれば、陳述性はすべての発話をおおわないが、伝達性は、一語文も含めて、すべての発話が持つということになる（ゴロヴィン 1994『現代ロシア語の構文論の理論の基礎』）。また、同様に、ヴィノ

グラードフによる陳述性の規定を批判したものとしては、ズヴェギンツェフ 1976『文と、その、言語と言語活動に対する関係』などがある。

一方、日本では、ヴィノグラードフの影響を受けたものであろうが、奥田靖雄が、陳述性を、次のように規定している。

> 文は対象的な内容をとおして、現実の世界との関係を持ってくる。このため、現実の世界の出来事とかかわりをもつということは、文にかかすことのできない、文の基本的な特徴としてあらわれてくるのである。言語学は、文の対象的な内容と現実とのかかわりのことを《陳述性》predicativity という用語でよんで、ほかの言語的な構築物から文をとりたてる、もっとも重要な言語的な特徴であるとしている。文の対象的な内容はつねに陳述性につきまとわれて、つまり現実との関係をもたされて、存在している。
>
> （奥田 1988a「文の意味的なタイプ」）

ヴィノグラードフは、陳述性を構成するものとして、モダリティとテンポラリティと人称性をあげている[184]。そして、ヴィノグラードフは、それらを、文の文法的なカテゴリーとしている。ヴィノグラードフが編集主幹をつとめた 1960 年の『ロシア語文法』から引用するが、同様の内容がヴィノグラードフ 1955 にも見られるので、これは、ヴィノグラードフの考えと見ていいだろう。

> 陳述性のカテゴリーの本質をなす、文の土台的な内容の、現実に対する関係づけという一般的な文法的な意味は、分解されて、モダリティ、テンス[185]、人称の構文論的なカテゴリーに表現される。これらのカテゴリーこそ、文に、コミュニケーションの基本的な手段の具体性とアクチュアリティを付与するものである。具体的な文において、人称、テンス、モダリティの意味は、話し手の観点からたてられる。だが、この観点自体は、発話時における、聞き手や、文に表現された現実の「断片」との関係における、話し手の客観的な位置によって規定されている。

このように、ヴィノグラードフは陳述性のなかに人称性をあげているが、人称性は、日本語では、おもに人称代名詞による語彙的な（あるいは、語彙・文法的な）表現手段にもとづくものであり、文法的なカテゴリーとみなされていないので、文の意味論的なカテゴリーとしては存在しているとしても、それを陳述性に入れることに対して疑問が出されるかもしれない。しかし、人称性は、話し手との関係を表すものであり、日本語においても、文につねにつきまとっている特徴である。人称性が、その表現手段はともかく、文に義務的に表現され、陳述性の意味的な規定にあてはまるものであれば、陳述性の一つとしてあげることができるだろう。また、日本語では、人称性は、形態論的なカテゴリーとしては、存在していないのだが、文において、何らかの表現手段によって（おもに語彙的な手段によって）、義務的に表されているならば、構文論的なカテゴリーとしては存在していると言えるだろう[186]。

その一方で、ロシア語学においても、チェコ版『ロシア語文法』（1979年）やシェリャキン2001『ロシア語の機能文法』などのように、陳述性に人称性を入れていない場合がある。陳述性を構成するものとして、人称性をのぞいて、モダリティとテンポラリティだけがあげられているのは、それらの表す意味がおもに文の述語において実現することと関係するのだろう。それに対して、人称性は、言語によって動詞の語形変化といった表現手段があるにしても、主要な表現手段は、語彙的（あるいは、語彙・文法的）であり、その意味としても、おもに、主語において実現するものであるという違いがある。だが、両者のあいだに、そのような違いがあるとしても、文が、基本的に、主語と述語という相互規定的な成分から成るとすれば、陳述性が、述語の文法的な意味だけでなく、主語の文法的な意味にも関わるということも考えられるだろう。

文における主語と述語との関係は、ヴィノグラードフ1955のように、陳述的な関係であるとされることがあり、奥田も、また、次のように書いている。陳述性と「陳述的な関係」との関係（違いなど）は、とくに、説明されてはいないが。

> 物をさししめす単語とその物の動作なり状態なりをさししめす単語とは、主語と述語との役わりをひきうけながら、陳述的な関係をとりむすぶ。つまり、述語が、主語にさしだされる物をめぐって、その物に特徴をつけくわえるというかたちで、文は現実の世界の出来事を対象的な内容のなかにとりこむのである。とりこんで、のべるのである。現実の世界の出来事の反映としての文が成立する。
> （奥田1988a, p.28）

このように、文の成立の決定的な要素であるという点においては、たしかに、主語と述語との関係は陳述的であると言っていいだろう[187]。たしかに、陳述的な関係は、主語と述語との関係を連語論的な関係（「を」格や「に」格などの名詞と動詞との組みあわせ）と区別するための重要な特徴である。だが、そうなると、補語や規定語など、ほかの文の成分との関係は、陳述的な関係ではないのかという疑問も生じてくるかもしれない。鈴木重幸1972aには、文の部分について、「あくまでも文の要素であるから、文に不可欠の特性としての陳述的なものに支配されていて、何らかの陳述的なものを特性としてもっている。それぞれの文の部分は固有の陳述的な特性をもっているのである」とあり、主語と述語だけでなく、それ以外の文の成分も、陳述的であるとされている。文が陳述的であれば、その直接的な成分はすべて陳述的であるということのようである。こうした考えにしたがうとすれば、ひとまず、主語と述語という文の一次的な成分に関係する二次的な成分として、補語などは、間接的に陳述的な関係を持つとすることができるだろう[188]。

主語と述語が陳述的な関係を結んでいるとしても、それが、具体的に、どのような点において陳述的なのか、とくに、主語が、述語との特別な文法的な一致などを示さない日本語において、それを明確に述べることは難しい。しかし、主語における人称性が、述語の表すモダリティの意味と相互作用したり、主語にさしだされるものの個別性・一般性というものが、述語の表すテンポラリティ（あるいは時間的な具体・抽象性）の意味と相互作用したりするように、主語は、述語との関係において、特別な位置をしめていて、それらの相互作用のなかに、陳述性に関わるものが認められるという意味においてなら、それらの関係を陳述的なものと見ることもできるように思われる。

また、主語と述語との陳述的な関係というのを、主語と述語の分化した二語文において、陳述性が全面的に展開することを述べたものと見ることもできる。テンポラリティやモダリティが分化するのは、二語文においてである。しかし、一語文にも陳述性を認めるという考えもある。たとえば、ヴィノグラードフがそうであるし、鈴木重幸 1972a も、「火事！」という例をあげながら、これも、文であり、素材的な意味だけでなく、未分化な形でではあるが、陳述的な意味も表現されていると述べている。また、工藤浩 1989b「現代日本語の文の叙法性」も同様のようである。その論理としては、陳述性が、単語と文とを区別するものだとすれば、一語文も、単語ではなく、文であることの「あかし」として、陳述性を持っていなければならないと言うのだろう。

しかし、一語文は、意味論的に陳述性があるとは言えても、構文論的なカテゴリーとして、それがあると言えるか、疑問である。二語文においては、文法的にでも、語彙的にでも、陳述的な意味が何らかの表現手段によって表されているが、一語文では、そのようなものが何もなく、陳述的な意味の表現をすべて発話の場面などに依存している。つまり、「水！」という一語文が命令的な意味を表すとしても、「水」という単語は、ただ、語彙的な意味を持つのみで、文法的な意味を表してはおらず、命令や願望などの意味は、場面的に表されているだけである（イントネーションによって表されていると言えるとすれば、構文論的な表現手段によるのだが）[189]。

やはり、陳述性は、二語文においてこそ十分な形で存在しうるものと言えるのではないだろうか。文が、主語と述語とに分化して、それぞれの要素が、その要素であるための構造を持つようになることで、主語においては人称性という意味が分化し、述語においてはテンポラリティとモダリティという意味が分化する。それらが、文の陳述性を分担しながら、文を文たらしめているのである。そうであれば、二語文における、主語と述語との陳述的な関係と、主語や述語が表す人称性やテンポラリティやモダリティの陳述的な意味とは、やはり、相互規定的な関係にあると言えるだろう。その点においてこそ、文をまず一語文と二語文に分けることの重要性があるのではないだろうか。

しかし、一語文は、単語＝文であり、未分化な存在として、文法的な意味を表す形式的な手段を持たないが、一つの文として独立性があり、たしかに、何かを伝達する役目をはたしている。このように、一語文が、叙述や命令などの、文の伝達的なタイプだけは示しているとするなら、あとで触れる奥田の「モーダルな意味」は持っていて、そのかぎりにおいて、モダリティは持つと言えるかもしれない。それに対して、一語文が、未来や過去について、あるいは、「彼」について伝えられないとしたら、テンポラリティも人称性も、分化した意味としては、それは持たない[190]。このような場合、もし、モダリティだけを持つことをもって、すべての文は陳述性を持つと言えば、それは言いすぎになるだろう。しかし、そうであれば、陳述性よりもモダリティの方が文にとって一次的なものであるということになってしまうかもしれない。そうした意味において、モダリティは、文に固有な特徴のなかで、すべてを貫く柱、中核なのかもしれないが、一語文も持つと言えるのは、モダリティ全体ではなく、奥田の言う「モーダルな意味」である。そして、それにしたがって、一語文もふくめて、すべての文が、伝達的なタイプによって分化するとするなら、やはり、それにもとづく伝達性というものを、陳述性やモダリティと区別して、設定することが必要だということになるのかもしれない。そして、そうなると、陳述性よりも、その伝達性の方が、文にとって、より本質的な特徴であるということになるかもしれない。工藤浩 1989b も、一語文について、陳述性ではなく、「叙法性・伝達性の分化の第一歩は踏み出されていると言っていいかもしれない」(傍点筆者) というように述べている。ここで、ふたたび、上に触れた、ヴィノグラードフの陳述性に対するゴロヴィンの批判に戻ることになる。

ゴロヴィンは、ゴロヴィン 1983『言語学入門』で、文 (そして、文のバリアントである発話) は、その文法的な本質を実現する、伝達性、モダリティ、陳述性の構文論的なカテゴリーを持つとしたうえで、伝達性とモダリティは文 (発話) に必ず存在するものであるが、陳述性は必ず存在するというものではないとしている。ゴロヴィンの陳述性とは、主語と述語との結びつきによって表現される、対象と、その実存的な (存在的な) 特徴との関係であるため、二語文にしか存在しない[191]。一方、伝達性は、言語活動の主体の伝達的な目あて、つまり、他の人に、何かを伝える意図を伝達するものであり、そのような伝達的なかまえは、文にとって必ず存在するものであるため、文に義務的なものであるとされている。そして、伝達性のカテゴリーの表現手段として、ゴロヴィンは、まず第一に、イントネーションをあげている。このように、ゴロヴィンは、ヴィノグラードフが陳述性にまとめあげていたものを、三つに分けているのである。このような考えにもとづくと、陳述性は、文の構造面における成立に関わり、伝達性は、文の伝達面における成立に関わると言えそうである。たしかに、文が、そのような二面性を持つものであれば、そのような分析も必要になるのかもしれない。

しかし、一語文もふくめて、伝達性という一般化をするとなると、それは文の構造性と関わらないものということになるが、やはり、文の伝達的な側面も、文の構造との関係においてとらえていかなければならないのではないだろうか。そうでなければ、それを文法論の対象とすることができなくなるだろう。したがって、伝達性と陳述性というように、二つを分けてしまうのではなく、それらを一つのものとして見ていく方が、適当であるように思われる。その場合、やはり、検討は二語文を中心として行われ、一語文の場合は、その特殊なケースとして扱われることになるだろう。すなわち、文法体系における中心と周辺という概念にもとづき、陳述性は、その中心では、二語文において、モダリティ、テンポラリティ、人称性によって表現されているが、一語文という、その周辺では、それらの意味のうち、どれかが欠けたり、不完全なものとなったりするというわけである。また、文の伝達的なタイプについては、陳述性の重要な要素の一つというように位置づけられる。以上のことから、ここでは、基本的にヴィノグラードフにしたがって、陳述性を理解しておくことにする。しかし、この問題の検討は、まだ、結論にいたっていない。今後の課題である。

ところで、工藤浩 1989b「現代日本語の文の叙法性」は、陳述性に入るものとして、モダリティとテンポラリティのほかに、人称性ではなく、題述関係 actual division(「は／が／φ」、語順)をあげている。たしかに、それは、日本語では、文法的なものであり、文にとって重要なものではあるが、しかし、それは、テクスト上の他の文との関係を表すものであり、テクスト論的な表現手段であると言える。基本的に、これが、明示的でも非明示的でも、言語的なテクストとの関係をさしだすものであるなら、現実との関係という陳述性の規定にあてはまらないだろう。テンポラリティや人称性は、一つの文においても、非言語的な、現実の場面との関係で、規定されうるのである。ただし、モダリティは、言語的なテクストと関係するように見えるものもあるが、あとに述べるように、テクスト論的な表現手段に入るものをのぞけば、それ以外のものは、テクストの表す「現実」との関係を示すものであって、テクストとの関係は、二次的である。

1.2.　モダリティの規定

モダリティについて、奥田1985b「文のこと」は、次のように規定している。「文の文法的なカテゴリー」という表現は、ヴィノグラードフにならったものであろう。

> はなし手の立場からとりむすばれる、文の対象的な内容と現実とのかかわり方は、文の文法的な構造のなかにいいあらわされていて、modalityとよばれる文の文法的なカテゴリーをかたちづくる。《モダリティー》とは、はなし手の立場からとりむすばれる、文の対象的な内容と現実とのかかわり方であって、はなし手の現実にたいする関係のし方がそこに表現されている。　(pp.44–45)

この規定は、上にあげた奥田による陳述性の規定と非常によく似ていて、区別しがたい。モダリティが陳述性を構成するものの一つであれば、二つの規定に共通する点があるのは当然だとしても、この規定では、まだ、陳述性のなかでのモダリティの独自性が明確になっていない。陳述性のなかで、モダリティが、どのような点において、テンポラリティや人称性と区別されるのかが、明らかでないのである。

ソ連・ロシア言語学では、どのようにモダリティを規定しているのだろうか。モダリティという用語を作りだしたヴィノグラードフの論文のなかには、モダリティについての明確な規定は、なかなか、みつからない。ただ、陳述性と関係づけて、次のように述べているにとどまる。ヴィノグラードフの、このあいまいさが、奥田の規定のあいまいさに、うけつがれているようにも見える。ただ、上にあげた奥田の規定と同様に、ヴィノグラードフの規定でも、話し手の関わりが強調されているようである。

> おそらく、文のモダリティは、陳述性のカテゴリーの、もっとも直接的で、恒常的で、無媒介的な表現である。陳述性が、発話の、現実への独自な関係づけ、あるいは、発話と現実との相関性を表しているとするなら、(中略)モダリティのカテゴリーは、——話し手の側から——現実に対する特別な関係をさししめしながら、文の、この一般的な機能を分解し、とりだしている。
> (ヴィノグラードフ1955)

陳述性のカテゴリーが、文の内容の、現実との相関全体を表すとしたら、文に含まれる伝達の、現実に対する関係は、何よりもまず、モーダルな関係である。伝えられるものは、話し手によって、過去や現在にレアルに存在するものとして、未来に実現するものとして、誰かからまちのぞまれたり、要求されたりするものとして、ポテンシャルなものとして、非現実的なものとして、といったように、思いえがかれる。そのようなたぐいの、発話の内容の、現実に対する関係を文法的に表現する形式は、モダリティのカテゴリーの構文論における核心となっている。モダリティのカテゴリーによって、文のさまざまなモーダルなタイプのあいだの違いが規定されるのである。動詞のムードの形のほかに、モダリティのカテゴリーは、モーダルな小詞や単語によって、そして、また、独自のイントネーションの形によって表される。

（『ロシア語文法』(1960年)）

ヴィノグラードフの論文には、モダリティに関する明確な規定が見られないが、ムードに関しては、次のように規定している。モダリティは、ロシア語の文の持つものだとしても、一般的な規定のレベルにおいては、普遍的な性格をおびていると考えられるのに対して、ムードは基本的に個別言語的な意味規定となる。そのため、その規定も少し具体的になっているかもしれない。ロシア語では、ムードは、直説法、命令法、仮定法などの対立として規定される。

ムードのカテゴリーは、動作と、その動作主体となる人や物との結びつきの性格に対する、話し手の見方をうつしだしている。それは、話し手の観点から見た、動作と、その主体とのあいだの結びつきの現実性に対する評価や、あるいは、この結びつきの実現や否定に対する話し手の意志を表している。このように、ムードのカテゴリーとは、動作のモダリティを規定する、つまり、話し手によって定められた、現実に対する動作の関係をさししめす、動詞の体系における文法的なカテゴリーである。　（ヴィノグラードフ 1972）

モダリティとともに、テンポラリティや人称性も陳述性に入るとしたら、「文の対象的な内容と現実との関係」という陳述性の規定は、当然、テンポラリティや人称性にもあてはまるはずである。陳述性のなかで、その三つのカテゴリーは、陳述性の規定において共通し、それ以外のそれぞれ固有の特徴によって異なっていなければならない。

ソ連・ロシア言語学では、ボンダルコが、『機能文法の理論 テンポラリティ・モダリティ』(1990年）のモダリティについての序論のなかで、ヴィノグラードフのモダリティに規定に含まれている「現実との関係」という部分について、どのような関係かがあいまいであるとし、それを「現実性・非現実性という特徴に対する関係」と解釈している。そうして、ボンダルコは、モダリティを、「話し手の観点から、発話の内容の命題的な基礎の、現実に対する関係を、現実性・非現実性という支配的な特徴によって性格づける、アクチュアリゼーショナルなカテゴリーの複合である」と規定している[192]。また、この、現実性・非現実性という特徴に対するさまざまな関係は、1）アクチュアリティ・ポテンシャリティ（可能性、必然性、仮定性など）、2）確かさの評価、3）発話の伝達的なかまえ、4）肯定・否定、5）証言性（伝言・非伝言）、といった意味にさしだされるとしている。

ボンダルコの言うように、現実性という概念によってモダリティを規定できるとすれば[193]、陳述性に含まれるモダリティ、テンポラリティ、人称性は、文の対象的な内容と現実との関係を、それぞれ、現実性に対する関係の観点から（モダリティ）、発話時に対する関係の観点から（テンポラリティ）、話し手に対する関係の観点から（人称性）、表すものだと言えるだろう。その三つの要素が、文の内容を現実と関係づけるのに不可欠なものであり、陳述性にまとめあげられるわけである。

たしかに、ボンダルコの言うように、モダリティは、現実性という特徴において、テンポラリティや人称性と異なっているようである。テンポリティと人称性の意味は、モダリティと違って、対象的な内容と、発話と話し手を含む現実との関係で、必然的に決まってくる。発話によって規定される発話時を基準として、すでに実現した出来事は、過去というテンス的な意味しか持ちえないし、話し手を基準として、誰の動作かということも（人称性）、必然的に、決まってしまう。それに対して、モダリティは、話し手の主体的な態度が関わってくる。つまり、モダリティは、さまざまな外的な要因が関与しているとしても、相対的に、話し手の選択の余地があるのである。一つの状況において、「彼は来る。」とも言えるし、「彼は来るだろう。」とも言える場合がある[194]。その違いは、話し手の現実に対するとらえ方の違いである。したがって、モダリティは、陳述性のなかで、もっとも「話し手性」が強いものと言えるだろう。つまり、客観的な関係によって必然的に決まってくるのではなく、話し手の思考過程を通して決められるわけである。そして、それは、モダリティが現実性・非現実性に関わるということと関係しているのだろう。現実性においては、主語のさしだすものと述語のさしだす特徴との結びつきが現実のなかに確認されるが、それに対して、非現実性においては、それらが話し手の思考のなかで推論などによって結びつけられるのである。

現実性・非現実性は、人間の思考活動に媒介されて、文に作りかえられた現実につきまとう性質である。現実は、話し手の思考において、さまざまに、組みかえられるわけだが、そのような思考の操作が、モダリティの意味に反映しているのである。そうであれば、モダリティは、現実性・非現実性そのものを表すというより、奥田の言うように、文の対象的な内容に対する話し手の積極的な態度（関わり）を表すと言った方がいいようにも思われる。そうした、思考過程を通した、話し手の積極的な態度が、現実性・非現実性という側面を持つというわけである。そして、話し手の積極的な関わりという面があることによって、モダリティは、文の伝達的なタイプと関わりながら、陳述性の中核となるのだろう。

1.3.　現実性・非現実性、アクチュアリティ・ポテンシャリティ、事実性・反事実性

モダリティ研究において、現実性 reality・非現実性 irreality とともに、アクチュアリティ（顕在性）actuality・ポテンシャリティ（潜在性）potentiality、事実性 factuality・反事実性 counterfactuality といった概念が出てくることがある。それらの規定としては、さまざまな解釈がありうるが、ここでは、これらを仮に以下のように規定して、理解しておく。このような規定が、ここに述べるモダリティの意味の体系化にとって、有効であると考えられるからである。

上に述べたように、断定や推量や命令などのムード的な意味は、確認も含め、話し手の思考のなかで作りかえられた現実に関するもの、あるいは、話し手の思考過程のなかにある現実を反映するものであり、現実性・非現実性に属する。断定は現実性であり、それ以外の推量や命令などは非現実性である。現実性では、主語にさしだされるものと、述語にさしだされる特徴との結びつきが、話し手によって現実のなかに確認されるが、非現実性では、それが、現実においては確認できないままに、話し手の思考過程において結びつけられる。現実性は直接的な認識であり、非現実性は間接的な認識であるとも言えるが、いずれも、話し手の思考過程に媒介されている。

次に、アクチュアリティとポテンシャリティは、動作の現れが顕在的か潜在的かという、話し手の認識に対する現れ方の違いを反映している。たとえば、現在における一回的な動作は、ある時点において顕在化していて観察可能であり、アクチュアルであるのに対して、習慣的な動作は、ある時点においては直接的に観察することができず、ポテンシャルである。だが、習慣的な動作も、一回的な動作と同様に、現実において、反復する動作として存在しているものを、そのまま、とらえたものであって、話し手の思考に媒介された、話し手の思考過程を反映するものではない。どのようなスケールでとらえたかの違いなのだろう。このように、ポテンシャリティは非現実性と異なる概念なので、現実性・非現実性とアクチュアリティ・ポテンシャリティは交差する。たとえば、「彼は、毎日、学校へ行くだろう。」は、ポテンシャリティと非現実性との組みあわせである。[195]

また、アクチュアリティは、典型的には、直接的に観察される動作の持つ特徴であるが、一回的な具体的な動作であっても、別の場で起こっているものであれば、

直接的な観察がない場合もある。だが、それも、直接、観察しようと思えば、その場に行って観察できるという意味において、やはり、アクチュアリティに属するということになる。それと同様に、未来の一回的な動作は、ポテンシャリティではなく、非明示的なアクチュアリティに属する。現在における一回的な動作が、明示的なアクチュアリティであるのに対して、未来における一回的な動作は、話し手の存在する現在において直接的に観察できないものであるが、一回的な動作であるかぎり、未来のある時点においては確認することができるため、ポテンシャルではなく、非明示的なアクチュアリティに位置づけられる。また、これは、非現実性ではないので、「あした、彼は、また、ここに来るだろう。」というように、推量という非現実性と結びつく。

以上に見るように、アクチュアリティとポテンシャリティの対立は、時間的な具体・抽象性と関わると言えるのだが、それは、つまり、アクチュアリティとポテンシャリティの対立はモダリティには含まれないということでもある。

最後に、事実性と反事実性とは、文にさしだされる出来事が現実と合っているかどうかということである。たとえば、「あのとき、あそこに行っていたら、ぼくは死んでいたよ。」というのは、実際には起こらなかったことなので、反事実性に属する。この反事実性は、推量される場合もあるので、現実性だけでなく、非現実性にも関わる(「あのとき、あそこに行っていたら、ぼくは死んでいただろう。」)。つまり、事実性・反事実性と現実性・非現実性も交差するのである。そのほか、次に述べる否定も、反事実性に属すると言えるかもしれない。また、「すればよかった」「すべきだった」なども、出来事自体に関しては、反事実性を表すとも言えるだろう。

事実性と反事実性は、現実性・非現実性と異なるものであれば、モダリティには入らないようにも思われるが、事実性と反事実性の対立も、文の内容と現実との関係を表すものであれば、モダリティに含まれると言えるかもしれない。

1.4.　みとめ方(肯定・否定)について

『言語学百科事典』(1990年)は、モダリティを、「発話の、現実に対するさまざまな種類の関係や、伝えられるものに対するさまざまな種類の主体的な評価を表す機能・意味的なカテゴリーである」と規定し、現実性―非現実性の領域のなかの意味のグラデーション(現実性―仮定性―非現実性)や、現実について思っていることの確かさに対する話し手の確信度の評価や、伝達的な目的の性格にもとづく発話の対立(叙述―疑問―命令)などのほかに、肯定・否定という特徴による対立も、モダリティに入れている。また、上に述べたように、ボンダルコも、同様に、肯定・否定をモダリティに入れている。一方、日本語では、鈴木重幸1972a『日本語文法・形態論』のように、みとめ方を、ムードやモダリティとは別のものとして、区別していることが多い。

しかし、肯定・否定というみとめ方のカテゴリーも、文の対象的な内容の、現実に対する関係を表していると解釈できそうではある。もし、そうであれば、ソ連・ロシア言語学でそうしているように、それをモダリティに入れることができるかもしれない。さらに、否定の形の基本的な表現手段は、語尾という表現手段によるムードの基本的なカテゴリーと異なっているが、形態論的なカテゴリーの表現手段を広くとれば、ムードに入れることもできるだろう。だが、みとめ方も、テンスや人称性のように、文の対象的な内容と現実との客観的な関係によって必然的に決まってくるので、その点においては、モダリティとは異なるようでもある。

その一方で、否定は反事実性であるとも考えられる。反事実性の領域は、そこに入るものが仮定性だけなら、せまく限られてしまうが、そこに否定が入るなら、それは一気に内容的な豊かさを得ることになる。そうすると、モダリティが現実性に関わるものであるのに対して、みとめ方を含む事実性は、それとは別の独立したものとして、区別されるということも考えられる。そして、みとめ方が、陳述性の規定にあてはまるならば、陳述性には、モダリティ、テンポラリティ、人称性とならんで、みとめ方があげられることになるだろう。

1.5.　テクストに対する関係と現実に対する関係

奥田1984「文のこと」は、「文は言語活動の、もっともちいさな単位であって、この文によってひとまず言語活動は完結する」とし、文の完結性についても述べているが、まず第一には、「おおくのばあい、文は段落あるいは《はなしあいの構造》のなかにあって、その構成要素として存在している」という点を強調している。そして、「段落とか《はなしあいの構造》のそとで文をしらべることは、言語学者にしてみれば、自分たちの成果をまずしくするだけのことである。たとえば、actual division, temporal centre, 記述と説明との機能的な対立など、段落という概念をとりいれることのみのりゆたかさは、ますますひろげられていくだろう」としている[196]。また、工藤浩2005も、同様に、「言語活動の所産として見られた〈文〉は、言語作品（いわゆる談話と文章とをあわせてこう呼ぶ）という構造体の中ではたらく要素である」と述べ、述語の「属している文を、場面・段落の中の一要素として他の文と結びつけ関係づける（外的な）機能をもはたす」ものとして、「のだ」やアスペクト的な形など、さまざまな例をあげている[197]。

たしかに、文の集まりが統一体をなす段落のなかに、文がある場合、それは、必然的に、他の文との何らかの関係を持って、そこに存在しているのだろう。それがなければ、ひとまとまりの段落をなしえないはずである。だが、それでも、やはり、文は、言語活動における独立性こそが、その特徴なのではないだろうか。文と単語を比較してみれば、単語は、一語文でないならば、けっして、それ自体で独立せず、つねに、一つの文のなかにおいて、他の単語との関係を持たされて、存在している。それは、文の要素である単語の本質的な特徴である。それに対して、文は、たしかに、段落の要素ともなるが、発話の場面のなかで、それ自体として単独でも存在しうる。たとえば、「私は、きのう、本屋へ行った。」という文は、何のほかの文も必要としないのである。話し手が決まっていて、その話し手によって、ある時点において発話されたものであれば、それは完全な文として存在している。もちろん、段落のなかで、コンテクストに依存して、主語が省略されるなどの不完全な文が現れることもあるだろうが、それは、あくまでも不完全な文であり、それを段落から切りはなして、足りないものをおぎなってやれば、完全な独立性を持った文になるのである。ここに単語と文との決定的な違いがあり、段落—文の関係と、文—単語の関係とのあいだに同形性 isomorphism は成りたたないわけである。

このようにとらえなければならない理由としては、何よりもまず、文の独立性から出発しなければ、他の文との関係を表す文法的な手段を、そうでないものと区別して、とりだすことができなくなるということがある。すべての文法的な手段が、他の文との関係を表しているというわけではないのである。そこには、その関係を積極的に表現する手段と、そうではなく、その関係を矛盾なく受けいれるだけにすぎないものとがあるだろう。あるいは、そのあいだに、さまざまな段階のものがありうるだろう。また、ある特定のコンテクストのタイプにおいて使用される文法的な表現手段であっても、そのようなコンテクストのタイプを表現しているわけではないというものもある。

文は、その発話状況が明らかであれば、その意味の解釈をふつうに行うことができる。段落のなかで文の意味がより明確になるのは、そのような段落における前後の文が、発話の状況を、かわりに表しているからである[198]。小説などの言語作品では、とくに、そうである[199]。だが、そうした、段落の前後の文との関係は、その文法的な手段が表すところのものではないのである。小説の地の文などの、書き言葉からの用例を中心にして、文法的な事実を観察すると、つねに文は他の文との関係を持っているように見えてくるかもしれない。そうしたものを、一度、削りおとしたところで言語的な事実をとらえるためにも、まずは、話し言葉（会話文）における使用の検討から出発すべきではないだろうか。文は、発話の状況とは、つねに相互作用しているが、他の具体的な文と、つねに相互作用しているというわけではない。このことが重要な問題となることは、第I部第1章で、アスペクトを規定するにあたって、すでに述べているところである。

1.6.　テクスト論的な表現手段

「のだ」「わけだ」など、他の文との論理的な関係などを表すものは、テクスト論的な表現手段と言える[200]。モダリティが、文の対象的な内容と現実との関係を表すものであり、また、一つの文の意味に関わる構文論的なカテゴリーであれば、これは、その規定にあてはまらず、モダリティには入らないということになるだろう。

上に述べたように、文は、単独で存在することもあるが、テクストのなかにおかれている場合は、他の文とのあいだで、かならず何らかの関係を持たなければならない。そのような場合、言語的な表現手段として、他の文との関係を積極的に表現するというものがある。たとえば、接続詞などは、明らかに、そのようなものである。また、すでに述べたように、題述関係（現実的な分割）も、他の文との関係を表す言語的な手段であると言える。そのほかにも、述語の形としては、「でなければならない」「ということになる」といったものが、他の文との関係において、論理的な帰結を表している。これらは、対話のテクストも含めて、テクストの統一性を積極的に作りだす言語的な手段であると言えるだろう。また、ていねいさは、テクストの統一性に関わるものではあるが、他の文との関係を積極的に表すものではないため、ここにあげたものとは少し異なる。だが、広い意味においては、テクスト論的な表現手段に入れることもできるだろう。

2.　文の伝達的なタイプ

2.1.　「モーダルな意味」について

文は、通常、まず、平叙文、命令文、疑問文といった分類がなされる。そうした文の通達的なタイプへの分類の根拠として、奥田 1985b「文のこと」は、「モーダルな意味」というものをもちだすのだが、その関係について、奥田は、「《通達的なタイプ》とは、モーダルな意味にそっての、文の意味的な内容の一般化である」と述べている。そして、奥田 1986b「条件づけを表現するつきそい・あわせ文」は、この、文のモーダルな意味にしたがって、文を、次のような伝達的な諸タイプに分けている[201]。奥田によれば、「まちのぞみ文」をあげているところが、他の、文の分類とは異なると言う。

Ⅰ　のべたてる文
　a　ものがたり文
　b　まちのぞみ文
　c　さそいかけ文
Ⅱ　たずねる文

そして、奥田は、こうした文の分類が、文の意味・構造的なタイプと結びついていることを、次のように明確に述べている。

> 言語学は文を言語的な構築物として、つまり言語的な諸手段（単語とそれを文に統合する文法的な手つづき）によってくみたてられたものとしてみるわけだが、このモーダルな意味も文の文法的な構造のなかに表現されているものであれば、文を通達的なタイプにまとめることは、その観点から文の意味・構造的なタイプをとりだすことでもあって、きわめて言語学的な作業である。
>
> （奥田 1985b「文のこと」, p.41）

奥田は、このように、文の伝達的なタイプをモーダルな意味というものによって分類するのだが、そのモーダルな意味とは何だろうか。奥田は、それを、次のように規定している。

> モーダルな意味 modus はすべての文にとってかかすことのできない、いちばんたいせつな文の文法的な特徴である。文の存在を決定づけていて、文の陳述的な構造のなかで土台をつとめている。
>
> （奥田 1986a「条件づけを表現するつきそい・あわせ文」, p.10）

> ところで、文の陳述性、文の対象的な内容と現実とのかかわりは、なによりもまず、モーダルな意味 modus としてあらわれてくる。
>
> （奥田 1988a「文の意味的なタイプ」, p.28）

> モダリティーの階層的な構造の土台には、モーダルな意味がひかえている。つまり、モーダルな意味は、文の対象的な内容としての出来事が存在するし方として、あらゆる文につきまとっていて、モダリティーに属する、そのほかの文法的な意味をしたがえている。モーダルな意味も、はなし手の立場からとりむすばれる、文の対象的な内容と現実とのかかわり方であるが、そこには、このかかわりをうみだしていく、はなし手の、現実にたいする積極的な態度そのものが直接的に表現されている。　（奥田 1985b「文のこと」, p.45）

最後にあげた規定に出てくる、「はなし手の、現実にたいする積極的な態度」を、奥田は、「はなし手の心理のなかにあらわれてくる、現実にたいする《心がまえ》である」とも説明している。モダリティ全体ではなく、その中核をなすモーダルな意味に関しては、奥田の規定は、「心的態度」という、イェスペルセンによるムードの規定と近くなっているのだろうか。工藤浩 2005 は、「心的態度」と訳されているイェスペルセンの規定 attitudes of the mind を「心の構え」と訳している。

このモーダルな意味を奥田はモドゥス modus とも言っているが、これらは、用語法上、問題があるだろう。モドゥスは、もとはラテン語文法で使われてきた用語で、その後、シャルル・バイイによって、ディクトゥム dictum と対立しながら、それとともに文の意味を構成するものをさす用語として使われ、広く知られるようになったものである（『一般言語学とフランス言語学』）[202]。バイイによれば、ディクトゥム（「事理」）は、表象を構成する過程の相関項であり、モドゥス（様態）は、思考主体の操作（主体の心的操作）と相関的なものであると規定される。また、一般にモドゥスと呼ばれているものは、フィルモア 1975『格文法の原理』などに見られる、文の意味をプロポジション（命題）とモダリティに分ける考え方における、そのモダリティにあたるものと言ってもいい。ロシア言語学でも、シェリャキンなどのように、このような意味で、モドゥスという用語を使う研究者もいる[203]。

また、モーダルな意味というのも、ふつう、モダリティに関わる意味を一般的に名づける用語のように思われる。そのような一般的な意味において、この用語を使っているのであれば、問題はないのだが、「モダリティーの階層的な構造の土台には、モーダルな意味がひかえている」（奥田 1985b）という一節からも分かるように、奥田は、それをかなり限定された意味に使っている[204]。たしかに、ヴィノグラードフ 1950「モダリティのカテゴリーとモーダルな単語について」にも、次のように、奥田と似た説明が見られる。これも、また、モーダルな意味と文のタイプとの関係を指摘しているのだが、この「モーダルな意味」は、奥田のような限定された意味ではなく、モダリティに関わる一般的な意味で使われているようである。

> 実践的な社会的な認識において現実を反映する文は、必然的に、発話の内容の、現実への関係づけ（関係）を表すことになるので、文、そして、そのさまざまなタイプと、モダリティのカテゴリーは、緊密に結びついている。それぞれの文は、本質的な構造的な特徴として、モーダルな意味を含んでいる、すなわち、現実に対する関係のさししめしをその内容として持つのである。

それでは、なぜ、奥田は、モーダルな意味という用語を、かなり限定された意味において使用するようになったのだろうか。それは、奥田が文の伝達的なタイプの分類において参考にしたチェコ版『ロシア語文法』に関係があるように思われる。奥田の言う「モーダルな意味」とは、チェコ版『ロシア語文法』に出てくる「文のモーダルな枠組み модальная рамка предложения」のことなのではないだろうか。チェコ版『ロシア語文法』には、次のような説明がある[205]。

ロシア語における（またチェコ語においても）モーダルな伝達的なタイプの体系は、モーダルな枠組みとして、すなわち、構文論的な型のうえに層をなす一つの基底的な意味として、それぞれの伝達的なタイプに刻まれた、限られた数の意味論的な特徴のうえに、たてられる。それ固有の意味論的な特徴を持つモーダルな枠組みは、個々の発話の対象的な内容を、いずれかの伝達的なタイプと相関づける。

「文のモーダルな枠組み」というのは、チェコ版『ロシア語文法』の索引にもあげられている用語である。奥田は、この「モーダルな枠組み」を「モーダルな意味」と言いかえて使用するようになったのではないかと思われるのである。

2.2.　文の伝達的なタイプの分類

ここで、ふたたび、上にあげた、奥田による文の伝達的なタイプの分類に戻る。奥田 1986b は、まず、文をのべたてる文とたずねる文とに分け、その、のべたてる文を、さらに、ものがたり文、まちのぞみ文、さそいかけ文に分けている。

たしかに、たずねる文は、特殊な文のタイプであって、聞き手に情報を求めるかどうかという点において、のべたてる文と対立していると見ることもできる。しかし、のべたてる文のなかに、さそいかける文やまちのぞみ文が入れられているのは、どうなのだろうか。「早く行かないか。」のように、たずねる文から、さそいかけ文へと移行するものがあるという事実などを考えると、奥田の分類は、その二つのあいだに壁を作っているようにも見える。しかし、奥田も、奥田 1996a「文のこと―その分類をめぐって―」では、のべたてる文にまとめていたものをばらばらにして、文を、最初から、平叙文（ものがたり文）、命令文（はたらきかけ文）[206]、希求文（まちのぞみ文）、疑問文（といかけ文）とに分けている。

奥田も述べているように、伝統的な分類では、伝達的な目的にそって、文は、平叙文、命令文、疑問文という三つの機能的なタイプに分けられる。それと同様に、筆者は、発話の目的の観点から、コルジ 1990「まちのぞみ性」などに見られる分類にしたがって、文を、次のように分類する。①聞き手に情報を伝えるという目的を持つ「平叙文」、②話し手に情報を与えることを、聞き手に求めるという目的を持つ「質問文」、③話し手の意志表示という目的を持つ「意志表示文」である。さらに、最後のものは、誰かに、文にさししめされる動作を行うよう、うながすという目的を持つ「ひきおこし文」（命令・勧誘・意向）と、さししめされる出来事が起きるように、という話し手の望みを表す目的を持つ「まちのぞみ文」に分かれる。この二つは、同じ伝達的なタイプとして、一つにまとめられる。このように文を分類するとすれば、以下のようになる。三つを一列に並べているが、これらは、三角関係をなすと見た方がいいかもしれない。

①平叙文
②質問文
③意志表示文 { まちのぞみ文 / ひきおこし文（命令・勧誘・意向）

しかし、奥田1985bは、こうした、伝達の目的による文の分類を批判している。

> 伝統的な文法論は、ふつう、文を平叙文declarative、命令文imperative、疑問文interrogativeにわける。そのとき、その分類の基準を発話の目的、あるいは意図にもとめる。もし対象の分類の基準がそれ自身の内容にもとめなければならないとすれば、はなし手のはなす目的は文のそとにあって、文を分類する基準にはならない。おなじ意図のもとに平叙文ではなすこともできるし、命令文ではなすこともできる。はなし手ははなす目的に方向づけられて文を生産していることには、まちがいがないが。[207]

こうしたとらえ方は、チェコ版『ロシア語文法』と同じものであると言える。しかし、発話の目的とは、発話を方向づけるものであり、発話自体に、それに照応した特性（機能）がなければ、発話を、その目的のために使うことはできない。したがって、分類の基準を文の内容に求めるのは当然だとしても、発話の目的が文の内容でないとは言いきれないだろう[208]。当然のことながら、発話の目的に照応する意味論的な特徴を、文は持たざるをえないわけである。チェコ版『ロシア語文法』の「文のモーダルな枠組み」とは、そのことを言っているのではないだろうか。奥田は、「モーダルな意味も、はなし手の立場からとりむすばれる、文の対象的な内容と現実とのかかわり方であるが、そこには、このかかわりをうみだしていく、はなし手の、現実にたいする積極的な態度そのものが直接的に表現されている」（奥田1985b）と述べているが、その「はなし手の、現実にたいする積極的な態度」は、発話の目的に近いもののように思われる。少なくとも、それも、発話の目的と同様に、奥田の言う「文のそとにある」ものだろう。

イスの目的が座るための道具ということにあるとしても、それを踏み台に使う場合もある。あるいは、座るためにつくえを利用することもできる。前者の本来の使い方が、狭い意味における目的であるとしたら、後者のような使用は、意図と呼ぶべきものかもしれない。目的は、その物の存在の根拠となる、その物の使命であるのに対して、意図は、その物の、ある特性を利用して実現する主体の見通し（見立て）である。したがって、この場合、前者の、イスの目的の方は、その物にいわば内在していて、そのそとにあるわけではない。これと同様に、文においても、狭い意味における目的（使命）と、広い意味における目的（意図）とを区別すべきであろう。

文の分類としては、ほかにも、工藤浩 1989b が、文の構造・陳述的なタイプとして、次のような分類を出している。工藤によれば、これらの諸タイプは、テンスや人称に制限があるかどうかという観点によって、とりだされたものであると言う。

・独立語文（「喚体」「一語文」）：テンス・人称、分化せず〈ここ―いま―わたし〉
　　*擬似喚体（体言どめ）
・意欲文（「はたらきかける文」）：テンス、人称、制限あり
　命令・依頼文（2 人称）
　勧誘文（1・2 人称）
　決意文（1 人称）
・述語文（「述体」「二語文」）：テンス、人称、ともに基本的に制限なし
　叙述文（「平叙文」）
　質問文（「疑問文」）
　　*擬似述体（感覚・感情表出文など）
　　?希求文（希望文　祈り文など）

しかし、この分類は、構造的な観点と陳述的な観点をとりまぜて、なされたものであり、一貫した基準によって分類されたものではない。すなわち、独立語文（「喚体」「一語文」）[209] と述語文（「述体」「二語文」）というのは[210]、ふつうになされている文の構造的な分類であるが、意欲文は陳述的な分類である。構造と意味（機能）との二つを切りはなさないで、とらえていくという主張があるのかもしれないが、以下に述べるような理由で、やはり、この三つを並べるのは無理があり、また、本質をとらえているとは言いがたいように思われる。常識的に、まずは、構造・意味的に未分化な一語文と、分化している二語文に分けるのが、適当ではないだろうか[211]。

一語文は[212]、叙述（たとえば「あっ、飛行機。」）も、命令・依頼（たとえば「おーい、お茶。」）も表すため、意味的な分類からすれば、それぞれ、叙述文や命令・依頼文ということになってしまうだろう。一方、構造的な面から見れば、それらの意味に対応した分化が起こっていないので、やはり、叙述文や命令・依頼文といった、ほかの文のタイプと並べることはできない。それは、文がタイプに分かれる以前のものだとも言え、他のタイプと同等な資格で並ぶものとは言えない。工藤の分類は、文の諸タイプを、文の意味・構造的な分化の過程のように、連続的にとらえ

ようとしているのかもしれないが、やはり、一語文と二語文とのあいだには質的な飛躍があり、それをおさえなければ、すべての文を等質的に一語文的にとらえていく（「入れ子」式にとらえる）という、おそらく工藤と対立する立場へ流れてしまいかねないように思われる。

工藤は、意欲文を、人称とテンスに制限があるということで、述語文と独立語文とのあいだに置いている。しかし、意欲文の人称とテンスは、その文法的な意味によって限定されているのであって、それが分化していない独立語文とは質的に異なっている。命令という文法的な意味によって、命令文のテンスと人称は未来と二人称に限定されるわけであり、命令文は、未来テンスと二人称を前提とする伝達的な機能を持った文として、分化したものである。その点においては、述語文とかわりはない。述語文も、その文法的な意味によって、人称とテンスが制限なしと決まってくるのであるが、それは、述語文の伝達的な機能に照応しているのである。それに対して、独立語文は、上に述べたように、「述語文」的な意味も、「意欲文」的な意味も持ち、文法的な意味も分化していなければ、その表現手段も分化していない。このことは、主語の問題に関しても、同様に言える。

意欲文は、ふつう主語を持たず、一見、構文論的な構造が分化していない独立語文と連続しているように見えるかもしれない。しかし、それは、主語を持っていなくても、主語と述語が分かれていない、構造的に未分化な文ではなく、主語が「消去」された構造を持っている文なのである（もちろん、主語以外の文の成分は、さまざまに分化している）。意欲文は、伝達的な機能によって、その構文論的な構造が規定されているのであり、けっして未分化なわけではない。そのような相互作用は、文法的な意味を全面的に発話の場面に依存している一語文にはないものである。意欲文は、主語が、あるべきところにないという意味において、消去されていると言えるのであり、そのかぎりにおいて、それは潜在的にでも、その存在が想定されている。そして、それゆえ、それに対応する、ムード的な意味を中心的に表す文の成分は、述語だと言えるのである。

また、工藤は、同じように、人称とテンスが制限されていないということをもって、述語文の下位タイプに質問文を位置づけている。たしかに、質問文の答えとして叙述文が機能するなら、二つは、質問かどうか以外の点において共通する文のペアーと考えることができる。だが、聞き手への問いかけという伝達的な機能においては、質問文は、叙述文と、やはり、かなり異なるものと言えるのではないだろうか。その点においては、命令文に近いとも言える。これを見ると、工藤の分類が、人称とテンスによる分類とは言えても、伝達的なタイプによる分類と言えるかどうか疑問になってくる（それゆえに、工藤は「構造・陳述的なタイプ」と言っているのかもしれないが）。テンスや人称の制限性は、文の伝達的なタイプの分化にともなう特徴の一つであると見ておくのがいいのではないかと思われる。テンスと人称の面において共通していても、伝達的なタイプが異なるということもありうるのではないだろうか。客観的な基準を求めてのことかもしれないが、テンスや人称が、奥田の言う「モーダルな意味(モドゥス)」自体ではないとすれば、テンスや人称の特徴を考慮することは、「モーダルな意味」とそれらとの相互作用をとらえるものであるとしても、「モーダルな意味」自体を分類するものとはならないだろう。

3.　モダリティの体系

3.1.　形態論的なカテゴリーとしてのムード

kak-u (kai-ta), kak-ô, kak-e というように、語尾を交替させて、文の終止の位置の述語は、まずは、ムードによって活用し、テンスは、ムードによって規定された枠組みのなかで展開する。したがって、単語の文法的な意味の階層において、ムードは、もっとも基本的なものであり、活用の土台をなすと言えるだろう。

ムードとテンスによる語形の変化は、語尾の交替という手段によるものなので、それらが活用表に入ることに問題はない。しかし、もとは語尾による文法的な形であった推量形 kak-ô が、現在は、分析的な形 kak-u=darô になっている。これは、勧誘形と同形だったものが分化したものと理解してよいだろうが、新しくできてきた形なので、形式的には、くっつきがつくという分析的な形をとっている。だが、それは、伝達的な機能の面における、その重要性を減じたことを意味しているわけではなく、体系のなかにおける、その形の重要さにかわりはないだろう。それは、また、そこで文が終わるという構文論的な性格もかわっていないということにも現れている。そうであれば、それを、分析的な形になったから活用表から排除するということはせず、基本的な活用表にとどめておくことは、ムードの体系化にとって、望ましいように思われる。そうした考えにもとづいたものとして、奥田 1992b「動詞論」の活用表をあげておくが、これは、まず直説法と命令法に分けられているという点でも、興味ぶかい。

直説法	いいきり	非過去	よむ
		過去	よんだ
	おしはかり	非過去	よむだろう
		過去	よんだだろう
命令法	命令		よめ
	勧誘		よもう

この表における直説法と命令法は、どのような対立をなしていると言えるだろう

か。直説法は、行為の実現に対する働きかけのありなしに関して、命令法と対立する。これは、働きかけのありなしによる欠如的な対立だろう。命令法を意志表示と規定すれば、直説法は非意志表示と規定されることになる。直説法は、叙述（のべたて）という意味を積極的に表しているとしても、場合によっては、「そこに座る！」という命令を表すこともあるし、「ぼくは行くよ。」という一人称の意志を表すこともある。さらには、「さあ、行くぞ。」という文は勧誘的に使われているかもしれない[213]。無標形式が有標形式の意味をも表すのは、欠如的な対立の特徴の一つである。しかし、逆に、有標形式である命令法が、無標形式である直説法の意味を表すことはないのである。

それでは、命令法のなかの勧誘形と命令形とは、どのような対立をなしているのだろうか。命令形は二人称に限られるが、勧誘形は、意志を表す場合は一人称であるし、勧誘を表す場合は一・二人称である。とすると、命令形は、狭く限られた意味を表しているが、勧誘形は、そうではなく、命令形の表す意味以外の広い範囲の意味をカバーしているように思われる。まれに、先生が生徒に言う「早くおそうじをしましょう。」のように、命令に近い意味を表すこともある。したがって、勧誘形は、命令形との対立において、欠如的な対立の無標形式として、非命令形と規定されうるのではないだろうか。

また、直説法のなかのいいきり（断定形）とおしはかり（推量形）は、中核的な意味においては、断定と推量という意味で対立しているが、「彼はきっと来る。」のように、断定形が推量形の意味を表すこともあるので、断定形が、無標形式として、非推量形と規定される。

以上のように考えられるとすれば、奥田 1992b の、直説法（断定・推量）と命令法（命令・勧誘）は、二重の欠如的な対立からなっていると言える。すなわち、まず、非意志表示形と意志表示形との対立に分かれ、次に、前者が非推量形と推量形との対立に、後者が命令形と非命令形との対立に分かれるのである。

すでに述べたように、文の伝達的なタイプとしては、まちのぞみ文をたてることができるように思われるが、奥田の活用表には、直説法と命令法とのあいだに位置する希求法がない。そこで、もし、希求法の基本的な形をあげるとすると、「したい」などがあげられるだろうが[214]、通常、それは、動詞の形態論的な形とはみなされていない。これは、活用としては、形容詞と同じ活用をするため、動詞の形容詞化と見られることもある。しかし、活用のし方は形容詞と同じ型であっても、それを形容詞とみなすことは、否定形を形容詞とみなすのと同じぐらいに、形式的な見方と言える。また、過去形をとることから、命令法との違いが強調されるが（つまり、そこで文が終わらない）、その過去形は、直説法における過去形とは異なっている。つまり、希求自体が過去でなく、現在にある場合もあるので、その、過去形の特殊性に、希求法を直説法と区別する根拠があるのではないかと思われる。また、「したい」には、基本的に一人称をとるという、人称における特殊性もある。しかし、たとえ、そうした根拠に十分な説得力がないとしても、文のまちのぞみの意味を代表する形として、活用表に、まちのぞみを表す形を一つあげておきたい。まちのぞみは、文におけるムード的な意味の、重要なものの一つである。

形態論的な形の規定としては、まちのぞみは、聞き手などの動作をひきおこす命令法が「ひきおこし」と規定されるのに対して、そうした働きかけがない「非ひきおこし」と規定することができるだろう。

以上をまとめ、活用表にすれば、次のようになる。

非意志表示	非推量	非過去	よむ
		過去	よんだ
	推量	非過去	よむだろう
		過去	よんだだろう
意志表示	非ひきおこし		よみたい（よみたかった）
	ひきおこし	非命令	よもう
		命令	よめ

文のモダリティは、形態論的なカテゴリーとしてのムードに集約されている。すなわち、この活用表は、文における多様なムード的な意味を、その一般的な枠組みのなかに、おさめているのである。その一方で、モダリティのなかでは、ムードを中心としながら、それにおさまりきれないものもふくめて、さまざまな形が組織づけられることになる。たとえば、命令形の周辺には、「してください」「しなさい」など、さまざまな形があり、推量形の周辺には、「ようだ」「らしい」などがあるだろう。

ムードは、単に、モダリティのさまざまなムード的な意味のなかで、形式的にもっとも文法化したものにすぎないということではない。もっとも文法化しているということは、もっとも重要なものとして選びとられたものであり、日本語におけるムード的な意味を代表し、文のモダリティの基本的な枠組みをなすものと言えるだろう。多様に見えるモダリティの意味の多くをつなぎとめて、まとめあげているのは、形態論的なカテゴリーとしてのムードの形態論的な形であると言える。これが、モダリティの体系におけるムードの中心性なのである。

3.2. 文の伝達的なタイプとモダリティとムードとの関係

構文論的なカテゴリーとしてのモダリティは、叙述文が叙述の意味、質問文が質問の意味を表すといったように、文の伝達的なタイプにそって組織づけられる。モダリティの基底に、奥田の言うモーダルな意味があり、それにもとづく文の分類が文の伝達的なタイプであれば、そのほかの、モダリティの意味は、文の伝達的なタイプに照応するモーダルな意味を土台として、位置づけることができるのだろう。伝達的なタイプは一般的なものであるのに対して、モダリティは、それを細分化していて、さまざまな意味を表しわけている。

また、構文論的なカテゴリーとしてのモダリティの表現手段の中心に、形態論的なカテゴリーとしてのムードがあるとすれば、文の伝達的なタイプによって組織づけられたモダリティの意味領域は、それぞれ、ムード的な形が対応しているはずであり、それを中心にして、また、その内部の意味体系が組織づけられることになる。しかし、モダリティは、文のレベルのものであるのに対して、ムードは単語のレベルのものである。したがって、ムードは、文のレベルの意味を表す、さまざまな表現手段のうちの一つにすぎず、それゆえに、ムードは、モダリティの意味的なタイプと、一対一の対応をなすことはない。だが、それでも、ムードが、文の意味を表す中心的な表現手段であれば、中心的な部分においては、ある程度の対応が成りたつ。

モダリティよりも、より一般化されている、文の伝達的なタイプに対しては、ムードは、その一般性により、基本的な部分においては、その、述語における土台として、より高い対応が成りたつだろうが、やはり、完全に対応しているわけではない。文の伝達的なタイプを規定するモーダルな意味は、文の意味の一般化であり、単語の形式的な表現手段にもとづくムードとは、ある程度、対応しているとしても、当然、くいちがいも生じてくる。

以上のように見ていくと、文における最大限の一般化が文の伝達的なタイプであるとすれば、単語における最大限の一般化がムードである。そのあいだに位置し、それらを含み、つなぎながら、それらの内容を具体化しているのがモダリティであるということになるのだろう。

3.3.　ムードからモダリティへ

近年、モダリティという用語のもとに、さまざまなムード的な意味を持つ形が検討されている。工藤浩 1989b「現代日本語の文の叙法性」も、命令形や勧誘形にとどまらず、「すればいい、しなければならない」など、より文法化の程度の低いさまざまな形をとりあげて、それらを、モダリティを構成する形としている。しかし、そのようなアプローチは、文法化している形を今までより広くとらえて検討するというものであって、あくまで、述語のさまざまな形を分析しているかぎり、それは、形の整理であり、構文論的なアプローチと言えるものには転換していない。

実際、工藤自身も、自らの分類について、「先に叙法性の諸形式を、AとBとに分けたのは、文論としての扱いというより、いわば、複合述語、あるいは助動詞・補助動詞の「形態論」としての扱いであった」と述べている。宮崎他2002や日本語記述文法研究会編2003も、同種のムード的な意味を表すものとして、まとめられる、いくつかの形式をとりあげて、それらの表す意味を明らかにしているという点において、工藤浩1989bと同様であると言えるだろう[215]。

形態論的なカテゴリーであるムードのほかに、文のレベルのモダリティというものをもちださせるきっかけは、「そこに座る！」というような文が、命令形以外でも命令の意味を表すといったことであった。そこでは、動詞の形態論的な形だけでなく、構文論的な手段などが、そのムード的な意味に関わっているのであり、ムードからモダリティへの転換は、研究を、文のレベルにおける複合的な表現手段の解明に向かわせる契機を含んでいたはずである。たとえば、文において、命令の意味は、①ムードの形態論的な形によって（「行け。」など）、②命令に近い意味を表す、いわゆる命令形以外のさまざまな形によって（「行きなさい。」など）、③命令形以外のムード的な形の二次的な機能として（「早く行かないか。」など）、④語彙的な手段によって（「行くのを命ずる。」など）、⑤無標形式においてイントネーションやコンテクストによって（「早く行く！」など）、などといったように、さまざまな表現手段、すなわち、形態論的な、語構成的な、語彙的な、構文論的な、コンテクスト的な手段によって表現されるのである。

このように、表現手段が多様であれば、それらをまとめあげるのは、意味の側面であり、形態論的なアプローチが「表現手段から表現内容（意味）へ」というものであったのに対して、「表現内容（意味）から表現手段へ」という構文論的なアプローチへの転換が示唆されている。とすれば、複合的な表現手段との関係において、文におけるムード的な意味を体系化しなければならないのであり、そこでは、かならずしも、述語の文法的な形を中心として、個々の意味をとりださなくてもいいはずである。というより、個々の文法化した形は、多義的であれば、構文論的な条件によって、さまざまな意味領域を移っていくのであり、一つの形をどこかの意味領域に「はりつける」というわけにはいかなくなるのである。「してもいい」について、奥田1988a「文の意味的なタイプ」は、その形を述語に持つ文が、ものがたり文やまちのぞみ文のあいだを移行していくさまを記述している。

ただし、もちろん、述語が文の文法的な意味の中心であれば、そこに、さまざまな意味の表現が集まっていると言え、そこを中心として文の文法的な意味を組みたてるというのは、けっして間違ってはいないだろう。工藤も、構文論的な手段をまったく無視しているというわけではない。そもそも、副詞の研究から、自らのモダリティ研究を出発させている工藤に対して、このような批判はあたらないはずである。しかし、工藤は、叙述文のなかに、さまざまなムード的な意味をみいだしているようであるが、それらの意味と「叙述」の意味との関係を明確には明らかにしていない（おそらく、テンスや人称といった意味との関係において、それらを叙述文のなかに位置づけているのであろうが）。

一つの形式に、一つの基本的な意味を求めて、それにもとづいて、その形式の、ムード的な意味の体系のなかにおける位置を定めるのは、やはり、形態論的なアプローチである。それに対して、一つの形式はさまざまなムード的な意味を持っていて、その、それぞれの意味を、モダリティのなかのそれぞれの意味領域に位置づけるのが、構文論的なアプローチであろう。つまり、一つの形式がいくつかの意味領域にまたがるわけである。このようなアプローチは、奥田による一連のモダリティ研究のなかに具体化している。とくに、上にもあげた、奥田 1988a などの初期の研究においては、このような問題意識が顕著に現れていると言える。

3.4.　評価と「評価のモダリティ」

3.4.1.　「評価のモダリティ」

形態論に引きずられたモダリティの検討における矛盾が、もっともはっきりと現れているのは、「評価のモダリティ」と呼ばれているものをめぐってであろう。

宮崎他 2002 は、モダリティを、実行（意志・勧誘と命令・依頼）、叙述（評価と認識）、疑問（質問・疑いと確認要求）といった意味領域に分けているが、そのなかで、「評価のモダリティ」という名のもとに、「すればいい」や「するといい」などがとりあげられている[216]。それらが、まちのぞみの意味を表すという記述もなされてはいるが、基本的には、工藤浩 1989b などと同様に、それを叙述のなかに位置づけている。

「すればいい」などが「評価のモダリティ」を表すとされているが、本来、「評価」の名のもとにとりあげられるべきなのは、「いい」という形容詞であって、「すればいい」ではない。「すればいい」の表す意味は、「いい」の表す評価の意味と、「すれば」という条件（仮定）の意味との相互作用によって、できあがっているのであり、評価という意味は、それを生みだす材料の一つにすぎない。また、「すればいい」が本来の評価の意味を表すこともあるが、それは「すればいい」の基本的な意味とは言えない。宮崎他 2002 は、「評価」という用語を、もう少し広い意味で、あるいは、一般化された意味において、使用しているのかもしれないが、それにしても、実行（意志・勧誘と命令・依頼）や疑問（質問・疑いと確認要求）といった、文における他のムード的な意味とならぶ意味の規定としては、適当ではないように思われる。評価という規定は、それらの形の出発点的な意味を明らかにするものであるとしても、けっして、それらの形の持つ多様な構文論的な意味を明らかにし、それらを構文論的なカテゴリーのなかに体系的に位置づけるものではないだろう[217]。

そこで、以下では、「すればいい」などをモダリティの体系のなかに位置づけるまえに、まず、「評価」という意味について検討する。

3.4.2. 「評価」について

「いい」などの形容詞が評価を表し、それがモダリティに関わるとしたら、こうした、文における評価の意味は、モダリティのなかの、どこに位置づけられるのだろうか。評価は、ムード的な意味であるとされることもあるが、それらの意味をモダリティの体系のなかで明確に位置づけているものはない。樋口 2001「形容詞の評価的な意味」なども、評価について検討しているが、それが、文法体系のなかのどこに位置づけられるかについては触れていない。ロシア語に関しては、ボンダルコは、『機能文法の理論』のモダリティについての序論で、「いい／わるい」という特徴による、発話の記述的な内容に対する質的な評価が、モダリティに属するとする立場もあるとしながら、ボンダルコ自身の見解としては、評価性（質的な評価と感情的な評価）は、部分的にだけ、モダリティの意味と結びつくとしている。そして、評価性は、むしろ、モダリティと相互作用する独自の意味論的・語用論的な領域とみなすべきであると言う。しかし、この「意味論的・語用論的な領域」とは何か、評価以外にどのようなものがあるかなどについては、何も述べられていない。だが、たしかに、評価は、文において義務的なものでなく、モダリティのなかに入るとしても、副次的な位置しかしめないものとは考えられるだろう。

評価という意味は、「いい」などの評価的な意味を持つ形容詞が主要な表現手段となっている。それは、形容詞という品詞のなかの、特殊な語彙的な意味を持つものであって、語彙・文法的な系列の一つであると言えるだろう。その種の形容詞の表す評価的な意味は、「まるい」「黒い」などの形容詞の表す記述的な意味とは、話し手との関わりが明らかに異なっている（樋口 1996「形容詞の分類」参照）。また、構文論的な構造に関しても、規定語になるよりも述語になることが基本であることや、典型的には主語が省略されることなどの特殊な性格を持っている。

しかし、形容詞のほとんどは、「安い」などのように、物の特徴に評価が加わったものである。だが、そうした形容詞の文も、対象的な内容に対する話し手の評価を表していることに、かわりはない。形容詞の場合、評価的な意味が、その語彙的な意味のなかで、物の特徴と一体化していることが多いため、評価的な意味だけを分離することは難しい。しかし、そこに、現実の反映だけでなく、話し手のそれに対する評価的な態度が刻みこまれていることは重要である。樋口 2001 は、形容詞の、こうした特殊な性格を具体的に明らかにしている。

評価的な文における評価が、文の対象的な内容に対する話し手の態度を表すものであれば、それは、ムード的な意味であると言ってもいいだろう。しかし、評価の意味は、形態論的なカテゴリーのムードにもとづく文の意味ではないため、モダリティのなかで副次的なものであり、他のムード的な意味と交差する。すなわち、断定という意味と、評価という意味とは、異なるムード的な意味で、それらが、一つの述語のなかに、あわさって存在するということが考えられるのである。そうであれば、評価を叙述のなかにおさめておく必要はなく、モダリティのなかの一つの意味領域としてとりだすことが可能である。

3.4.3.　評価的な意味の表現手段

評価的な形容詞を、そうでないものから明確に区別して、とりだすことはできないが、とくに評価性の強い評価的な形容詞としては、「すごい」「いい」「見事だ」「すばらしい」「すてきだ」「だめだ」「ひどい」「べんりだ」「きれいだ」「うつくしい」「おいしい」などが、あげられる[218]。

文の評価的な意味は、そのほかにも、副詞的な成分などによっても表される。工藤浩 1997「評価成分をめぐって」は、文の評価的な成分として、「さいわい」「あいにく」「惜しくも」「気の毒なことに」「残念ながら」「妙なもので」などをあげている。これらも、語彙的な手段であるかもしれないが、形容詞の語彙的な意味に含まれる評価的な意味と比べれば、文のさしだす出来事に対する評価を表すというような、文の副詞的な成分としての機能をはたしていて、より文法的であると言えるだろう。益岡 2007『日本語モダリティ探求』は、述語になる形容詞ではなく、「あいにく」などだけを「評価のモダリティ」としてとりだしている（pp.109–119）。

3.4.4.　感情性

評価のバリアントとして、感情的な評価というものがあげられることもある。感情的な評価は、評価に似ているが、物の特徴を感情的に強調して表現しているにすぎないとしたら、それは感情的な色づけにすぎず、評価とは別のものということになるだろう。強調性 intensivity の意味領域の一つとも言えるかもしれない。ただし、感情的な色づけには、たとえば、「ながーい話」（とても長い話）のように、特徴の程度の上昇がともなうことも多い。標準をこえた程度が、話し手の感情をひきおこしているとも言えるだろう。

感情的な評価を、以下では、「感情性」と呼ぶことにする。感情性は、文にともなう（文にさしだされる出来事に対する）話し手の感情を表すものであれば、評価と同様に、非義務的に（偶発的に）文に表現される、モダリティの副次的な意味の一つとして位置づけられるだろう。

工藤浩 2000「副詞と文の陳述的なタイプ」では、叙法性・かたりかた modality に従属するもののように、評価性・ねぶみ evaluativity と感情性・きもち emotionality が位置づけられている。そして、その表現手段として、前者には、副詞（句）、分析形式が、後者には、間投詞、分析形式、特殊拍（撥・促・長音）があげられている。

工藤も指摘しているように、感情性は、次のように、語構成的な手段、形態論的な手段、構文論的な手段など、さまざまな表現手段によって表される。

まず、語構成的な手段としては、「ぶったおす」「ふっとばす」「ひっぱたく」などの派生動詞があげられる（村木 1991a 参照）。これは、感情的な色づけが、語構成によって、単語の語彙的な意味のなかに、複合的につけくわわっているものである。これらは、不規則で非生産的なものであるが、語構成のなかに規則的に表現されている生産的なものもある。生産的な、語構成的な手段によるものとしては、「なくしてしまう」「たべまくる」などがあげられる。

次に、形態論的な手段としては、形態論的な形の転移的な用法があげられる。たとえば、「おまえは、つまらんものを書くね。」という文のように、過去の出来事を表すのに、非過去形を使うというような場合である。これは、文が感情的な評価の意味を持つことによって、述語の形態論的な形がテンスに関して無標形式にかわるということが、起こっていると言えるだろう。

また、構文論的な表現手段としては、モーダルな単語（「なんて」など）、イントネーション（「きれい！」など）、語順（「やるのか、おまえが。」など）などがある。日本語記述文法研究会編 2003 は、「きれいな色！」「なんてかわいい花だろう！」といった文を「感嘆のモダリティ」とし、それを「何らかの誘因によって引き起こされる、驚きを伴った感動を表すモダリティである」と規定している。これは、主語なしの、形容詞の規定語をともなう名詞述語文という構文論的な構造による、感情性の構文論的な表現手段だと言えるだろう。

感嘆文は、叙述文や命令文とならぶ文の伝達的なタイプのうちの一つとして位置づけられることもある。日本語記述文法研究会編 2003 に見るように、日本語においても、そうであるとすれば、これは、モダリティの体系のなかで副次的なものとは言えず、本来の評価の意味とは区別されることになる。しかし、上にあげたような感嘆文が、命令文のような主語なし文というより、名詞を核とした未分化な一語文の方に近いものだとしたら、文の伝達的なタイプの一つとして、ほかのものと並べることができないかもしれない。感嘆文の位置づけについては、今後、さらに検討する必要があるだろう。

3.5.　まちのぞみ文

3.5.1.　モダリティとまちのぞみ文

評価という意味を以上のようにとらえるとすると、「すればいい」などの形は、モダリティの体系のなかで、どのように位置づけられるだろうか。

仮定された動作の実現に対する肯定的な評価は、話し手がその実現を望んでいることを意味するようになり、「すればいい」などの形は、話し手の、動作の実現に対するまちのぞみ（願望、欲求、期待、夢想など）を表すということになる。ヨーロッパの言語では、仮定法などによって話し手のまちのぞみが表されることが多いようだが、日本語における、条件を表す形と、評価を表す単語との組みあわせは、それに近いものと言えるかもしれない。ただし、もちろん、実現していない動作に対する肯定的な評価が、そのまま、まちのぞみの意味であるわけではない。それは、まだ、評価的な文にとどまっていて、それがまちのぞみを表すようになるには、それに、話し手の、実現を望む態度の表明（意志表示）が含まれなければならないのである。

奥田 1996a「文のこと―その分類をめぐって―」は、希求文として、(a) はなし手の、自分自身の動作にたいする欲求、「酒が飲みたい。」、(b) 第三者の、これからの動作の実現へのはなし手の期待、「あす雨がふればいいなあ。」「おとうさんの病気がはやくなおってほしい。」といったものをあげている。これを見ると、奥田は、日本語における、まちのぞみを表す基本的な形を、「したい」としているようである。

高梨 2006「評価のモダリティと希望表現」は、「すればいい」などを「評価のモダリティ」と呼び、「したい」「してほしい」を「希望表現」と呼んで、二つを区別している。その根拠の一つとして、後者の場合、希望する主体が話し手以外もありうることなどをあげている。これと関係があると思われるが、ドブルシナ 2001「まちのぞみのタイポロジーによせて」は、話し手の願望を表す optative と、動作主体の願望を表す desiderative とを区別している（プルンギャン 2000『一般形態論』も参照）。この観点から、「すればいい」と「したい」を見ると、「すればいい」は、optative（まちのぞみ）を表すものと言えそうであるのに対して、「したい」は、一人称において、話し手の願望を表すものではあるが、話し手自身が、実現が望まれる動作の主体でもあり、動作主体の願望を表しているとも言えるため[219]、optative と desiderative との中間的なものと位置づけられることになる。とすれば、「したい」よりも「すればいい」の方が、より典型的な「まちのぞみ optative」であると言えるだろう。この点で、活用表に希求法を位置づける場合、どの形を、その代表的な形として活用表にあげるかが問題になってくる[220]。

上記の奥田が指摘するように、「すればいい」という形は、具体的な場面のなかで話し手のコントロールできない出来事を表す「あした雨がふればいいなあ。」というような三人称の文であれば、まちのぞみを表すと言えるだろう。しかし、このような例をもって、「すればいい」がまちのぞみを表すと規定し、それを代表的な「まちのぞみ形」とすることには異論が出てくるかもしれない。一般的には、「すればいい」は、「行為・状態の規範的なありかた」（工藤浩 1989b）や「価値判断」（益岡 2007）を表すとされているし、「すればいいだろう」というように、推量の「だろう」がつくことからも、叙述の意味の枠内にあるものと見られているからである。しかし、命令や勧誘などの意志表示的なモダリティが具体的な動作に限られるように、まちのぞみを具体的な動作に限るとすれば、一般的な価値判断を表すような「すればいい」は、時間的な抽象性によって、叙述文に移行していると見ることもできる。そうなると、まちのぞみについて検討するには、時間的な具体・抽象性（時間的なありか限定性）によって、まずは、具体的な動作に、検討する対象をしぼらなければならないということになる。アスペクトの基本的な部分の検討も、時間的な具体性のある動作に、その対象をしぼっていた。それはテンスも同様だろう。モダリティも、アスペクトやテンスと同様に、時間的な具体・抽象性との相互作用において検討していく必要があるということである。

そして、また、構文論的なカテゴリーが表現内容（意味）から表現手段へというアプローチであれば、一つの形がいくつかの意味領域に属していても問題はない。すでに述べたように、一つの文法化した形を、その基本的な意味において規定し、体系のなかに位置づけるのは、形態論の仕事である。そうした規定は、当然、構文論にも関わってくるのだが、構文論が形態論をこえたものであれば、構文論の課題はそれにとどまらない。「すればいい」や「してもいい」などのように、新しく文法化した形は、出発点的な意味とは異質なものとなっているのはもちろんだが、その新しく生じてきた文法的な意味においても、モダリティのいくつかの意味領域をまたがるような多義的なものとなっていて、一つの意味に限定できないことが多い。

工藤浩 1986「まちのぞみ文についての走り書き的覚え書き」は[221]、奥田 1986a「まちのぞみ文（上）」の「したい」のまちのぞみ文としての位置づけについて、そのまちのぞみ的な意味が構文論的な条件に依存していることをもって、「かくも移行しやすい、揺れ動きやすい、いわば中間的な領域を、一つのカテゴリーとして（一つの下位分類としてならともかく）立てるのは適当か、ということが問題だ」としている。同様に、奥田自身も奥田 1996a「文のこと―その分類をめぐって―」で、「希求文を平叙文や命令文などとならべて、モーダルな意味の観点からの、独立した文のタイプとみとめることができるか、まだ疑問がのこる」と述べている。しかし、工藤の言うような移行的な現象にこそ、構文論的なカテゴリーのなかの意味領域が存在する根拠がある。構文論的なカテゴリーの意味が、文における複合的な表現手段によるものであれば、それには構文論的な手段も参加している。そして、もし、形態論的な手段が、その意味に関わっていないのであれば、その意味の実現は、おもに、特定の構文論的な構造という構文論的な条件に依存していると言える。ここに、構文論の、形態論との違いがある。一般化された構文論的な型（命令であれば、二人称で意志的な動作といったように）によって表現されるムード的な意味が、一つの意味領域として、ほかの意味領域と区別されるような、明確で安定した特徴を持っていれば、それは、けっして、「移行しやすい、揺れ動きやすい」というわけではない。そのように見えるのは、形態論の観点から見ているからであろう。少なくとも、まちのぞみは、意味的にも、構文論的な型においても、たとえば命令と勧誘の両者を区別できる程度よりは、もっと明確に、それらと区別することができるだろう[222]。

たしかに、まちのぞみという意味領域は、形態論的な形を、その意味領域の中心に持つものほど、安定した意味領域とは言えないが、いくつかの分析的な形や構文論的な表現手段などによって、表されているのであれば、そうした意味領域も、構文論的な意味として、とりだすことは十分に可能である。たとえば、英語においては、認識的なモダリティは、may や must などの、いわゆる助動詞によって表現されているが、それらが屈折的な形態論的な形でないからといって、構文論的なカテゴリーにおける認識的なモダリティという意味領域が、英語においてとりだせないというわけではない。あるいは、日本語の質問文は、「か」の付加や疑問詞やイントネーションなど、さまざまな表現手段によって表されるが、その意味領域があいまいなわけではない。多くの言語において、まちのぞみの意味は、屈折的な形態論的な形ではないにしても、仮定法のような、いくつかの決まった表現手段によって表されているのである。

3.5.2.　まちのぞみの意味特徴

まちのぞみは、文にさしだされる出来事の実現に対する話し手の望みという文法的な意味を表しているが、モダリティのなかで、隣接する他のムード的な意味から、以下のように、区別される。まちのぞみと命令との違いを中心にして見ていこう。

命令には、意志表示の意味構造のなかに、動作のひきおこし（の働きかけ）という意味特徴が含まれているが、まちのぞみには、それが含まれていない。どちらも、動作の実現に対する、話し手の肯定的な（あるいは否定的な）態度を表している点においては、共通しているが、ひきおこしの働きかけのありなしにおいては対立するのである。そして、まちのぞみは、ひきおこしの働きかけよりも、この肯定・否定的な態度の方に重点があるとも言え、それゆえに、喜びやうらみなどの、動作の実現に対する話し手の感情的な態度と結びつくことが多い。それに対して、働きかけに重点がある命令の場合は、伝え方が分化し、さまざまなていねいさを表す形のバリエーションを持っている。

「しよう」の形の表す意志の意味も、聞き手でなく話し手自身に対してだが、ひきおこしの働きかけがあるという点で[223]、命令と同じであり、まちのぞみとは異なる[224]。「しよう」は、自分に対して、その動作を強く求めているのであり、その実現が確実であったり、間近であったりする場合も、「しよう」が使えるのである。それに対して、「したい」は、基本的に、その状況において、まだ実現への障害があり、すぐには実現できない動作（あるいは、その実現の条件が話し手以外の誰かにゆだねられている動作）をさしだす。直接的な意志で自分に「働きかけ」て、その動作を実現することができないので、話し手は、「まちのぞむ」わけである[225]。

また、命令は、動作の主体が人に限られるが、まちのぞみは、それに限られず、人以外の場合もあるという違いもある。これも、また、ひきおこしの働きかけのありなしに関係する。つまり、命令文では、話し手のコントロールのもとにある意志的な動作を実現させるために、話し手が、その動作の主体に働きかけるわけであるが、その働きかけが成立するためには、それが、意志的な主体である人でなければならない。それに対して、まちのぞみ文は、そのような働きかけがなく、ただ、動作の実現をまちのぞむだけなので、動作の主体は、人でなくてもいいのである。動作の主体が人に限られるという点においても、「しよう」は、やはり、まちのぞみと異なっている。ただし、「したい」も、主語は人に限られ、その点で、「しよう」と共通するが、それは、「しよう」がまちのぞみに属する根拠になるというより、「したい」が、相対的に、まちのぞみ的ではないことの証拠と見るべきだろう。

命令が二人称であれば、その命令は、基本的に、命令された動作の主体である聞き手に伝えられるものである。しかし、まちのぞみは、その典型的な場合である三人称の場合、その、望まれた動作の主体に対して、話し手の望みは伝えられていない。だが、望まれた動作（意志的な動作）の主体が聞き手であるまちのぞみでは、話し手の望みが、聞き手に伝えられる。その場合、場面のなかで、働きかけの意味がほのめかされ、まちのぞみに命令的なニュアンスが加わる。このとき、まちのぞみ文は、やわらげられた命令、ていねいな要求、助言などとして機能する。

また、「してもいい」のように、実現を許容したり、承諾したりする、実現の受け入れを表す形もある。それも消極的なまちのぞみと言っていいかもしれない。奥田 1988c は「はなし手の意志的な、あるいは許容的な態度の表現ということで、「してもいい」を述語にする文を《まちのぞみ文》のグループに所属させても、たぶんまちがいにはならないだろう」と述べている。

まちのぞみは、基本的に、聞き手に関わる動作であってもなくても、対話において聞き手に伝えられるものなので、感情的な表出を表す一語文とは異なるものである。もちろん、独り言でも使われるが、それは、命令など、聞き手に働きかけるタイプの文以外の文に共通する特徴である。すなわち、叙述文も、その点は同様である。

ふつう、まちのぞみは未来に関係づけられているが、過去において実現が望まれたが、実際は実現しなかった動作に対して、そのとき実現するのが望ましかったという、現在における話し手の望みが表されることがある。過去の実現しなかった動作に対する、もはや実現しないまちのぞみである。この場合、過去において実現しなかった動作に対する残念さといった感情的な色づけをともなう。

以上のように、まちのぞみでは、動作の実現に対する話し手の積極的な態度が表されている。また、まちのぞみは、三人称を中心とする叙述文と、意向・勧誘・命令とのあいだで、発展してくる。意向は一人称であり、勧誘は一・二人称であり、命令は二人称なので、まちのぞみが三人称を中心とするなら、人称性において、まちのぞみは、意志表示的な文のなかで、独自の領域をなすと言えるだろう。とすれば、やはり、まちのぞみの中心は、「したい」ではなく、「すればいい」であると言えるかもしれない。

3.5.3.　まちのぞみの表現手段

まちのぞみの表現手段というと、まず、「したい」「してほしい」(「してもらいたい」)などがあげられるだろうが[226]、そのほか、「いい」のついた、次のような分析的な形が、さまざまな副次的な意味をともないながら、まちのぞみを表すことができる。すなわち、「すればいい」「したらいい」「するといい」は、課題に対する解決を表し、「してもいい」は、受けいれ(許容)を表し、「した(する)ほうがいい」は、比較・相対性を表すと言えるが、いずれも、「いい」と関わって、適切性という共通の意味を表しているとも言えるだろう。そして、それらは、いずれも、具体的な動作をさしだす三人称の文において、まちのぞみの意味を表すようになっている。

「するまでもない」「しなくてもいい」などの形は、不必要を表しながら、まちのぞみの意味を表している[227]。否定の形としては、そのほかに、「したらいけない」「するといけない」などが、三人称の文において、不適切性を表すが、それらは、「雨が降るといけないから、かさを持っていきなさい。」のように、まちのぞみというより、評価を表しているのかもしれない[228]。降らないことを望むというまちのぞみの意味を表すのであれば、「雨が降らないといいなあ。」のように、否定形が、条件を表す部分にくるだろう。「したら」などの肯定の形で、否定的なまちのぞみの意味を表すのは、「したらどうしよう」などの形であろう。

さらに、「しなければならない」のような、必要を表す形も、まちのぞみに入れることができるかもしれない。具体的な場面において、その動作の実現を必要だと判断していることは、それをまちのぞむということにつながるだろう。また、「するべきだ」も、望ましさを表し、これと似ている。これらは、上のものと比べて、具体的な動作を表すことが、より少ないだろうが、いずれも、その動作の実現に対する肯定的な態度を表していて、まちのぞみ的な側面を持っている。「すればいい」も、一人称の意志的な動作をさしだす場合は、これに近いだろう。

以上にあげたもののなかで、「彼が来てもねえ。」(否定的なまちのぞみ)や「彼が来ればなあ。」(肯定的なまちのぞみ)のように、条件形以下の部分がおちた形で、使われるものもある。こうした形が固定化すれば(文法化すれば)、それは、評価の意味が切りすてられ、まちのぞみ専用の形ということになる。

また、「みんなが元気でありますように(祈っています、願っています)。」などのように、「するように」という形がある。これは、もともと、「祈る」など、まちのぞみを表す動詞との組みあわせであり、現在も、そのような形で使われることもあるが、その動詞が省略されたものは、一つの文法化した形になっているとも言える。これは、有益な、幸せなことの実現に対する願いを表している。

以上のようなもののほかにも、語彙的な手段や構文論的な手段など、より周辺的な表現手段による、以下のようなものがある。

慣用的に使われているが、「みなさんのご多幸をお祈り申しあげます。」のように、「祈る」という動詞が使われるまちのぞみもある。これは語彙的な表現手段と言えるだろう。

また、「早く来ないかなあ。」「まだできないのかなあ。」など、「早く」「まだ」などをともない、否定の形で、疑問を表す「〜かな」などがつく三人称の文も、まちのぞみを表す。また、「あの人、あした来てくれるかな。」(「あの人、あした来てくれないかな」)という、三人称で、「してくれる」の疑問文も、まちのぞみを表す。

以上、まちのぞみの意味と表現手段について検討してきた。モダリティの体系における位置づけが問題となるまちのぞみを検討することによって、モダリティ(とくに意志表示)の体系を、より明確にとらえるということと、まちのぞみを例にして構文論的なカテゴリー(構文論的なアプローチ)とはどのようなものかを示すということも、不十分ながら、できたのではないかと思う。叙述や質問など、モダリティの他の基本的な意味領域については、すでに、モダリティの専門家による、たくさんの研究があるので、ここでは、とくに、触れない。

次に、証拠性など、モダリティとの関係が問題となる意味について、検討する。

3.6.　証拠性・確かさ・驚嘆性

3.6.1.　証拠性

ヤーコブソン 1957「転換子と動詞範疇とロシア語動詞」によって、一般に広く知られるようになったと言える証拠性 evidentiality は、日本語に関しても、多くの研究者が触れている。ニツォロヴァ 2007「ブルガリア語のモーダル化したエヴィデンシャルな体系」によれば、証拠性は、発話において伝達される情報の出所の、話し手によるさししめしであり、伝達される情報の獲得と分類と結びつく、話し手の認識的な状態を反映するものであると言う。もっと、かんたんに言えば、話し手が、いかにして、その事実を知ったかということを示すものであるとも述べている。

ハダルツェフ 2001 などによると、証拠性は、その下位タイプとして、直接証拠性（直接的な確認）と、間接証拠性（間接的な確認）に分けられる。さらに、直接証拠性には、視覚によるもの、聴覚によるものなどがあり、間接証拠性には、引用（引用や報告など、文の出来事の内容が、他の人の言葉から得られる場合）や、推論（文の出来事が、その結果などをもとにして「復元」される場合）といった意味がとりだされる。そして、間接証拠性のうちの、引用には、話の内容の引用、本の内容の引用、一般に知られた情報の引用などがあり、推論には、文のさしだす出来事が、その直接的な結果から復元されるものや、推論によって復元されるものなどがある。

日本語において、証拠性を表す形としては、次のようなものがあげられる。まず、間接証拠性としては、引用（伝聞）を表す「そうだ」「（んだ）って」「という」「らしい」などや、推論（様態）を表す「ようだ」「みたいだ」「しそうだ」などがある。また、直接的な知覚を表すものとしては、それを明確に示す形はないが、いくつか、それを二次的に示すようなものもある。たとえば、過去の出来事に関して、「彼も、そう言っていたよ。」のように、「言った」ではなく「言っていた」を使う場合や、「太郎は？」という問いに対して「公園で散歩していたよ。」と答える場合などである。しかし、これらは、たしかに、文のさしだす出来事を話し手が直接的に知覚していると見ることができるが、それは、継続相の持つ基準時点との同時性という特徴の典型的な現われと見るべきであろう。継続相は、直接的な知覚性を特別に表す形とは言えない。

3.6.2.　認識的なモダリティと証拠性

「だろう」のつく形と、つかない形との対立は、推量による間接的な確認と、知覚などによる直接的な確認との対立をなしていて、認識的なモダリティ epistemic modality と呼ばれるものと言えるだろう。これは、現実の確認のし方の対立なので、ここでは、これを、「確認のし方」と呼ぶことにする。そして、あとに述べる、確かさとともに、認識的なモダリティの下位タイプに位置づける。

この間接的な確認は証拠性と重なる。出来事の結果や、人の言葉をもとにして、現実の出来事を確認して表すものが証拠性であれば、それは間接的な確認である。日本語においては、「ようだ」「らしい」が、証拠性を表すものとしてあげられることがあるが、それらは、何らかの根拠にもとづく間接的な確認でもある。それとは逆に、推論による間接的な確認であると言える「はずだ」は、証拠性と見ることもできるだろう。兆候を表すとも言われる「しそうだ」も、それと同様である[229]。工藤浩 2005 は、基本的（主体的）叙法性の「捉え方—認識のしかた」のもとに、「だろう」の推量とともに、伝聞「そうだ」、推論「はずだ」をあげ、さらに、推定「らしい」や様態「ようだ」を、「見なしかた」として、「捉え方—認識のしかた」のバリアントに位置づけている。

また、上に述べたように、広く証拠性というものをとらえ、証拠性を、一般的に、どのような手段によって、現実の出来事を確認したかということを表すものだとすれば、それには、直接的な知覚によるもの（直接証拠性）も含まれることになり、確認のし方全体が証拠性と重なることになる。直接的な確認は、無標の項として、「する」（「した」）のような何もつかない形によって、表現されると言えるだろう。そして、それが無標形式であれば、基本的な意味として、直接的な確認を表す場合もあるが、そうでない場合もあるということになる。

このように、見方によっては、証拠性は、モダリティ、とくに認識的なモダリティと非常に近い関係にある（ただし、証拠性を情報の出所のさししめしと理解するならば、その表す意味の側面が異なるというようにも考えられる）。

モダリティと証拠性との関係について、ニツォロヴァ 2007 は、次の三つの見方があるとしている。日本語においては、宮崎他 2002 のように、認識的なモダリティのなかに証拠性を入れているものが多いようである。

a)　モダリティと証拠性は、別々のものとして関係している（つまり、それらは、本質的に異なっている）。これは、狭い意味における証拠性に関する場合である。

b)　モダリティと証拠性は、含み含まれの関係にある。つまり、証拠性には、話し手の知識の確かさも含まれているし（この場合は、広い意味における証拠性について言っている）、反対に、より多くの場合、証拠性は認識的なモダリティを構成するものの一つである。

c)　モダリティと証拠性は部分的に互いに交差する（オーバーラップする）。この場合、重なるというのは、推論的な証拠性 conclusive である。

だが、以上に述べたように、証拠性が、確認のし方に、大部分、重なるようなものであれば、その二つを区別する必要はなく、どちらか一つでいいということになるだろう。証拠性というのが、限定された意味でも使われるとすれば、全体をとらえるときは、確認のし方という方を選べばいいだろう。

ただ、ふつう、認識的なモダリティに入れられる「確かさ」は、証拠性とは重ならない。それは、事実であることの確信度を表すものであれば、確認のし方とは異なるものである[230]。そこで、ここでは、認識的なモダリティを、「確認のし方」と「確かさ」という二つの下位タイプに分けることにする。

3.6.3.　確かさ（確信性）

確かさとは、文のさしだす出来事の実現について、話し手がそれを確実と考えるか不確実と考えるかを表すものである。おもに確かさを表す形としては、「にちがいない」「かもしれない」などがある。また、「かしら（だろうか）」などのくっつきや、「たぶん」「もしかしたら」といった副詞によっても表される。ただし、「だろう」は、基本的に、推量を表し、確かさについては、「おそらく」などの副詞や、「だろう」と結びつく形（「かもしれないだろう」など）によって表される。

確かさは、文において義務的に表現されるものではないが、「にちがいない」と「かもしれない」がペアーをなしていて、独自の系列を作っていると見ることができる。さらに、これを、何もつかない「する」の形と対立させることができるなら、文において、そのうちの、どれかを選択しなければならないという意味で、義務的であると見ることもでき、叙述形に限定されてはいるが、形態論的なカテゴリーに近い性格を持つと言えるかもしれない。この場合、意味的な対立としては、欠如的な対立ではなく、漸次的な対立ということになるだろう。

上に述べたように、確かさは、認識的なモダリティの下位タイプと位置づけることができるが、それとは区別される、独自な意味領域とすることも可能かもしれない。しかし、その場合も、二つは、密接な関係で結びついたものということになる。

3.6.4.　驚嘆性

ブルガリア語などにおいては、その表現形式が証拠性と同じであることから、証拠性と関係づけて、しばしば、とりあげられる意味に、驚嘆性（ad）mirativity がある。驚嘆性は、話し手にとって、突然、生じた動作に対する、驚きなどの、話し手の感情的な態度の表現である。驚嘆性は、その事実に関して話し手が知らないという状態から、知っている状態への移行、そのコントラストも表すが、それは、また、話し手の驚きの原因でもある。この驚嘆性は、意味的には、証拠性と一つにまとめられることもあるが、別のカテゴリーとされることもある。

それまで確認していなかった現在の状態などを、発話時において確認することを表す「あった、あった。」などは、これまで、「発見」という意味を表すとされてきたが、この驚嘆性と呼ばれるものに近いようにも見える。これは、形態論的には、過去形の派生的な用法として位置づけることができ、現在の状態に関して、「ある」という非過去形が、すでに確認している事実を表すのに対して、感情性の加わった、新たな認識を表すものとして、これは対立しているとも言える[231]。しかし、定延 2007「発見の「た」と発話キャラクタ」は、発見の「た」には「予想外のきもち」が、かならずしも認められないので、「ミラティブ」(筆者の言う驚嘆性)とは言いきれないとしている。たしかに、「予想外のきもち」というのを驚嘆性の中心的な特徴とするなら、発見の「た」は、予想外である場合もあるが、ない場合もあるので、驚嘆性とは言えないだろう。だが、「予想外のきもち」ではなく、新しい知識(認識)の獲得というのを、驚嘆性の中心的な特徴とすれば、発見の「た」は、弱められた驚嘆性として、その周辺には位置づけられるかもしれない。

また、「きみ、来ていたんだ。」というのは、来ているという現在の事実を、その場面において、はじめて知ったことを、感情性や予想外性などとともに、表すようである。あるいは、「そうだったのか。」というのも、感情性や予想外性をともなっているだろう。これらは、発見の「た」より、驚嘆性の特徴をそなえていると言えそうである[232]。

このような、驚嘆性の意味を表す「した」の形は、過去という意味との共通性がなければ、過去形との文法的な同音形式であるということになる。しかし、これらの例は、現在まで続く期間に、その状態がずっとあったことに(そのために、過去形をとっている)、気づいていなかった話し手が、現在において気づくということであれば、基本的なテンス的な意味の変容として解釈できるかもしれない。その変容度によっては、やはり、テンスと区別して、同音形式として、とりだすこともありうるのだが[233]。

以上のように、日本語にも驚嘆性という意味を確認できそうではある。しかし、タイポロジーの研究においては、こうした意味を、mirativityといった特別な用語をもちだして、とりだすことも必要かもしれないが、個別言語の研究においては、その体系において、その意味が、特別な重要性を示さないかぎり、そうした用語をもちだす必要はないのかもしれない。そうした用語をむやみに導入することは、ときに、その個別言語における、その意味の、体系内での位置づけを混乱させる(あるいは、その重要度について誤解を生む)こともあるように思われる。これは、証拠性という用語に関しても、言えることであるが。

4.　可能性と時間的な具体・抽象性

可能性は、モダリティの体系において、命令や推量などの主観的なモダリティに対する客観的なモダリティとして位置づけられることがある。日本語においても、奥田 1986c「現実・可能・必然（上）」や工藤浩 2005 は、「することができる」や「しなければならない」などをモダリティと見ているようであるが[234]、日本語記述文法研究会編 2003 などは、それらをモダリティとして取りあげていない。バイビー他 1994『文法の進化』は、義務、必要、能力、欲求などを agent-oriented modality とし、これについて、文のプロポジションの内容の一部であり、モダリティとみなされないことが多いと述べている（p.177）[235]。これは「内的なモダリティ」とも呼ばれている。

日本語において可能性を表す形としてあげられる「することができる」（「～られる」）は、文全体の表す出来事が起こる可能性というより、主語にさしだされる人の、能力などの特徴を表している。たとえば、「あの子は百メートル泳ぐことができる。」という文は、現実性・非現実性ではなく、アクチュアリティ・ポテンシャリティに関わるものであり、モダリティの一般的な意味とは異なるとも言える。ポテンシャリティもモダリティに入るとすれば、可能性もモダリティだということになるだろうが、そうすると、習慣性（「彼は泡盛を飲む。」など）のような、ポテンシャリティに入る、それ以外の意味も、モダリティだということになってしまう。そこから、どのように可能性だけをとりだして、モダリティとするか、その根拠が、はたして、モダリティの一般的な規定から出てくるのか、疑問である[236]。能力を表す「することができる」は、時間的な具体・抽象性に関わっていて、そのスケールのうえに位置づけられ、主体のどのような特性を表すかというもののバリアントであると言えるだろう。そして、ポテンシャリティは、モダリティだけでなく、テンポラリティやアスペクチュアリティなどとも相互作用するというわけである。また、「しなければならない」のなかでも、必要を表すものでなく、「社員は毎朝 8 時に出社しなければならない。」といった義務を表す文は、ポテンシャリティの領域に入ってくるだろう。

可能性の一種とされる状況可能の文（「きょうは、彼も来られるよ。」など）は、より時間的な具体性を持つためポテンシャリティの度合いが低いが、やはり、アクチュアルなものではないので、ポテンシャリティの領域に属すると言える。また、「せざるをえない」「しないわけにはいかない」は、不可避という意味を表すが、これも、また、ポテンシャリティに属するものだろう。

命令などの意志表示的なモダリティは、具体的な動作に関わる時間的な具体性の範囲のなかで展開するが、推量などの認識的なモダリティの領域を持つ叙述では、時間的な具体・抽象性の軸が交差しており、具体的な動作から抽象的な動作まで幅広い。したがって、ポテンシャリティは叙述の意味のなかで分化すると言える。叙述においては、動詞述語だけでなく、形容詞述語も名詞述語も現れるが、基本的な意味においては、動詞述語はアクチュアルで、名詞述語はポテンシャルであり、形容詞述語はその中間に位置すると言えるだろう（工藤真由美 2004 参照）。

5.　とりたて

これまでのモダリティ研究の対象が、おもに文の述語であったため、あまり問題とならなかったかもしれないが、「は」「も」、「さえ」「こそ」「だけ」「しか」などの表すとりたて的な意味も、話し手による、文の対象的な内容と現実との関係づけを表すものであるとすれば、モダリティの意味領域に入るように思われる[237]。

とりたての表現手段としては、とりたてのくっつきだけでなく、「～にすぎない」「～にほかならない」などの、さまざまなむすびのくっつきや、「ただ」「たった」といった副詞なども、その表現手段に加わってくる。すなわち、とりたて的な意味は、文における、さまざまな表現手段によって表されるのである。このように、文における、さまざまな表現手段によって表される意味として、とりたては、文のモダリティの意味のなかで、一つの意味領域をなしている。

第２節　ヴォイス性

1.　形態論的なカテゴリーとしてのヴォイスの研究史

うけみも、つかいだて（使役）も、ともに、たちば（ヴォイス）とする『にっぽんご　４の上』や鈴木重幸 1972a『日本語文法・形態論』に対して、高橋 1977「たちば（voice）のとらえかたについて」は、うけみとつかいだて（使役）の規定をめぐって、以下のような批判を行った。

高橋は、うけみが、「ひとつの事実をあらわすのに、どの参加者を主語にして、どの参加者を対象語にするかという」ものであるのに対して、つかいだては、「はたらきかけのたちばに、一定の要素をつけくわえることによってできる」ものであり、「単語＝かたちつくりの面だけでなく、ことがら的にも派生的である」とし、うけみとつかいだてとの違いを明らかにした。そして、たちば（ヴォイス）の対立を前者に限定し、後者をたちば（ヴォイス）から追いだしたのである[238]。

また、他動詞と自動詞についても、「〈他動詞⟷自動詞〉の対立は作用が他におよばないかおよぶかのちがいであって、たちばの対立とはことなる。〈たてる―たつ〉の対立が〈たてる―たてられる〉の対立とことなるのは、それが動作の質のちがいであることである[239]。「たつ」は「たてる」とはべつのうごきであり、他からのはたらきかけがなくても、「ひとりでにたつ」こともある」として、それらも、また、たちばから除外している。そして、「自・他の対立が〈はたらきかけ―うけみ〉の対立と関係するのは、〈他動詞：自動詞＝はたらきかけ：うけみ〉ということなのではなく、主体と客体を一文のなかに共存させる能力をもつ他動詞が、たちばを成立させる前提となるということである」と位置づけている。また、「自動詞構文は、はたらきかけのないたちばの文、または、たちばのない文とよぶべきであろう」とも述べられている。

この高橋の批判に対して、鈴木は、鈴木重幸 1980a「動詞の「たちば」をめぐって」で、高橋の見解を受けいれ、そして、次のように、ヴォイスに関わる意味と表現手段を理論的に位置づけた。鈴木は、「形態論的なカテゴリーを構成するのは、はたらきかけの形（能動態）とうけみの形（受動態）だけである」とし、使役動詞、可能動詞、めいわく動詞（第三者のうけみ）は、「接尾辞によって単語つくり的に特徴づけられたタイプの、独自の結合能力をもつ語い＝文法的な種類である」とした。また、「独自の構造的なタイプの文をつくる結合能力をもった語い＝文法的な種類」には、そのほかに、相互動詞（これには、「たたかう、結婚する」のような、単語つくり的に特徴づけられていないタイプと、〈動詞語基＋ au〉のような、単語つくり的に特徴づけられたタイプとがあると言う）、再帰動詞（「（きものを）きる、（ズボンを）はく、（みずを）あびる、…」）などがあるとしている[240]。

このように、高橋 1977 と鈴木重幸 1980a によって、形態論的なカテゴリーとしてのヴォイスがうけみに限定されていくヴォイス研究の発展過程は、これにわずかに先行し、影響を与えたとも思われるアスペクト研究の発展過程と似ている。

アスペクト研究においては、奥田 1977「アスペクトの研究をめぐって」によって、アスペクトが「する」と「している」との対立に限定され[241]、それ以外の、「してある」や「しつつある」などの、アスペクト的な意味を表す形は、形態論的なカテゴリーとしてのアスペクトから追いだされ、その後、より広い概念であるアスペクチュアリティのなかで扱われるようになったのである。

これとよく似た過程がヴォイス研究において起こったと言えるのだが、ただ、ヴォイス研究においては、アスペクトに対するアスペクチュアリティにあたるような用語が欠けている。つまり、形態論的なカテゴリーのヴォイスに対して、それに対応する構文論的なカテゴリーをさす用語が存在しないのである[242]。そのため、ヴォイスという用語は、通常、「する」と「される」といううけみの対立ではなく、うけみを中心として、使役や相互性などを表す形も含めて、その全体をさす用語として使用されている[243]。すなわち、ヴォイスという用語は、アスペクトではなく、アスペクチュアリティにあたるものに対する名づけとして使用されているのである。このことも、ヴォイスの研究に混乱をもたらしているかもしれない。そこで、以下では、形態論的なカテゴリーをヴォイスと呼び、構文論的なカテゴリーを、仮に、「ヴォイス性」と呼ぶことにする[244]。

こうした用語上の問題が原因とは言えないだろうが、高橋と鈴木の見解は広く受けいれられることがなく、それどころか、それに逆行するような見方が、高橋自身によって出されることになる。高橋は、高橋 1985b「現代日本語のヴォイスについて」で、ヴォイスのカテゴリーとして、能動態、受動態だけでなく、使役態や相互態や再帰態などもあげているのである。高橋自身は、はっきりと述べてはいないが、これは、高橋のヴォイス研究が形態論的なカテゴリーから構文論的なカテゴリーの分析へと移ったものと解釈すべきかもしれない。だが、これによって、形態論的なカテゴリーと構文論的なカテゴリーとの区別があいまいになってしまったことは否定できないだろう。したがって、ここでは、このような高橋の新しい立場ではなく、以前の高橋 1977 や、鈴木重幸 1980a の立場にたって、以下に、構文論的なカテゴリーとしてのヴォイス性を体系化する。

ところで、高橋 1985b は、うけみを、次のように、形態論的なカテゴリーであると同時に、構文論的なカテゴリーであるとしている[245]。

> なにを主語とし、なにを補語とするかということは構文の問題である。そのゆえに、いまあげた三つの構文は、それぞれ能動構文、うけみ構文、使役構文といわれる。このように、ヴォイスは、文の構造とかかわる点で、構文論的なカテゴリーであるということができる。
>
> しかし、ヴォイスは、また、動詞の形式ともかかわる。（中略）こうしてできた能動動詞、うけみ動詞、使役動詞は、動詞の形態論的な性格にかかわるものであって、その点で、（すくなくとも日本語では）ヴォイスは形態論的なカテゴリーでもある。

これは、つまり、動詞の形態論的な形の対立が、文の構文論的な構造と相関しているということを意味しているのだろう。とすれば、これは、うけみが、構文論的な構造に関与する（あるいは、それを表す）という特徴を持つ形態論的なカテゴリーであることを示していると言える。この高橋の規定が、筆者の構文論的なカテゴリーの規定にあてはまらないのは、もちろんだが、より狭い規定、すなわち、構文論的なカテゴリーを、形態論的なカテゴリーと並ぶ文法的なカテゴリーの一つとする規定をとるとしても、うけみを、構文論的なカテゴリーとすることはできない。すなわち、この、狭い規定であれば、構文論的なカテゴリーとは、構文論的な表現手段によって表現される文法的な意味であるということになるが、うけみの場合、動作の客体が主語にさしだされ、主体が補語にさしだされるというのは、ヴォイスの規定そのものであるからである。つまり、それは表現手段であるとは言えないのである。したがって、うけみは、構文論的なカテゴリーではなく、構文論的な構造に関与する形態論的なカテゴリーであると言った方が適切だろう。

2. 形態論的なカテゴリーとしてのヴォイス

2.1. ヴォイス（うけみ）の諸特徴

ヴォイスについての検討は、鈴木重幸 1972a の、次のような規定から出発できるだろう。

> 動詞のたちば（voice）とは、動詞のあらわす動き・状態の主体・対象やそれに関係する第三者と主語・対象語との関係をあらわす文法的なカテゴリーである。
> （pp.275–276）

文が表すヴォイス的な意味のなかで、もっとも中心的なものが、形態論的なカテゴリーとしてのヴォイス、すなわち、うけみである。「する」と「される」の動詞のペアーから成るうけみは、対立的な文法的な意味が、大部分の他動詞において、規則的な表現手段によって、義務的に表されるという形態論的なカテゴリーの諸特徴をそなえている。したがって、ヴォイス（うけみ）は、ヴォイス的な意味の表現手段のなかで、もっとも文法化しているものとして、文における、他のヴォイス的な意味の表現手段から区別される。そして、文のヴォイス性に含まれる、さまざまなヴォイス的な意味は、この「する」と「される」の表す意味に一般化されるのである。つまり、その枠組みのなかで、それを補足し、あるいは、交差しながら、その内容を豊かにしているのである。

2.2. ヴォイス（うけみ）の意味の体系

ヴォイスの形態論的な形である能動態「する」と受動態「される」は、対象に働きかける、人の意志的な動作の場合、「太郎が次郎を殺した。」と「次郎が太郎に殺された。」のように、それぞれ、「働きかけ」と「（直接）うけみ」という積極的な意味を表し、等価的な対立をなしている。これは、もっともするどく対立するヴォイス的な意味の典型（プロトタイプ）であり、さまざまな個別的な意味の中心（出発点）をなす、ヴォイスの中核的な意味と言えるだろう。

一方、その言語の話者が、その形を見て、まず思いうかべる意味、すなわち、もっともコンテクストから自由な意味は、基本的な意味と呼ばれる。ヴォイスの場合、受動態の基本的な意味は、中核的な意味と同じであるが、能動態では、働きかけという意味が、動詞の語彙的な意味に依存した意味なので、それは基本的な意味とは言えないだろう。能動態は、働きかけを表さないとしても、多くの他動詞や自動詞で、主語の人から発する動作を表しているとしたら、それを基本的な意味とすることができるかもしれない。主語の人から発する動作というものを、鈴木重幸1980aのように、遠心的な方向性（遠心性）と規定するなら、それと対立する受動態の基本的な意味（うけみ）は、主語の人に向かう動作という求心的な方向性（求心性）と規定しなおすことができるだろう。このように、ヴォイスの基本的な意味の対立は、遠心性と求心性の対立と規定される。

以上のような、中核的な意味や基本的な意味などの個別的な意味に対して、それらも含み、すべての個別的な意味に共通する一般的な意味というものを考えるとすると、それは、どのようなものとなるだろうか。

受動態の意味として、鈴木重幸1972aは、直接うけみ、間接うけみ、もちぬしのうけみ、第三者のうけみをあげている。鈴木重幸1980aは、第三者のうけみを、うけみの体系からはずしているので、それをのぞき、それ以外を一般化するとすれば[246]、いずれも、うけみ、つまり、「主語にさしだされるものに向かう動作」（求心性）という一般的な意味を表すと言っていいだろう。もちぬしのうけみも、多少、間接的になるが、「主語にさしだされるものに向かう動作」と規定してもいいように思われる。だが、そうすると、中核的な意味や基本的な意味としての求心性よりも、これは、いくらか抽象化した求心性となるかもしれない。

それに対して、能動態の一般的な意味は、どのように規定できるだろうか。能動態は、中核的な意味である働きかけや、基本的な意味である遠心性といった意味で、一般化することはできないように思われる。ヴォイスの対立を持つかどうかに関係なく、うけみの接尾辞を持たない形を、すべて、形式的には能動態であるとするなら、無意志的な動作をさししめす「なくす」「忘れる」や、自動詞は、働きかけを表しておらず、また、受動態に近い意味を表す「おそわる」「あずかる」は、遠心性を表していない。したがって、もし、能動態と受動態との対立をなさないような動詞も含めて、能動態を規定するとすれば、働きかけや遠心性といった意味では、全体をおおえなくなるだろう。このように、能動態は、非常に多様な個別的な意味を持っていて、それらを一般化しようとすると、やはり、対立の欠如的な項としての規定しかできなくなる。すなわち、一般的な意味において、受動態が求心性を表すなら、能動態は、求心性という意味があるともないとも示さないということになるのである。これにもとづけば、受動態と能動態の対立は、形態論的な形として、求心性と非求心性という欠如的な対立をなす受動態と非受動態の対立と規定することができる[247]。以上をまとめると、次のようになる。

《非受動態（能動態）と受動態との意味的な対立》

中核的な意味：働きかけとうけみ（求心性）

基本的な意味：遠心性と求心性
一般的な意味：非求心性と求心性

2.3.　第三者のうけみ（めいわくのうけみ）の位置づけ

鈴木重幸 1980a は、第三者のうけみを、めいわく性というカテゴリカルな意味を持つ、うけみの形から独立した「めいわく動詞」と呼ぶべき動詞の種類（語い＝文法的な種類）であるとしている。使役動詞や「してある」と同様に、アクタント（動作の参加者）の数がかわるということや、めいわく性という意味が新たにつけくわわったものであるということから、これは、変形ではなく、派生であると言えるだろう。とすれば、これは、受動態と文法的な同音形式（ホモニム）ということになり、うけみの体系のなかの周辺的な意味ではなく、うけみの体系をはずれたものとして位置づけられるわけである。また、第三者のうけみは、他動詞か自動詞かにも関係なく、ほとんどの動詞から作られるということから見ても[248]、うけみの他の意味と同列にならぶものではないことが分かる。

可能や尊敬など、「〜（ら）れる」自体の意味は、多様であり、うけみの範囲をこえている。したがって、外形的に同じ形だとしても、それを一つのものだと見て、そこに一般的な意味を求める必要はない。異なる意味的なタイプに属するものであれば、それぞれの体系のなかで位置づければいいのだろう。ただし、一般的に、多義性か同音性かの区別は難しい。別の品詞に移行する転成の場合は、比較的、明確であるが、それ以外の場合は、おもにカテゴリカルな意味にもとづく区別のため、判断が難しくなる。しかし、第三者のうけみの場合は、品詞の移行と同様に、構文論的な構造に変化が生じるため、それを根拠とすることができるだろう。

3.　ヴォイスと相互作用する動作の種類

鈴木重幸 1980a は、他動詞・自動詞や使役動詞を、形態論的なカテゴリーのヴォイスと区別して、言語的な表現手段に反映される、切りとられた現実の断片の違いにもとづくものとしている。すなわち、これらは、いずれも、他動的な動作や使役的な動作などといった特殊な動作を表していて、異なる種類の動作として位置づけられる。そして、ヴォイス（うけみ）の意味や対立の実現のし方に作用するのである。

また、それと同時に、これらは、以下に見るように、形態論的なカテゴリーのヴォイスの対立的な一般的な意味の枠組みに対して、その実現の土台的な条件となりながら、うけみのヴォイス的な意味の枠組みのなかで、自らのヴォイス的な意味も、補足的な意味として表現するのである。

3.1.　他動性

他動詞・自動詞は、ヴォイス（うけみ）に関わる、もっとも重要な語彙・文法的な系列である。受動態を作るのは基本的に他動詞であり、自動詞は、ふつうの受動態（直接うけみ）を作ることはできない。

だが、他動詞・自動詞は、それ自体として、ヴォイス的な意味を表すものでもある。たとえば、「こどもが窓ガラスを割る。」と「窓ガラスが割れる。」のように、それぞれ、独自な、動作に対する主体や客体の関係を表しているのである。こうした、動作自体に関わるヴォイス的な意味の、もっとも一般的なものとして、他動詞・自動詞は存在している。すなわち、他動詞・自動詞は、動作に対する主体や客体のさまざまな関係をまとめあげる他動性（他動・自動性）というヴォイス的な意味の枠組みを作りだしているのである。以下にあげるものも、この他動性の枠組みに入ってくるものである。

3.2.　再帰動作

再帰動作とは、動作の客体が主体の一部であり、主体の客体への働きかけが、主体のなかにとどまるような動作である。「着る、履く、浴びる」などの再帰動詞は、他動詞でありながら、自動詞的な性格を持つ特殊な他動詞であり、ふつうの受動態を持たない。したがって、それは、単ヴォイス的な動詞、つまり、ヴォイス的な形の実現に作用する特殊なタイプの語彙・文法的な系列であると言える。これも、他動性の意味領域のなかに位置づけることができるだろう。

3.3.　使役動作

すでに述べたように、「させる」という使役動詞は、もとになる動詞のさししめす動作とは別の動作をさししめす。使役動詞は、使役性というカテゴリカルな意味を持つが、そのもとになる動詞は、使役性と統一されるような同種の意味を持たないので、もとの動作と使役動作とは派生の関係にあり、うけみのように接尾辞によって規則的に作られる形ではあっても、使役は形態論的なカテゴリーとは言えないのである。鈴木重幸 1980a は、これを、「語い＝文法的な種類」（語彙・文法的な系列）としたが、筆者は、これを形態論的な系列と呼ぶ。

しかし、また、別の見方をすれば、使役動詞は、複合的な派生他動詞とも言える。使役文では、新たに使役動作の対象が作られる。自動詞から作られた使役動詞であれば、「を」格の名詞で（「先生が生徒を立たせる。」）、他動詞から作られた使役動詞であれば、「に」格の名詞で（「先生が生徒に絵を書かせる。」）、その使役対象はさしだされるのである。そして、これらの使役対象を主語にした受動文を作ることができるわけである（「生徒が先生に立たせられる。」「生徒が先生に絵を書かせられる。」)。

このように考えるなら、ヴォイス性のなかの他動性という意味領域のなかで、他動詞と自動詞は、その語彙・文法的な手段として、使役は、その語構成的な手段として位置づけられるだろう。すなわち、使役は、それ自体、単独で、独自の意味領域をなしているというより、他動詞・自動詞を中心とする他動性という意味領域のなかで、その表現手段の一つとして位置づけられるのである。

3.4.　可能

可能も、ヴォイスに関係するものとして、とりあげられることがある。それは、動詞の形が、うけみと部分的に共通し、また、動作の主体と客体のさしだし方が、可能文と、もとになる文とで異なるからである。

しかし、「この子がピーマンを食べる。」という文と、それに対応する可能を表す文「この子にはピーマンが食べられる。」とでは、名詞の格が異なるだけで、主語はかわらないと言えるかもしれない。可能を表す文では、主語が「に」格でさしだされているのである。もし、そうであれば、主語（そして補語）の表現手段（名詞の格）が異なっているだけで、主語に主体がくるという構文論的な構造は、かわっていないと言えるだろう。

ヴォイス性が格に関わるものであるとすれば、これも、ヴォイス的なものと言えるかもしれないが、ヴォイス性が主語に関わるものだとすれば、ヴォイス的ではないということになるだろう。村木 1991a は、「可能文は基本となる文との関係で、主語が交替しないという点において、ヴォイス性に欠けるものである」と述べている[249]。村木にしたがい、ここでは、可能を表す文をヴォイス性には含めない。

可能的な動作はヴォイスに関わる特殊な動作の種類でもない。ただ、可能動詞は、受動文を作ることができないので、能動態だけの単ヴォイスの動詞であるとは言える。

4.　構文論的なカテゴリーとしてのヴォイス性

4.1.　文のヴォイス的な意味とは何か

文のヴォイスとも言えるものを、ホロドヴィッチは、ディアテーザと呼び、それを、意味論的にさしだされる、文に表現された出来事の参加者（主体、客体、道具、出発点、終着点、受け手など）と、構文論的にさしだされる、言語的な構造の参加者（文のメンバー、すなわち、主語、直接補語、間接補語など）とのあいだの照応の型と規定している（ボンダルコ 2004 参照）。

ボンダルコ 2002 は、ディアテーザと同じものと言える、文のヴォイス性に対して、次のような規定を与えている。

> ヴォイス性とは、文の構文論的な構造のいろいろな要素（伝統的な用語では、主語、直接補語、間接補語）に対応するところの、意味論的なカテゴリーとしての主体と客体に対する、動詞の動作—述語の、さまざまなタイプの関係を表現する、さまざまなレベルの手段をまとめあげる、機能・意味的な場と規定される。

能動文と受動文は、たしかに、主語に動作の主体をさしだすか客体をさしだすかということが、動詞の形態と相関しているのだが、動詞の形態との相関は、形態論的なカテゴリーであることを示すものであって、それがヴォイス的な意味であることを示すものではない。ヴォイス的な意味は、あくまでも、上にあげた規定が示しているように、主語などの文の成分と、文のさしだす出来事の主体などとの関係であって、もし、動詞の形態との相関がなければ、それは、動詞の語彙的な意味や構文論的な構造などと相関するのだろう。したがって、広く、文におけるヴォイス的な意味をとらえるものがヴォイス性であるなら、まずは、動詞のさまざまな種類によって決まってくる、主語にくるものが、動作に対するどのような参加者なのかということに関わるということになるだろう。

これまでの研究では、うけみ（能動態と受動態）を、いわば、プロトタイプとして、その特徴をいくらかでも持っているものが、ヴォイスとして、とりあげられてきたが、そのようなアプローチをとると、文のヴォイス的な意味の全体が見えなくなるだろう。すなわち、対立的な意味や文の変形を中心にして、文のヴォイス性を考えるべきではないし、さまざまな言語的な現象のなかから、変形できる文のペアーを探しもとめる必要もないのである。形態論的なカテゴリーであるから、対立する文法的な意味を持つ文法的な形のペアーをなすのであって、形態論的なカテゴリーでなければ、そのようなペアーをなしている必要はない。文のヴォイスとしてあげられることが多い使役も再帰も、形態論的なカテゴリーではないので、いずれも対立的ではなく、それぞれ、それ自体として、主語にどのような動作の参加者がくるかというヴォイス的な意味を表しているのである。もちろん、うけみに関しても、能動態や受動態は、それぞれ、それ固有のヴォイス的な意味を持つ。このように、ヴォイスの一般的な規定にしたがって、主語や補語と、動作の参加者との関係を見ていけば、文における多様なヴォイス的な意味が見えてくるだろう。

文におけるヴォイス的な意味が、主体や客体といった、文の要素の意味論的な規定（意味役割）と、主語を中心とした文の構文論的な構造との関係に関わるのであれば、それは、おもに、述語にくる動詞の意味的なタイプによって、決まってくる[250]。たとえば、「木こりが木を切る。」と「こどもが泳ぐ。」では、働きかける主体か、動きの主体かというように、主体の種類が異なっていると言える。また、

「花瓶が割れる。」では、主語のさしだすものが、主体というより、変化の受け手となる。あるいは、「山が見える。」も、状態の持ち主であると同時に、見られる客体という面も含む特殊なヴォイス的な意味となる。また、さらに、文のヴォイス的な意味を規定するのは、以上のような動詞の意味的なタイプだけでなく、構文論的な手段というものも、それに関わってくる。たとえば、「洪水が家を押しつぶした。」のような例では、構文論的な構造によって、主語が原因となっていて、これも、また、文における一つのヴォイス的な意味ということになるだろう。また、「ダイコンは葉っぱを切る。」という文で、とりたてとされる「ダイコンは」を主語とみなすことができるなら、これは、動作の対象でありながら、特性の持ち主であるという特殊なヴォイス的な意味であると規定できるだろう。

このように、文におけるヴォイス的な意味を明らかにするには、文のさしだす出来事の参加者を、さまざまな意味論的なタイプとして、とりださなければならないということになる。そうした研究は、これまでは、おもに格の研究に関わって、なされていた。たとえば、村木 1991a『日本語動詞の諸相』、石綿 1999『現代言語理論と格』、小泉 2007『日本語の格と文型』などは、そうしたものを、名詞の格の表す意味役割として、くわしく明らかにしている[251]。

構文論的なカテゴリーとしてのヴォイス性に含まれるヴォイス的な意味を、試みに、以上のようなものとして、とらえてみる。そうすると、このような、文のヴォイス的な意味のなかで、ヴォイス（うけみ）は、対立的な関係をなす、もっとも文法化したものとして、その中心に位置づけられるわけである。それに準じて、使役動作や相互的な動作などは、形式的にしるしづけられているものとして、上にあげたような、動詞の語彙的な意味にもとづく分類的なものと比べて、より一般的な性格を持つものということになる。以下では、こうした、文におけるヴォイス的な意味のなかで、とくに、動詞の形態との相関を持つものについてとりあげ、検討していく。

4.2.　ヴォイス性における能動・受動の意味領域

能動・受動は、形態論的なカテゴリーという表現手段によるものとして、ヴォイス性の中心をしめるものである。基本的な意味において、能動態と受動態は、それ自体として、上に述べたようなヴォイス的な意味を表す。すなわち、主語に動作の主体がくるのが、能動態であり、主語に動作の客体がくるのが、受動態である。能動態において、この主体が、一般化されていることが重要である。すなわち、主体と言っても、動詞によって、さまざまな主体があるわけであるが、能動態においては、そうした違いは、すべて切りすてられ、主体として一般化されている。そして、一般的な主体という枠組みのなかで、それぞれ、個々の動詞の語彙的な意味が表す主体のバリアントが、個別的なヴォイス的な意味として実現するのである。

上で、受動態の基本的な意味として、遠心性と求心性というものをあげたが、動作が、基本的に、主体から客体へと向かうのであれば、主語に主体がくるか客体がくるかということが、すなわち、遠心性か求心性かということになるだろう。そして、個々の動詞の語彙的な意味が、主体のバリアントをさしだすとすれば、それは、同時に、遠心性のバリアントということになるだろう。たとえば、能動態に、他動詞がくれば、働きかける主体に対応して、働きかけを持つ動作になるが、自動詞がくれば、動きの主体に対応して、働きかけを持たない、単に主語から発する動作ということになる。

このように、文において表現されるヴォイス的な意味は、能動態と受動態の基本的な意味の枠組みのなかで、個々の動詞の表すヴォイス的な意味がそれと組みあわさって、さまざまなバリエーションとして、実現する。

能動態と受動態のヴォイス的な意味に近い意味は、形態論的な手段以外の、次のような語彙的な手段によっても、表される。

能動態・受動態に近い意味を表す「おしえる」「おそわる」、「あずける」「あずかる」などは、文における、遠心性・求心性を表す語彙的な手段と言えるだろう。たとえば、「おそわる」は、主体から客体へと向かう動作をさししめしてはおらず、他者の動作を受ける動作という特殊な動作をさししめしている。それに照応して、主体も、特殊な主体となっているのである[252]。この種の派生は規則的でなく、通常、二つは別の単語とみなされる[253]。

また、村木1991aの言う機能動詞による「おしえをさずける」「おしえをさずかる」、「注意を与える」「注意を受ける」なども、これと同様であり、周辺的な表現手段として位置づけられるだろう。

4.3.　補助的な形式

4.3.1.　やりもらい

能動態・受動態と似た意味を表すものとして、「してやる」(「してくれる」)「してもらう」[254]などの形からなる「やりもらい」がある。これは、ヴォイス的な意味において、ヴォイス(うけみ)と部分的に重なりながら、それ固有の意味(恩恵の授受)を表す、ヴォイスの特殊なバリアント(補助的な形式)をなしていると言える。

すでに述べたが、これらは、恩恵の授受の関係が存在するときにだけ、あるいは、その表現が必要とされるときだけ、使用されるので、形態論的なカテゴリーの義務性という特徴を持たない。したがって、やりもらいは、形態論的なカテゴリーではなく、とりたてなどと同様に、形態論的な系列であると言える。

しかし、恩恵に対する、不利益を表す形とも言える、第三者のうけみ(「私は彼に先に歌われた。」）や「しやがる」の形（「彼は先に歌いやがった。」）[255] などをいっしょにして、まとめあげられるとしたら、ヴォイス性とは別に、恩恵性（受益性）という意味領域をたてることができるかもしれない。文において、この恩恵性を表す手段としては、形態論的な系列以外にも、「～のおかげで」「～のせいで」といった表現手段も存在する。すなわち、文における、さまざまな表現手段によって、恩恵性の意味は表現されると言えるのである。したがって、この恩恵性も、やはり、とりたてと同様に、文における義務的なもの（構文論的なカテゴリー）ではないが、文においてさまざまな表現手段によって表される独自の意味領域（機能・意味的な場）とすることができるように思われる。

4.3.2.　「してある」

「してある」は、主語が、動作の客体であると同時に状態の持ち主であるという、ヴォイス的な意味において、特殊な性格を持っている。したがって、これもヴォイス性の表現手段の一つだと言えるだろう。

客体の結果的な状態を表す「してある」は、しばしば、受動態に似た性格が指摘される。たしかに、動作の客体が、主語となる「が」格の名詞にさしだされるので、受動態と似ている面がある[256]。しかし、「壁に絵がかけてある。」を、もとになる文と比べれば、出来事の参加者（動作主）が一つ減っている。つまり、もとの文と「してある」の文とでは、出来事の内容自体が異なっているのである。したがって、「してある」の文は、使役文や、第三者のうけみの文と同様に、もとになる文と文法的な対立をなすものではなく、それからの派生として、位置づけられるだろう。動詞は他動詞でありながら、文としては自動詞文に近い構文論的な構造を持つという特殊な混種的な文である。

4.4.　ヴォイス（うけみ）とは異なるヴォイス的な意味

4.4.1.　相互性

「彼は彼女と愛し合っている。」と「彼女は彼と愛し合っている。」といった文の表す相互性は、ヴォイス性のなかで、能動態・受動態とは異なる特殊なヴォイス的な意味を表すものとして、とりだされる。これは、二つの主体のあいだで対等にたがいに向かって働きかけられる動作を表し、主語にさしだされるものが、動作の主体であると同時に客体でもあるという、特殊なヴォイス的な意味を持つものである。すなわち、これは、いわば、能動的であると同時に受動的であるというような特殊なヴォイス的な性格を持つものと言えるだろう。

このような相互的な動作を表す文は、文の対象的な内容に関しては同一であるが、文の主語が交替するという点において、ヴォイス（うけみ）に似たものと見られることがある。しかし、相互的な動作は、その名の通り、文の対象的な内容に属する特殊な動作であり、その特殊な性格が、文の構文論的な構造に作用して、「AがBと結婚する。」とも「BがAと結婚する。」とも、さらに、「AとBが結婚する。」とも言えるといったような、文の変形を可能にしているにすぎない。ヴォイス（うけみ）において、能動態と受動態は、一つの動作をめぐって、求心性と遠心性という、それぞれ固有の文法的な意味によって対立しているが、「AがBと結婚する。」と「BがAと結婚する。」とは、たがいに対立する、それぞれ固有の文法的な意味を持たない。つまり、それらは、相互性という一般的な意味の二つの対立的なバリアントを表しているわけではないのである。「AがBと結婚する。」と「BがAと結婚する。」では、ともに動作主体である、どちらかの参加者を主語にすえるという違いにすぎず[257]、つねに、動作の主体であり客体であるというものが主語になるという点はかわらない。したがって、これは、受動文のように、能動文の主語であった動作の主体が主語からおり、動作の客体が主語になるといった文の変形とは異なるものである。つまり、一般的な構文論的な構造の対立という文法的な変形ではなく、文の具体的な相（個々の単語による現実のさししめしの側面）における主語になる個々の単語のあいだの交替が起こっているにすぎないのである[258]。

また、相互性は、述語になる動詞の形態論的な形の対立がなく、規則的な表現手段を持たないということと、つねに義務的に文に表現される意味ではないということからも、形態論的なカテゴリーとは言えない。相互性は、形態論的なカテゴリーでも構文論的なカテゴリーでもないが、恩恵性（やりもらい）のように、一つの意味領域（機能・意味的な場）をなすとは言えるかもしれない。相互性は、基本的には、「〜しあう」という動詞における語構成的な手段によって表現されるが、「結婚する」「たたかう」といった動詞や、「たがいに」といった副詞などの、相互的な意味を表す語彙的な手段（語彙・文法的な系列）によって、表されることもある。相互性は、文において、そのような、さまざまな表現手段によって表されており、ヴォイス性に入るとしたら、そのなかで、独立性の高い一つの意味領域をなしているし、ヴォイス性と区別されるとしたら、ヴォイス性と隣接する、独立した一つの意味領域（機能・意味的な場）をなすと考えられるのである。

4.4.2. 再帰性と使役性

再帰性は、おもに動詞の語彙的な意味によって、使役性は、おもに語構成によって、表されるが、それらも、また、文において実現する独自のヴォイス的な意味だと言えるだろう。上に述べたように、これらは、形態論的なカテゴリーのヴォイスと相互作用する、他動性のバリアントとしても、位置づけることができるが、それら自体も、また、文において、能動態・受動態のヴォイス的な意味を通して、それと合わさって実現する、独自のヴォイス的な意味でもある。

再帰性は、主語に、動作の主体であると同時に、変化の受け手でもあるような、特殊な主体をさしだすというヴォイス的な意味を持ち、使役性は、主語に、使役主体という特殊な主体をさしだし、補語に、動作主体であると同時に使役の客体でもあるものをさしだすという特殊なヴォイス的な意味を持っているのである[259]。

5.　構文的なカテゴリーとしてのヴォイス性の体系

構文論的なカテゴリーのなかには、文において実現するヴォイス的な意味として、個々の動詞の語彙的な意味によって規定される、動作の主体や客体と、主語や補語との関係が、まず、あげられるが、そのなかで、とくに、文法化したタイプ的な意味としては、形態論的なカテゴリーによる遠心性（能動態）と求心性（受動態）を中心に、他動性（他動・自動、使役、再帰）や相互性といった意味領域などがとりだされる。そして、これらの、文におけるヴォイス的な意味は、形態論的なカテゴリー（遠心性と求心性）、語構成的な手段（使役性、相互性）、語彙・文法的な手段（再帰性）、語彙的な手段（個々の動詞の語彙的な意味にもとづくグループ）など、さまざまな表現手段によって表されている。

注

181 以下では、形態論的な意味のみならず、モダリティに関わる意味すべてを「ムード的な意味」と呼ぶ。

182 国語学における陳述論争は、ここに述べることと関係しているのだが、ここでは、くわしく論じることができない。陳述論争に関わる主要な論文は、服部他編 1978『日本の言語学 第三巻 文法 I』で見ることができる。

183 ヴィノグラードフは、陳述性と並べて、イントネーションをあげているが、イントネーションは表現手段だと思われるので、ここでは触れない。

184 鈴木重幸 1972a は、陳述的な意味として、「モダリティ」と「とき」のほかに、「みとめ方」、「ていねいさ」、「とりたて」などをあげている。

また、陳述性とは、モダリティとテンポラリティと人称性とに共通する意味なのであり、それをとりだしたものが陳述性というわけである。したがって、それ自体が独立して、存在しているとは言えないものである。陳述性 predicativity という用語を使うと、それが、あたかも、モダリティ modality、テンポラリティ temporality、人称性 personality と並ぶものとして存在しているかのようなので、モダリティとテンポラリティと人称性は「陳述的な構文論的なカテゴリー」であるといった言い方の方が誤解がないのかもしれない。

185 ヴィノグラードフがここで言うテンスは、文のテンスのことであり、現在の用語で言えば、テンポラリティをさしている。ヴィノグラードフは、形態論的なカテゴリーと構文論的なカテゴリーとを、テンスに関しては、ムードとモダリティのようには、区別していないのである。人称に関しても、これと同様である。

186 人称性については、村上2006「文の人称性について」という記述的な研究がある。
　また、空間的なダイクシスは、人称性と同じように、指示詞などの語彙的な手段によって話し手との関係を表しているとも言えるが、文において、義務的なものではないので、人称性と異なるものと見るべきだろう。

187 鈴木重幸1992「主語論をめぐって」では、「主語と述語とは相互依存的であり、それだけで文がなりたつ点で、そのむすびつきは陳述的である」と述べられている。

188 だが、そうなると、やはり、連語との区別が難しくなってくる。「が」格の名詞は、文の主語となるので、連語論の対象からはずされていたわけだが、そうしているかぎりは、連語論的な関係と陳述的な関係との区別は困難ではなかった。だが、補語なども陳述的な関係を持つとすると、「を」格の名詞と動詞との組みあわせという連語が、文のなかで、陳述的な関係を持つということになる。となると、「が」格の名詞と動詞との組みあわせも連語ではないかという疑問が生じてきてしまうだろう。この問題は、連語論の検討において論じられるべきテーマであると思われるので、ここでは、これ以上、検討することはできない。

189 工藤浩2005「文の機能と叙法性」が独立語文としてあげている「感嘆文」(「キャッ、ゴキブリ！」「オーイ、お茶！」)や「よびかけ」(「田中さん！」「おにいちゃん！」)などは、このようなものだろう。ただし、鈴木重幸1972が「素材的な意味をもたず、もっぱら陳述的な意味からなりたつ」ものとしている、「ああ！」「おうい！」「はい。」「いいえ。」といった感動詞だけからなる文は、また、別に考えなければならないだろう。これらは、一語文といっても、さししめし的な意味(鈴木の言う素材的な意味)を持たないため、つねに、他の文に潜在的に(遠隔的に)従属しているものと言える。つまり、他の文に対する反応や応答、あるいは、他の文のさしだす話の「きりだし」として機能しているのである。工藤は、そうした文も、上にあげたものといっしょに、独立語文のなかにあげている。

190 しかし、工藤浩1989bは「ただ、単なる叫びの「アッ」「キャッ」にくらべれば、「ワンワン！」は対象の名づけ性を持ち、「ワレ—アレ」関係は分かれているとも言える。「ママ、ジューチュ！」では、呼び掛けとしての2人称、求める物としての3人称、といった人称性も、分化の兆しを持ち、さらに深読みすれば、「欲求」の裏に、物の不在・欠如の知覚＝「否定」の萌芽や、事の未実現＝「未来」のめばえも、読み取れないわけでもないだろう」と述べている。だが、同時に、「しかし、萌芽や兆しや分化の第一歩が認められるとはいっても、典型的な二語文、叙述文(いわゆる平叙文)が、構造的にも陳述的にも分化して、現場以外のどんな事でも表現できるのとは、やはり質的に異なると言わざるをえない」ともつけくわえる。

191 このような意味において、陳述性を規定するなら、それは、「述語性」と言った方がいいかもしれない。いずれも、英語で表せば、predicativity ということになるのだが。

192 ボンダルコの言うアクチュアリゼーションとは、ここで述べているかぎりにおいては、陳述性に近い概念だと見ていいだろう。ボンダルコ 1990, 2002 によれば、アクチュアリゼーショナルなカテゴリーは、話し手の観点からの、発話の内容の、現実に対する関係を表すものだという点においては、陳述的なカテゴリーに似ているが、陳述的なカテゴリーが構文論的なものと解釈されるのに対して、アクチュアリゼーショナルなカテゴリーは、《言語から言語活動への移行》というようなアクチュアリゼーションの過程と結果であるというように、機能的な（機能・意味論的な）面に重点をおいている点において、二つは異なると言う。そして、アクチュアリゼーショナルなカテゴリーには、モダリティ、テンポラリティ、人称性だけでなく、時間的なありか限定性やアスペクチュアリティも入れられている。

193「現実性」というのは、上に触れた、ヴィノグラードフのムードの規定のなかにも見られたものであるが、ヴィノグラードフにおいては、それは、意志表示的なモダリティ以外のものをさして、使われているように思われる。それに対して、ボンダルコの現実性は、それで、モダリティの意味全体を規定しようとしているため、ヴィノグラードフの規定とは異なる、より広い概念であるということになるだろう。

194 もちろん、目の前で実現したことは、「彼が来ただろう。」と言えないといったように、発話の状況から必然的に決まってくる場合もある。

195 ただし、ポテンシャリティと非現実性とは、中心的な部分では、区別することができるが、その周辺においては、相互に移行しあう関係にあるとも考えられる。つまり、あとに述べるが、非現実性に属するまちのぞみが、ポテンシャリティに移行するといったことが、時間的な具体・抽象性とからんで、さかんに、起こってくるだろう。

196 ここでは、奥田の言う《はなしあいの構造》は、あくまで、文の集まりの構造であり、あとで筆者が述べる、発話の状況とは別のものである。

197 奥田や工藤がこうしたことを強調する背景には、作例された、文脈を持たない文をもとにした研究に対する批判もあるのだろう。

198 これと似て、発話の状況を離れた別の場面における出来事を語る場合も、同じように、一連の語られる文の連なりが発話の状況をかわりに示す。

199 工藤浩 2005 は、「らしい、ようだ」について、他の文とのあいだに、根拠と推定という関係が成りたっているとしているが、その他の文の表す根拠は、会話文においては、とくに文として現れなくてもいいものである。

200 ただし、会話文の「のだ」は、かならずしも、他の文との関係をつねに表すものとは言えないかもしれない。

201 奥田が「通達的」と呼ぶものを、筆者は「伝達的」と呼ぶ。どちらも “communicative” のことをさしているものと、筆者は理解している。

202 その影響を受けて、モドゥスという用語は、一部の日本語研究者（金田一春彦、芳賀綏、三上章など）によっても使用されている。

203 シェリャキン 2001 では、単文によって表現される伝達的な情報の内容は、プロポジション（ディクトゥム）とモドゥスに下位区分され、プロポジションは、伝えられる事態、出来事そのものであり、文のモドゥスは、共通の土台を持ちながら、互いに対立する、可変的な性格づけにおける話し手による出来事のさしだし方であると規定されている。そして、プロポジションのさしだし方には、文それぞれの伝達的な形が照応し、文の対立するモドゥスは、文のモドゥス的な構文論的なカテゴリーを構成するとされる。また、構文論的なモドゥス的なカテゴリーは、単語の文法的な形に類似しており、それらは、文にとって義務的であり、カテゴリカルであり、文の出来事的な内容をかえることはないとも述べられている。

204 その後の論文では、奥田も、モダリティに関わる意味すべてをさして使っているようにも思われるのだが。

205 また、ここには、奥田の使う、文の「対象的な内容」という表現も見られる。これは、ほかでは、たとえばヴィノグラードフなどでは、見られない表現である。

206 命令文には、絶対的な命令、依頼、勧誘、禁止などが含まれる。

207 ただし、奥田が中心となって執筆された『にっぽんご　4の上』では、文の陳述的なタイプの分類が「はなす目的」によって規定されている。その『にっぽんご　4の上』の解説として執筆された鈴木重幸1972a『日本語文法・形態論』では、その規定について、「「はなす目的」という用語を文字どおりに理解すれば、それは言語活動のカテゴリーであって、文法的なもの（言語的なもの）ではない。しかし、ここでたてられた三つのタイプは、文の陳述的なカテゴリーのなかで中心的な位置をしめる文のモダリティー modality の分類に直接的に対応するものである。したがって、この三つのタイプは、文の文法的なタイプ（陳述的なタイプ）である」という説明がなされている（p.43）。また、文のタイプは、一般的な文法的な意味にもとづくものであって、その場その場の話し手の意図、動機、臨時的な機能にもとづくものではないとも述べられている（p.59）。

208 文にとって外的である目的が、文の内的な機能に照応しているというように、文において目的と機能とを区別するとすれば、機能に対して、目的は外的であると言えるかもしれない。

209 シェリャキン2001は、一語文（一要素文 one-member sentence）と単語文（単語＝文）とを、異なるものとして、区別している。前者は、主語と述語をそなえた二語文に対立する、主語か述語のどちらかを欠く文であり、後者は、単語がそのまま文となっている未分化な文である。工藤の言う独立語文は後者にあたるようである。主語なし文などは、完全に未分化というわけではなく、独自の構造を持つとも言えるので、筆者は工藤の考え方に従う。主語なし文については、鈴木重幸1992が、「もう12時です。」などの例をあげて、いろいろなタイプをとりだしている。

210 「独立語文」「述語文」という用語は、鈴木重幸1972aにも見られる（p.60, 67）。独立語文として、鈴木は、よびかけの文「おうい。」「中村さん！」、うけこたえの文「はい。」「うん。」、さけびの文「ああ。」「ちきしょう！」、あいさつの文「おはよう。」「こんにちは。」などをあげている。これらは、話し手の態度（陳述的な意味）だけが示されていて、素材的な内容は表現されていないと言う。そのような独立語文に対して、「火事！」「おい、お茶だ！」といった文は、場面に強く依存して意味を持つ文であり、内部構造と陳述的な意味の未分化な文の一種（あるいは凝縮した文）であるとされている。つまり、素材的な内容は持つものなのだろう。

211 ただし、以下に述べることも、一語文に関する具体的な研究にもとづく必要があるだろう。

212 工藤浩 1989b では、「アッ、ワンワン！」「キャッ、ゴキブリ！」「ママ、ジューチュ！」「オーイ、お茶！」「ウン（mm ……）？」「エッ？　はあー？」などの例をあげながら、もっぱら、一語文という用語をもちいて、説明がなされている。独立語文や喚体との違いについては、とくに、触れられていないので、同じものをさしているようである。ただし、工藤浩 2005 では、独立語文という用語しか使われていない。

213 ここには、いわゆる終助詞が、その意味の形成に関わっていて、形態論的な意味を修整する手段として働いている。

214 あとで検討するが、まちのぞみを代表する形として「すればいい」をあげるということも考えられる。

215 誤解がないよう、念のため、つけくわえておくが、ここでは、こうした研究の意味を否定しているわけではなく、形態論から構文論への研究の一段階として位置づけているだけである。宮崎他 2002 や日本語記述文法研究会編 2003 は、それぞれの形式の表す意味を、包括的に、記述的に明らかにしている点において、たいへん貴重である。

216「評価のモダリティ」は、日本語記述文法研究会編 2003 でもとりあげられている。

217 もちろん、「評価」という用語を広い意味において使う用語法は、ロシア言語学でも存在する。たとえば、認識的なムードなどの規定に、「評価」という用語が使われている場合がある。

218 評価的な形容詞については、上にもあげた樋口 1996, 2001 参照。

219「してほしい」は、この点において、「したい」と異なる。願望の主体である話し手が、動作主体ではないのである。だが、高梨が指摘しているように、話し手以外の人も主語になる（一人称以外の場合もある）という点においては、「すればいい」とも異なっている。

また、典型的な desiderative としては、「したがる」などがあげられるだろうか。「したがる」は、動作主体の願望を表し、内的なモダリティとも呼ばれる。

220 しかし、「したい」ではなく、「すればいい」などの形を、代表的な形とするにしても、今度は、「してもいい」「したらいい」などのなかで、「すればいい」をとりあげる根拠が必要になってくるだろう。

221 これは、研究会で発表されたもののようだが、工藤のホームページで見ることができる。

222 ただし、モダリティではなく、ムードの問題として、まちのぞみの代表的な形を選びだすときに、「すればいい」の、文脈への依存度の高さは、問題となってくるかもしれない。まちのぞみの意味が「すればいい」にとって基本的な意味と言えないとしたら、それを代表的な「まちのぞみ形」とすることができるだろうか。

223「しよう」の表す勧誘の意味にも、もちろん、聞き手に対する働きかけがある。

224 奥田 1988a「文の意味的なタイプ」や宮崎 2006「まちのぞみ文について」は、「しよう」をまちのぞみに分類している。

225 ただし、すぐに実現可能な状況で「したい」を使い、公的な場でのていねいさを表す場合もある(「それでは、本日の講演者をご紹介したいと思います。」など)。これも、また、その動作の実現が聞き手にゆだねられているかのように表すことによって、ていねいさを表現しているのだろうか。

226 これらの形については、奥田 1986a、工藤浩 1989b, 2005、宮崎 2006「まちのぞみ文について」などで、その意味と用法が詳細に記述されている。

227「するにはおよばない」も、不必要を表すが、おもに二人称で使われ、助言などの命令的な意味を持つという点で、少し異なる。

228「してはいけない」「してはならない」は、もっぱら、二人称の文で命令的な意味を表すので、ここには位置づけられない。

229 根拠となるものが、具体的なものでなく、主体の持つ特性のようなものであるが、「しかねない」というのも、これと同様のものと見ることができるかもしれない。

230 しかし、確かさを表すとされる「かもしれない」「にちがいない」などは、つねに、間接的な認識を表すものであるなら、それらの形において、確かさと確認のし方は、共存していると言えるかもしれない。

231 過去形でなく、非過去形の「ある」などの形も、コンテクストによって同様の意味を表すことがある。それは、無標の形式が、コンテクストによって、有標の形式の意味を表すようなものと考えておいていいだろう。

232 複数の言語において、驚嘆性がパーフェクトと関連しているのを見ると、日本語において、そのような意味が「した」(「していた」)の形に生じてくることがあるのも、理解できることなのかもしれない。

233 この種の「した」については、井上 2001「現代日本語の「た」」や定延 2001「情報のアクセスポイント」などによって、さまざまな解釈がなされている。

234 奥田 1986c は、主観的なモダリティと客観的なモダリティを、「現実の世界の出来事の存在のし方 modus が文の内容にうつしだされて、客観的なモダリティーをつくりだしているとすれば、はなし手が現実とのかかわりのなかでつくりだしていく、《文の対象的な内容としての出来事の存在のし方 modus》は主観的なモダリティー subjective modality である」と規定している。

235 ただ、歴史的な体系の変化を見ていくという、彼らの理論的な枠組みのなかでは、これらを、モダリティのなかでとりだす必要があるとされている。

236 しかし、可能性は、できる人とできない人との区別をして序列を作る評価を含むと考えられるなら、その点において、モダリティと関係するのかもしれない。また、「あの子は百メートル泳ぐことができる。」と「彼は泡盛を飲む。」との違いについて、もう一点、述べておくと、前者は、ある状況が設定されて、その主体が、意志的に、多少なりとも積極的に努力することによって実現する動作を表しているが、後者は、日常的に、とくに努力などを必要とすることもなく実現する動作を表している。前者は、実際に実現していなくてもよく、主体に潜在するものと言えるが、後者は、実際に実現していて、状況（現実）のなかに潜在するものであると言えるだろう。

237 ただし、対比を表す「は」や、付加を表す「も」は、ほかの文との関係を表すテクスト論的なカテゴリーという側面も持つかもしれない。

238 このように、使役を派生と規定し、うけみという形態論的なカテゴリーから区別するというのは、ロシア言語学でも見られる。プルンギャン 2000『一般形態論』は、使役のように、出来事の参加者が増減するものを、「アクタント派生 actant derivation」と呼んで、形態論的なカテゴリーであるヴォイス（うけみ）と区別している。

239 鈴木重幸 1980a は、鈴木重幸 1972a が、「なぐられる」という動詞の形に、「なぐる」という動詞の形の表す動作とは別の「うけみ動作」という架空のものを想定するという誤りをおかしたとする。その一方で、「なぐられつづけた」「愛されたかった」というように、うけみの形から、アクチオンスアルトのあわせ動詞や希望の派生形容詞が作られることや、「かざられ」「あらわされ」などの転成名詞が作られることなどから、うけみの形が動詞の語彙・文法的な種類（語彙・文法的な系列）に近い位置にあるともしている。

240 ただし、うけみ（形態論的なカテゴリー）以外のものを、形態論で扱わないということではないだろう。語構成的に表現されているものはもちろん、そうした表現を持たない語彙・文法的な系列も、形態論的なカテゴリーと相互作用する、その一般的な性格にもとづいて、形態論で扱われるのである。

241 すでに述べたように、奥田 1977 に先行して、はじめて、「している」に「する」を対立させ、それをアスペクトとしたのは、鈴木重幸 1957 である。

242 ロシア言語学の用語法では、うけみの形態論的なカテゴリーをさす固有語（залог）に対して、構文論的なカテゴリーをさす派生語（залоговость）が存在する。しかし、アスペクトやテンスなどは、形態論的なカテゴリーをさす用語が固有語（вид, время）であるのに対して、構文論的なカテゴリーは借用語から作られた用語（аспектуальность, темпоральность）であり、その点、ヴォイスだけは特殊である。

243 構文論的なカテゴリーをさすものとして、ホロドヴィッチによって提出された「ディアテーザ диатеза」という用語も使用されているが、それほど、明確に使用されているわけではないし、一般的でもない。

244 英語では、ヴォイス voice をもとにした派生語（vocality など）が、ここで言う「ヴォイス性」の意味においては、使用されていないようなので、「一性」という用語をもちいる。

245 ボンダルコも、高橋と同様に、構文論的な構造によるものを構文論的なカテゴリーと呼んでいる。

文法素の概念は構文論的なカテゴリーの構成要素にも関係づけられる。たとえば、能動・受動構造の対立に（能動・受動の対立としてのヴォイスのカテゴリーは、動詞の形と、それに照応する構文論的な構造のタイプとのなかに、複合的な形態・構文論的な表現を持つ）。

（ボンダルコ 2004『ロシア語文法の理論的な諸問題』）

246 もし、第三者のうけみも含めて一般化すれば、empathy など、より抽象的な概念で規定されることになるだろう。

247 ロシア語に関して、ボンダルコ 2004 は、基本的な意味として、能動態は、「主語から発する遠心的な動作」を表し、受動態は、「主語に向かう求心的な動作」を表すとしているが（鈴木重幸 1980a も参照）、一般的な意味としては、受動態と能動態の対立を、次のように、欠如的なものとして規定している。

受動性の意味は、主語、あるいは、何らかの別の、述語の特徴の持ち主の位置に現れる客体に方向づけられるような動作のさしだしである。能動性の意味は、そのような方向性の欠如にまとめられる。

248 ただし、「えんぴつの芯が折れた。」などのように、非情物が主語の自動詞文の場合は、ふつう第三者のうけみも作れない。

249 村木 1991a の引用のなかの「ヴォイス性」は、ヴォイス的な性格という意味だろう。

250 フラコフスキー 1991「受動構造」のなかには、「ディアテーザの概念は意味・構文論的であり、ユニバーサルである。すなわち、あらゆる言語のあらゆる動詞の語彙素は、少なくとも、一つのディアテーザを持っている」という説明が見られる。そして、出来事の参加者の意味的な役割として、仕手、経験者、受け手、道具、受益者、場所、目的などがとりだせるとされている。

251 ただし、こうなると、格の研究との関係、そして、格の研究領域とヴォイスの研究領域の境界が問題となってはくる。

252 ただし、これは、受動文の主語の表す客体とも少し異なり、客体の性格も持つ主体ということになるだろうか。しかし、受動文の主語も、完全な客体ではなく、主語であるかぎり、主体的な面も持っているかもしれない。

253 しかし、語彙的な意味が共通する二つの単語が、文法的な意味において対立するペアーをなしているとしたら、別の単語であっても、文法的な対立をなすことがある。ロシア語のアスペクトも、別の単語とみなされることがあるようだが、そうであっても、アスペクトの対立をなしているのである。

254「してもらう」は、受動態よりも、主語になるものの、主体としての面が強い。

255 これは、高橋 1985b にも指摘されているように、話し手の不利益に限られる。

256「絵がかけられている。」という受動文も、動作の客体であると同時に、状態の持ち主であるようなものを、主語がさしだしているようである。

257 これは、「太郎は花子と行った。」と「花子は太郎と行った。」（あるいは「太郎と花子は行った。」）のような、ともに動作を行うことを表す文と同じようにも思われるが、この「と」格の名詞は、文の構造においては任意のものなので、この場合は、誰を主語にした文を作るかという一般的な問題にすぎない。

258 もちろん、語構成の違いによる、「彼は彼女を愛している。」（一方性）と「彼は彼女と愛し合っている。」（相互性）とでは、格が変わり、対象的な内容も異なっているので、構文論的にも、意味的にも、派生の関係にあると言える。

259 もちろん、使役文の構文論的な構造は、多様なバリアントを含んでおり、主語にも、さまざまなものが現れる。

参考文献

赤羽研三 2007「語りの流れのなかで構築される視点」『水声通信』3–5, 水声社

荒正子 1989「形容詞の意味的なタイプ」言語学研究会編『ことばの科学』3, むぎ書房

池上嘉彦 1975『意味論』大修館書店

池上嘉彦 1986「日本語の語りのテクストにおける時制の転換について」『語り―文化のナラトロジー』東海大学出版会

井島正博 1989「物語と時制―近現代小説を材料として―」『東洋大学日本語研究』2, 東洋大学

井島正博 2000「物語の時間」『国文学』7 月臨時増刊号, 學燈社

井島正博 2001「古典語過去助動詞の研究史概観」『武蔵大学人文学会雑誌』32–2, 32–3, 武蔵大学

井島正博 2005「中古語存続助動詞の機能」『国語と国文学』82–11, 至文堂

石綿敏雄 1999『現代言語理論と格』ひつじ書房

井上優 2001「現代日本語の「た」」つくば言語文化フォーラム編『「た」の言語学』ひつじ書房

岩崎修 1988「局面動詞の性格―局面動詞の役割分担―」『武蔵大学人文学会雑誌』20–1, 武蔵大学

奥田靖雄 1972「語彙的なものと文法的なもの」『国語国文』3, 宮城教育大学（奥田 1985 所収）

奥田靖雄 1973「言語における形式」『教育国語』35, むぎ書房（奥田 1985 所収）

奥田靖雄 1975「連用、終止、連体……」『国語国文』6, 宮城教育大学（奥田 1985 所収）

奥田靖雄 1977「アスペクトの研究をめぐって―金田一的段階―」『国語国文』8, 宮城教育大学（奥田 1985 所収）

奥田靖雄 1978「アスペクトの研究をめぐって―講義―」『教育国語』53, 54, むぎ書房（奥田 1985 所収）

奥田靖雄 1979「意味と機能」『教育国語』58, むぎ書房（奥田 1985 所収）

奥田靖雄 1984「文のこと」『国語国文』13, 14, 宮城教育大学（奥田 1985 所収）

奥田靖雄 1985a『ことばの研究・序説』むぎ書房

奥田靖雄 1985b「文のこと」『教育国語』80, むぎ書房

奥田靖雄 1986a「まちのぞみ文（上）」『教育国語』85, むぎ書房

奥田靖雄 1986b「条件づけを表現するつきそい・あわせ文―その体系性をめぐって―」『教

育国語』87, むぎ書房
奥田靖雄 1986c「現実・可能・必然(上)」言語学研究会編『ことばの科学』1, むぎ書房
奥田靖雄 1988a「文の意味的なタイプ」『教育国語』92, むぎ書房
奥田靖雄 1988b「時間の表現(1)」『教育国語』94, むぎ書房
奥田靖雄 1988c「時間の表現(2)」『教育国語』95, むぎ書房
奥田靖雄 1990「説明(その 1)—のだ、のである、のです—」言語学研究会編『ことばの科学』4, むぎ書房
奥田靖雄 1992a「説明(その 2)—わけだ—」言語学研究会編『ことばの科学』5, むぎ書房
奥田靖雄 1992b「動詞論」北京外国語学院講義資料(未公刊)
奥田靖雄 1993a「説明(その 3)—はずだ—」言語学研究会編『ことばの科学』6, むぎ書房
奥田靖雄 1993b「動詞の終止形(その 1)」『教育国語』2・9, むぎ書房
奥田靖雄 1994a「動詞の終止形(その 2)」『教育国語』2・12, むぎ書房
奥田靖雄 1994b「動詞の終止形(その 3)」『教育国語』2・13, むぎ書房
奥田靖雄 1996a「文のこと—その分類をめぐって—」『教育国語』2・22, むぎ書房
奥田靖雄 1996b「現実・可能・必然(中)—「していい」と「してもいい」—」言語学研究会編『ことばの科学』7, むぎ書房
奥田靖雄 1997「動詞(その 1)—その一般的な特徴づけ—」『教育国語』2・25, むぎ書房
奥田靖雄 2001「説明(その 4)—話しあいのなかでの「のだ」—」言語学研究会編『ことばの科学』10, むぎ書房
尾上圭介 1982「現代日本語のテンスとアスペクト」『日本語学』1–2, 明治書院(尾上 2001 所収)
尾上圭介 2001『文法と意味Ⅰ』くろしお出版
影山太郎 1993『文法と語形成』ひつじ書房
金子百合子 2005a「ロシア語アスペクト体系における意味的優勢素と開始表現—日本語に映し出される姿—」『ロシア語ロシア文学研究』37, 日本ロシア文学会
金子百合子 2005b「ロシア語・日本語のアスペクト意味体系における開始性(言語的世界像対照分析の試み)」東京大学大学院博士論文
金子百合子 2006「現代日本語のアスペクトについての研究ノート—須田義治『現代日本語のアスペクト論』におけるアスペクトの記述—」『ロシア語研究』19, 木二会
亀井孝 1971『亀井孝論文集 1　日本語学のために』吉川弘文館
川端善明 1964「時の副詞」『国語国文』33–11, 33–12, 中央図書出版社
川端善明 1965「文論の方法」『口語文法講座 1　口語文法の展望』明治書院
川端善明 1976「用言」『日本語 6　文法Ⅰ』岩波書店
川端善明 1978「形容詞文・動詞文概念と文法範疇—述語の構造について—」『論集　日本文学・日本語 5　現代』角川書店

菅野裕臣 1986「朝鮮語のテンスとアスペクト」『学習院大学共同研究所紀要』9, 学習院大学
菅野裕臣 1990「アスペクト―朝鮮語と日本語―」『国文学解釈と観賞』55–1, 至文堂
菅野裕臣 1995「朝鮮語語彙のクラスをめぐって」『朝鮮文化研究』3, 東京大学文学部朝鮮文化研究所
菅野裕臣 1997「現代朝鮮語の研究（文法）」『日本語と外国語との対照研究IV　日本語と朝鮮語』国立国語研究所
菅野裕臣 2000「文法と語彙のはざま」『神田外語大学紀要』12, 神田外語大学
北岡誠司・三野博司編 2003『小説のナラトロジー』世界思想社
教科研東京国語部会・言語教育研究サークル 1963『文法教育　その内容と方法』麦書房
金水敏 2000「時の表現」『日本語の文法 2　時・否定と取り立て』岩波書店
金水敏 2006『日本語存在表現の歴史』ひつじ書房
金水敏・沼田善子・工藤真由美 2000『日本語の文法 2　時・否定と取り立て』岩波書店
金田一春彦 1950「国語動詞の一分類」『言語研究』15, 日本言語学会（金田一編 1976 所収）
金田一春彦 1955「日本語動詞のテンスとアスペクト」『名古屋大学文学部研究論集』X（金田一編 1976 所収）
金田一春彦編 1976『日本語動詞のアスペクト』むぎ書房
工藤浩 1985「日本語の文の時間表現」『言語生活』403, 筑摩書房
工藤浩 1986「まちのぞみ文についての走り書き的覚え書き」（未公刊）
工藤浩 1989a「文法―記号がないことの意味」『言語』18–5, 大修館書店
工藤浩 1989b「現代日本語の文の叙法性　序章」『東京外国語大学論集』39, 東京外国語大学
工藤浩 1997「評価成分をめぐって」川端善明・仁田義雄編『日本語文法　体系と方法』ひつじ書房
工藤浩 2000「副詞と文の陳述的なタイプ」『日本語の文法 3　モダリティ』岩波書店
工藤浩 2005「文の機能と叙法性」『国語と国文学』82–8, 至文堂
工藤真由美 1982「シテイル形式の意味記述」『武蔵大学人文学会雑誌』13–4, 武蔵大学
工藤真由美 1987「現代日本語のアスペクトについて」『教育国語』91, むぎ書房
工藤真由美 1989「現代日本語のパーフェクトをめぐって」言語学研究会編『ことばの科学』3, むぎ書房
工藤真由美 1993「小説の地の文のテンポラリティー」言語学研究会編『ことばの科学』6, むぎ書房
工藤真由美 1995『アスペクト・テンス体系とテクスト―現代日本語の時間の表現―』ひつじ書房
工藤真由美 1998「非動的述語のテンス」『国文学解釈と鑑賞』63–1, 至文堂

工藤真由美 2004「現代語のテンス・アスペクト」『朝倉日本語講座 6　文法 II』朝倉書店
工藤真由美編 2004『日本語のアスペクト・テンス・ムード体系―標準語研究を超えて―』ひつじ書房
呉幸栄 2004「「してある」の意味・機能について」『21 世紀言語学研究』白帝社
言語学研究会編 1983『日本語文法・連語論』むぎ書房
言語学研究会・構文論グループ 1989「接続詞「とき」によってむすばれる、時間的なつきそい・あわせ文」言語学研究会編『ことばの科学』3, むぎ書房
小泉保 2007『日本語の格と文型―結合価理論にもとづく新提案』大修館書店
小森陽一 1988『構造としての語り』新曜社
佐久間鼎 1936『現代日本語の表現と語法』厚生閣
定延利之 2001「情報のアクセスポイント」『言語』30–13, 大修館書店
定延利之 2007「発見の「た」と発話キャラクタ」『言語』36–12, 大修館書店
佐藤里美 1986「使役構造の文」言語学研究会編『ことばの科学』1, むぎ書房
佐藤里美 1990「使役構造の文（2）」言語学研究会編『ことばの科学』4, むぎ書房
佐藤里美 1997「名詞述語文の意味的なタイプ」言語学研究会編『ことばの科学』8, むぎ書房
澤田治美 2006『モダリティ』開拓社
城田俊 1993「文法格と副詞格」仁田義雄編『日本語の格をめぐって』くろしお出版
城田俊 1998『日本語形態論』ひつじ書房
鈴木重幸 1957「日本語の動詞のすがた（アスペクト）について―～スルの形と～シテイルの形―」（金田一編 1976 所収）
鈴木重幸 1958「日本語の動詞のとき（テンス）とすがた（アスペクト）―～シタと～シテイター」（金田一編 1976 所収）
鈴木重幸 1965–1966「文法について」（鈴木 1972b 所収）
鈴木重幸 1972a『日本語文法・形態論』むぎ書房
鈴木重幸 1972b『文法と文法指導』むぎ書房
鈴木重幸 1977「『日本語文法・形態論』の問題点」『教育国語』51, むぎ書房
鈴木重幸 1979「現代日本語の動詞のテンス―終止的な述語につかわれた完成相の叙述法断定のばあい―」『言語の研究』むぎ書房（鈴木 1996 所収）
鈴木重幸 1980a「動詞の「たちば」をめぐって」『教育国語』60, むぎ書房（鈴木 1996 所収）
鈴木重幸 1980b「品詞をめぐって」『教育国語』62, むぎ書房（鈴木 1996 所収）
鈴木重幸 1983a「形態論的なカテゴリーについて」（鈴木 1996 所収）
鈴木重幸 1983b「形態論的なカテゴリーとしてのアスペクトについて」『金田一春彦博士古稀記念論文集第一巻国語学編』三省堂
鈴木重幸 1983c「動詞の形態論的な形の内部構造について」『横浜国大 国語研究』創刊号

（鈴木 1996 所収）
鈴木重幸 1989「動詞の活用形・活用表をめぐって」言語学研究会編『ことばの科学』2, むぎ書房
鈴木重幸 1991「文法について」『教育国語』2・3, むぎ書房（「文法とはなにか」に改題して鈴木 1996 所収）
鈴木重幸 1992「主語論をめぐって」言語学研究会編『ことばの科学』5, むぎ書房
鈴木重幸 1993「『ことばの科学』第 6 集の発行にあたって」言語学研究会編『ことばの科学』6, むぎ書房
鈴木重幸 1994「言語の基本的な単位としての単語をめぐって」（鈴木 1996 所収）
鈴木重幸 1996『形態論・序説』むぎ書房
鈴木重幸 2006「奥田靖雄の初期の言語学論文をよむ」『ことばの科学』11, むぎ書房
鈴木重幸 2008「文法論における単語の問題―単語中心主義に対する疑問にこたえて―」『国語と国文学』85–1, 至文堂
鈴木泰 1992『古代日本語のテンス・アスペクト―源氏物語の分析―』ひつじ書房
鈴木泰 1999「古代日本語のアスペクト―現代日本語と比較して」『台湾日本語文学報』14, 台湾日本語文学会
鈴木泰 2004「テンス・アスペクトを文法史的にみる」『朝倉日本語講座 6　文法 II』朝倉書店
鈴木泰 2009『古代日本語時間表現の形態論的研究』ひつじ書房
須田一郎 1979「日本語動詞のアスペクト・テンス―のべたて法・いいきりのばあい―」（未公刊）
須田義治 1993「限界動詞と無限界動詞」東京外国語大学大学院修士論文
須田義治 1994「時間的なありか限定性」『日本語学科年報』16, 東京外国語大学
須田義治 1995「「してくる」と「していく」」『日本語の研究と教育』専門教育出版
須田義治 1996「動作の始まりを表す「しだす」と「しはじめる」との違いについて―類義語の理論的な考察の試み―」『日本語学科年報』17, 東京外国語大学
須田義治 1998「「している」のパーフェクト的意味に対する動詞の語彙的な意味の作用」『日本学研究』8, 北京日本学研究中心
須田義治 1999「動詞述語の表す〈人の動作〉の下位タイプをめぐって」『日語学习与研究』96, 対外経済貿易大学
須田義治 2000a「小説の地の文における動作の間の時間・意味的な関係の諸タイプについて」『日本語言文化論集』2, 北京出版社
須田義治 2000b「限界性について―限界動詞と無限界動詞―」『山梨大学教育人間科学部紀要』1-2, 山梨大学
須田義治 2000c「アスペクト的な意味の体系性について」『千葉大学留学生センター紀要』

6, 千葉大学
須田義治 2001「アスペクトと関わる動詞の諸タイプについて」『国文学解釈と観賞』66–1, 至文堂
須田義治 2002a「現代日本語のアスペクト論」東京外国語大学大学院博士論文
須田義治 2002b「「動詞の終止形」をどうとらえるか」『国文学解釈と観賞』67–1, 至文堂
須田義治 2002c「現代日本語のアスペクチュアリティーの体系について」『日本語と中国語のアスペクト』白帝社
須田義治 2003a「アスペクト論と日本語教育―形態論的なカテゴリーにおける対立の問題をめぐって」『国文学解釈と鑑賞』68–7, 至文堂
須田義治 2003b「シテイルの表すパーフェクト的な意味のバリアントについて」『松田徳一郎教授追悼論文集』研究社
須田義治 2003c『現代日本語のアスペクト論』海山文化研究所
須田義治 2004a「アスペクト研究」『国文学解釈と鑑賞』69–1, 至文堂
須田義治 2004b「「ものだ」のコンテクスト的な機能について」『沖縄大学人文学部紀要』5, 沖縄大学
須田義治 2004c「小説の地の文のテンス・アスペクトについて」『21 世紀言語学研究』白帝社
須田義治 2005a「連体形のテンス・アスペクトについて」『沖縄大学人文学部紀要』6, 沖縄大学
須田義治 2005b「連語論と動詞の意味的な分類」『国文学解釈と鑑賞』70–7, 至文堂
須田義治 2006「小説の地の文の時間表現」『国文学解釈と鑑賞』71–1, 至文堂
須田義治 2007a「言語学的なナラトロジーのために」『国文学解釈と鑑賞』72–1, 至文堂
須田義治 2007b「現代日本語のアスペクト研究」『日本語学』26–3, 明治書院
須田義治 2008「宮田幸一の『日本語文法の輪郭』について」『国文学解釈と鑑賞』73–1, 至文堂
須田義治 2009a「「ものだ」の意味記述」『ことばの科学』12, むぎ書房
須田義治 2009b「現代日本語における状態・特性・関係を表す動詞の連体形」『国語と国文学』86–11, ぎょうせい
副島健作 1998「現代日本語の不完成相―シツツアルの意味記述―」『日本語科学』4, 国立国語研究所
副島健作 2007『日本語のアスペクト体系の研究』ひつじ書房
高梨信乃 2006「評価のモダリティと希望表現―タ形の性質を中心に―」益岡隆志他編『日本語文法の新地平 2　文論編』くろしお出版
高橋太郎 1969「すがたともくろみ」(金田一編 1976 所収)
高橋太郎 1977「たちば(voice)のとらえかたについて」『教育国語』51, むぎ書房(高橋

1994所収）
高橋太郎 1985a『現代日本語動詞のアスペクトとテンス』秀英出版
高橋太郎 1985b「現代日本語のヴォイスについて」『日本語学』4–4, 明治書院（高橋 1994 所収）
高橋太郎 1994『動詞の研究』むぎ書房
高橋太郎 2003『動詞 九章』ひつじ書房
高橋太郎他 2005『日本語の文法』ひつじ書房
田口紀子 2007「小説テクストにおける「視点」」『水声通信』3–5, 水声社
武内道子編 2005『副詞的表現をめぐって―対照研究―』ひつじ書房
千野栄一編 1980『講座言語 第四巻　言語の芸術』大修館書店
つくば言語文化フォーラム編 2001『「た」の言語学』ひつじ書房
辻幸夫編 2002『認知言語学キーワード事典』研究社
寺村秀夫 1984『日本語のシンタクスと意味 II』くろしお出版
中澤英彦 1994「現代ロシア語における動詞完了体による反復性と例示的意味の表現の問題によせて」『東京外国語大学論集』48, 東京外国語大学
中村ちどり 2001『日本語の時間表現』くろしお出版
仁田義雄 1982「動詞の意味と構文―テンス・アスペクトをめぐって―」『日本語学』1–1, 明治書院
仁田義雄 1991『日本語のモダリティと人称』ひつじ書房
仁田義雄 1993「日本語の格を求めて」仁田義雄編『日本語の格をめぐって』くろしお出版
仁田義雄 1997『日本語文法研究序説―日本語の記述文法を目指して―』くろしお出版
仁田義雄 2002「日本語の文法カテゴリー」『現代日本語講座 5　文法』明治書院
仁田義雄編 1991『日本語のヴォイスと他動性』くろしお出版
仁田義雄編 1993『日本語の格をめぐって』くろしお出版
仁田義雄・村木新次郎・柴谷方良・矢澤真人 2000『日本語の文法 1　文の骨格』岩波書店
日本語記述文法研究会編 2003『現代日本語文法 4　モダリティ』くろしお出版
日本語記述文法研究会編 2007『現代日本語文法 3　アスペクト・テンス・肯否』くろしお出版
日本語文法研究会編 2004『文学作品の言語学的な研究』海山文化研究所
丹羽哲也 1996「ル形とタ形のアスペクトとテンス―独立文と連体節―」『人文研究』48–10, 大阪市立大学
丹羽哲也 1997「連体形のテンスについて」『人文研究』49–5, 大阪市立大学
野田尚史 1991「文法的なヴォイスと語彙的なヴォイスの関係」仁田義雄編『日本語のヴォイスと他動性』くろしお出版
服部四郎他編 1978『日本の言語学 第三巻　文法 I』大修館書店

浜之上幸 1991「現代朝鮮語動詞のアスペクト的クラス」『朝鮮学報』138, 朝鮮学会
浜之上幸 1992「現代朝鮮語の「結果相」＝状態パーフェクト」『朝鮮学報』142, 朝鮮学会
浜之上幸 1993「アスペクトとテクストの時間的構成について」『朝鮮学報』144, 朝鮮学会
浜之上幸 1998「現代朝鮮語の形態論的範疇について―ヤーコブソン、メルチュークのモデルの観点から―」『東京大学文学部朝鮮文化研究室紀要』5, 東京大学
林田理恵 2007『ロシア語のアスペクト』南雲堂フェニックス
早津恵美子 2004「使役表現」『朝倉日本語講座 6　文法 II』朝倉書店
早津恵美子 2005「現代日本語の「ヴォイス」をどのように捉えるか」『日本語文法』5–2, 日本語文法学会
早津恵美子 2006「現代日本語の使役文―文法構造と意味構造との相関―」京都大学大学院博士論文
樋口文彦 1996「形容詞の分類」言語学研究会編『ことばの科学』7, むぎ書房
樋口文彦 2001「形容詞の評価的な意味」言語学研究会編『ことばの科学』10, むぎ書房
飛田良文・佐藤武義編 2002『現代日本語講座 第 5 巻　文法』明治書院
姫野昌子 1999『複合動詞の構造と意味用法』ひつじ書房
福本喜之助・寺川央編訳 1975『現代ドイツ意味理論の源流』大修館書店
藤井貞和 2004『物語理論講義』東京大学出版会
藤井正 1966「「動詞＋ている」の意味」『国語研究室』5, 東京大学（金田一編 1976 所収）
前田彰一 2004『物語のナラトロジー』彩流社
益岡隆志 1987『命題の文法』くろしお出版
益岡隆志 1991『モダリティの文法』くろしお出版
益岡隆志 2000『日本語文法の諸相』くろしお出版
益岡隆志 2006「「〜タイ」構文における意味の拡張―願望と価値判断―」益岡隆志他編『日本語文法の新地平 2　文論編』くろしお出版
益岡隆志 2007『日本語モダリティ探究』くろしお出版
益岡隆志・野田尚史・森山卓郎編 2006『日本語文法の新地平 2　文論編』くろしお出版
町田健 1989『日本語の時制とアスペクト』アルク
松下大三郎 1928『改撰標準日本文法』中文館
松本泰丈 2006『連語論と統語論』至文堂
三谷恵子 2001「ロシア語の『体』の研究史」つくば言語文化フォーラム編『「た」の言語学』ひつじ書房
三原健一 2004『アスペクト解釈と統語現象』松柏社
宮崎和人 2006「まちのぞみ文について―「シタイ」と「シヨウ」―」益岡隆志他編『日本語文法の新地平 2　文論編』くろしお出版
宮崎和人・安達太郎・野田春美・高梨信乃 2002『新日本語文法選書 4　モダリティ』くろ

しお出版
宮島達夫 1972『動詞の意味・用法の記述的研究』秀英出版
宮島達夫 1994『語彙論研究』むぎ書房
宮田幸一 1948『日本語文法の輪郭』三省堂
明星学園国語部 1968『にっぽんご　4の上』むぎ書房
村上三寿 1993「命令文―しろ、しなさい―」言語学研究会編『ことばの科学』6, むぎ書房
村上三寿 1997「うけみ構造の文の意味的なタイプ」言語学研究会編『ことばの科学』8, むぎ書房
村上三寿 2006「文の人称性について」言語学研究会編『ことばの科学』11, むぎ書房
村木新次郎 1991a『日本語動詞の諸相』ひつじ書房
村木新次郎 1991b「ヴォイスのカテゴリーと文構造のレベル」仁田義雄編『日本語のヴォイスと他動性』くろしお出版
村木新次郎 2000「格」『日本語の文法1　文の骨格』岩波書店
森山卓郎 1984「アスペクトの意味の決まり方について」『日本語学』3–12, 明治書院
森山卓郎 1988『日本語動詞述語文の研究』明治書院
森山卓郎・仁田義雄・工藤浩 2000『日本語の文法3　モダリティ』岩波書店
八亀裕美 2004「述語になる品詞の連続性―動詞・形容詞・名詞―」工藤真由美編『日本語のアスペクト・テンス・ムード体系―標準語研究を超えて―』ひつじ書房
柳父章 2004『近代日本語の思想』法政大学出版局
山岡實 2001『「語り」の記号論』松柏社
山田小枝 1984『アスペクト論』三修社
山梨正明 1995『認知文法論』ひつじ書房
吉川武時 1973「現代日本語のアスペクトの研究」(金田一編 1976 所収)
鷲尾龍一，三原健一 1997『日英語比較選書7　ヴォイスとアスペクト』研究社

アプレシャーン, Ю. Д. 1988『現代構造言語学の原理と方法』(谷口勇訳)文化書房博文社
イェルムスレウ, L. 1959『言語理論序説』(林栄一訳)研究社
イェルムスレウ, L. 1968『言語学入門』(下宮忠雄・家村睦夫訳)紀伊國屋書店
ヴァインリヒ, H. 1982『時制論』(脇阪豊他訳)紀伊國屋書店
ヴィエルジュビツカ, A. 2009『キーワードによる異文化理解』(谷口伊兵衛訳)而立書房
ウェイリー, L. J. 2006『言語類型論入門―言語の普遍性と多様性』(大堀壽夫他訳)岩波書店
オニール, P. 2001『言説のフィクション』(遠藤健一他訳)松柏社
ガーディナー, A. H. 1958『SPEECH と LANGUAGE』(毛利可信訳)研究社
グリーンバーグ, J. 1973『人類言語学入門』(安藤貞雄訳)大修館書店

コムリー, B. 1988『アスペクト』(山田小枝訳) むぎ書房
シュタンツェル, F. K. 1989『物語の構造』(前田彰一訳) 岩波書店
ジュネット, G. 1985『物語のディスクール』(花輪光，和泉涼一訳) 水声社
トゥルベツコイ, N. S. 1980『音韻論の原理』(長嶋善郎訳) 岩波書店
パーマー, F. R. 1972『英語動詞の言語学的研究』(安藤貞雄訳) 大修館書店
バイイ, C. 1970『一般言語学とフランス言語学』(小林英夫訳) 岩波書店
パイク, K. L. 1997『英語学の基本概念―タグミーミックス入門―』(谷口伊兵衛訳) 而立書房
パイク, K. L. 他 2000『文化の文法―四十の行動原理』(片田房編訳) 彩流社
バンヴェニスト, E. 1983『一般言語学の諸問題』(河村正夫他訳) みすず書房
フィルモア, C. J. 1975『格文法の原理―言語の意味と構造』(田中春美・船城道雄訳) 三省堂
プリンス, G. 1991『物語論事典』(遠藤健一訳) 松柏社
プリンス, G. 1996『物語論の位相』(遠藤健一訳) 松柏社
ヘルビヒ, G. 1973『近代言語学史』(岩崎英二郎他訳) 白水社
ホーレンシュタイン, E. 1983『ヤーコブソン　現象学的構造主義』(川本茂雄・千葉文夫訳) 白水社
マスロフ, Ю. С. 1978「対照アスペクト論の原理によせて」(菅野裕臣編訳 1991『動詞アスペクトについて(II)』に所収)
マスロフ, Ю. С. 1984『アスペクト論・概論』(奥田靖雄他訳) (未公刊)
マスロフ, Ю. С. 他 1990『動詞アスペクトについて(I)』(菅野裕臣編訳) 学習院大学東洋文化研究所
マスロフ, Ю. С. 他 1991『動詞アスペクトについて(II)』(菅野裕臣編訳) 学習院大学東洋文化研究所
マルティネス, M.，シェッフェル, M. 2006『物語の森へ　物語理論入門』(林捷他訳) 法政大学出版局
ヤーコブソン, R. 1932「ロシア語動詞の構造について」(ヤーコブソン 1986 所収)
ヤーコブソン, R. 1936「一般格理論への貢献―ロシア語の格の全体的意味―」(ヤーコブソン 1986 所収)
ヤーコブソン, R. 1957「転換子と動詞範疇とロシア語動詞」(ヤーコブソン 1973 所収)
ヤーコブソン, R. 1959「文法的意味についてのボーアズの見解」(ヤーコブソン 1973 所収)
ヤーコブソン, R. 1973『一般言語学』(田村すず子他訳) みすず書房
ヤーコブソン, R. (服部四郎編) 1986『ロマーン・ヤーコブソン選集 1　言語の分析』(早田輝洋他訳) 大修館書店
ヤーコブソン, R. (服部四郎編) 1991『ロマーン・ヤーコブソン選集 2　言語と言語科学』

（早田輝洋他訳）大修館書店
ヤーコブソン, R. 1995『言語芸術・言語記号・言語の時間』（浅川順子訳）法政大学出版局
ヤーホントフ, C. E. 1987『中国語動詞の研究』（橋本萬太郎訳）白帝社
ラスドーヴァ, O. П. 1975『ロシア語動詞 体の用法』（磯谷孝訳編）吾妻書房
リーチ, J. N., ショート, M. H. 2003『小説の文体』（筧寿雄監修）研究社

Bybee, J. Perkins, R. and Pagliuca, W. 1994 *The evolution of Grammar: Tense, Aspect, and Modality in the Languages of the World*. Chicago UP.
Croft, W. 2003 *Typology and Universals (second edition)*. Cambridge UP.
Forsyth, J. 1970 *A Grammar of Aspect*. Cambridge UP.
Garey, H.G. 1957 Verbal aspect in French. *Language* 33.
Greenberg, J.H. 1966[2005] *Language Universals: With Special Reference to Feature Hierarchies*. Mouton de gruyter.
Haspelmath, M. 2002 *Understanding Morphology*. Oxford UP.
Haspelmath, M. 2006 Against markedness (and what to replace it with). *Journal of Linguistics 42*.
Hopper, P.J ed. 1982 *Tense-Aspect: Between Semantics and Pragmatics*. John Benjamins.
Hopper, P.J. and Traugott, E.C. 1993 *Grammaticalization*. Cambridge UP.
Matthews, P.H. 1991 *Morphology (second edition)*. Cambridge UP.
Palmer, F.R. 1988 *Mood and Modality*. Cambridge UP.
Shopen, T. ed. 1985 *Language Typology and Syntactic Description*. Cambridge UP.
Tedeschi P. and Zaenen, A. eds. 1981 *Syntax and Semantics 14: Tense and Aspect*. Academic Press.
Thelin, N. 1990 *Verbal Aspect in Discourse*. John Benjamins.
Yovkova-Shii E. 2004 "Evidentiality and Admirativity: Semantic-Functional Aspects of the Bulgarian *l*-Participle."『言語研究』126, 日本言語学会
Vendler, Z. 1967 *Linguistics in Philosophy*. Cornell UP.

Адмони（アドモニ）*В.Г.* Статус обобщенного грамматического значения в системе языка // Вопросы языкознания No.1. 1975.
Бархударов（バルフダロフ）*Л.С.* К вопросу о бинарности оппозиций и симметрии грамматических систем // Вопросы языкознания No.4. 1966.
Бондарко（ボンダルコ）*А.В.* Вид и время русского глагола. М., 1971.
Бондарко А.В. Теория морфологических категорий. Л., 1976.
Бондарко А.В. Грамматическое значение и смысл. Л., 1978.
Бондарко А.В. Принципы функциональной грамматики и вопросы аспектологии. Л., 1983.
Бондарко А.В. Проблемы грамматической семантики и русской аспектологии. СПб., 1996.

Бондарко А.В. Основы функциональной грамматики. СПб., 1999.

Бондарко А.В. Теория значения в системе функциональной грамматики. М., 2002.

Бондарко А.В. Теоретические проблемы русской грамматики. СПб., 2004.

Бондарко А.В. Теория морфологических категорий и аспектологические исследования. М., 2005.

Бондарко А.В. К вопросу об аспектах понятия формы, существенных для анализа семантического содержания // Славистика синхрония и диахрония: Сборник статей к 70-летию И.С. Улуханова. М., 2006.

Вежбицкая（ヴィエジュビツカ）*А.* Язык. Культура Познание. М., 1997.

Виноградов（ヴィノグラードフ）*В.В.* О категории модальности и модальных словах в русском языке. 1950 // Избранные труды: Исследования по русской грамматике. М., 1975.

Виноградов В.В. Основные вопросы синтаксиса предложения (На материале русского языка). 1955 // Избранные труды: Исследования по русской рамматике. М., 1975.

Виноградов В.В. Русский язык (грамматическое учение о слове). М., 1972.

Виноградов В.В. Избранные труды: Исследования по русской грамматике. М., 1975.

Вольф（ヴォリフ）*Е.М.* Функциональная семантика оценки. М., 2002.

Вулыгина（ブルイギナ）*Т.В., Шмелев*（シメリョフ）*А.Д.* Языковая концептуализация мира. М., 1997.

Гиро-Вебер（ギロ・ヴェーベル）*М.* Вид и семантика русского глагола // Вопросы языкознания No.2. 1990.

Гловинская（グロヴィンスカヤ）*М.Я.* Семантические типы видового противопоставления русского глагола. М., 1982.

Гловинская М.Я. Многозначность и синонимия в видо-временной системе русского глагола. М., 2001.

Головин（ゴロヴィン）*Б.Н.* Заметки о грамматическом значении // Вопросы языкознания No.2. 1962.

Головин Б.Н. Введние в языкознание. М., 1983.

Головин Б.Н. Основы теории синтаксиса современного русского языка. Нижний Новгород, 1994.

Головнин（ゴロヴニン）*И.В.* Грамматика современного японского языка. М., 1986.

Грамматика русского языка. (『ロシア語文法』) М., 1960.

Гухман（グフマン）*М.М.* Понятийные категории, языковые универсалии и типология // Вопросы языкознания. М., 1985.

Добрушина（ドブルシナ）*Н.Р.* К типологии оптатива // Исследования по теории грамматики 1: Глагольные категории. М., 2001.

Дымаркий（ドゥイマルキー）*М.Я.* Высказывание и коммуникативность // Проблемы функциональной грамматики: Полевые структуры. СПб., 2005.

Зализняк（ザリズニャク）*А.А., Шмелев*（シメリョフ）*А.Д.* Введние в русскую аспектологию. М., 2000.

Звегинцев（ズヴェギンツェフ）*В.А.* Предложение и его отношение к языку и речи. М., 1976.

Иванова（イヴァノヴァ）*И.П.* Вид и время в современном английском языке. Л., 1961.

Исаченко（イサチェンコ）*А.В.* О грамматическом значении // Вопросы языкознания No.1. 1961.

Исследования по языкознанию: К 70-летию члена-корреспондента РАН Александра Владимировича Бондарко. СПб., 2001.

Кацнельсон（カツネリソン）*С.Д.* Общее и типологическое языкознание. Л., 1986.

Кацнельсон С.Д. Категории языка и мышления: Из научного наследия. М., 2001.

Кацнельсон С.Д. Типология языка и речевое мышление. М., 2002.

Князев（クニャゼフ）*Ю.П.* Грамматическая семантика. Русский язык в типологической перспективе. М., 2007.

Корди（コルジ）*Е.Е.* Оптативность // Теория функциональной грамматики: Темпоральность. Модальность. Л., 1990.

Коротков（コロトコフ）*Н.Н., Панфилов*（パンフィロフ）*В.З.* О типологии грамматических категорий // Вопросы языкознания No.1. 1965.

Лингвистический энциклопедический словарь.（『言語学百科事典』）М., 1990

Маслов（マスロフ）*Ю.С.* Введение в языкознание. М., 1997.

Маслов Ю.С. Избранные труды: Аспектология. общее языкознание. М., 2004.

Недялков（ニジャルコフ）*В.П.* отв. ред. Типология результативных конструкций. Л., 1983.

Ницолова（ニツォロヴァ）*Р.* Модализованная эвиденциальная система болгарского языка // Эвиденциальность в языках Европы и Азии. СПб., 2007.

Основные проблемы русской аспектологии. СПб., 2002.『ロシア語アスペクト論の基本的な諸問題』

Падучева（パドゥチェヴァ）*Е.В.* Семантические исследования. М., 1996.

Петрухина（ペトルヒナ）*Е.В.* Семантические доминанты русской языковой картины мира: представление динамических явлений // Проблемы функциональной грамматики. СПб., 2003.

Плунгян（プルンギャン）*В.А.* К определению результатива // Вопросы языкознания No.6. 1989.

Плунгян В.А. Общая морфология: Введенис в проблематику. М., 2000.

Плунгян В.А. отв. ред. Исследования по теории грамматики 1: Глагольные категории. М.,

2001.

Проблемы функциональной грамматики: Семантическая инвариантность / вариантность. (『機能文法の諸問題：意味論的なインバリアント性／バリアント性』) СПб., 2003.

Проблемы функциональной грамматики: Полевые структуры. (『機能文法の諸問題：場の構造』) СПб., 2005.

Ремчукова（レムチェコヴァ）*Е.Н.* Морфология современного русского языка: Категория вида глагола. М., 2004.

Реформатский（レフォルマツキー）*А.А.* Введение в языковедение. М., 1996.

Русская грамматика. (『ロシア語文法』) Praha, 1979.

Русская грамматика. (『ロシア語文法』) М., 1980.

Селиверстова（セリヴェルストヴァ）*О.Н.* отв. ред. Семантические типы предикатов. М., 1982.

Степанов（ステパノフ）*Ю.С.* Методы и принципы современной лингвистики. М., 2001.

Теория функциональной грамматики: Введение. Аспектуальность. Временная локализованность. Таксис. Л., 1987.『機能文法の理論：序論、アスペクチュアリティ、時間的なありか限定性、タクシス』

Теория функциональной грамматики: Темпоральность. Модальность. Л., 1990.『機能文法の理論：テンポラリティ、モダリティ』

Теория функциональной грамматики: Персональность. Залоговость. СПб., 1991.『機能文法の理論：人称性、ヴォイス性』

Универсалии и типологические исследования. М., 1974.『普遍性とタイポロジーの研究』

Хадарцев（ハダルツェフ）*О.А.* Эвиденциальные значения перфекта в персидском языке // Исследования по теории грамматики 1: Глагольные категории. М., 2001..

Храковский（フラコフスキー）*В.С.* Пассивные конструкции // Теория функциональной грамматики: Персональность. Залоговость. СПБ., 1991.

Храковский В.С., Володин（ボロディン）*А.П.* Семантика и типология императива: Русский императив. М., 2001.

Храковский В.С. отв. ред. Эвиденциальность в языках Европы и Азии. СПБ., 2007.

Черткова（チェルトコヴァ）*М.Ю.* отв. ред. Типология вида: Проблемы, поиски, решения. М., 1998.

Шелякин（シェリャキン）*М.А.* Категория вида и способы действия русского глагола. Таллин, 1983.

Шелякин М.А. Функциональная грамматика русского языка. М., 2001.

Шендельс（シェンデリス）*Е.И.* О грамматической полисемии // Вопросы языкознания No.3. 1962.

Шмелев（シメリョフ）*А.Д.* Русская языковая модель мира: Материалы к словарю. М., 2002.

Шмид（シミッド）*В.* Нарратология. М., 2003.

Ярцева（ヤルツェヴァ）*В.Н.* Проблема универсалий и классификация языков // Универсалии и типологические исследования. М., 1974.

Ярцева В.Н. Иерархия грамматических категорий и типологическая характеристика языков // Типология грамматических категорий. М., 1975.

Ярцева В.Н. отв. ред. Типология грамматических категорий. М., 1975.

Ярцева В.Н. отв. ред. Проблемы функциональной грамматики. М., 1985.

あとがき

本書は、2002年に東京外国語大学に提出した博士論文「現代日本語のアスペクト論」が、もとになっている。これは、2003年に、内容的には博士論文そのままの形で、鈴木重幸先生の解説をつけて、海山文化研究所から公刊されている。

その後、アスペクトに関して述べた理論的な部分について、その一般的な有効性を、文法論のほかの領域においても示したいということと、アスペクト論の前提となった文法論について自分なりに再検討してみたいという思いから、文法論全体を対象とした考察を第II部としてつけくわえて、本書の形となった（今回、第I部のアスペクト論の方も、部分的に、かなり書きなおしている）。このようなわけで、第II部は、私の専門とする領域をこえて、文法論全体をとりあげているため、個別的な研究分野に関する部分では、とくに、誤りが生じていることも多いかもしれない。

ところで、まえの、海山文化研究所から出したものに対しては、光栄なことに、ロシア語学の専門家である金子百合子さんが批評を書いてくださり、いろいろとご批判をいただいた。金子さんの指摘してくれた間違いは、もちろん、できるかぎり直したつもりだが、こちらの理解不足で、十分に直っていない部分もあるかもしれない。また、今回、新たに書いた第II部に関しては、ソ連・ロシアの言語学に触れる部分が多いのだが、私は、ロシア語の専門家ではなく、日本語の研究に関わる範囲において、ロシア語の文献を少しばかり読んでいるにすぎないので、ロシア語の訳し間違いはもちろん、ソ連・ロシアの言語学に対する理解のし方における誤りもあるかもしれない。第I部では、ソ連・ロシアの言語学にほとんど触れていないのだが、アスペクトに関しては、今は、重要な文献がいくつも翻訳されており、また、三谷2001や林田2007のような専門家による解説や研究書も出ているので、ロシア語のアスペクトについて知ろうと思うなら、そうしたもので知ることができるだろう。

「はじめに」にも書いたが、私の研究にとって、故奥田靖雄先生の名前を欠かすことができない。奥田先生には、1991年ごろに、私が言語学研究会に行きだしてから、2002年に先生がなくなる少し前まで、直接、ご指導をいただいた。毎週木曜日に開かれる例会や夏の合宿などでも、ご指導いただいたのだが、それ以外でも、ある時期は、新潟の村上にある言語学研究会の合宿所で、毎週末、四、五人のメンバーでロシア語の文献を読むという集まりに参加させていただいたりした。そんなときは、奥田先生から、研究の話だけでなく、いろいろな話を聞かせていただいたが、とくに、冬の寒い日に、台所にテーブルを運んで、板の間に座り、「〆張鶴」のにごり酒を飲みながら、うかがった、敗戦直後の満州での話などが、とりわけ印象深く記憶に残っている。

奥田先生は、生前、よく、自分の研究はソ連・ロシアの言語学から影響を受けているが、どこを受けいれ、どこを受けいれなかったかといった重要なことが、ほとんどの人には分からないだろうと、おっしゃっていた。奥田先生の研究は、日本語の事実にもとづく日本語の研究であり、ソ連・ロシアの言語学の単なるあてはめではないのだが、それが正当に理解されているかどうか、私も疑問を感じることがある。たしかに、奥田先生の論文には、ソ連・ロシアの言語学の影響が見てとれるのだが、基本的には、奥田言語学は、ソ連・ロシアの言語学に学んだ点で傑出しているのではなく、繊細な言語感覚で、大量の実例から、日本語のなかに隠された法則的な事実をひきだし、それを体系化することにおいて、つねに、奥田先生の論理が貫かれている点で、傑出しているのだと、私は考えている。そのことを本書で少しでも明らかにできていたらと思う。

最後に、少し長くなるが、私の研究と深い関わりのある先生方のお名前をあげさせていただく。

東京外国語大学の学部から修士までの指導教官である湯本昭南先生は、私を日本語の研究に導きいれ、ロシア語の最初の手ほどきをしてくださり、そのあと、言語学研究会に連れていってくださった、私の研究における最初の恩師である。同じく、東京外国語大学の工藤浩先生からは、モダリティを中心にして、研究の面で、たくさんのことを学んだ。また、東京外国語大学の早津恵美子先生には、博士課程の指導教官として、博士論文の指導をしていただき、その後も、本書の内容に、すべて目を通してくださり、ていねいなご指導をいただいた。今回、第Ⅱ部でヴォイスのことを書いているのも、先生からヴォイスについて学んだ結果である。

言語学研究会の創設と発展に関わった先生方を中心とした海山研究会においては、故高橋太郎先生、宮島達夫先生、鈴木康之先生、高木一彦先生、松本泰丈先生、鈴木泰先生、金田章宏さん、酒井悠美さんに、本書のもとになった発表に対して、いろいろとご教示いただいた。とくに、アスペクトを研究している鈴木泰先生には、自分の考えを聞いていただきながら、たくさんのことを教えていただいた。また、語彙論と文法論の両方の専門家として私がたくさんのことを学んできた同志社女子大学の村木新次郎先生には、第Ⅱ部の形態論の部分を見ていただき、先生の見解に関して、いろいろとうかがわせていただいた。それから、また、言語学研究会のメンバーである琉球大学の狩俣繁久さんと佐藤里美さん、少し年上の友人である北京大学の彭広陸さんにも、第Ⅱ部の原稿を部分的に見ていただいている。

そして、最後になるが、私がもっとも尊敬する鈴木重幸先生のことを書かせていただきたい。先生は、私が、学部の学生のときから、その論文をすべて読み、もっとも熱心に学んできた研究者である。その先生が、私にとって幸せなことに、アスペクトに関して、私のやっていること、やろうとしていることを、すべて理解してくださり、評価してくださった最初の人でもあった。それは、私がまだ中国に行っていたころで、自由に自分の考えを発表したいという思いが強くなり、言語学研究会から距離を置くようになっていたときでもあり、異国にいたこともあってか、精神的には少しつらい時期であった。それから、もう10年以上になるが、その後も、ずっと、私の研究に目を通してくださり、いつも、ていねいにご指導いただいている。

鈴木先生は、奥田先生に対して、自分は、その考えにしたがっているだけだというような態度をなさることが多いが、鈴木先生がいなければ、奥田先生の言語学も、言語学研究会の理論も、なかったかもしれないと、私は考えている。あるいは、少なくとも、かなり違ったものになっていただろうと思う。言語学研究会のなかでの役割としては、『日本語文法・形態論』を見ても分かるように、おもに、言語学研究会の理論を整理し、世の中に伝えるという啓蒙的な活動をなさったとも言えるのだが、鈴木先生の役割は、それにとどまらない。理論的な面においても、たくさんの独自な考えを出されているのである。奥田先生との関係において、その、鈴木先生の独自な貢献を、本書で、少しでも明らかにできていればと思う。

現代における人間の社会的な現実のなかで、自分のやっていることが、どれほど意味のあるものか、今も、よく分からないのだが、そんな懐疑的な気もちをいだきながらも、ここまで、やってこられたのは、まちがいなく、以上に名前をあげた先生方のおかげである。私のようなものは、人の関係がなければ、今日まで研究を続けることはできなかっただろうと思う。

最後に、私事になるが、いつも精神的な支えとなってくれている、妻の奈穂子と、今は遠く離れて住む娘の美優に、感謝の気もちを伝えたい。

須田　義治

索引

【著者紹介】

須田義治（すだ　よしはる）

〈略歴〉1964年生まれ。東京都出身。2002年、東京外国語大学大学院地域文化研究科博士後期課程修了。沖縄大学教授。博士（学術）。

〈主な著書・論文〉「現代日本語における状態・特性・関係を表す動詞の連体形」『国語と国文学』（ぎょうせい、2009年）、「「思う」と「考える」―その意味・用法について」須田淳一・新居田純野編『日本語形態の諸問題―鈴木泰教授東京大学退職記念論文集』（ひつじ書房、2010年）、「日本語のテンスとアスペクトの意味の体系性」澤田治美編『ひつじ意味論講座 第1巻「語・文と文法カテゴリーの意味」』（ひつじ書房、2010年刊行予定）など。

ひつじ研究叢書〈言語編〉第65巻

現代日本語のアスペクト論

形態論的なカテゴリーと構文論的なカテゴリーの理論

発行	2010年6月23日　初版1刷
定価	6800円＋税
著者	© 須田義治
発行者	松本 功
本文フォーマット	向井裕一（glyph）
印刷所	三美印刷株式会社
製本所	田中製本印刷株式会社
発行所	株式会社 ひつじ書房

〒112-0011 東京都文京区千石2-1-2 大和ビル2階

Tel.03-5319-4916 Fax.03-5319-4917

郵便振替 00120-8-142852

toiawase@hituzi.co.jp　http://www.hituzi.co.jp

ISBN978-4-89476-382-1